Dieses Buch wird herausgegeben mit einer Empfehlung von

Attac Deutschland,

Mehr Demokratie e. V.,

der Heinrich Böll Stiftung
Schleswig-Holstein

und dem BUND Schleswig-Holstein

Meiner Schwester Ulrike, mit der die Nächte stets zu kurz waren, um bis zum Morgengrauen alle Fragen auszudiskutieren

Karl-Martin Hentschel

Demokratie für morgen

Roadmap zur Rettung der Welt

Mit einem konkreten Entwurf für ein gerechtes Europa

UVK Verlag · München

Bibliografische Information der Deutschen Bibliothek
Die Deutsche Bibliothek verzeichnet diese Publikation in der Deutschen Nationalbibliografie; detaillierte bibliografische Daten sind im Internet über <http://dnb.ddb.de> abrufbar.

ISBN 978-3-86764-894-3 (Print)
ISBN 978-3-7398-0457-6 (ePUB)
ISBN 978-3-7398-0458-3 (ePDF)

Einbandgestaltung: Atelier Reichert, Stuttgart
Cover-Illustration: © iStock LP - higyou
Druck und Bindung: Printed in Germany

UVK Verlag
Nymphenburger Strasse 48 · 80335 München
Tel. 089/452174-65
www.uvk.de

Narr Francke Attempto Verlag GmbH & Co. KG
Dischingerweg 5 · 72070 Tübingen
Tel. 07071/9797-0
www.narr.de

Einleitung

Das Modell der Gewaltenteilung der heutigen Demokratien stammt aus einem Buch, das 1748 von einem französischen Adligen geschrieben wurde.[1] Charles de Montesquieu war kein Demokrat und erst recht kein Revolutionär. Er fand die Monarchie in Ordnung. Der König sollte die Regierung einsetzen, aber nicht alles alleine bestimmen. Deshalb schlug Montesquieu zwei Kammern des Parlamentes vor: Eine für die reichen Bürger, die damals allein die Steuern zahlten, und eine für den Adel, damit die Ordnung gewahrt bleibt und kein Chaos ausbricht. Die Bürger sollten dem verschwenderischen König nur auf die Finger schauen. Da Montesquieu auch Oberster Richter in Bordeaux war, schlug er vor, dass die Gerichte unabhängig entscheiden sollen, denn es ärgerte ihn, dass sich die Regierung zu oft einmischte.

Als vierzig Jahre später John Adams und seine Kollegen die Verfassung der USA schrieben, griffen sie die Ideen von Montesquieu auf – und nicht die des Demokraten Rousseau! Sie wollten keine Demokratie – ein Wort das damals synonym für Pöbelherrschaft stand – sondern eine Regierung der Würdigen, eine Wahlaristokratie. An die Stelle des Königs sollte ein von Wahlmännern gewählter Präsident treten. Wahlberechtigt sollten nur reiche Grundbesitzer und Kaufleute, also ehrenwerte Persönlichkeiten, sein. An der ersten Kongresswahl nahmen daher nicht mal zwei Prozent der Bevölkerung teil.

Heute hat sich die Welt völlig geändert. Wir müssen unsere Freiheit nicht mehr gegen Könige und Adel erkämpfen. Stattdessen haben wir es mit internationalen Konzernen, Mega-Banken und billionenschweren Investment-Fonds zu tun, die die Demokratie gefährden. Sechzig Prozent der Deutschen glauben, dass nicht die Politiker, sondern die Wirtschaft am meisten Macht habe.[2] Es wird daher Zeit, die Demokratie von Grund auf neu zu denken. Welche Art von Demokratie brauchen wir im 21. Jahrhundert, um die großen Herausforderungen des Klimawandels, der Entwicklungspolitik, der wachsenden Ungleichheit und der Bedrohung des Friedens zu bewältigen?

Anmerkung: Die in den Fußnoten aufgeführten Quellen sind gekürzt. Ausführliche Quellenangaben findet man im Quellenverzeichnis am Schluss des Buches.

---

[1] Montesquieu 1748: Vom Geist der Gesetze

[2] dpa, mhi 2015: Mehr als 60 Prozent bezweifeln Demokratie in Deutschland

Dank

Ich bedanke mich bei allen, mit denen ich in den letzten Jahren über die grundlegenden Fragen der Demokratie, Europa und die Transformation der Welt sowie über Nachhaltigkeit und Gerechtigkeit diskutiert habe. Auch all denen, die mich kritisiert, mir zugehört, mich bestärkt oder mit ihren Ideen inspiriert haben. Dazu gehören Mitstreiter im Verein „Mehr Demokratie“ wie Claudine Nierth, Sarah Händel, Tim Weber, Roman Huber, Stefan Padberg, Ralf-Uwe Beck, Michael Efler und Ingrid Eppert; Helena Peltonen von Transparency International; Daniel Schily von Democracy International; Carsten Berg von ECI Campaign; grüne Weggefährten wie Anja Koch, Ruth Kastner, Monika Friebl, Arfst Wagner, Anke Erdmann, Monika Heinold, Gerald Häfner und Robert Habeck; Dirk Scheelje, Heino Schomaker und Peter Wiebe von der Heinrich-Böll-Stiftung Schleswig-Holstein; Alfred Eibl, Andreas Meyer, Tim Büttner, Detlev von Larcher und Thomas Eberhardt-Köster von Attac; Markus Henn von WEED; Jutta Sundermann von der Aktion Agrar; Ralf Krämer von Ver.di; Wolfgang Obenland vom Global Policy Forum; Andreas Bummel von Democracy without Borders; Markus Meinzer vom Tax Justice Network und viele andere.

Mein Dank gilt auch meiner Familie sowie Freunden und Bekannten, die über zwei Jahre lang immer geduldig zugehört haben, wenn ich ihnen von meinen verrückten Ideen, die Welt zu verbessern, erzählt habe, die Texte gegengelesen, korrigiert, die nachgefragt haben, wenn ich mich nicht verständlich ausgedrückt habe und die mich durch Diskussionen, Anmerkungen, Kritiken und Zweifel angeregt, geerdet und motiviert haben, weiter an diesem Projekt zu arbeiten. Dazu gehören meine Frau Gabriele sowie Joanna und Noah Abrokwa, Lars Hentschel, Kolja Meyer, Lovis Sand, Klaus Wellendorf, Anne Idel, Rosa Größler und alte Freunde wie Lutz Richter, Jochem Spieker, Konrad Wolf, Maren Boysen sowie Achim und Susanne Diekmann und viele andere.

Inhaltsübersicht

Inhalt

Der Einfluss des großen Geldes hat in meinem Land – und einigen anderen – ein toxisches Maß erreicht. Die Konzerne haben eine ungesunde Macht bekommen. Das heißt: Sie haben unsere Demokratie gehackt, bevor Putin sie gehackt hat." (Al Gore)[3]

Prolog

It's the democracy, stupid![4]

Die Richtung stimmt nicht – Die heilige Kuh – Es gibt Alternativen – Die Transformation hat begonnen – It's the democracy, stupid!

Heute halte ich den fünfzigsten Vortrag über Steueroasen. Diesmal in Radolfzell am Bodensee – von meiner Heimat an der Ostsee dauerte die Anreise mit der Bahn elf Stunden. Etwa dreißig Zuhörern erzähle ich Geschichten aus einer absurden Welt:[5]

- Wie Ingvar Kamprad, der Patriarch von IKEA, den Namen „IKEA" für neun Milliarden Euro an sich selbst verkauft hat und IKEA dadurch jedes Jahr eine halbe Milliarde Euro steuerfrei an seine Familienstiftung in Liechtenstein überweisen kann.
- Wie Apple den „Doppelten Iren mit holländischem Sandwich" erfand und damit seinen Steuersatz auf 0,005 Prozent drücken konnte.
- Wie die größte Bank Europas, die HSBC, zu einer Strafe von 1,9 Milliarden US-Dollar verurteilt wurde wegen „durch und durch versauter Unternehmenskultur, Geldwäsche für Terroristen und Drogenhändler" (so steht es in der Urteilsbegründung).

---

[3] Gore 2017: Konzerne haben eine ungesunde Macht.

[4] „It's the economy, stupid!" war der zentrale Slogan der Wahlkampagne, mit der Bill Clinton 1992 gegen den amtierenden Präsidenten George H. W. Bush gewann.

[5] APA/AFP 2012: Ikea verkauft Markennamen – an sich selbst; Monitor 2005: Das unmögliche Möbelhaus; Neuerer 2013: Amazon, Apple & Co; Süddeutsche Zeitung 2016: US-Senat rügt Großbank HSBC

Nachdem ich zwei Stunden lang solche verrückten wahren Geschichten, die möglichen Gegenmaßnahmen und unseren jahrelangen Kampf dagegen geschildert hatte[6], stellte einer der Zuhörer in Radolfzell die Frage, die immer gefragt wird und die mich zu diesem Buch geführt hat: „Glauben sie, dass man diesen Irrsinn abstellen kann, und wenn ja: Wie?"

Die Richtung stimmt nicht

Diese Frage ist nicht unberechtigt: Es ist offensichtlich, dass die Welt sich trotz all der Mühe vieler engagierter Aktivisten, Autoren und Politiker immer noch in die falsche Richtung bewegt. Die Schere zwischen Reichtum und Armut öffnet sich in allen entwickelten Staaten seit 1980 weiter. Afrika wird weiterhin abgehängt. Rund um unsere noch friedliche EU rücken die Bürgerkriege immer näher: Afghanistan, Sudan, Mali, Libyen, Syrien, Ukraine. Der jahrzehntelange Siegeszug der Demokratie nach dem Zweiten Weltkrieg ist ins Stocken geraten.

In Russland und der Türkei, und jetzt sogar in Polen und den USA kamen Populisten an die Macht. Menschenrechte geraten unter Beschuss. Herr Gauland, Fraktionsvorsitzender der AfD im Bundestag, konnte ohne Widerspruch in seiner Partei erklären, dass er nicht neben Jérôme Boateng wohnen möchte. Und er hat dann noch hinzugefügt, er hätte nichts persönlich gegen ihn, da er ihn gar nicht kenne. Deutlicher kann man es nicht sagen: Die Gleichheit der Menschen unabhängig von Hautfarbe, Religion, Herkunft, Weltanschauung und Geschlecht gilt für diesen Menschen nicht mehr. Wie konnte es dazu kommen, dass in Deutschland eine Partei zweistellige Ergebnisse erzielt, die die Grundprinzipien der französischen Revolution – Freiheit, Gleichheit und Brüderlichkeit – wieder offen in Frage stellt?

Es ist offensichtlich: Die Erfolge von Rechtspopulisten und die zunehmende Aggressivität sind Ausdruck einer Vertrauenskrise der Demokratie. Dabei sind es nicht mal die Armen, die sie wählen. Überwiegend sind es verunsicherte Menschen aus der Mitte der Gesellschaft.[7] Sie haben Angst vor dem Verlust des Arbeitsplatzes, Angst vor Konkurrenz durch Einwanderer, Wut auf all die „Eliten", die politisch Korrekten, besonders die Grünen, auf all diejenigen, die kluge Reden schwingen. Sie wollen

---

[6] Hentschel 2016: Der Kampf gegen aggressive Steuervermeidung hat begonnen

[7] Brähler/Decker 2014: Die Parteien und das Wählerherz

zurück zu angeblich besseren Zeiten, zur Republik vor 1968, vor 1945 oder gar zur DDR, wo das Leben noch wohl organisiert war.

Über weiße und schwarze Schafe

Letztes Jahr wurde unsere Lichtgestalt Franz Beckenbauer erwischt: Als er für die Weltmeisterschaft 2006 in Deutschland warb, machte er das nicht ehrenamtlich, wie er behauptet hatte. Er soll dafür 5,5 Millionen Euro Schwarzgeld kassiert und dies nicht versteuert haben. Ist es Zufall, dass sein Freund Uli Hoeneß für das gleiche Verbrechen bereits vier Jahre ins Gefängnis musste? Da fragt man sich, ob der FC Bayern München gar eine kriminelle Vereinigung ist?[8] Oder steckt noch mehr dahinter?

Warum erwies sich Finanzminister Schäuble im Ministerrat der europäischen Union immer wieder als Spielverderber, wenn Maßnahmen gegen die Steuervermeidung von internationalen Konzernen ergriffen werden sollten?[9] Warum wird nicht endlich den schwarzen Schafen konsequent das Handwerk gelegt?

Vielleicht ist die Antwort die, dass Steuervermeidung eben kein exklusives Hobby von ein paar schwarzen Schafen ist. Schwarze Schafe fallen auf, weil die anderen weiß sind. Aber hier haben wir es mit einer überwiegend schwarzen Herde zu tun.[10] Steuervermeidung ist spätestens seit der Jahrtausendwende zu einem fest etablierten internationalen System geworden: Mehr als ein Zehntel des Vermögens dieser Welt soll bereits in Steueroasen liegen.[11] Während kleine und mittlere Unternehmen brav ihre Steuern zahlen, verlagern Großkonzerne ihre Milliardengewinne auf idyllische Inseln wie die Bermudas oder Curaçao. Dort findet man reihenweise Briefkästen mit den Labels unserer vertrauten Freunde wie Apple, IKEA, Amazon, E.ON, Starbucks oder die Bayer AG – deren iPhones, Billy-Regale, Bücher und Pillen wir so lieben. Nahezu jeder macht das! Und genau da liegt das Problem. Denn auch deutsche Großkonzerne

---

[8] Auch Karl-Heinz Rummenigge wurde zu 250.000 Euro Strafe verurteilt, Michael Ballack zu 70.000 Euro, Oliver Kahn zu 125.000 Euro – alle wegen Steuer- und Zollvergehen.

[9] Tax Justice Network/Netzwerk Steuergerechtigkeit 2016: „Transparenzregister" der Bundesregierung ist ein verspäteter Aprilscherz

[10] U.S.PIRG/CTJ 2015: Offshore Shell Games

[11] Henry 2012: The Price of Offshore Revisited

profitieren erheblich von niedrigen Steuern in anderen Staaten und befürchten, dass sie daran gehindert werden.

Die heilige Kuh

Warum also wird nichts getan? Sind die Politiker korrupt? Sind sie zahnlos? Oder feige?

Es ist komplizierter: Das Magazin Stern brachte letztes Jahr verblüffende Ergebnisse einer Umfrage zur Erbschaftssteuerreform[12]. Auf die Frage: „Sollen Erben von Familienunternehmen auch künftig steuerlich weitgehend verschont bleiben?" antworteten 69 Prozent mit „Ja". Erstaunlich! Wollen die Menschen nicht mehr Gerechtigkeit? Wieso sprechen sich die gleichen Menschen, die ständig mehr Geld für Schulen, für Renten oder für Straßen fordern, gegen höhere Steuern für Reiche aus?

Mir fallen zwei mögliche Gründe dafür ein: Einmal liegt es an der Formulierung: Die Befragten denken bei dem Wort „Familienunternehmen" nicht an Milliardenkonzerne wie BMW, Aldi oder Bosch, sondern an den kleinen Handwerker von nebenan. Vor allem aber haben viele Menschen Angst um die Arbeitsplätze, wenn man Konzernerben mehr besteuert. Komischerweise macht die Politik, wenn sie hier wirtschaftsfreundlich agiert, genau das, was die meisten Menschen fordern. Und im nächsten Augenblick wird den Politikern vorgeworfen, sie nähmen die Sorgen der kleinen Leute nicht ernst. Dazu passt dann auch, dass Uli Hoeneß mittlerweile wieder zum Präsidenten des FC Bayern gewählt wurde.

Oder betrachten wir das für unser Überleben wichtigste Top-Thema – den Klimawandel: Man kann ihn kaum noch übersehen – auch wenn einige von der Kohle- und Erdölindustrie gesponserte Institute immer noch das Gegenteil behaupten.[13] Nicht nur in der Karibik toben die Hurrikans. Auch bei mir an der Ostsee erlebten wir im Sommer 2017 mehrere tropische Gewitterstürme. Unsere Landesbehörden in Schleswig-Holstein wollen die Deiche bis 2100 um einen Meter erhöhen. Sonst stände bei Flut ein Drittel des Landes unter Wasser. Es wird also Zeit zu handeln.

---

[12] Forsa 2016: Viel Verständnis für Firmenerben

[13] Hervorragend dokumentiert wurde das in: Klein 2015: This Changes Everything

Und nun? Was passiert? Obwohl die Bundesregierung das Pariser Abkommen zusammen mit 175 anderen Staaten unterzeichnet hat, hat sie auf Druck der Energiekonzerne die Förderung der Erneuerbaren Energien drastisch zusammengestrichen. Auch beim VW-Abgas-Skandal bleibt die Regierung tatenlos. Während in den USA Strafzahlungen von sechzehn Milliarden Euro für VW in Rede stehen, kommt von der Bundesregierung – nichts. Schließlich ist VW ein deutscher Konzern.

Offensichtlich ist die Wirtschaft die heilige Kuh unserer Gesellschaft. Und eben nicht nur für die Politiker und die Eliten. Nein, die Menschen insgesamt – die Mehrheit der Wähler – denken so. Und die Angst vor einer Störung der Wirtschaft hat zugenommen. Dabei geht es uns doch gut – die deutsche Wirtschaft brummt. Die deutschen Exportüberschüsse haben im Jahr 2016 sogar die von China übertroffen – Weltspitze. Und trotzdem sind viele Menschen beunruhigt. Man hat fast den Eindruck, wir leben in Deutschland im Auge eines Hurrikans – hier bei uns ist es zurzeit windstill – doch um uns herum bläst es immer doller. Und die Menschen spüren das und sind verunsichert.

Es gibt Alternativen!

In dieser Lage scheint die Politik handlungsunfähig zu sein. Oder das Handeln erscheint angesichts des Drucks der Finanzmärkte „alternativlos" – die Merkelsche Raute ist dafür bereits ein Symbol geworden. Colin Crouch hat für diesen Zustand den Begriff „Postdemokratie" geprägt: Die demokratischen Institutionen arbeiten einfach weiter, aber die Entscheidungen werden „alternativlos" von ökonomischen Zwängen bestimmt.[14]

Gibt es wirklich keine Alternativen? Diese Frage hat mich Jahre lang beschäftigt. Und je länger ich Beispiele für gute Politik in aller Welt untersucht habe, je länger ich an Lösungskonzepten für Entwicklung, Umwelt, Klima, Wirtschaft und Steuern mitgearbeitet habe, umso mehr bin ich zu der Überzeugung gelangt: Für alle Probleme dieser Welt gibt es gute Lösungen. Am Mangel an Lösungen scheitert die Politik nicht.

Und noch mehr: Für die meisten Lösungen gibt es auch bereits konkrete Beispiele, wo diese erfolgreich angewandt werden: Für Bildungspolitik in Finnland, für Umweltschutz in Japan, für Renten in den Niederlanden,

---

[14] Crouch 2003: Postdemokratie

für die Energiewende in Dänemark, für das Bahnsystem in der Schweiz, für die Kinderbetreuung in Frankreich, für ein Unternehmenssteuerrecht in Kanada und viele mehr.[15] Diese Beispiele sind keine grauen akademischen Theorien. Es sind reale Modelle, die längst schon irgendwo in der Welt praktiziert werden. Und ich kenne auch keine überzeugenden Gründe, warum diese Lösungen nicht auf Deutschland übertragbar sein sollten.

Auch für die große Bedrohung durch den Klimawandel gibt es längst Lösungen: Dass der Umbau auf erneuerbare Energien bezahlbar und machbar ist, wird nicht mehr ernsthaft bezweifelt. Er schafft sogar viele neue Arbeitsplätze.[16] Es ist ein Trauerspiel, dass die große Koalition in Deutschland in den letzten Jahren die Solarwirtschaft weitgehend in den Ruin getrieben hat, während China mehr Kollektoren aufstellt als der Rest der Welt zusammen. Auch die Wende im Verkehrssektor kann schneller gehen als bisher gedacht. In wenigen Jahren wird die Reichweite von elektrischen PKWs über 500 Kilometern liegen und die Preise für die Batterien purzeln. Dann wird niemand mehr ein veraltetes fossil angetriebenes Auto kaufen und die Konzerne, die darauf nicht eingestellt sind, werden die Verlierer sein.

Auch die Probleme der Entwicklungsländer sind lösbar. Dass Entwicklung möglich ist, hat China bewiesen, auch wenn sich die chinesische Wohlfahrtsdiktatur nicht als Vorbild eignet.[17] Es gibt auch andere Beispiele, wie die stabile Demokratie Botswana im südlichen Afrika. Es gibt mit Uruguay eine Direkte Demokratie in Südamerika, wo mit Volksabstimmungen der Verkauf ihrer Wasser- und Energieversorgung an internationale Konzerne verhindert wurde – mit bemerkenswertem wirtschaftlichen Erfolg. In Kerala, einem der vormals ärmsten Bundesstaaten von Indien, gelang es mit einer Schulbildungskampagne nicht nur bei der Alphabetisierung an die Spitze vorzustoßen, sondern auch die Geburtenrate auf europäisches Niveau zu senken. Auch die Entwicklung des Vielvölkerstaates Malaysia zum wohlhabendsten Land in Südostasien beein-

---

[15] Siehe Hentschel 2013: Von wegen alternativlos! Dort habe ich viele Beispiele aus aller Welt gesammelt.

[16] Stern 2006: The Economics of Climate Change

[17] Die Zahl der Opfer durch Hunger und Repression in der VR China wird auf 20 bis 40 Millionen Menschen geschätzt. Ohne Demokratie bleibt eine Rückkehr der Parteiführung zu einer voluntaristischen Politik à la Mao eine stets drohende Gefahr.

druckt. Malaysia hat mittlerweile ein Bruttoinlandsprodukt nach Kaufkraftparität wie Russland, Ungarn und Griechenland.

Trotzdem fallen viele arme Staaten – insbesondere in Afrika – immer weiter zurück. Für sie ist der Konkurrenzkampf mit den Industriestaaten ein hoffnungsloses Unterfangen. Dazu trägt die Wirtschaftspolitik der reichen Länder erheblich bei, die sich – wider alle Vernunft – immer noch weigern, endlich faire und gleichberechtigte internationale Handelsverträge zuzulassen. Sie wollen unbedingt noch mehr Waren absetzen und noch mehr billige Rohstoffe bekommen. Es ist geradezu absurd, dass Deutschland und andere Staaten es zulassen, dass Diktatoren, Waffenhändler und Rauschgiftkartelle ihre schwarzen Gelder bei uns in Sicherheit bringen.[18]

Die Transformation hat begonnen

Man kann also feststellen: Trotz aller guten Beispiele ist die Bilanz negativ. Die Augen zumachen und von alten Zeiten träumen, nützt auch nichts. Ob wir es wollen oder nicht, wir stehen vor grundlegenden Veränderungen. Die dreihundertjährige Phase des exponentiellen Wachstums – im Volksmund Kapitalismus genannt – geht zu Ende (siehe dazu Kapitel 2). Die Versuche von Präsident Reagan und anderen Regierungen, die Grenzen des Wachstums mit Steuersenkungen und dem Abbau der Regulierung der Weltmärkte zu überwinden, sind offensichtlich gescheitert. Sie mussten scheitern. Denn die Welt und die Ressourcen sind endlich. Als Folge dieser gescheiterten Politik nimmt seit 1980 die Ungleichheit in der Welt wieder zu.

Tatsächlich hat der Übergang vom industriellen Nationalstaat zur künftigen Weltgesellschaft längst begonnen. Es gibt kein Zurück. Die Welt im 21. Jahrhundert kann nicht zu den Rezepten der Vergangenheit zurückkehren. Das Ende des Wachstums, der Klimawandel und die wachsende Ungleichheit der Welt und die daraus entstehenden Konflikte sind allesamt globale Probleme. Sie können nicht mit einer Rückkehr in nationalstaatliches Denken gelöst werden.

---

[18] Meinzer 2015: Steueroase Deutschland; Meinzer 2016: Auswirkungen von Steuervermeidung und Steuerhinterziehung auf die Entwicklungsländer

In dieser Situation fehlt es nicht an geeigneten Konzepten. Es fehlt aber umso mehr an der Fähigkeit der Politik, gute Konzepte umzusetzen. Deshalb glauben manche Leute, dass es besser wäre, wenn einer auf den Tisch haut und dass scheinbar starke Männer wie Putin oder Trump benötigt werden. Doch in Wirklichkeit hilft das nicht weiter. Im Gegenteil! Solche „Hauruck"-Politiker haben in der Geschichte die Probleme der Welt regelmäßig nur noch vergrößert – die letzten tragischen Beispiele waren der Einmarsch der USA in Afghanistan und der in den Irak unter George W. Bush.

Erinnern wir uns: In den ersten sechzig Jahren nach dem irrsinnigen Massenmorden des Zweiten Weltkrieges erlebte die Staatsform Demokratie einen triumphalen Siegeszug auf allen Kontinenten. Die Menschen hatten genug vom Nationalismus, von Diktatoren – von Hauruck-Politikern – jeglicher Couleur, die in der ersten Hälfte des 20. Jahrhunderts über 100 Millionen Menschen in den Tod getrieben hatten. Deshalb wurde nach dem Ersten Weltkrieg der Völkerbund, nach dem Zweiten die UNO und in Europa die Europäische Gemeinschaft gegründet.

Aber heute verblassen diese Erinnerungen. Je weniger man der Politik zutraut, je weniger Menschen die Demokratie für handlungsfähig halten, desto mehr wenden sich ab. Abstruse Verschwörungstheorien werden geglaubt. In Russland, der Türkei, in Thailand und selbst in Ungarn, mitten in der EU, punkten Regierungen mit Angriffen auf die Presse, auf die Justiz, sperren Oppositionelle ein und viele Menschen jubeln ihnen zu. In Österreich erreicht ein Rechtsaußen bei der Präsidentenwahl fast 50 Prozent, in Frankreich wird die Front National in einigen Regionen stärkste Partei, und dann kommt auch noch Donald Trump. Die Stunde des Populismus hat geschlagen.

It`s the democracy, stupid!

Ich bin überzeugt davon, dass Demokratie eine großartige Errungenschaft ist. Jahrtausende wurde die Menschheit von starken Männern regiert, von Diktatoren, Königen, Pharaonen, Parteisekretären und anderen Autokraten. Manchmal sogar gut. Aber meist waren diese Herrscher brutal, grausam und verbrecherisch – oft einfach nur dumm. Selbst zivilisierte britische Könige ließen noch vor 150 Jahren Millionen Iren schlicht verhungern, ohne auch nur auf die Idee zu kommen, ihnen zu helfen.[19] Natürlich weiß ich, dass auch die Demokratie nicht immer zu den besten Entscheidungen führt. Aber dafür können Regierungen abgewählt werden, bevor sie zu viel Schaden anrichten.

Leider ist die moderne Demokratie aber nicht wirklich modern. Alle vier Jahre ein Kreuz zu machen, ist keine Volksherrschaft. Lautstarke Reden und Talkshows sind keine demokratischen Dialoge. Auch die Rituale der Parteien verlieren an Attraktivität. Und die heutige Form der Gewaltenteilung stammt aus dem 18. Jahrhundert.

Die Organisation der heutigen Demokratie ist entstanden aufgrund der Erfahrungen der ersten Demokraten mit Kaisern und Königen und deren Beamten und Richtern. Das Wahlsystem zum US-Präsidenten stammt sprichwörtlich aus den Zeiten der Postkutsche: Man wählte einen Wahlmann, der mit der Kutsche nach Philadelphia – später dann nach Washington – fuhr, wo sich die Kandidaten vorstellten.

Heute hat die Demokratie es mit anderen Problemen zu tun: Mit internationalen Konzernen, die Politik für ein Geschäftshindernis halten und Regierungen unentwegt mit der Arbeitsplatzkeule drohen; mit Medienmonopolen wie dem von Berlusconi in Italien oder von Rupert Murdoch in England und in den USA. Dessen Fernsehsender haben mit Falschmeldungen entscheidend dazu beigetragen, dass die beiden Länder in den Irakkrieg zogen, dass der Klimawandel in den USA als chinesische Erfindung abgetan wurde und dass schließlich ein Trump Präsident wurde. Wir haben es mit Finanzmarktakteuren zu tun, die Staaten samt ihren Regierungen und der Bevölkerung erpressen können; und schließlich auch noch mit Populisten, die zum Nationalstaat des 19. Jahrhunderts zurück wollen.

In dieser Situation brauchen wir mehr als einige kleine Verbesserungen im politischen Dialog oder eine lautstarke Rede für Europa. Damit die Politik ertüchtigt wird, muss die Demokratie selbst so weiterentwickelt werden, dass sie in der Postwachstumsgesellschaft des 21. Jahrhunderts

---

[19] Während der großen Hungersnot von 1845 bis 1852 in Irland wurde umso mehr Getreide exportiert, je mehr Menschen hungerten, da die Iren kein Geld mehr hatten, welches zu kaufen, und die Getreidepreise gestiegen waren. Von 1840 bis zum Ende der britischen Herrschaft 1921 sank die Bevölkerung Irlands kontinuierlich von 8,3 Millionen auf weniger als die Hälfte. Viele verhungerten, noch mehr wanderten aus.

im Interesse der Menschen besser funktionieren kann. Wenn wir unsere Demokratie, unseren Sozialstaat, unser friedliches Zusammenleben retten wollen, wenn wir die Ungleichheit reduzieren, die Klimakatastrophe verhindern, das Ansehen der Politik wieder herstellen wollen, dann reicht kein Klein-Klein. Wir brauchen eine demokratische Erneuerung – eine Revolution der Demokratie selbst.

Ja – wir haben eine Chance

Was uns also fehlt, sind keine Steuerkonzepte, keine Klimakonzepte, keine Verkehrskonzepte usw. – die gibt es alle schon. Was uns fehlt, sind Konzepte für die Transformation der Demokratie. Wenn die ökologischen und ökonomischen Probleme lösbar sind, dann müssen wir uns jetzt Gedanken machen, wie wir die Demokratie so weiterentwickeln können, dass sie die scheinbare Alternativlosigkeit überwindet – dass sie sich von den Zwängen der Konzerne und Finanzmärkte emanzipiert. Und dass sie so handlungsfähig wird, dass Autokraten und Populisten nicht gebraucht werden und sich als das entlarven, was sie sind: Schaumschläger, die keine Lösungen haben, sondern alles nur noch schlimmer machen.

Genau davon handelt dieses Buch. Darum habe ich es geschrieben.

Und es gibt noch einen zweiten Grund für dieses Buch: Ich möchte Ihnen – den Lesern – Mut machen, sich zu engagieren, sich aktiv in die Demokratie einzumischen, Demokratie mit Leben zu erfüllen.

Auf die Frage des Zuhörers in Radolfzell, ob wir angesichts von wachsender Ungleichheit, ungelösten Umweltproblemen und populistischen Demagogen noch eine Chance haben, sagte ich deshalb entschieden „Ja"!

Ja – wir können den Tanz um das goldene Kalb der globalen Wirtschaft beenden, sogar ohne dass unser Lebensstandard darunter leidet. Wir können uns die Wirtschaft wieder zu Diensten machen, anstatt ihr zu Füßen zu liegen. Ja – wir können, müssen und wollen die Sorgen und Bedürfnisse der einfachen Menschen ins Zentrum der Politik rücken – und die Angst, etwas könne der Konkurrenzfähigkeit der Wirtschaft schaden, überwinden. Demokratie hat Zukunft – davon möchte ich Sie überzeugen.

„Manche mögen nach alldem nun einwenden: Demokratie ist doch kein Wunschkonzert. Doch, genau das ist sie! Im Gegensatz zu allen anderen Staatsformen ist allein die Demokratie in der Lage, sich ständig weiterzuentwickeln und in der Pflicht, die Wünsche des Volkssouveräns zum Ausdruck zu bringen.“ (Ute Scheub)[20]

Kapitel 1

Von Athen bis nach Paris

Eine kleine Geschichte der Demokratie

Am Anfang war der Sex – Despotien und Seefahrer – Als die Holländer die Welt beherrschten – Die Philosophen der Demokratie – Die Rolle der Mittelschichten

Letzte Woche erschien ein ungewöhnlicher Artikel in der TAZ über die ehemalige Sowjetrepublik Kasachstan.[21] Seit 25 Jahren regiert dort der Diktator Nursultan Nasarbajew. Bei der letzten Wahl 2015 bekam er 98 Prozent der Stimmen. Mittlerweile soll er ein Vermögen von sieben Milliarden US-Dollar angehäuft haben. Opposition wird konsequent mit Gefängnisstrafen unterdrückt. Nun berichtet die TAZ von jungen gebildeten modernen Menschen, die Nasarbajew für einen klugen Staatsmann halten, einen Patriarchen, der das Volk der 130 Ethnien zusammenhält, die russische Minderheit schützt, sich mit Putin gut versteht. Diese Menschen haben Angst davor, dass er stirbt und Chaos und Nationalismus ausbricht – wie in der Ukraine. Fazit: Lieber ein guter Diktator als Chaos und Unsicherheit.

Das erinnert an Russland. Die Menschen wählen Putin, weil sie die Chaoszeit der Wende, in der sich Oligarchen gnadenlos bereicherten, in schlimmer Erinnerung haben. Putin hat die Öl- und Gasquellen wieder

---

[20] Scheub 2017: Demokratie – Die Unvollendete

[21] Morasch 2017: Die mit dem Plan B

verstaatlicht und kann damit die Renten wieder zahlen – auch wenn das mit sinkendem Ölpreis schwieriger wird.

Ist das nun ein Trend? Nach dem Zweiten Weltkrieg war die Demokratie siebzig Jahre lang im Vormarsch. Heute bezeichnet sich fast jeder Staat irgendwie „demokratisch“ – selbst die Volksrepublik China nennt sich eine sozialistische Demokratie. Aber nach dem jährlichen Bericht von Freedom House nimmt die Freiheit in der Welt seit 2007 wieder ab.[22] Immer häufiger werden Machthaber wie Putin und Erdogan zwar demokratisch gewählt, stecken aber trotzdem Opposition und Journalisten ins Gefängnis – meist mit Zustimmung ihrer Wähler.

Wer heute für Demokratie kämpft, wer verstehen will, welche Chancen sie künftig hat und was man verbessern kann, der muss sich deshalb mit folgenden Fragen beschäftigen:

Wollen Menschen von Natur aus lieber demokratisch oder autoritär regiert werden? Welche Rolle hat die Demokratie in der Geschichte gespielt? Von welchen Bedingungen hängt es ab, ob Demokratie sich durchsetzen kann und ob sie stabil bleibt?

Ist der Mensch von Natur aus demokratisch?

Welche Regierung die beste ist und der Natur des Menschen am meisten entspricht – das hat Philosophen und Historiker seit Urzeiten beschäftigt. Manche hielten die Menschen von Natur aus für gut wie Rousseau[23]. Andere glaubten, sie seien schlecht und brauchen einen König, der Blutvergießen verhindert, wie Hobbes es in seinem Hauptwerk Leviathan[24] vertrat. Auch über die Frage, was den Menschen eigentlich so erfolgreich machte, gingen die Meinungen auseinander. Mal war es die Seele, der Glaube an Gott, das große Gehirn, der Werkzeuggebrauch und bei Friedrich Engels schließlich die Arbeit, die den Menschen vom Tier unterscheiden sollte.[25]

Heute wissen wir es besser:[26] Die gemeinsame Brutpflege, Sex und eine unglaubliche Flexibilität und Anpassungsfähigkeit sind es, die den Men-

---

[22] Puddington/Roylance 2016: Freedom in the World

[23] Rousseau 1755: Abhandlung über den Ursprung und die Grundlagen der Ungleichheit unter den Menschen

[24] Hobbes 1651: Leviathan

[25] Engels 1886: Anteil der Arbeit an der Menschwerdung der Affen

[26] Leakey/Lewin 1982: Die Menschen vom See; Schneider 1995: Wir Neandertaler; Shostak 1981: Nisa erzählt

schen ausmachen. Die ersten Menschen waren kleine bereits aufrechtgehende Affen, die eine Besonderheit hatten: Sie lebten in Sippen von ein bis zwei Dutzend Mitgliedern zusammen, die ihre Jungen gemeinsam aufzogen. Diese gemeinsame Brutpflege war ihre Spezialität – ihr Selektionsvorteil! Deshalb trugen sie ihre Nahrung zu einem Platz, wo sie gemeinsam verzehrt wurde. Das klingt einfach, war aber sehr kompliziert! Denn nach dem Gesetz von Darwin gibt es Altruismus nur gegenüber ganz nahen Verwandten – also Kindern und Geschwistern. Der Einzelne – der einem Fremden etwas abgibt – muss darauf vertrauen können, dass er oder sie etwas zurückbekommt.

Damit die gemeinsame Brutpflege funktionierte, entwickelten die Menschen eine unglaubliche Vielfalt von sozialen Verhaltensmustern, die Abhängigkeiten schaffen und Missbrauch verhindern sollten: Liebe, Vertrauen, Eifersucht, Hass (gegen Betrüger), Misstrauen (gegen Fremde), Witze und Aggression, Schmeichelei, Lüge, Ironie sowie das Spielen als soziales Training. Beim Sex irrte die Kirche total: Sex diente nicht der Fortpflanzung, sondern vor allem als emotionaler Kleister, weshalb Menschen anders als die meisten anderen Säugetiere jederzeit dazu Lust haben und nicht nur während des Eisprungs. Sowieso waren Frauen noch ziemlich gleichberechtigt – wenn es auch meist eine strikte Arbeitsteilung gab.

Noch komplizierter wurde es, als benachbarte Sippen begannen, sich meist einmal im Jahr an einem futterreichen Platz zu treffen, um dort Partner zu finden, seltene Fundstücke und Schmuck zu tauschen, Feste zu feiern und Geschichten zu erzählen. So entstand der Stamm – ein Solidarverband von 150 bis 500 Menschen mit engen Bindungen. Er war eine Art urzeitliche Lebensversicherung. Wenn eine Sippe in Notzeiten in Schwierigkeiten geriet, dann konnten ihr andere helfen oder sie sogar zeitweise aufnehmen. Aber der Stamm bestimmte auch die Grenze, wer dazu gehörte und wer ein Fremder war und in Zeiten knapper Ressourcen bekämpft wurde.

Es ist dieser riesige emotionale Ballast oder Reichtum, mit dem wir heute noch zu tun haben – insbesondere in der Politik. Immer noch ist der Bundespräsident unser emotionaler Sippenhäuptling. Immer noch ist Demokratie eine vergrößerte Stammesversammlung – ein Palaver – mit Vorwürfen, Beifallskundgebungen, Verdächtigungen, Selbstdarstellungen und vielem mehr. Am besten erlebt man das in Bürgerversammlungen der Gemeinde oder auch auf Parteitagen – die in der Regel in etwa

Stammesgröße haben. Und wie heute waren solche Versammlungen mehr oder eben auch weniger demokratisch. Selbst wenn der Sohn eines Häuptlings als Nachfolger gewählt wurde, so wurde er doch nur aufgrund seiner natürlichen Autorität akzeptiert – es reichte nicht, wenn sein Vater schon Häuptling war.

Aber die Erkenntnis, dass Liebe und Eifersucht, Altruismus und Fremdenhass genetisch im Zwischenhirn verankert sind, enthält nur die halbe Wahrheit. Die andere Hälfte ist noch wichtiger: Der Mensch ist keineswegs auf ein bestimmtes Verhalten festgelegt, sondern im Gegenteil extrem variabel. Von den patriarchalischen Strukturen mit Haremsbildung der Viehzüchter in den Steppen bis zum sehr egalitären Verhalten bei den Cherokee-Indianern oder dem weiblichen Erbrecht der Friesen an der Nordsee ist bei den Menschen alles möglich. Erst das hat sie befähigt, sich an die unterschiedlichsten Ökotope dieser Erde anzupassen – vom tropischen Regenwald bis zur Eiswüste Grönlands, die unterschiedlichsten Gesellschaftsformen zu bilden und die unterschiedlichsten Rollen und Berufe zu lernen: Sammler, Jäger, Bauer, Fischer, Viehzüchter, Händler, Friseur, Verkäufer, Lehrer, Soldat, Wissenschaftler, Zahnarzt, Ingenieur, König und Präsident.

Die Agrardespotien

Die erste große Revolution in der Geschichte der Menschheit war die Erfindung des Ackerbaus – zunächst im Nahen Osten vor circa 10.000 Jahren. Sie führte zu einem dramatischen Anstieg der Bevölkerungsdichte. Sie war begleitet von zahllosen Erfindungen – vor allem zum Anbau von Nahrungspflanzen, ihrer Lagerung und Verarbeitung, der Tierzucht und Pflanzenzucht. So kam es zu einer radikalen Veränderung des gesamten Lebens. Heute weiß man, dass das Leben keineswegs einfacher und besser wurde. Im Gegenteil: Aufgrund der einseitigen Abhängigkeit vom Ernteertrag weniger Pflanzen wurden Hungersnöte sogar häufiger. Durch das enge Zusammenleben mit Tieren übertrugen sich zahlreiche Infektionskrankheiten, die die Lebenserwartung oft drastisch reduzierten. Wenn die Nahrung knapp wurde, kam es zu Raubüberfällen und regelrechten Kriegen, da die Bauern nicht mehr einfach einem überlegenen Gegner ausweichen konnten. Sie mussten ja ernten. Wenn ein Stamm Arbeitskräfte brauchte, dann wurden diese gefangen: Die ersten Sklaven der Geschichte. Doch politisch änderte sich noch wenig. In den frühen Ackerbaugesellschaften wirtschaftete man gemeinsam und relativ gleichberechtigt. So ging das mehr oder weniger demokratisch organisierte Zusammenleben in Sippen und Stämmen noch für Tausende von Jahren weiter.[27]

Dann aber kam vor etwa 5.000 Jahren die zweite große Revolution und damit die endgültige Vertreibung aus dem Paradies: Die Entstehung von Städten und Staaten. Auslöser waren die Viehzucht und/oder die Vorratshaltung in Stammestempeln – sprich die Konzentration von Eigentum. Damit verbunden begann eine erneute Revolution der Technologie und des Wissens: Pflug, Rad, Ochsengeschirr und Wagen, Segelschiff, künstliche Bewässerung, Obstzüchtung, Dünger, Kupfer- und Bronzeverarbeitung, Ziegelstein, Schrift, Architektur, Mathematik. Besonders bei den Viehhirten in den Steppen waren die Eigentumsunterschiede schon früh sehr groß. Dort bildeten sich erstmals Stämme mit Tausenden von Menschen. An der Spitze stand nun ein Häuptling oder König – der üblicherweise das Oberhaupt der reichsten und mächtigsten Sippe war. Oft machten die kriegerischen und mobilen Hirten die anliegenden Ackerbauern tributpflichtig und entwickelten sich so zu einer Adelsschicht. In anderen Gegenden wurden die Hüter der Getreide- und Ölvorratstempel zu Priestern und Königen.

So entstanden die Städte und mit ihnen die ersten Agrarstaaten – oder besser Agrardespotien. In diesen Staaten stieg die Bevölkerungsdichte nicht selten um das Zehnfache an. Wo sich erst mal Herrscher herausgebildet hatten, konnten diese den Bauern das Mehrprodukt abpressen und damit Soldaten und Steuereintreiber – später auch Künstler und Handwerker, Kaufleute und Dienstboten – ernähren und vergüten. Meist umfasste der Adel nur ein bis zwei Prozent der Bevölkerung. Über neunzig Prozent der Bevölkerung waren Bauern und mussten oft die Hälfte ihrer Produkte wie Getreide, Vieh oder Pelze – später auch in Geldform – abgeben. Oder sie mussten regelmäßig – oft jahrelang – für die Herrscher Fronarbeit leisten, um gigantische Tempelanlagen, Straßen, Kirchen und Befestigungen zu bauen.

Die Macht des Adels und der Agrarherrscher war stets mit der Kontrolle eines Territoriums verbunden. Um die Vorratstempel entstanden Städte. Um die Besitzstände und die Schulden aufzuzeichnen, erfanden die Sumerer, die Chinesen, die Mayas und andere Völker die ersten Schriften.

---

27 Bei den folgenden Darstellungen folge ich u. a. Nolan/Lenski 2009: Human Societies; Harari 2011: Eine kurze Geschichte der Menschheit

Und mit der Erfindung der Schrift begann vor etwa 5.000 Jahren die Geschichte der Menschheit (die Zeit vorher nennt man Vorgeschichte). Aber die Zeit der technologischen und Wissensrevolutionen war damit – erst mal – wieder vorbei.

Heute erscheint es geradezu erstaunlich, dass die gleiche Art von Menschen, die mindestens 100.000 Jahre in egalitären Gesellschaften gelebt hatte, von einer kleinen Minderheit ihresgleichen immer mehr und immer grausamer versklavt werden konnten. Die Soziologen Lenski und Nolan kommen in ihrer Bilanz zum Ergebnis, dass seit der Entstehung der Klassengesellschaften nur die Oberschicht kontinuierlich vom Fortschritt profitiert hat – siehe die nebenstehende Grafik. Für die Masse der Menschen wurde die Unterdrückung immer schlimmer. Erst mit der Industriegesellschaft und der Entstehung des Sozialstaates nahmen die Freiheit, sein Leben zu gestalten, die Freiheit vom täglichen Kampf um Nahrung, die Freiheit von Elend und Krankheiten, endlich zu.

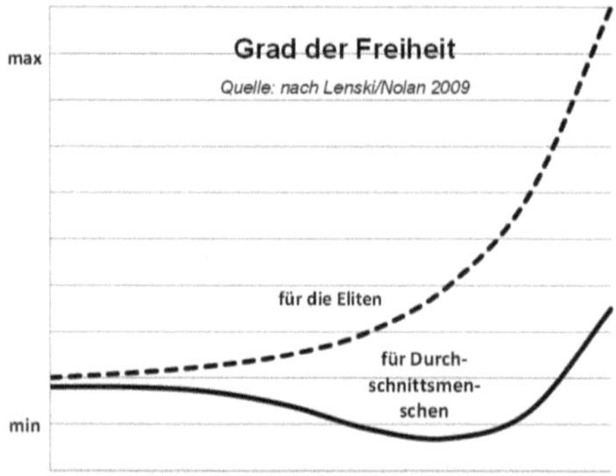

Diese Entwicklung hin zu den großen Agrarstaaten und zu brutalen Klassengesellschaften vollzog sich unabhängig voneinander überall in der Welt – von China bis hin zu den Azteken in Mexiko. Ideologisch wurde die Herrschaft gerechtfertigt, indem die Könige zu Göttern wurden oder göttlich legitimiert wurden. In Europa wurde dies durch die christliche Kirche perfektioniert. Interessanterweise dauerte es bis 1944, bis Papst Pius XII. und damit die katholische Kirche die Demokratie als Staatsform per Edikt akzeptierte und endlich von der gottgewollten christlich-katholischen Monarchie als Idealbild eines Staates Abschied nahm.[28]

Fazit 1:

Die Menschen können Demokratie, Konsensfindung und Aushandeln von Kompromissen. Aber sie sind flexibel und oft opportunistisch und lernten auch unter schlimmsten Verhältnissen der Klassengesellschaf-

---

[28] Ebert 2010: Soziale Gerechtigkeit

ten und der Sklaverei zu überleben. Deshalb werden sich die Menschen jeweils für die Form aussprechen, von der sie sich die besten Chancen für sich und ihre Kinder versprechen.

Prädemokratien

Auch in den 5.000 Jahren, in denen die Klassengesellschaften der Agrarstaaten dominierten, gab es immer wieder auch Ausnahmen, Vorformen von Demokratien – ich nenne sie deshalb Prädemokratien: Diese Prädemokratien waren Nischengesellschaften am Rande der großen Agrarstaaten.

Freie Bauern und Seefahrer

In den engen Bergtälern der Schweiz konnten die Bauern ihre urtümliche Demokratie bis Ende des 18. Jahrhunderts erhalten, da die Versuche von auswärtigen Fürsten, sie zu unterjochen, immer wieder scheiterten. Berühmt waren auch die Irokesen in Nordamerika, deren „egalitäre Konsensdemokratie" möglicherweise einen direkten Einfluss auf die Verfassung der USA gehabt haben soll.[29] Die reichen Marschbauern in Dithmarschen konnten ihre Freiheit bis Ende des 16. Jahrhunderts verteidigen, indem sie den Einmarsch von Ritterheeren durch das Öffnen der Deiche verhinderten, so dass die Ritter ertranken. Ähnliches galt für die Friesen an der Nordseeküste und die Wikinger mit ihren Volksversammlungen (Things[30]) in Skandinavien. Dort betrieben die Frauen die Landwirtschaft, die Männer fuhren als Händler zur See, manchmal plünderten sie auch und sorgten für ihren schlechten Ruf. Oder sie traten in den Dienst fremder Könige – aber immer als freie Menschen.[31] Die benach-

---

[29] Benjamin Franklin, Mitverfasser der US-Verfassung, soll tief beeindruckt von der antiautoritären Haltung und der föderalen Verfassung der sechs Irokesenstämme gewesen sein. Siehe Wagner 2004: Irokesen und Demokratie

[30] Noch heute heißen die Parlamente in Dänemark Folketing (Volks-Thing), in Norwegen Storting (der große Thing) und in Island Althing.

[31] Das hinderte sie nicht daran, selbst Sklaven zu halten – meist Kriegsgefangene. In Russland wurden die Waräger (wie sie dort genannt wurden) später selbst Sklavenhändler und verkauften Hunderttausende von Einwohnern (daher der Name Slaven) an das byzantinische Reich und die arabischen und persischen Kalifate.

barten Feudalreiche ließen sie lange Zeit in Ruhe, solange Eroberungsfeldzüge zu kostspielig waren und regelmäßige Abgaben nicht zu bekommen waren.

Nach der Entdeckung – oder besser Eroberung – Amerikas wurden zuvor dünn besiedelte Gebiete im Norden der USA und in Kanada, später auch in Australien, Neuseeland und teilweise in Südafrika von Bauern aus Europa erobert und besiedelt. Hier gab es viel Land und es herrschte ein Mangel an Arbeitskräften. Das traditionelle Klassensystem brach rasch zusammen. So bildeten sich am Rande der Zivilisation erneut Prädemokratien, lokale Gesellschaften freier Bauern mit Selbstverwaltungsstrukturen.

Dort jedoch, wo die Arbeit von unterdrückten Eingeborenen oder importierten Sklaven gemacht wurde, wie in den Südstaaten der USA, in Lateinamerika und in den meisten Gegenden Afrikas und Asiens entstanden die Kolonialsysteme, also neue agrarische Klassengesellschaften mit den Einwanderern als herrschender Klasse.

Das Mittelmeer und die Kaufmannsrepubliken

Ein völlig anderer Typus von Prädemokratien entstand im ersten Jahrtausend vor Christus in Handelsstädten wie Athen, die über Jahrhunderte den Handel im Mittelmeer beherrschten. Lenski und Nolan bezeichnen diesen Gesellschaftstyp als „maritime Gesellschaft“.[32] Häufig wird auch die Bezeichnung Thalassokratie verwendet.[33] Es begann mit den phönizischen Städten wie Tyros und Byblos im Osten und den Etruskern im Westen, dann folgten die Griechen und schließlich Rom. Athen war das berühmteste Beispiel. Typisch für diese Gesellschaften war, dass Erfolg und Wohlstand nicht vom Ackerbau herrührten, sondern vom Handwerk und Seehandel. Wichtig für die Entstehung der Demokratie war die Beweglichkeit der Produktionsmittel. Die Schiffe wurden von freien Bürgern gerudert – sie bildeten also quasi gemeinschaftliche Handelsunter-

---

[32] Nolan/Lenski 2009: Human Societies

[33] Der Begriff stammt wohl aus den Historien von Herodot (ca. 470 v. Chr.). Auf Wikipedia wird er so beschrieben: Eine Thalassokratie (vom altgriech. θάλασσα, thálassa = „Meer“ und κρατία, kratía = „Herrschaft“) ist ein maritim-kommerziell ausgerichteter Staat oder eine Vereinigung von Staaten, die über eine auf der Seemacht beruhende Überlegenheit zur Sicherung ihres Handelsmonopols sowie über eine leistungsfähige Wirtschaft und Handelsflotte verfügt.

nehmen. Da wollte jeder mitreden. Und wenn ein Stadtkönig versuchte, den Kaufleuten zu viele Abgaben abzupressen, konnten diese mit den Schiffen wegfahren und sich woanders niederlassen – was sie auch häufig taten.

Allerdings eine Demokratie im heutigen Sinne war Athen nie. Im alten Athen waren nur maximal zehn Prozent der Bevölkerung in der Volksversammlung stimmberechtigt – nicht die rechtlosen Sklaven, die die Mehrheit der Bevölkerung darstellten, nicht die Frauen und auch nicht die Metöken, die „Ausländer" – meist Griechen aus dem Umland ohne Bürgerrecht in Athen. Auch für Karthago (eine Gründung der Phönizier) ist dokumentiert, dass die führenden Beamten, der Ältestenrat und die Feldherren vom Volk gewählt wurden. Bei den Etruskern, deren Reichtum auf dem Eisenerzabbau auf Elba, der Eisenverhüttung und dem Handel im gesamten Mittelmeerraum beruhte, wurden die ehemals erblichen Priesterkönige später ebenfalls jährlich gewählt.

Das gleiche passierte in Rom.[34] Auch Rom war zunächst eine Handelsstadt – in unfruchtbarer Landschaft mit sandigem Boden an der einzigen Furt über den Tiber gegründet. Hier kreuzten sich vier Handelswege – darunter die via salaria (Salzstraße) zur Adria. Zugleich war der Tiber der einzige schiffbare Fluss auf der Ostseite des Stiefels. Als Rom unter etruskische Herrschaft geriet, übernahmen die Römer die Schrift, die Toga und Tunika als Kleidung, die Religion und schließlich auch die Republik – eine Prädemokratie – besser Wahlaristokratie – mit einem Senat gebildet aus Vertretern der vornehmen Familien und gewählten Konsuln und Beamten.

Mit dem Sieg der Römer gegen die Karthager und Griechen ging dann diese Geschichtsepoche der Maritimen Gesellschaften im Altertum zu Ende. Die römische Republik wurde zur Landmacht, die den Seehandel kontrollierte. Die freien Handelsstädte wurden unterjocht. Rom, die allein übrig gebliebene Herrscherin des Mittelmeeres, wandelte sich politisch zum despotischen Agrarstaat – im römischen Reich lieferte die Landwirtschaft wieder 95 Prozent der Steuern.

---

[34] Zu der Entwicklung Roms auf Basis der etruskischen Kultur siehe Keller 1970: Denn sie entzündeten das Licht

Die zerfranste Halbinsel Europa und der Aufstieg der Bürger

Es dauerte danach fast tausend Jahre, bis nach dem Zusammenbruch des römischen Reiches erneut reiche Handelsstädte entstanden, die den Agrarstaaten mehr oder weniger Selbstständigkeit abtrotzen konnten. Erneut entstanden Stadtrepubliken – zunächst in Norditalien, dann die Hansestädte an der Nordsee und die freien Reichsstädte in Mitteleuropa. Auch diese mittelalterlichen Stadtstaaten waren eher Oligarchien als Demokratien im heutigen Sinne. In Venedig zum Beispiel waren die Sitze im großen Rat erbliche Familiensitze. Von den 150.000 Einwohnern der Stadt gehörten im 15. Jahrhundert etwa 7000 – also fünf Prozent – zum wahlberechtigten Kaufmannsadel. Besonders interessant war in Venedig übrigens das ausgesprochen komplizierte Verfahren, mit dem die Dogen (Stadtoberhäupter) so gewählt wurden, dass keine mächtige Familie die Oberhand gewann (in Kapitel 8 werde ich darauf zurückkommen).

Interessant ist auch die Frage, warum diese besondere Entwicklung – die Entstehung von prädemokratischen Städten – gerade in Europa stattfand. Ursache war vermutlich die Geografie. Ein Blick auf die Karte der alten Welt zeigt Europa als eine zerfranste und von Meeren umtoste Halbinsel am Rande der großen Kontinente Afrika und Asien. Nach dem Zusammenbruch des römischen Reiches spielte Europa in der Weltgeschichte nur noch eine unbedeutende Rolle. Die großen Reiche mit teilweise über hundert Millionen Einwohnern, führend in Wissenschaft und Philosophie und mit unglaublichen Reichtümern, lagen in Asien und im Orient.

Während aber in Asien und Nordafrika die großen Handelsrouten wie die Seidenstraße durch die Steppen und Wüsten verliefen und von den Agrarimperien kontrolliert wurden, dominierte in Europa die Schifffahrt entlang der Küsten und Flüsse. Die Landwege dagegen waren mühsam im unwegsamen, waldbedeckten und durch Gebirgszüge zersplitterten Europa. Deswegen blieb Europa der einzige Teil Eurasiens, der nie erobert wurde – sogar die Mongolen drehten ab. Die Zentralmächte waren meist schwach und verbündeten sich später sogar mit den reichen Bürgern der befestigten Städte gegen die regionalen Fürsten. China dagegen war eine Landmacht, durch Gebirge abgeriegelt, schon früh als ein Reich geeinigt, das regionale Selbständigkeit kaum zuließ. In China konnte der Kaiser zeitweilig sogar die Schifffahrt verbieten. Auch in Indien, in Innerasien, in Afrika und im vorderen Orient gab es stets große, mächtige Reiche, die die Kaufleute in den Handelsmetropolen, den reichen Häfen wie den Oasenstädten an den Karawanenstädten wie Taschkent, Damaskus, Babylon oder Timbuktu unter Kontrolle hielten.

So waren es denn Europäer, nämlich die Spanier und Portugiesen, die mit dem Schiff nach Amerika und um Afrika fuhren. Zunächst plünderten sie nur und brachten Gold und Silber nach Hause. Mit dem Reichtum weitete sich auch der Handel immer mehr aus. Reiche Kaufleute rüsteten Schiffe aus, die erst durch das Mittelmeer, dann um Afrika herum Handel betrieben und Handelsstützpunkte gründeten. Schritt für Schritt verlagerte sich der Welthandel von den Karawanenstraßen wie der Seidenstraße auf die Weltmeere.[35]

Und dann geschah 1581 etwas Ungeheuerliches: Die drei calvinistischen Provinzen Holland, Zeeland und Utrecht des Königreiches Spanien, die fernab vom Mutterland an der Nordsee lagen, erklärten ihre Unabhängigkeit von der spanischen Krone.[36] Was war passiert?

Die Niederlande waren damals die wohl am dichtesten besiedelte Region in Europa. Die Handelsstädte an der Rheinmündung waren durch ihre ideale Position, die den Rheinhandel, den Ostseehandel und den Amerikahandel verband, reich geworden. Hier dominierte nicht mehr die Landwirtschaft, sondern die Mehrheit der Menschen lebte in Städten und es entstand ein wohlhabender Mittelstand aus Kaufleuten und Handwerkern. Zum ersten Mal in der Geschichte übernahm das Bürgertum in einem Flächenstaat die Herrschaft, wenn auch nur in einem kleinen Küstenstrich an der Flussmündung des Rhein.

Was dann aber geschah, war noch ungewöhnlicher. Die zahlreichen Handelsgesellschaften wurden unter dem Druck einflussreicher Kaufleute zu zwei Monopolen zusammengeschlossen – der Ostindischen Kompanie und der Westindischen Kompanie. Der Staat übertrug diesen das Recht, Truppen aufzustellen, Festungen zu bauen und Kriege zu führen. Praktisch wurde die Außenpolitik privatisiert. Im kommenden Jahrhundert erwarb die Ostindische Kompanie das Monopol im Gewürzhandel nach Hinterindien, während die Westindien-Kompanie ihr Monopol im Sklavenhandel zwischen Afrika und Amerika durchsetzte.

So wurde dieses winzige Land zur führenden Handelsmacht der Welt. Die Niederlande wurden unvorstellbar reich, relativ (prä-)demokratisch und liberal. Nirgends in Europa konnten auch einfache Menschen so gut leben. Nirgendwo anders gab es so viele Freiheiten wie hier. Berühmte Künstler, Wissenschaftler und Philosophen wie Descartes zog es in die

[35] Frankopan 2015: Licht aus dem Osten

[36] Driessen 2016: Geschichte der Niederlande. Von der Seemacht zum Trendland

Niederlande. Doch der Reichtum basierte auf der grausamen und brutalen Unterdrückung von Millionen Menschen in den Kolonien und dem Sklavenhandel. Und eine wirkliche Demokratie waren die Niederlande nicht. Noch bis 1917 sorgte das Zensuswahlrecht[37] dafür, dass die reichen Kaufleute allein das Sagen hatten.

Abgelöst wurden die Niederlande als Welthandelsmacht schließlich Ende des 18. Jahrhunderts durch den Inselstaat England. Auch das war kein Zufall: England war der erste große Agrarstaat, in dem die Kaufleute, die Seefahrer – das Bürgertum – die Macht ergriffen. Im 16. Jahrhundert war England noch eine typische Agrargesellschaft mit einer Seeräuberabteilung. Die Piraten mit staatlichem Freibrief wie Sir Francis Drake plünderten die spanischen Schiffe, die das Gold und Silber aus Amerika holten und lieferten zu Hause soviel ab, dass Königin Elisabeth I. ihnen freie Hand ließ.

Als die Spanier genug davon hatten, schickte 1588 König Philipp II. die Armada, die damals größte Flotte der Welt, gegen England, um Elisabeth I. zu stürzen und die Piraterie zu unterbinden. Es war jedoch zu spät. Die britischen Seeräuber hatten schnellere und wendigere Schiffe entwickelt. Diese statteten sie mit weniger Kanonen und Besatzung aus, dafür hatten die Kanonen aber eine größere Reichweite. Die Versuche der Spanier, mit ihren großen Besatzungen britische Schiffe zu entern, liefen daher ins Leere. Nachdem die spanische Armada vor England durch Stürme dezimiert und der Rest durch die Engländer weitgehend zerstört worden war, begannen die Engländer nach und nach auch gegen die überlegenen Niederländer aufzumucken. Und nach mehreren Bürgerkriegen entstand im 17. Jahrhundert auch in England eine Prädemokratie, die von einem Bündnis von reichen Kaufleuten und Adligen beherrscht wurde – die erste konstitutionelle Monarchie.

> **Fazit 2:**
>
> Es waren vor allem Seefahrer und Kaufleute, die immer wieder mehr oder weniger (prä-)demokratische Formen gegen die Alleinherrschaft von Königen und Kaisern durchgesetzt haben.

---

[37] Beim Zensuswahlrecht ist das aktive und passive Wahlrecht an die Höhe der Steuerzahlungen gebunden – teilweise hatten die Stimmen je nach Steuerzahlung auch ein unterschiedliches Gewicht, wie bei einer Aktiengesellschaft. So war es in Preußen.

Philosophen und Revolutionen

Der Aufstieg der Kaufleute – zunächst in den freien Städten, dann in den Niederlanden und in England – hatte eine erstaunliche Wirkung: Er brachte, beginnend in den Bürgerstädten in Italien und Mitteleuropa, die dritte Revolution in Technik und Wissen hervor[38]: Die Revolution der Seefahrt, die Revolution der Kriegsführung, die Druckpresse als Auslöser einer Wissensexplosion und schließlich die Nutzung der gespeicherten Energien Kohle und Öl, das waren die Meilensteine. Als die Kaufleute damit anfingen, gezielt Waren für den Handel produzieren zu lassen, und darauf im 18. Jahrhundert immer mehr Menschen begannen, vom Land in die Städte zu strömen, entstand eine neue Klasse, die Arbeiterschaft. Damit begann das Gleichgewicht der Agrarstaaten zu kippen.

Dies war der Hintergrund, vor dem im 17. und 18. Jahrhundert Philosophen darüber nachdachten, was eigentlich der Staat sei und wie eine gute Regierung aussehen sollte. Montesquieu entwickelte die Theorie der Gewaltenteilung.[39] Damals ging es ihm noch um die Teilung der Macht zwischen dem von Gott eingesetzten König und dem von reichen Bürgern gewählten Parlament. Der König sollte die Regierung einsetzen (die Exekutive) und das Parlament (die Legislative) sollte die Regeln dafür machen – die Gesetze –, denn schließlich zahlten die reichen Bürger Steuern. Eine unabhängige Justiz (die Judikative) sollte darüber wachen, dass die Gesetze eingehalten werden. Ganz anders klang es dann bei Rousseau: Er setzte 1762 anstelle der göttlichen Ordnung den Gesellschaftsvertrag[40], den die Bürger frei miteinander vereinbaren (contract social). Gott und König kamen da nicht mehr vor.

In größerem Stil realisiert wurden diese Ideen erstmals, als 1776 dreizehn britische Kolonien die Unabhängigkeit der Vereinigten Staaten von Amerika erklärten. Von einer Demokratie im heutigen Sinne konnte jedoch immer noch nicht die Rede sein. Damals bestand die USA aus drei Teilen: Die oligarchisch regierten Handelsstädte an der Ostküste, in denen Großgrundbesitzer, Kaufleute und bald auch Fabrikanten dominierten,

---

[38] Die erste Revolution war der Übergang zu Ackerbau und Viehzucht. Die zweite Revolution war verbunden mit der Entstehung der Städte und Staaten und brachte Metallverarbeitung, Rad und Wagen und vieles mehr – siehe oben.

[39] Montesquieu 1748: Vom Geist der Gesetze

[40] Rousseau 1755: Abhandlung über den Ursprung und die Grundlagen der Ungleichheit unter den Menschen

die Sklavenhaltergesellschaft der Südstaaten und drittens das weite Siedlerland mit freien Bauern im Westen. Nicht einmal sechs Prozent der Bevölkerung besaßen anfangs das Wahlrecht. Denn Wählen durfte nur die weiße männliche Oberschicht, also Kaufleute und Landbesitzer. Nicht wahlberechtigt waren die schwarzen Sklaven (ein Sechstel der Bevölkerung), die Indianer (damals wohl noch ein Zehntel), die Arbeiter, die Dienstboten und andere abhängig Beschäftigte ohne Land und Besitz sowie alle Frauen.[41] Es sollte dann noch 190 Jahre dauern, bis 1966 das gleiche Wahlrecht für Schwarze in allen US-Staaten durchgesetzt wurde.

Die erste Demokratie, in der die Gleichheit der Menschen (besser gesagt der Männer) proklamiert wurde, war dann überraschenderweise Frankreich. Paris war die zweitgrößte Stadt in Europa nach London – ein brodelndes Fass. Auslöser des Aufstandes waren eine Hungersnot im Lande und die kompromisslose Haltung des Adels, der trotz drohender Staatspleite keine Steuern zahlen wollte. So kam es zu einem Bündnis zwischen dem wohlhabenden Bürgertum, dem ländlichen Klerus, den Bauern und den städtischen Armen.

Auch in Frankreich war nach der ersten Verfassung von 1791 nur die besitzende Oberschicht wahlberechtigt. Es ist bemerkenswert, dass keiner der Philosophen und Enzyklopädisten, die die Revolution geistig vorbereitet hatten, die Sklaverei in Frage stellte. Frauenvereine, die das Wahlrecht forderten, wurden von den Jakobinern verboten. Die Schriftstellerin Olympe de Gouges wurde durch die Guillotine hingerichtet. Sie hatte öffentlich Robespierre und die Verfassung kritisiert, da die Menschenrechte (wörtlich „droits de l'homme", was man auch mit „Mannesrechte" übersetzen kann) nur für Männer galten. Die zweite (die jakobinische) Verfassung von 1793 mit allgemeinem Wahlrecht der Männer und Abschaffung der Sklaverei trat dagegen nie in Kraft. Sowieso war die Demokratie nur eine kurze Episode. Denn als Frankreich angegriffen wurde, übernahm bald ein General die Macht und ließ sich zum Kaiser krönen. Aber die Erklärung der Menschenrechte war ein Fanal, das in den folgenden zwei Jahrhunderten den gesamten Erdball aufrütteln sollte.

---

[41] Zinn 1980: A People's History of the United States

Die Mittelschicht und die Demokratie

Bevor ich im nächsten Kapitel zu den erstaunlichen Ereignissen der letzten zweihundert Jahre, der Zeit des Kapitalismus, komme, lohnt sich nun ein erster Rückblick. Wer die Geschichte der Demokratie zurückverfolgt, wird immer wieder auf die Bedeutung von Mittelschichten gestoßen. Seit der Entstehung der ersten Agrarstaaten war die Kontrolle über den Boden die Grundlage der Herrschaft von autokratischen Fürsten, Königen und Pharaonen. Eine breitere Beteiligung von Menschen an der Regierung gab es nur dort, wo sich Mittelschichten herausbildeten – meistens in autonomen Handelsstädten. Im alten Athen waren es Handwerker, Schiffseigner und freie Bauern, die die Demokratie trugen. Da der Reichtum von Hafenstädten nicht auf Grundbesitz, sondern auf Schiffen beruhte, die wegfahren können, konnte sich in solchen „Maritimen Gesellschaften" keine autokratische Herrschaft halten.

Immer wieder bildeten sich im Mittelmeerraum solche Handelsgesellschaften mit (prä-) demokratischen Strukturen heraus: In den Stadtstaaten der Phönizier, der Etrusker und der Griechen wurden die Regierenden gewählt oder sogar ausgelost. Diese Zeit der Stadtstaaten endete jedoch mit der Herrschaft Roms über das gesamte Mittelmeer. Tausend Jahre später findet man erneut solche Stadtstaaten: Die italienischen Handelsrepubliken wie Venedig und Genua und die Hansestädte in Nordeuropa. In den Niederlanden entstand nach der Loslösung von Spanien vermutlich zum ersten Mal in der Weltgeschichte ein Flächenstaat, dessen Reichtum und Macht nicht mehr auf dem Grundbesitz, sondern auf dem Handel und seinen Schiffsflotten beruhte. Im 17. Jahrhundert folgte dann England und schuf damit die Voraussetzungen für die industrielle Revolution.

Auch heute noch sind eigenständige Mittelschichten die Grundlage für die Herausbildung einer stabilen Demokratie. Die Mächtigen und Reichen kamen ja zu allen Zeiten mit Diktaturen und Monarchien gut zurecht. Aber der Mittelstand braucht eine faire, gerechte Ordnung, die ihn vor Übergriffen der Mächtigen schützt. Schon Aristoteles war der Meinung, dass es am besten für eine stabile und gemeinwohlorientierte politische Ordnung sei, wenn es nur wenig Reiche und wenig Arme gibt, dafür aber eine breite Mittelschicht von Bürgern, die ein kleineres Vermögen besitzen.[42]

---

[42] Aristoteles ca. 350 v. Chr.: Politik – Schriften zur Staatstheorie

Fehlt diese Mittelschicht, dann ist die Gesellschaft immer wieder anfällig für autoritäre Strukturen. Denn dann ist ein Aufstieg in der Gesellschaft nicht durch eigene Anstrengung möglich, sondern nur als Gefolgsmann der Mächtigen und Reichen. Wo es keine Mittelschicht gab – wie in Lateinamerika und heute noch in vielen Teilen Afrikas – sind die Demokratien stets instabil und es gelingt immer wieder einzelnen Mächtigen, Reichen oder häufig Militärs, die Unterschichten gegen das liberale Bürgertum zu mobilisieren. Auch Rohstoffstaaten, wie Russland oder Saudi-Arabien, wo es der Elite leicht fällt, die Gewinne zu zentralisieren, leiden unter autokratischen Strukturen.

Und damit komme ich nun zu der Geschichte der letzten zweihundertfünfzig Jahre: die Zeit des Kapitalismus.

„Das untere Drittel wurde wirtschaftlich, sozial und kulturell abgehängt. Dies ist das gebrochene Versprechen der Demokratie, die neben Freiheit immer auch auf der Gleichheit ruhen muss.“ (Wolfgang Merkel)[43]

„Unsere Gesellschaft steht vor einem grundsätzlichen Dilemma. Dem Wachstum zu widerstehen bedeutet einen ökonomischen und sozialen Zusammenbruch zu riskieren. Rücksichtslos weiter zu machen, gefährdet die Ökosysteme, von denen unser langfristiges Überleben abhängt.“ (Tim Jackson)[44]

Kapitel 2

Die großen Herausforderungen

Über den Kapitalismus und das Ende des Wachstums

Der Bruch des Versprechens – Die Grenzen des Wachstums – Auf dem Weg zu einem neuen Gleichgewicht – Das Ende des Kapitalismus – Die Zukunft der Arbeit – Die große Transformation

Bei meinen Vorträgen stelle ich zur Auflockerung dem Publikum manchmal eine Quizfrage.[45] Eine meiner beliebtesten Fragen lautet: „Wie hoch war der Spitzensteuersatz in den USA unter Kennedy?“ Die Antworten der Besucher liegen in der Regel zwischen „30 Prozent“ und „50 Prozent“. Was tippen Sie, lieber Leser/liebe Leserin? Die korrekte Antwort finden Sie unten in der Fußnote.[46]

---

43 Merkel 2017: Das Ende vom „Ende der Geschichte“

44 Jackson 2009: Prosperity without Growth

45 Als Preis gibt es ein Schokoladenherz. Wenn Sie dieses Buch gründlich lesen, sind Sie gut vorbereitet, um eines zu gewinnen.

46 Die korrekte Antwort lautet 91 %. Dieser Steuersatz galt bis 1963 für das Jahreseinkommen einer Person oberhalb von 200.000 US-Dollar – nach heutigem Wert wären das ca. 1,5 Mio. US-Dollar. Wer mehr verdiente, musste also fast alles davon abgeben. Siehe The Tax Foundation 2014: Federal Individual Inco-

Heute erscheint ein solcher Steuersatz nahezu unglaublich. Das klingt eher wie eine Fabelgeschichte aus dem Kommunismus – und das in den USA! Wer heute verstehen will, warum die Demokratie als Gesellschaftsform nach dem Zweiten Weltkrieg so erfolgreich war, mit welchen Problemen sie heute zu tun hat und warum sie jetzt in die Krise gerät, muss sich mit diesen märchenhaften Zeiten beschäftigen.

Kapitalismus - Imperialismus - Demokratie

Etwa zur gleichen Zeit, als Rousseau sein Buch über den Gesellschaftsvertrag[47] veröffentlichte und vom natürlichen Leben träumte, wurde eine Explosion ausgelöst. In den folgenden 250 Jahren vermehrte sich die Erdbevölkerung ein Drittes mal auf mehr als das Zehnfache. Noch explosiver stiegen der Ressourcenverbrauch, der Energieverbrauch, der Welthandel und so weiter. In diesem Zeitraum folgte eine Schlüsseltechnologie auf die andere: Dampfmaschine und mechanischer Webstuhl, Eisenbahn und Elektrizität, Auto, Chemie und Computer sind einige der Highlights, die uns bis heute im Atem halten. Dementsprechend war das 19. Jahrhundert geprägt von der Industrialisierung, dem rapiden Wachstum der Städte und der Arbeiterklasse und dem schnell zunehmenden Reichtum der neuen bürgerlichen Klasse. England wurde zum größten Imperium der Weltgeschichte. Frankreich, Deutschland, Russland und andere europäische Staaten bemühten sich mitzuhalten.

Politisch jedoch war die Entwicklung zunehmend ambivalent. In den meisten Staaten bildete sich eine Symbiose zwischen dem neu aufgestiegenen und unglaublich reichen Bürgertum und dem alten Erbadel. Aber mit der Unabhängigkeitserklärung der Vereinigten Staaten und der Revolution in Frankreich war ein Feuer gezündet worden, dass nicht mehr erstickt werden konnte. Die wachsende Ungleichheit führte in ganz Europa immer wieder zu Unruhen. Insbesondere die Revolution von 1848 erfasste große Teile des Kontinents – von Süditalien bis nach Dänemark, von Frankreich bis nach Polen. Noch aber spielte die Mehrzahl der Bevölkerung – die Bauern und Arbeiter – kaum eine Rolle. Noch rangen vor allem die Konservativen (Adel und Monarchisten) und die Liberalen (Bürgertum) um den Einfluss.

In den meisten europäischen Staaten hatte sich mittlerweile das Modell

---

me Tax Rates History.

[47] Rousseau 1762: Gesellschaftsvertrag

von Montesquieu etabliert. Der König setzt die Regierung ein, das Parlament beschließt die Gesetze. Wahlberechtigt sind nur die reichen Besitzbürger. Auch in Preußen galt, wie in fast allen europäischen Staaten, soweit sie überhaupt Wahlen zuließen, bis 1918 ein Zensuswahlrecht. Dagegen ließ Bismarck im Norddeutschen Bund das allgemeine Wahlrecht zu. Nicht, weil er mehr Demokratie wollte, sondern weil er auf den Einfluss des Adels auf die gottesfürchtige Landbevölkerung setzte und hoffte, so die Liberalen zu stoppen. Damit öffnete er aber ungewollt den Sozialisten den Weg ins Parlament. In Frankreich wechselte die Revolution mit der Gegenrevolution mehrfach ab. Auch Napoleon III. gelang es zeitweilig, die Landbevölkerung gegen die Städte zu mobilisieren.

Der erste echte Durchbruch der Demokratie fand dann auf der anderen Seite des Atlantik statt. In den USA führte 1828 das Anwachsen der Zahl der freien Bauern im Westen zur Wahl von Andrew Jackson als dem ersten Präsidenten, der aus einfachen Verhältnissen kam. Jackson setzte endlich das Wahlrecht der weißen Arbeiter und Dienstboten durch.[48] So kam es zum politischen Bündnis von Liberalen und weißen Arbeitern, was zwanzig Jahre später zum Bürgerkrieg und zur Abschaffung der Sklaverei führte.

1848 kam dann die Schweiz. Mitten im Herzen Europas schlossen sich fünfundzwanzig selbständige Staaten (Kantone) – Monarchien, Bauernrepubliken und oligarchische Handelsstädte – zu einem neuen Staat zusammen und gründeten die erste moderne Demokratie der Welt mit allgemeinem Wahlrecht – aber nur für die Männer. Der Auslöser dafür war die Eroberung der Schweiz durch Napoleon gewesen – die einzige und traumatische Unterjochung der seit 1648 unabhängigen Kantone.[49] Die Wahlbeteiligung lag anfangs trotz allgemeinem Wahlrecht nur bei zehn Prozent, so dass die Liberalen stets gewannen. Als aber in den dreckigen Arbeitervierteln von Zürich 1857 eine Choleraepidemie ausbrach, kam es zur politischen Krise und zum Anschwellen einer demokratischen Bewegung. Wieder war es die Liaison zwischen radikalen Liberalen und der neu entstandenen Arbeiterbewegung, die der Demokratie zum Durchbruch verhalf. Die Folge war die Einführung der Direkten Demokratie

---

[48] Ansonsten war Jackson extrem umstritten. Im Interesse der Einwanderer setzte er sich vehement für die Vertreibung der Indianer ein, was wesentlich zu seinem Wahlsieg beitrug.

[49] Bis 1648 unterstanden die Kantone und Städte formal keinem Fürsten, sondern direkt dem Kaiser, was aber faktisch bedeutet, dass sie schon damals unabhängige Staaten waren.

zunächst in Zürich – und dann bis 1891 in mehreren Schritten auch in der Bundesverfassung.

Und 1902 bekamen in Australien die Frauen das Wahlrecht – damit war Australien nach den Kriterien von Freedom House[50] die erste wirkliche Demokratie der Welt.

Zur Geschichte der Ungleichheit und der Rolle des Krieges

Dann kam das 20. Jahrhundert. Obwohl mittlerweile Millionen von Menschen aus ganz Europa in die USA, ins Land der Freiheit, geflohen waren, machten die herrschenden Schichten in Europa weiter und wurden immer reicher. Wen interessierte es da schon, was in Australien, den USA oder der kleinen Schweiz passierte?

Beim Ausbruch des Ersten Weltkrieges im Jahre 1914 war die Ungleichheit in Europa vermutlich größer als jemals zuvor in der Geschichte der Menschheit. Die Europäer (einschließlich der von ihnen gegründeten Staaten in Amerika) beherrschten mehr als neun Zehntel der Landfläche der Welt und hatten mit der Industrialisierung ungeheure Reichtümer aufgetürmt. Aber neunzig Prozent der Bevölkerung besaß praktisch nichts. Zwei Drittel des Vermögens gehörte einer winzigen Elite aus grundbesitzendem Adel und Bürgertum, die nicht mehr als ein Prozent der Bevölkerung ausmachte. Selbst in Frankreich war 120 Jahre nach der großen Revolution und dem Sturz der Könige von mehr Gerechtigkeit nichts zu spüren.

Anschaulich erläutert Thomas Piketty[51] diesen Zustand am Dilemma von Eugène de Rastignac, einem jungen Mann aus den Romanen von Balzac, der mittellos in die Oberschicht aufsteigen will. Dafür gab es damals nur einen Weg, er musste eine reiche Frau umgarnen. Denn Intelligenz, Ausbildung und Arbeit führten niemals wirklich nach oben, wenn man nicht ein ausreichend großes Vermögen geerbt hatte. Anstelle des Adels war also im Kapitalismus eine neue Klasse entstanden: Der Erbadel.

Aus der Sicht von 1914 erscheint die danach folgende Entwicklung nahe-

---

[50] Die Organisation „Freedom House" wurde 1941 in den USA mit Unterstützung des Präsidenten Roosevelt gegründet. Sie berichtet jährlich über den Status der Demokratie in der Welt. Siehe Puddington/Roylance 2016: Freedom in the World

[51] Piketty 2014: Capital in the Twenty-First Century sowie WID.WORLD 2017: World Wealth and Income Database

zu unglaublich. Innerhalb der nächsten sechzig Jahre kam es zu der größten Umverteilung des Reichtums von oben nach unten in der gesamten Weltgeschichte. Von 1914 bis 1980 sank in den meisten westeuropäischen Staaten der Anteil des reichsten Hundertstel der Gesellschaft am Vermögen auf weniger als ein Drittel: Von 70 Prozent auf etwa 20 Prozent. Parallel dazu stiegen die Steuern und es entstand der moderne Sozialstaat.

Aber dann – ab 1980 – ging die Entwicklung wieder rückwärts. Wie kam es zu diesen erstaunlichen Veränderungen?

Beginnen wir mit der Umverteilung von oben nach unten: War das eine Folge des Wirtschaftswachstums? War es eine Folge des Kampfes der Gewerkschaften? War es die Angst davor, dass sich die Unterprivilegierten dem Kommunismus zuwenden? All das mag eine Rolle gespielt haben. Insbesondere die Gewerkschaften, die Arbeiterparteien von den Sozialdemokraten bis zu den Kommunisten, aber auch sozial engagierte Christen hatten daran einen wichtigen Anteil. Eine genauere Analyse bringt jedoch etwas Überraschendes zu Tage: Mehr Gleichheit war vor allem eine Folge der beiden Weltkriege und der Weltwirtschaftskrise von 1929. Es waren also politische Interventionen, die die kapitalistische Ökonomie und die kapitalistischen Gesellschaften bedrohten und schließlich grundlegende Veränderungen hervorbrachten.

Bis zu Beginn der Neuzeit wurden Kriege mit relativ wenigen Menschen geführt. Erst die Industrialisierung machte es möglich, dass Millionen für Jahre in Uniformen gesteckt, mit Waffen ausgerüstet und im Feld versorgt wurden. Diese Mobilisierung großer Teile der Bevölkerung im Krieg hatte aber einen unerwünschten Nebeneffekt: Sie führte dazu, dass die Klassenschranken in Frage gestellt wurden – zuerst an der Front, dann auch im Hinterland, wo die Arbeitskräfte immer knapper wurden und die Frauen, die jetzt in den Büros und Fabriken arbeiten mussten, selbstbewusst eine immer stärkere Rolle einnahmen. Das gleiche galt für Hunderttausende von Soldaten aus den Kolonien, die jetzt ihren Lohn einforderten. Das war der Grund, warum beide Weltkriege soziale Revolutionen in Europa und nationale Revolutionen in den ehemaligen Kolonien auslösten.

Die Kriege hatten also drei Effekte: Erstens: Sie brachten einen enormen Zuwachs für die linken Arbeiterparteien, sie politisierten die Frauen in den Fabriken und sie politisierten die Bauern, die an der Front das Kanonenfutter der einfachen Soldaten stellten. Zweitens: Sie vernichteten große Vermögen. Drittens: Der folgende Wiederaufbau der Wirtschaft schuf Chancen für neue Akteure. Ergebnis dieser Umwälzungen waren ein enormer Schub für die Demokratie, eine Umverteilung des Reichtums und die Entstehung des Sozialstaates.

Hatte schon der Erste Weltkrieg die Adelsprivilegien in den meisten europäischen Staaten weitgehend beseitigt, so erfolgte der große Schub im Zweiten Weltkrieg. Das gilt besonders für Großbritannien. Die britische Sozialgesetzgebung stammt überwiegend aus der Zeit der beiden Weltkriege und den anschließenden Nachkriegsjahren. Das gleiche gilt für die Demokratie. Durften bis dahin in den meisten europäischen Staaten nur die reichen Männer wählen, so setzte sich in Folge der Kriege das allgemeine und gleiche Wahlrecht erst für Männer und schließlich das Frauenwahlrecht durch – so das Frauenwahlrecht in Frankreich 1945 und in Italien 1946. Und bis zum Ende des Jahrhunderts hatten sich sämtliche Kolonialreiche und auch die ihnen zunächst nachfolgenden Diktaturen und Oligarchien fast restlos aufgelöst. Die Weltkarte war nicht mehr wiederzuerkennen.

Die große Weltwirtschaftskrise und die Entstehung des Sozialstaates

Der zweite Katalysator für den Gerechtigkeitsschub war die Weltwirtschaftskrise von 1929. In Deutschland führte die Massenarbeitslosigkeit und Verarmung und die Unfähigkeit der Politik darauf zu reagieren schließlich zur Machtergreifung Hitlers. Weniger bekannt ist in Deutschland, dass die Vereinigten Staaten von der Wirtschaftskrise fast noch stärker getroffen waren. Dort stieg die Arbeitslosigkeit bis 1933 auf 35 Prozent. Millionen von Bauern verloren ihre Höfe, weil die Nahrungsmittelpreise sanken und sie die Kreditzinsen nicht mehr bezahlen konnten. Auch in den USA gab es eine starke nationalsozialistische Bewegung, die Philip Roth in einem bedrückenden Roman über den Kriegsbeginn schildert.[52]

Eine Entwicklung wie in Deutschland wurde jedoch in den USA durch den berühmten „New Deal“ von Präsident Roosevelt verhindert. Der New Deal war ein Wirtschaftsprogramm, ein Investitions- und Arbeitsmarktprogramm und ein Sozialprogramm. Aber vor allem war er ein Appell an die Demokratie! Millionen von Arbeitslosen bekamen auf den Baustellen Arbeit. Zugleich wurde erstmals in den USA eine Arbeitslosen- und Ren-

---

52 Roth 2005: The Plot against America

tenversicherung eingeführt. So wurde die USA zu einem völlig neuen Land. Das Land der Trapper und Siedler wurde zu einem modernen Industriestaat.

Die wesentliche Basis für den New Deal schuf Roosevelt durch seine Steuerpolitik. Während nämlich Hitler seine riesigen Arbeitsbeschaffungs- und Aufrüstungsprogramme durch die Aufnahme gigantischer Schuldenberge finanzierte – alles in der Hoffnung, sich das Geld nach dem geplanten Krieg von den Besiegten zurück zu holen, beschritt Roosevelt einen anderen Weg. Er finanzierte den New Deal nicht nur durch Schulden, sondern vor allem durch drastische Steuererhöhungen. Symbolisch steht dafür die Anhebung des Spitzensteuersatz in den USA – der vor der Weltwirtschaftskrise noch bei 25 Prozent gelegen hatte – in mehreren Schritten auf bis zu 94 Prozent![53] Auch wenn nur eine Handvoll Superreiche diesen Steuersatz zahlen mussten – es war vor allem ein Signal an die einfachen Menschen: Die Demokratie sorgt für Euch! Es war das Versprechen einer gerechten Gesellschaft! Dafür wurde Roosevelt als einziger Präsident dreimal wiedergewählt.

Eine weitere Konsequenz aus der Krise war die Regulierung der Banken, Finanz- und Devisenmärkte, die nicht unwesentlich durch den großen englischen Ökonomen John Maynard Keynes geprägt wurde. Sie wurde 1944 durch das Bretton-Woods-Abkommen gekrönt, bei dem allerdings Keynes, der für Großbritannien verhandelte, seine weitergehenden Vorstellungen nicht durchsetzen konnte.[54]

Richtig stabil wurde die Demokratie sowieso erst nach dem Zweiten Weltkrieg. Die beiden Weltkriege und die Weltwirtschaftskrise von 1929 hatten eine historisch einmalige Umverteilung des Reichtums zur Folge. Der Schock durch die Krise von 1929 und den Zweiten Weltkrieg saß so tief, dass dies die Nachkriegsgesellschaften über mehr als drei Jahrzehnte prägte. Die strengen Regeln für die Bankenaufsicht und die Finanzmärkte blieben teilweise bis in die neunziger Jahre erhalten und hielten die Finanzmärkte über vierzig Jahre stabil.[55] Auch die rigorosen Steuersätze,

---

[53] The Tax Foundation 2011: Federal Individual Income Tax Rates History

[54] Keynes wollte ein System schaffen, in dem Außenhandelsüberschüsse zu Strafzahlungen führten, so dass es nicht zu dauerhaft ungleichen Handelsbilanzen kommen konnte. Das wurde durch die USA, damals größter Exporteur der Welt, verhindert. Heute würden sie sich über eine solche Regel freuen.

[55] Peukert 2010: Die große Finanzmarkt- und Staatsschuldenkrise

die die Kriegsfinanzierung ermöglicht hatten, wurden nach dem Krieg kaum zurückgeführt. Erst 1963 wurde der Spitzensteuersatz in den USA auf siebzig Prozent gesenkt. Dort blieb er bis in die achtziger Jahre. Die Erbschaftssteuer erreichte zeitweise einen Spitzenwert von 77 Prozent – wohlgemerkt, in den USA, die allgemein nicht als Mutterland des Kommunismus gelten.

In Deutschland fand in Folge des Zweiten Weltkrieges geradezu eine soziale Revolution statt. Durch die Währungsreform wurden 1948 alle Geldvermögen um den Faktor Eins zu Zehn entwertet. Alle anderen Vermögen – also vor allem der Grundbesitz und die nicht zerstörten Immobilien – wurden mit einer Vermögensabgabe von fünfzig Prozent belastet, die im Laufe von dreißig Jahren abgezahlt werden musste. Durch diesen „Lastenausgleich" sollte ein Ausgleich geschaffen werden, da ein beträchtlicher Teil der Bevölkerung durch Flucht und durch die Bombardierungen ihre Vermögen verloren hatte. Im Ergebnis wurden so große Teile der im Krieg aufgehäuften Staatsschulden getilgt bzw. entwertet. Der Spitzensteuersatz startete in der Bundesrepublik 1948 mit dem heute nicht vorstellbaren Satz von 95 Prozent, sank dann ab 1953 schrittweise ab und blieb bis zur deutschen Einheit auf 56 Prozent.

Das Ergebnis dieser historisch einmaligen Umverteilung von oben nach unten war die Entstehung einer breiten Mittelschicht – der neuen Mittelklasse. Während vor dem Ersten Weltkrieg neunzig Prozent der Bevölkerung praktisch kein Eigentum besaß, gilt das heute nur noch für die Hälfte. Die oberen zehn Prozent besaßen in den siebziger Jahren „nur" noch vierzig Prozent des Vermögens. Dafür besaßen vierzig Prozent – die neue Mittelschicht – mehr als die Hälfte. Dieses Vermögen der Mitte bestand überwiegend aus selbstbewohnten Häusern, dazu kamen Lebensversicherungen, einige Wertpapiere und Geldrücklagen.

Das Trauma der Weltwirtschaftskrise und des Zweiten Weltkrieges hatte also erhebliche Auswirkungen: Von 1945 bis Anfang der achtziger Jahre erlebten die industrialisierten Staaten (also der „Westen" einschließlich Japan) eine Welle der Demokratisierung, die mit einer Abnahme der Ungleichheit und mit einem soliden Wirtschaftswachstum verbunden war. In dieser Zeit entstanden der moderne Sozialstaat und die Idee der Demokratie wurde weltweit populär. Dieser Entwicklung hatten letztlich auch die sozialistischen Staaten nichts entgegenzusetzen.

Es war diese Entwicklung, die Ende der sechziger Jahre dazu führte, dass sich in den westlichen Industriestaaten die Auffassung verbreitete, dass ausreichend Wohlstand für alle Menschen da war. Die Jugendbewegung der 68er setzte das Ende der Klassengesellschaft und die Chancengleichheit – insbesondere auch die Chance auf gleiche Bildung – auf die Tagesordnung. Nie zuvor und leider auch danach waren die Aufstiegschancen für die Jugend so groß. 1970 war zum ersten Mal in der Geschichte – so sagen es die Zahlen von Piketty – die Mehrzahl derjenigen, die in Wirtschaft, Kultur und Politik an der Spitze standen, nicht durch Herkunft und Erbe, sondern durch Bildung und Arbeit in diese Position gekommen.[56] Doch dieser Traum war kurz.

> **Fazit 3:**
>
> Es war also nicht das Wahlrecht, sondern der relative Wohlstand der Mittel- und Unterschichten, der der Demokratie nach dem Zweiten Weltkrieg endlich eine solide Basis verschaffte.

Die große Rolle rückwärts

Die große Wende begann Anfang der achtziger Jahre nach der ersten Ölkrise. Als in den siebziger Jahren die Wachstumsraten sanken, wuchs die Arbeitslosigkeit, während Staatsverschuldung und Inflation zunahmen. Nun gewannen die neoliberalen Ökonomen die Oberhand.[57] Sie glaubten – heute müsste man besser sagen – sie träumten davon, dass niedrige Steuern und eine Deregulierung der Wirtschaft wieder zu hohen Wachstumsraten führen würden. Den Vorreiter spielte die konservative Ministerpräsidentin Margaret Thatcher in Großbritannien. Sie senkte die Spitzenbelastung von 83 schrittweise auf 40 Prozent.

In den USA kam die Wende mit Präsident Ronald Reagan, der es geschafft hatte, mit dem Versprechen radikaler Steuersenkungen die Wahlen zu gewinnen. Er reduzierte den Spitzensteuersatz zunächst auf fünfzig Prozent. 1988 machte er dann die USA mit dem Grenzsteuersatz von

---

56 Hier irrt Piketty vermutlich. Auch in der dynamischen Phase vieler Stadtstaaten wie in der Zeit der Athener Demokratie gab es Phasen, in denen die Gesellschaft durchlässig wurde und viele Aufsteiger wichtige Positionen einnahmen.

57 „Neoliberal" wird hier – wie heute üblich – für die „marktfundamentalistischen" Theorien von Friedrich von Hayek und Milton Friedman gebraucht. Der Kern ihrer Theorien besteht in der Auffassung, dass die Märkte sich optimal selbst regulieren und staatliche Eingriffe nur schaden.

28 Prozent zum Niedrigsteuerland. Die Folge davon war, dass in Großbritannien, den USA und anderen Staaten die Schere zwischen Reich und Arm wieder deutlich aufging.[58]

In Deutschland und Japan verlief diese Entwicklung um Jahre versetzt. Beide Länder hatten durch den Wiederaufbau nach dem Krieg eine „modernere" Industriestruktur und hohe Exportüberschüsse, so dass die geringeren Wachstumsraten noch kompensiert werden konnten. In Deutschland führte die deutsche Einheit ab 1990 sogar zu einer Sonderkonjunktur. In den ersten fünf Jahren wurde über eine Billion Euro in den Aufbau Ost gesteckt, der überwiegend auf Pump und auf Kosten der Sozialversicherungen finanziert wurde. Nachdem aber diese Subventionsspritze für die Wirtschaft ab 1995 versiegte, kam es zu einem drastischen, vorher nicht gekannten Anstieg der Arbeitslosigkeit. Als dann 1997 auch noch die Vermögenssteuer abgeschafft wurde, ging auch hierzulande die Schere von Arm und Reich wieder deutlich auseinander.

Mit Beginn des neuen Jahrtausends hat sich diese Entwicklung beschleunigt. Zugleich änderte sich mit der Politik auch die Moral. Den Reichen und den internationalen Konzernen genügten die gesenkten Steuersätze nicht mehr. Sie wollten mehr. Je mehr die Globalisierung voranschritt, je mehr die Geschäfte internationalisiert wurden, desto mehr Geld und Gewinne wurden nun gänzlich der Besteuerung entzogen, indem sie in Steueroasen transferiert wurden, wo der Steuersatz oft nahe Null liegt. Zunehmend wurde nun der historische Kompromiss, der Sozialstaat, wieder in Frage gestellt.

Es war dann eine Ironie der Geschichte, dass ausgerechnet die rot-grüne Regierung in Deutschland Anfang des neuen Jahrtausends vor dieser internationalen Entwicklung kapitulierte. Sie senkte den Spitzensteuersatz auf 42 Prozent und deregulierte mit den Hartz-Reformen den Arbeitsmarkt. Mit Erfolg! Deutschland wurde zum konkurrenzfähigsten Land der Welt und wechselt sich beim Titel Exportweltmeister nur noch mit China ab.[59] Den Trend zu mehr Ungleichheit konnten sie aber damit nicht aufhalten. Im Gegenteil: Die weniger gut gebildeten Schichten

---

[58] OECD 2016: Revenue Statistics

[59] Als Maßstab für die Wettbewerbsfähigkeit habe ich die Außenhandelsüberschüsse genommen. Wenn man die Gesamtsumme der Exporte nimmt, dann liegt die USA mit Deutschland gleich auf – aber beide erheblich hinter China. Allerdings ist die Außenhandelsbilanz der USA seit vielen Jahren negativ.

fielen zurück. Viele Menschen in einfachen Berufen wie Briefträger, Verkäufer oder Schweißer auf der Werft, die früher – wenn auch mit Schwierigkeiten – vom Lohn eine Familie ernähren konnten, bekommen nur noch den Mindestlohn, haben keine Festanstellung mehr und landen, wenn sie alt sind, als Sozialfall in der Grundsicherung – selbst wenn sie ihr Leben lang voll gearbeitet haben.

Noch profitierte die Mittelschicht von dieser Entwicklung, da ihr Einkommen weiter stieg. Aber das wachsende Vermögen landete zu immer größeren Teilen nur noch bei den oberen zehn Prozent. Die 50 Prozent Besitzlosen blieben besitzlos. Der Anteil der neuen Mittelschicht fiel von fast 60 auf 30 Prozent des gesamten Vermögens zurück. Nicht weil sie ärmer wurden – sondern weil der wachsende Reichtum nur noch den Bessergestellten zu Gute kamen. Heute besitzen die oberen zehn Prozent schon wieder fast 70 Prozent aller Vermögen.[60] Am schnellsten wuchs das Vermögen von dem reichsten Hundertstel. Diese Gruppe besitzt mittlerweile schon wieder ein Drittel des Reichtums. Und noch viel schneller wuchs die Zahl der Milliardäre. Wenn diese Entwicklung so weitergeht, dann erreichen wir in Deutschland spätestens Mitte des Jahrhunderts wieder die Verhältnisse von 1914. Die USA sind da schon weiter: Die Einkommensverteilung hat dort mittlerweile wieder die Spreizung von 1929 – dem Jahr der großen Wirtschaftskrise – erreicht. Die große Finanzkrise von 2007/2008 war also offensichtlich kein Zufall.

Wer aber glaubt, dass die ärmeren Schichten in Deutschland, in den USA oder im von der Finanzkrise besonders gebeutelten Griechenland die Hauptbetroffenen der Globalisierung sind, der irrt. Hauptbetroffene der aggressiven Steuervermeidung sind die Entwicklungs- und Schwellenländer. Die illegitimen Kapitalabflüsse von reichen Machthabern, Wirtschaftsbossen und anderen korrupten Eliten aus diesen Ländern betrugen 2013 netto 1,09 Billionen US-Dollar.[61] Die reichen Staaten wie Deutschland profitieren sogar davon. In Deutschland liegen fast 3 Billionen (!) Euro von Ausländern. Da es den Anlegern weniger um Zinsen, sondern mehr um Sicherheit, geht, bekommen Banken und Regierung mittlerweile fast kostenlos Milliardenkredite. Deshalb weigerte sich Finanzminister Schäuble bis zuletzt standhaft, Informationen über ausländische Konteninhaber in Deutschland an Entwicklungs- und Schwellenländer weiter-

---

[60] Bach 2015: Erbschaftssteuer

[61] Kar/Spanjers 2015: Illicit Financial Flows from Developing Countries

zugeben – und machte sich damit zum Mithelfer für Geldwäsche, illegalen Waffen- und Drogenhandel und Korruption.

Umso mehr stellt sich nun die Frage: Wie kam es 1980 zu der großen Rolle rückwärts? Was war passiert?

> **Fazit 4**:
>
> Seit 1980 nimmt die Ungleichheit der Vermögen und Einkommen wieder zu. Diese Entwicklung hat sich seit der Jahrtausendwende beschleunigt. Es ist daher nicht überraschend, dass das Vertrauen in die Fähigkeit der Demokratie, Gerechtigkeit für alle zu gewährleisten, abnimmt!

Die Grenzen des Wachstums

Im Frühjahr 1973 kaufte sich mein damaliger Mitstudent Christian ein Spinnrad und ein paar Säcke Schafswolle. So etwas kannte ich bis dahin nur aus dem Märchen Dornröschen. Christian hatte beschlossen, Energie zu sparen. Er war der erste Öko, den ich kennenlernte.

Anlass für Christians merkwürdiges Verhalten war die Lektüre des Berichts des Club of Rome „Die Grenzen des Wachstums“.[62] Als dieser 1972 veröffentlicht wurde, ahnten auch die Autoren Donella und Dennis Meadows noch nicht, dass sie einen Weltbestseller geschrieben hatten, der in dreißig Sprachen übersetzt werden sollte und der bis heute eine Auflage von über dreißig Millionen Exemplaren erreicht hat. Denn das kleine Büchlein enthielt lediglich die trockene Analyse einer Simulation mit dem Computerprogramm „World 3“. Was soviel Furore machte, war die Aussage, dass es noch vor dem Jahr 2100 zu einem Zusammenbruch der Weltwirtschaft kommen würde, wenn nicht massiv gegengesteuert würde. Die Ergebnisse dieses Buches haben die Parameter für jede Art von Zukunftsvision grundlegend geändert. Wer die Krise der Demokratie heute analysiert, der muss verstehen, welche grundlegenden Veränderungen heute stattfinden.

Warum war der Glaube (von hochdotierten Wissenschaftlern und Nobelpreisträgern!) in das unbegrenzte Wachstum ein Irrtum? Zum Verständnis erzähle ich gerne eine wahre Geschichte: 1944 brachte die US-

---

[62] Meadows u. a. 1972: Die Grenzen des Wachstums

Küstenwache 29 Rentiere auf die abgelegene St.-Matthew-Insel in der Beringsee. Bis 1963 war die Population auf 6.000 Rentiere gewachsen. Allerdings gab es bereits Krisensignale. Die durchschnittliche Wuchshöhe der Flechten, von denen sich die Rentiere ernährten, war von zehn auf ein Zentimeter zurückgegangen. Und das Durchschnittsgewicht der Rentiere hatte um vierzig Prozent abgenommen. Als dann ein harter Winter folgte, brach die Population zusammen. Im Jahre 1966 zählten Wissenschaftler nur noch 42 Tiere. Wenige Jahre später war die Population ausgestorben. Das Beispiel macht deutlich: In der Natur kann es kein unbegrenztes Wachstum geben.

Auch in der Geschichte der Menschheit ereignete sich mehrmals ein solcher Kollaps.[63] Meist war die Bevölkerungsdichte durch die Menge der verfügbaren Nahrungsmittel begrenzt. In einigen Sonderfällen war es auch die Wassermenge oder die begrenzte Menge anderer Rohstoffe, die eine Zivilisation kollabieren ließ. Ein besonders eindrucksvolles Beispiel ist der ökonomische Zusammenbruch der Hochkultur auf der Osterinsel. Auf dieser Insel im Pazifik sank die Bevölkerung auf ein Zehntel, nachdem alle Wälder abgeholzt worden waren.

Heute geht es aber nicht um das Schicksal einer Insel, sondern um die ganze Welt. Und es gibt noch einen grundlegenden Unterschied zu vergleichbaren historischen Situationen. Es handelt sich nicht um einen einzigen Faktor, der knapp zu werden droht und das weitere Wachstum begrenzt. Meadows und seine Mitautoren haben vielmehr eine Vielzahl von Parametern ausgemacht, bei denen unsere Gesellschaft durch das exponentielle Wachstum nahezu zeitgleich an eine Grenze zu stoßen droht:

- Umweltfaktoren: Es gibt eine Reihe von Grenzen für die Belastung der Umwelt wie Giftemissionen (Beispiel DDT), die FCKW-Emissionen, die das Ozonloch verursacht haben, die Überdüngung und andere. Bisher konnte darauf durch internationale Abkommen reagiert werden. Die wachsenden CO_2-Emissionen stellen allerdings eine unvergleichlich größere Herausforderung dar, weil die Verhinderung des Klimawandels gravierende Eingriffe in die gesamte Produktionsweise – zum Beispiel das Bauwesen, die Energiewirtschaft und die Autoproduktion – erfordert.

---

63 Diamond 2005: Kollaps

- Ressourcenknappheit: Es gibt eine ganze Reihe von Rohstoffen, die bereits knapp zu werden drohen. Das gilt besonders für viele Metalle.
- Erschöpfung der Energiequellen: Sowohl die fossilen Energiequellen wie auch die radioaktiven Energiequellen gehen viel schneller zu Ende, als lange geglaubt wurde.
- Nahrungsknappheit: Trotz aller agrartechnischen Fortschritte scheint auch die Nahrungsproduktion aufgrund der begrenzten bebaubaren Fläche auf ein Maximum zuzusteuern. Durch Bodenerosion gehen sogar erhebliche Flächen verloren.

Die Analysen der Meadows haben ergeben, dass praktisch alle Grenzen noch innerhalb dieses Jahrhunderts erreicht werden. Wenn man im Programm „World 3“ eine dieser Grenzen herausnimmt, indem man die verfügbaren Ackerflächen oder Rohstoffe künstlich erhöht, dann läuft das Programm sofort gegen eine andere Grenze. Kaum jemandem ist bewusst, wie explosiv das Wachstum der letzten 300 Jahre war. Als mein Großvater 1893 geboren wurde, lebten weniger als eine Milliarde Menschen auf der Erde. Bei meiner Geburt 1950 waren es schon 2,5 Milliarden. Heute sind es bereits mehr als siebenmal so viele. Im Jahre 2050 werden zwanzigmal so viele Menschen auf der Erde leben wie zur Zeit von Rousseau. Da ist der Begriff „Explosion“ angemessen.

Diese Kombination von Bevölkerungsexplosion, wachsendem Energie- und Rohstoffverbrauch und wachsenden Emissionen in die Umwelt führt dazu, dass die Menschheit überall an die Grenze der Belastbarkeit des Globus stößt. Das Wachstum geht zu Ende – muss zu Ende gehen – weil die Erde endlich ist! Daran ist nicht zu rütteln. Nun haben wir offensichtlich nur zwei Alternativen: Entweder es gelingt uns, rechtzeitig dieses Wachstum zu stoppen, oder wir fahren unsere Zivilisation ökologisch gegen die Wand, mit verheerenden Konsequenzen.

Der Kapitalismus oder die dritte Explosion

Heute können wir feststellen: Die Ölkrise in den 70er Jahren und der Roll-Back ab 1980 waren kein Zufall, sondern der erste Weckruf: Eine notwendige erste Reaktion auf die „Grenzen des Wachstums“.

Nun könnte man einfach sagen: Ok – wir haben ja in den entwickelten Ländern genug, warum brauchen wir noch mehr? Leider ist das nicht so einfach. Denn die ständige Expansion – das Wachstum – hat in den letzten dreihundert Jahren nicht nur unsere Wirtschaft, sondern unsere gesamte Lebensweise, unser Finanzsystem und auch unsere Kultur, unser Denken und unsere Demokratie entscheidend geprägt. Machen wir uns klar: Diese expansive dynamische Wachstumsphase ist das, was wir üblicherweise „Kapitalismus" nennen. Wenn wir das Wachstum beenden, dann beenden wir damit dieses ungeheuer dynamische Wirtschaftsmodell, das Karl Marx als Kapitalismus beschrieben hatte[64] – und zwar nicht durch eine politische Revolution, sondern einfach deshalb, weil „die Rentiere kein Futter mehr haben". Das mag ein Alptraum sein für die Vorstände – aber auch für die Arbeiter – vieler Industrien und Rohstoffkonzerne. Auch so mancher Linke und Sozialist, der in der Tradition des dreihundertjährigen Kampfes gegen den Kapitalismus steht, kann es nicht glauben. Nur: Das Ende des Kapitalismus ist nicht die erhoffte Erlösung. Es stellt uns vielmehr vor völlig neue Probleme. Es stellt uns vor die Frage: **Was nun???**

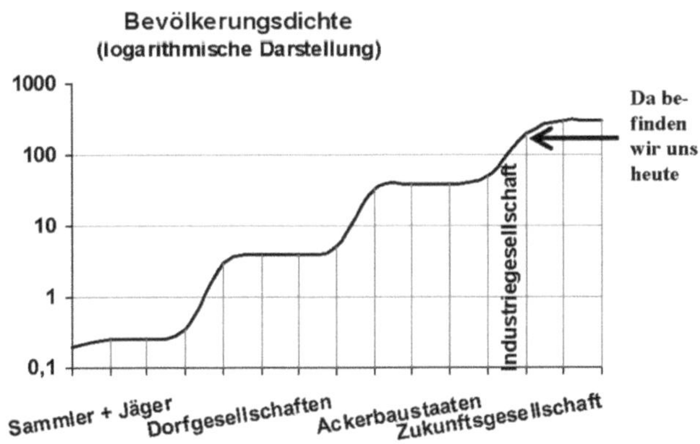

Einwohner/km² in den Kernregionen
Quelle: Eigene Grafiken; Daten von Lenski und Nolan, Human Societies, 1970, grob vereinfacht

Auf jeden Fall wird sich unsere Art zu leben grundsätzlich verändern müssen – oder besser gesagt, sie wird sich zwangsläufig grundsätzlich verändern. Nicht das „Ob" – wohl aber das „Wie" können wir noch beeinflussen. Vielleicht ist es da beruhigend, zu wissen, dass die Menschheit eine solche „Explosion" nicht zum ersten Mal erlebt. Denn die Phase

---

[64] Marx 1848: Manifest der Kommunistischen Partei

des Kapitalismus ist nicht die erste, sondern mindestens bereits die dritte große Bevölkerungsexplosion der Geschichte der Menschheit.[65] Das kann man in der logarithmischen Darstellung der Entwicklung (siehe obenstehende Grafik) gut erkennen. Die erste Explosion war der Übergang von der Sammler- und Jägergesellschaft zur Dorfgesellschaft mit einfachem Ackerbau – die neolithische Revolution vor 12.000 Jahren. Dabei stieg die Bevölkerungsdichte örtlich jeweils um das zwanzigfache.

Die zweite Explosion erfolgte mit der Entstehung von Städten und Staaten in Mesopotamien und Ägypten vor 5.000 Jahren und der durch Herrschaft organisierten Arbeitsteilung – die urbane Revolution. Wieder stieg die Bevölkerungsdichte um das Zehnfache.

Auch die dritte Explosion, deren Ausklang wir gerade erleben, hat die Bevölkerungsdichte in vergleichbaren Kulturgebieten (z. B. China, Europa) noch mal mehr als verzehnfacht. Wenn es uns tatsächlich gelingt, die Bevölkerungszahl bei circa zehn Milliarden im Jahre 2050 zu stabilisieren, dann werden fast zwanzigmal so viel Menschen auf der Erde leben wie zu Beginn der Industrialisierung. Noch viel gewaltiger war bei jeder Explosion das Wachstum der verbrauchten Energie, Rohstoffe, Flächen usw. Allein der Energieverbrauch stieg seit Beginn der Industrialisierung um das 50- bis 100fache.

Keine der drei Explosionen war von Dauer.[66] Nach jeder Explosionsphase entstand ein neues Gleichgewicht, das über Jahrtausende relativ stabil blieb – trotz erheblicher Schwankungen durch Klima, Kriege und Krankheiten. Vor dieser historischen Schablone ist also die Industriegesellschaft der letzten zweihundertfünfzig Jahre und das ihr zugrundeliegende Wirtschaftsmodell, der Kapitalismus, keine stabile Gesellschaftsform. Vielmehr handelt es sich lediglich um eine dynamische Übergangsphase der Menschheit. Wir befinden uns mitten in der Endphase einer Explosion. Wenn es gut geht, dann erreichen wir ein neues Gleichgewicht – die Zukunftsgesellschaft, von der wir heute noch nicht wissen, wie sie aussehen wird. Ulrich Beck spricht von einer Metamorphose der Gesell-

[65] Dies habe ich bei den Makrosoziologen Patrick Nolan und Gerhard Lenski entdeckt: Human Societies (2009)

[66] Auch die früheren Explosionen – z. B. der Übergang vom Sammeln und Jagen zum Ackerbau – dauerten vermutlich örtlich nur wenige Generationen. Nur fand diese Entwicklung überall zu verschiedenen Zeitpunkten statt, so dass der Prozess insgesamt sich über Jahrtausende hinzog.

schaft – um damit den radikalen Bruch zu kennzeichnen, vor dem wir stehen.[67] Andere reden von Postwachstumsgesellschaft, postmoderner Gesellschaft, Multioptionsgesellschaft, Wissensgesellschaft, Informationsgesellschaft, Erlebnisgesellschaft.[68] Alle diese Bezeichnungen kennzeichnen unterschiedliche Aspekte der Welt von morgen.

Ich persönlich werde im Folgenden lieber von „Gleichgewichtsgesellschaft" sprechen. Das trifft die bevorstehende Aufgabe besser. Denn das entscheidende Kriterium der zukünftigen Gesellschaft ist keine neue Dynamik, ist nicht der Wandel, sondern im Gegenteil das Ende des Wachstums. Deshalb macht es keinen Sinn bezüglich des Übergangs der kommenden Jahrzehnte von einer neuen industriellen Revolution zu sprechen, wie man es oft hört. Denn das klingt so, als stände eine neue Explosion bevor. Das Gegenteil ist der Fall. Wir brauchen ein neues Gleichgewicht.

Das neue Gleichgewicht

Wir stehen also vor der Herausforderung, unsere gesamte Lebens- und Produktionsweise so anzupassen, dass die Menschheit wieder mit der Natur und den Ressourcen dieses Planeten im Gleichgewicht leben kann. Was bedeutet das nun für das politische Handeln? Wie können wir das Bestmögliche tun, um uns auf die Situation einzustellen? Diese Frage haben sich in den vergangenen Jahrzehnten viele Ökologen und Ökonomen gestellt. Bei dem Versuch, die Ergebnisse zusammen zu fassen, bin ich zu folgenden sechs Aufgaben gekommen, die ich für entscheidend halte:[69]

[1] Die Umstellung auf Erneuerbare Energien

Da die fossilen und radioaktiven Rohstoffe für die Energieproduktion zu Ende gehen, müssen wir in Zukunft unsere Energie ausschließlich aus Erneuerbaren Energien gewinnen. Das ist auch notwendig, um die erforderlichen Klimaschutzziele zu erreichen und eine Erwärmung des Klimas um mehr als zwei Grad zu verhindern. Dieses Ziel ist bis Mitte des Jahr-

---

[67] Beck 2016: Die Metamorphose der Welt

[68] Siehe zum Beispiel Pongs 2007: In welcher Gesellschaft leben wir eigentlich?

[69] Diese sechs Aufgaben für ein neues Gleichgewicht sind mein Résumé aus zahlreichen Diskussionen, Workshops und Veranstaltungen. Siehe Hentschel 2010: Es bleibe Licht

hunderts erreichbar[70] und mit dem Klimaabkommen von Paris weitgehend anerkannt. Auch wenn der neue US-Präsident Trump den Konsens noch mal in Frage stellt.

[2] Die Recyclingwirtschaft

Auch die Rohstoffvorhaben werden immer seltener und die Ausbeutung wird immer teurer – das betrifft vor allem viele Metalle. Bis Ende des Jahrhunderts wird die Konzentration der meisten Rohstoffe in den Lagerstätten in der Erde so gering sein, dass sich der Bergbau nicht mehr lohnt. Es wird dann billiger sein, die Rohstoffe aus den Abfällen zu recyceln. Schon heute steigen die Recycling-Quoten bei vielen Rohstoffen kontinuierlich an. Nun stehen wir vor der Aufgabe, neue Produkte systematisch so zu konzipieren und die Produktionsprozesse so zu organisieren, dass wir bis Ende des Jahrhunderts zu einer Recycling-Wirtschaft übergehen – in der all die Rohstoffe, die nicht nachwachsen, fast hundertprozentig wiederverwendet werden.

[3] Null Emissionen

Alles Leben auf der Erde ist Teil der Biosphäre, einer verglichen mit dem Erddurchmesser hauchdünnen Schicht, die unseren Globus bedeckt. Wir Menschen sind Teil dieser Biosphäre und brauchen sie zum Leben. Zurzeit emittieren Wirtschaft und Verbraucher zehntausende von verschiedenen Substanzen in die Umwelt, die in der Natur nicht vorkommen und deshalb nur sehr schwer und mit teilweise zerstörerischen Folgen abgebaut werden können. Die Weltmeere verwandeln sich zunehmend in eine Suppe aus Mikroplastik. Wir dürfen deshalb keine Stoffe mehr in Luft, Wasser und Erde emittieren, die dort von Natur aus nicht oder nicht in diesen Mengen vorkommen. Kunststoffe müssen so „designed“ werden, dass sie vollständig abbaubar sind und wieder in den Naturkreislauf eingehen können. Verbindungen wie zum Beispiel das weit verbreitete PVC, das über Jahrhunderte nicht abgebaut wird und dann starke Gifte wie Dioxin hinterlässt, müssen verboten werden. Diese Aufgabe zu lösen erfordert einen weitgehenden Umbau unserer gesamten Chemieindustrie. Die erforderliche Kraftanstrengung, um dies zu bewerkstelligen, wird möglicherweise noch schwieriger werden als die vierzigjährigen Verhandlungen um das Klimaabkommen und ist die nächste große internationale Aufgabe.

---

[70] Siehe zum Beispiel SRU 2010: 100 % erneuerbare Stromversorgung bis 2050

[4] Flächen für die Natur

Um die Biosphäre zu retten, ist noch ein weiteres Vorhaben zwingend erforderlich. Wir müssen genügend Naturräume sichern, damit auch solche Arten überleben können, die sich der vom Menschen gestalteten Kulturlandschaft nicht anpassen können. Füchse können in einer Großstadt wie Hamburg gut leben – es werden sogar immer mehr – und Bussarde lieben Autobahnen, weil sie dort viele totgefahrene Mäuse und andere Tiere als Nahrung finden. Aber Fischotter oder Störche haben ohne Naturschutzmaßnahmen keine Chance zu überleben – und das betrifft in Mitteleuropa bereits die Hälfte aller Arten. Insbesondere die Extrembiotope wie Feuchtgebiete und Trockengebiete sterben in unserer fast schon industriell gestalteten Agrarsteppe aus. Deswegen müssen ausreichend große Schutzgebiete und Nationalparks ausgewiesen werden und sie müssen so vernetzt werden, dass die Arten auf natürliche Weise wandern können. Aber selbst wenn wir zum Beispiel 20 Prozent der Fläche unter Naturschutz stellen, reicht das nicht aus. Wenn wir verhindern wollen, dass sich in den Böden immer mehr Gifte ansammeln, dann müssen die Landwirtschaft und Forstwirtschaft als die Hauptnutzer des ländlichen Raumes in den kommenden Jahrzehnten vollständig auf ökologische Bewirtschaftungsformen umgestellt werden.

[5] Das Bevölkerungswachstum stoppen

Die Bevölkerung der Menschheit darf nicht weiterwachsen. Denn selbst, wenn wir die Punkte 1 bis 4 umsetzen, bleiben die verfügbaren landwirtschaftlich nutzbaren Flächen und die Gesamtmenge der Rohstoffe begrenzt. Ein Wohlstand für alle ist auf einem begrenzten Globus nur für eine konstante Bevölkerungszahl möglich. Das Ende des Bevölkerungswachstums lässt sich jedoch nicht verordnen. Das erfordert soziale Rahmenbedingungen wie eine Altersabsicherung, die es den Menschen akzeptabel erscheinen lässt, auf die Sicherheit der Großfamilie zu verzichten. Der entscheidende Hebel für die Begrenzung der Geburtenrate scheint jedoch nach den Untersuchungen des Ökonomen und Nobelpreisträgers Amartya Sen die Bildung der Frauen zu sein.[71] Selbst in Staaten mit einem niedrigen Pro-Kopf-Einkommen wie dem südindischen Bundesstaat Kerala war eine erfolgreiche Senkung der Geburtenrate möglich, nachdem dort die allgemeine Schulpflicht auch für Mädchen

---

[71] Sen 2000: Ökonomie für den Menschen

durchgesetzt wurde. Sen kommt in seinen Analysen zu dem Ergebnis, dass selbst die Einkind-Ehe-Politik in China nur deswegen ihr Ziel erreichte, weil sie mit einer besseren Ausbildung der Frauen verbunden wurde.

[6] Die Gleichgewichtsökonomie

Wenn wir diese fünf Aufgaben in Angriff nehmen, dann wird die Politik mit einer sechsten Aufgabe konfrontiert, die sich vermutlich als die schwierigste herausstellen wird: Wir brauchen auch eine neue Ökonomie. Dies betrifft alle ökonomischen Systeme – von der Weltwirtschaft und dem Weltfinanzsystem über das nationale Gesellschafts- und Bankenrecht bis hin zu den Steuer-, Renten- und Sozialsystemen. Denn alle diese Systeme sind in den letzten zweihundert Jahren so gestaltet worden, dass sie auf ständiges Wachstum angelegt waren. Jetzt brauchen wir eine Ökonomie, die entweder ohne Wachstum, mit weniger Wachstum oder mit einem anderen Wachstum funktioniert.

Dabei stellt sich zunächst die Frage, was mit dem Ende des Wachstums gemeint ist? Häufig wird dies auf das Bruttoinlandsprodukt – also eine ökonomische Kennzahl – bezogen. Dies ist aber sicherlich nicht gemeint. Denn solange es Innovationen gibt, die dazu führen, dass neue Güter auf den Markt kommen und bestehende Güter schneller produziert werden, entsteht ökonomisch Wachstum – auch wenn keine zusätzlichen Ressourcen verbraucht werden. Wachstum kann auch durch mehr Wellness, Fußmassagen und Altenpflege entstehen.

Beim „Ende des Wachstums“ geht es aber um die Bevölkerungszahl und den realen Ressourcenverbrauch. Beim Flächenverbrauch geht es, wie oben dargestellt, sogar um eine Reduzierung der genutzten Flächen – verbunden mit Neuaufforstung, Umwandlung von Nutzflächen in Urwälder oder andere Naturschutzflächen usw. Im Bereich des Recyclings geht es darum, die nicht nachwachsenden Rohstoffe immer wieder zu benutzen. Die Nutzung nachwachsender Rohstoffe dagegen kann in einem gewissen Umfang zunehmen, wenn die begrenzten Flächen das zulassen.

Wenn diese Bedingungen erfüllt werden, dann ist die Gleichgewichtswirtschaft erreicht – völlig unabhängig davon, wie sich das in ökonomischen Kennzahlen ausdrückt.

Suffizienz- oder Effizienzstrategie

Wenn man also unter Kapitalismus das ständige dynamische Wachstum versteht, dann geht diese Art von Gesellschaft unweigerlich zu Ende. Dazu müssen wir gar nichts tun. Aber wie der Übergang statt findet – friedlich und geplant oder chaotisch mit Krisen und Krieg, dass können wir jetzt noch beeinflussen. Und genau darum geht es. Davon hängt auch die Zukunft der Demokratie ab.

Tatsächlich werden zwei Antworten – zwei Strategien – für die Metamorphose vorgeschlagen: Die Suffizienzstrategie und die Effizienzstrategie. Die Vertreter der ersteren wollen das Wachstum stoppen, indem wir unsere Bedürfnisse reduzieren und den gegebenen Grenzen unserer Welt anpassen.[72] Die Effizienzstrategen dagegen wollen die Produktion immer effizienter und die Ressourcen sparender einsetzen und so den Verbrauch an Energie, Bodenflächen und Rohstoffen von dem Wachstum entkoppeln. Deswegen spricht man auch von einer Entkopplungsstrategie.

Tim Jackson gilt als der prominenteste Ökonom der Suffizienzstrategie.[73] Für ihn gibt es zwei inhärente Ursachen für das kontinuierliche Wachstum: Auf der einen Seite steht das Bemühen der Wirtschaft, den Absatz kontinuierlich zu steigern. Dies ist vor allem ein Problem von Monopolen und großen Kapitalgesellschaften, die auf das Wachstum angewiesen sind, um die erwarteten Dividenden zu liefern. Sie produzieren permanent neue und interessante Produkte, um die Nachfrage anzuregen. Diese Konzerne müssen sich umstellen – bzw. müssen umgestellt werden. Kleine und mittlere Unternehmen – insbesondere Familienunternehmen – haben weniger Probleme. Sie wollen oft lediglich den Lebensunterhalt ihrer Besitzer und der Mitarbeiter sichern. Sie sind auf nicht auf Wachstum – wohl aber auf Kontinuität angewiesen.

Als zweite Ursache des Wachstums identifiziert Jackson uns selbst, die Konsumenten. Wir kaufen viele Konsumgüter nicht, um unsere materiellen Bedürfnisse zu befriedigen. Wir kaufen bestimmte Label und bestimmte Geräte, weil wir damit einen Lebensstil dokumentieren wollen. Jackson drückt es so aus: „Konsumgüter sind eine symbolische Sprache, in der wir ständig miteinander kommunizieren, nicht über die Güter an

72 Paech 2012: Nachhaltigkeit – „Grünes" Wachstum wäre ein Wunder

73 Jackson 2009: Prosperity without Growth

sich, sondern über das, was wirklich zählt: Familie, Freundschaft, Zugehörigkeit, Gemeinschaft, Identität, sozialer Status, Bedeutung des Lebens."

Allerdings wird dieser Wettbewerb um mehr Status durch Einkommen und Konsum und der damit verbundene Stress verstärkt, wenn die Unterschiede bei den Einkommen größer sind. Durch mehr Gleichheit in der Gesellschaft wird der Statuswettbewerb dagegen gedämpft.[74] Wir kaufen also Güter, damit man uns bemerkt, uns einbezieht, uns mag, unser Freund wird. Um mehr Glück zu bekommen, wird immer mehr gekauft – und je ungleicher die Gesellschaft ist, desto mehr versuchen wir mehr zu „scheinen" als zu „sein". Der Schweizer Ökonom Mathias Binswanger nannte diesen Effekt „Die Tretmühlen des Glücks – Wir haben immer mehr und werden nicht glücklicher".[75]

Das Fazit von Tim Jackson lautet: Es gibt sowohl in der Wirtschaft wie auch bei den Konsumenten starke psychologische und strukturelle Impulse, die das Wachstum ständig antreiben. Grundsätzliche ökonomische Hindernisse, das Wachstum zu stoppen, gibt es dagegen nicht. Die ökonomischen Systeme würden auch ohne Wachstum weiter funktionieren.

Eine solche Suffizienzstrategie, die auf Konsumreduzierung setzt, mag für die reichen Länder noch plausibel klingen. Aber angesichts des bestehenden Elends in großen Teilen der Welt ist es für viele Staaten kaum realistisch, den Menschen zu predigen, sie sollten sich einschränken. Darauf versucht die Effizienzstrategie eine Antwort zu geben. Einer ihrer bekanntesten Vertreter, Ernst Ulrich von Weizsäcker, stellte in seinem Buch „Faktor Fünf" das Konzept vor, wie die Energieproduktivität, die Stoffproduktivität und die Transportproduktivität verfünffacht werden können.[76] Auf diese Weise soll der Wohlstand mehr als verdoppelt und zugleich der Ressourcenverbrauch halbiert werden. Der Gedanke dieser Strategie ist relativ einfach: Wenn wir es schaffen, trotz Wachstum den Verbrauch an Ressourcen und die Belastung der Umwelt schneller als das Wachstum zu reduzieren, also Produktion und Ressourcenverbrauch zu entkoppeln, dann wird nachhaltiges Leben auch in Zukunft möglich.

Wenn wir zum Beispiel die Energieproduktion zu hundert Prozent auf Erneuerbare Quellen umstellen, dann produzieren wir viel weniger CO_2, als wenn wir die Hälfte des Stroms einsparen. Wenn wir ein Passiv-Plus-

---

[74] Wilkinson/Pickett 2009: The Spirit Level

[75] Binswanger 2006: Die Tretmühlen des Glücks

[76] Weizsäcker u. a. 2010: Faktor Fünf

Haus bauen, dann sparen wir nicht nur Energie, wir gewinnen sogar noch welche dazu. Nach der Substitution der nuklear-fossilen Energie durch Erneuerbare Energien wäre die Höhe des Energieverbrauchs im Grunde sogar gleichgültig, da ja die gesamte Energie aus Sonne und Wind gewonnen wird. Und was ist mit dem Beton und Stahl der Anlagen? Nun – beim Stoffverbrauch kommt es darauf an, dass die Gesamtmenge des Materials, das verarbeitet wird, durch Recycling konstant gehalten wird und nur solche Emissionen in die Umwelt freigesetzt werden, die von der Natur wieder verarbeitet werden.

Stellt man also die beiden Strategien gegeneinander, dann stellt man fest, dass sie sich keineswegs gegenseitig ausschließen – sondern eher ergänzen. Vermutlich wird keine der beiden Strategien alleine ausreichen, um die Wende hinzubekommen – es geht also in der Praxis nicht um ein „Entweder-Oder", sondern um eine intelligente Kombination.

Tatsächlich sieht es zum Glück so aus, dass die technische Machbarkeit des Übergangs nicht mehr das eigentliche Problem darstellt. Die technologischen Fragen sind bereits weitgehend gelöst. Die Energieversorgung durch Wind, Sonne und Wasser ist machbar. Die Umstellung des Transportsektors auf elektrische Fahrzeuge ebenfalls. Die Umstellung der Chemieindustrie wird eine extreme Herausforderung sein. Aber technisch stellt auch der Ausstieg aus der Clorchemie keine unlösbare Aufgabe. Das gleiche gilt für die Umstellung der Landwirtschaft. Es geht also „nur" noch um die ökonomische und politische Bewältigung des Überganges, also um das Management des Technologiewechsels hin zum neuen Gleichgewicht.

Die Zukunft der Arbeit

Eine der großen Fragen, die das Ende des Wachstums aufwirft, betrifft die Zukunft der Arbeit. „Der Einsatz von Robotern und anderen Technologien wird in den kommenden Jahren Millionen von Arbeitskräften ... überflüssig machen." Das haben jedenfalls Volkswirte der Bank ING-Diba berechnet.[77] Hauptbetroffene seien nicht, wie oft vermutet, die Arbeiter in der Produktion, die schon heute weitgehend automatisiert ist, sondern die Büroangestellten, die Verkäuferinnen und Verkäufer sowie die Hilfskräfte in Lagern und Zustelldiensten. Noch weiter geht Yuval Harari. Er glaubt, dass auch Ärzte, Lehrer und andere qualifizierte Berufe

---

[77] Kaiser 2015: Maschinen könnten 18 Millionen Arbeitnehmer verdrängen

durch intelligente Roboter ersetzt werden können.[78] Allerdings gilt auch hier der alte Satz eines unbekannten Autors: „Prognosen sind schwierig, besonders wenn sie die Zukunft betreffen."

Waren vor 200 Jahren noch 90 Prozent der Bevölkerung produktiv tätig, so sind es heute in Deutschland weniger als 25 Prozent und morgen vielleicht nur noch zehn Prozent. Trotzdem gibt es heute erheblich mehr Arbeitsplätze, so dass viel mehr Frauen arbeiten als in früheren Zeiten. Deshalb ist die Vorstellung, dass mit sinkender Güterproduktion und wachsender Automatisierung und Digitaisierung die Arbeit ausgeht, nicht unbedingt zutreffend. Die größten Sektoren der zukünftigen Wirtschaft werden absehbar nicht die industrielle Güterproduktion sein. Auch in den Bereichen Finanzen, Transportwesen und Lagerhaltung werden nur noch wenige Arbeitsplätze existieren. An ihre Stelle treten immer mehr Bereiche wie Freizeit, Gastronomie und Touristik; Gesundheit und Pflege; Bildung, Erziehung und Forschung; Handwerk und Kunst sowie Medien und Kultur. In Ländern wie Dänemark oder der Schweiz arbeiten bereits fast ein Drittel der Menschen für die Kommunen – vor allem im sozialen Bereich. Die Land- und Forstwirtschaft sowie Fischerei werden in einen Sektor Landschafts- und Naturpflege und -bewirtschaftung aufgehen. Dies wird geschehen, wenn nur noch ökologische Landwirtschaft, Forstwirtschaft und Fischerei zulässig sind und die Beschäftigten überwiegend für die Naturpflege bezahlt werden. Im Ergebnis ist es daher durchaus vorstellbar, dass bei fortschreitender Automatisierung in der Industrie, im Handel und im Transportwesen die Zahl der Arbeitsplätze abnehmen, in vielen anderen Sektoren aber eher zunehmen wird.

Sowieso ist die Vorstellung, dass alle Menschen sich vor allem über ihre Arbeit definieren, sehr stark durch das Industriezeitalter geprägt. In früheren Zeiten haben viele Menschen nur gearbeitet, wenn sie das mussten. In der Frühzeit der Industrialisierung arbeiteten viele Menschen nur dann, wenn sie Geld benötigten und erschienen unregelmäßig bei der Arbeit – was von den Unternehmern beklagt wurde. Wenn es in Zukuft zum Beispiel ein Grundeinkommen für alle Menschen geben würde, dann würden viele Menschen sich vielleicht viel stärker in ehrenamtlichen Bereichen engagieren als einer wenig befriedigenden Arbeit nachzugehen. Das setzt aber voraus, dass sie nicht durch Armut zur Arbeit gezwungen werden.

---

[78] Harari 2015: Homo Deus

Welche Qualität aber die künftigen Arbeitsplätze haben werden und ob sie anständig bezahlt werden, das steht auf einem anderen Blatt. Das Ende des Wachstums kann hier durchaus sehr bedrohlich für viele Menschen werden. Letztlich wird auch die Zukunft der Arbeit davon abhängen, wie gerecht die Gesellschaft ausge“steuert“ wird. Denn nur, wenn es gute soziale Systeme gibt, werden die Arbeitsplätze in den Bereichen Gesundheit und Pflege, Erziehung und Bildung, Umwelt und Stadtgestaltung, die gebraucht werden, auch tatsächlich geschaffen werden. Und nur, wenn alle Schichten einen fairen Anteil an den Einkommen der Gesellschaft haben, werden sich viele Menschen die Dienstleistungen in den Bereichen Freizeit und Touristik, Medien und Kultur und viele andere leisten und ordentlich bezahlen können, damit die Arbeit der Zukunft sichergestellt wird.

Fazit 5:

Die dynamische Wachstumsgesellschaft, die Europa seit 1750 geprägt hat und die üblicherweise als Kapitalismus bezeichnet wird, geht in diesem Jahrhundert zu Ende. An ihre Stelle muss eine Gleichgewichtsgesellschaft treten. Es kommt jetzt darauf an, den Übergang zu gestalten.

Kann die Demokratie diese Transformation bewältigen?

Zu Beginn des neuen Jahrtausends und am Ende der dynamischen Übergangsgesellschaft mit der Bezeichnung „Kapitalismus“ stehen wir also vor einer grundlegenden Transformation, die gekennzeichnet ist durch zwei große Herausforderungen:

- Das Ende des Wachstums: Wie kann der notwendige Übergang zur Gleichgewichtsgesellschaft der Zukunft gestaltet werden?
- Die wachsende Ungleichheit in der Welt: Wie kann der Trend der letzten vier Jahrzehnte zu wachsenden Spaltung in Arm und Reich gestoppt und die Weichen für eine faire und gerechte Gesellschaft gestellt werden?

Je länger ich über diese beiden Fragen nachgedacht habe, umso mehr bin ich zu der Überzeugung gekommen, dass es uns an politischen Konzepten zur Lösung der Fragen nicht mangelt. Wir sind in der Lage die Herausforderungen, die mit dem Ende des Wachstums verbundenen sind, zu bewältigen. Die Lösungen existieren bereits. Die Umstellung auf erneuerbare Energien, der Übergang zur Recycling-Wirtschaft, die Beendigung der schädlichen Emissionen, die Ausweisung von Naturschutzflächen sind technisch machbar und ökonomisch finanzierbar. Beim Wachstum der Weltbevölkerung sind wir auf einem guten Weg. Wachstumsraten in den meisten asiatischen Gesellschaften, insbesondere in Indien und China sind schneller gefallen, als gehofft. Es kommt jetzt vor allem darauf, die Wende in Afrika hinzubekommen. Es ist daher realistisch, dass die Weltbevölkerung sich um 2050 auf etwa zehn Milliarden Menschen einpendelt.

Auch die sozialen Fragen und die Fragen des Arbeitsmarktes sind ökonomisch lösbar. Dazu müsste uns ein New Deal gelingen, wie ihn Präsident Roosevelt in den dreißiger Jahren hinbekommen hat – aber diesmal als Green New Deal, wie ihn Thomas Friedman bereits 2007 in der New York Times weitsichtig proklamiert hat.[79] Entscheidend ist dabei die Analyse der Journalistin und Aktivistin Naomi Klein: Die beiden Herausforderungen „Gerechtigkeit" und „Gleichgewicht" dürfen nicht getrennt gesehen oder gar gegeneinander ausgespielt werden.[80] Es gibt kein „entweder – oder": Denn Gleichgewicht bedeutet das Gleiche wie Generationengerechtigkeit: Die Welt so hinterlassen, dass unsere Kinder gut darin leben können.

Deshalb wird es eine der zentralen Aufgaben der künftigen Politik sein, diese beiden zusammen zu denken. Ohne ein neues Gleichgewicht wird eine gerechte Politik nicht mehr möglich sein. Dann läuft die Menschheit Gefahr, in Verteilungskämpfen – und das bedeutet Verteilungskriege – die Errungenschaften der Zivilisation selbst zu zerstören. Und umgekehrt wird es ohne mehr soziale Gerechtigkeit nicht möglich sein, ein Gleichgewicht herzustellen. Zumindest nicht auf demokratischem Wege. Denn dann haben viele Menschen das Gefühl, Umweltschutz sei nur ein Luxusproblem für die Reichen. Deswegen reden ja einzelne Wissenschaftler schon resigniert davon, dass wir eine Ökodiktatur brauchen, um das Klima zu retten.[81]

Also stellt sich erneut die Frage: Haben wir noch eine Chance? Kann die Demokratie diese Krise meistern? Kann die Politik für mehr Gerechtig-

---

[79] Friedman 2007: A Warning from the Garden – und: The Power of Green

[80] Klein 2014: This Changes Everything

[81] Besonders in Australien und den USA machen sich Wissenschaftler solche Gedanken. Siehe dazu Stehr u. a. 2013: Wir brauchen keine Ökodiktatur.

keit sorgen und zugleich in Richtung der Gleichgewichtsgesellschaft umsteuern? Meine Antwort lautet: Ja – sie kann!

Tatsächlich bin ich überzeugt davon, dass wir eine Chance haben – dass die Demokratie sich doch als handlungsfähig erweisen wird – als handlungsfähiger als die Kommunistische Partei Chinas und die internationalen Finanzmärkte – und dass wir den Klimawandel stoppen werden. Alle Probleme sind lösbar. Und gerade kleine Staaten wie Dänemark, Island, Neuseeland, Costa Rica oder Uruguay haben immer wieder gezeigt, dass sie trotz den Zwängen der Weltwirtschaft sogar vorangehen können. Gerade diese Staaten sind oft dadurch ausgezeichnet, dass sie mehr Demokratie, mehr Umweltschutz und mehr soziale Gerechtigkeit praktizieren.

Damit die Transformation aber gelingt, muss die Demokratie dringend neu auf die Füße gestellt werden. Die heutigen Regeln, Rituale und Verfahren der Demokratie sind dreihundert Jahre alt. Sie stammen aus einer völlig anderen Zeit mit völlig anderen Problemen. Deshalb muss die Demokratie erneuert werden. Nicht durch eine Revolution, sondern durch eine konsequente Durchsetzung von neuen Spielregeln. Alle Organisationen wie Firmen, Universitäten, Verbände und Gewerkschaften haben in den vergangenen 200 Jahren rapide Wandlungsprozesse durchlaufen. Die Rahmenbedingungen für die Demokratie wie Kommunikationstechniken, Medien und Mobilität haben sich radikal verändert, nur die Regeln der Demokratie sind stehengeblieben. Es wird Zeit sie grundlegend zu überprüfen. Dabei können wir auf viele Erfahrungen und praktische Beispiele zurückgreifen und davon lernen. Und genau darum wird es in den kommenden Kapiteln gehen: Konzepte für die Demokratie der Zukunft.

„Wer an den Dingen seiner Gemeinde nicht Anteil nimmt, ist kein stiller, sondern ein schlechter Bürger.“ (Perikles)[82]

„Schätzungsweise 80 Prozent aller Angelegenheiten, die Bürgerinnen und Bürger mit dem „Staat“ in Verbindung sehen, werden auf kommunaler Ebene geregelt – von Baugenehmigungen über Kindergärten bis zu Freizeitangeboten und Umweltschutz.“ (Wir Kommunalen)[83]

Kapitel 3

Die Kommune - die Demokratie für Jedermann

Die Kommune als demokratischer Lebensraum – Die vertikale Gewaltenteilung – Das Subsidiaritätsprinzip – Finanzausgleich und gleiche Lebenschancen – Gemeinwohlorientierte kommunale Wirtschaft

Wer durch Dänemark fährt, sieht an jedem Gehöft den Danebrog, die dänische Fahne, wehen. Einst nannte man sie Wikinger und sie beherrschten ganz Skandinavien und England und brandschatzten halb Europa. Heute ist Dänemark ein kleines Königreich mit dem vermutlich ältesten Königshaus der Welt, einer ziemlich kriegerischen Geschichte und großem Nationalbewusstsein. Ganz anders die Schweiz. Ihre Geschichte erzählt von einem 800-jährigen Freiheitskampf, in dem sich Bergbauern und die Bürger der freien Städte mit vier unterschiedlichen Sprachen und noch mehr unterschiedlichen Kulturen verbündet haben. Was Kaiser, Könige und Grafen nicht schafften, gelang erst Napoleon – nämlich erstmals die Schweiz zu erobern. Wie ich in Kapitel 2 schon berichtet habe, war es dieses Trauma, das die unabhängigen Kantone dazu brachte, 1848 aus dem losen Verbund der Eidgenossenschaft einen gemeinsamen Staat zu gründen, eine der ersten Demokratien mit allge-

---

[82] Siehe Leichenrede des Perikles 431/30 v. Chr. in Thukydides: Geschichte des Peloponnesischen Krieges (Band 1).

[83] Siehe in: Wir Kommunalen – Praxismagazin für Politik in Stadt und Land. Gelesen in: www.wirkommunalen.de/home/praxismagazin/ am 20.9.2017

meinem Wahlrecht. Ab jetzt wollten sie gemeinsam ihre Unabhängigkeit verteidigen und sich an keinem Bündnis oder Krieg mehr beteiligen.

Trotz dieser völlig unterschiedlichen Historie haben diese beiden Staaten etwas gemeinsam: Ihre Bürger sind zufriedener als anderswo. Bei Umfragen über die Zufriedenheit der Menschen – mit sich, mit ihrem Land oder mit ihrer Demokratie – lagen diese beiden Staaten auch im letzten Jahr wieder ganz vorne.[84] Es gibt noch andere Gemeinsamkeiten. Beide Staaten glänzen durch besonders gut ausgebaute Sozialsysteme – vom Kindergarten bis zum Pflegeheim. Beide Länder gehören zur Gruppe mit den besten Rentensystemen der Welt – mit einer Grundrente von über tausend Euro für jeden Bürger. Die bekommt tatsächlich jeder, der vierzig Jahre im Land gelebt hat. Die im Beruf erworbene Berufsrente wird darauf nicht angerechnet – sondern die erhält man zusätzlich! Das gilt übrigens auch für Ausländer, die in der Schweiz immerhin ein Viertel der Bevölkerung stellen.

Beide Staaten gelten auch als Vorreiter beim Umweltschutz. So haben die Dänen die höchsten Ökosteuern der Welt und haben als eines der ersten Länder damit begonnen, in großem Maßstab Windkraftwerke zur Stromerzeugung einzusetzen und die Häuser mit Fernwärme zu versorgen. Die Schweiz hat eine Schwerlastabgabe eingeführt, um ihr hervorragendes Bahnsystem zu finanzieren und hat die wohl härteste Naturschutzgesetzgebung neben Japan.[85] Und was noch auffällt: Beide Länder haben sehr wenig Schulden und eine ausgesprochen geringe Arbeitslosigkeit.[86]

Was also ist das Geheimnis? Wieso sind ausgerechnet diese kleinen Staaten so erfolgreich durch die Finanzkrise gekommen? Gibt es eine Besonderheit dieser beiden Staaten, die sie von anderen unterscheidet?

Die Musik spielt in den Kommunen

Der Philosoph und Ex-Börsenmakler Nassim Taleb gilt als der bekannteste Risikoforscher der Welt. In seinem Buch „Antifragilität“[87] beschäftigt er sich auch mit der Frage, warum ausgerechnet die Schweiz zu einem

---

[84] Helliwell u. a. 2017: World Happiness Report; Schmidt 2010: Die Schweizer sind zufrieden mit ihrem politischen System

[85] Hentschel 2013: Von wegen alternativlos!

[86] Siehe www.laenderdaten.de/wirtschaft/staatsverschuldung.aspx und www.laenderdaten.info/arbeitslosen-quoten.php: Schweiz 3,4 %, Dänemark 4,2 % – nur die Kleinstaaten Irland und Luxemburg liegen darunter.

[87] Taleb 2013: Antifragilität

Anziehungspunkt für Superreiche aus aller Welt geworden ist. Sein Ergebnis: Es sind nicht die Zinsen oder das Bankgeheimnis. Viel wichtiger ist etwas Anderes: die Stabilität und Sicherheit! Und dann formuliert er seine verblüffende Entdeckung: „Das stabilste Land der Welt hat keine Regierung. Und es ist nicht stabil obwohl, sondern weil es keine Regierung hat.“ Ich werde in Kapitel 8 erklären, wie die Exekutive in der Schweiz funktioniert. Bis dahin bitte ich die Leser sich zu gedulden. An dieser Stelle nur soviel: Die Zentralgewalt in der Schweiz ist relativ schwach. Sie hat vorwiegend eine verwaltende und ausgleichende Funktion. Die wirkliche Macht liegt bei den Kommunen und den Kantonen.

Eine alte Weisheit lautet: Geld ist Macht! Und Deutschland ist reich und mächtig. Nur denkt man dabei üblicherweise zuerst an Banken und internationale Konzerne wie Bayer oder Volkswagen. In den Kommunen in Deutschland sieht es dagegen anders aus. Stets hören die Bürger von ihren Kommunalpolitikern, dass kein Geld für Kindergärten, Schulen oder auch Straßen da ist. Denn die meisten Kommunen sind hoch verschuldet. Obwohl unser Land immer reicher wird, muss anscheinend immer mehr gespart werden.

Im Vergleich damit wird deutlich, wo bei allen Unterschieden die Gemeinsamkeit zwischen Dänemark und der Schweiz liegt. In beiden Ländern wird das Geld hauptsächlich vor Ort verwaltet und ausgegeben. Dort spielt die Musik in den Kommunen. Die Zahlen sind frappierend: Nach den Zahlen der OECD werden in Dänemark zwei Drittel (64 Prozent) aller Staatsausgaben von den Kommunen getätigt. In der Schweiz sind es 56 Prozent. An dritter Stelle liegt Schweden mit 48 Prozent. Dagegen verfügen die Kommunen in Deutschland nur über ein Sechstel (sechzehn Prozent) der staatlichen Ausgaben. Im Vergleich zu den Kommunen in Dänemark oder der Schweiz sind sie nur ärmliche kleine Vettern.[88]

Um zu verstehen, wie es dazu gekommen ist, muss man wissen, dass die Kommunen in beiden Ländern die Höhe ihrer Steuern selbst bestimmen können. Die Bürger entscheiden bei den Kommunalwahlen oder in einem Bürgerentscheid selbst darüber, wie viel Geld sie ihren Kommunen geben wollen. Und wie ich später darstellen werde, sind sie dabei weniger knauserig, als man das vermuten könnte.

---

[88] Dexia Credit Local 2006: Die substaatlichen Haushalte in der Europäischen Union; Dexia Credit Local 2010/2011: Chiffres clés 2009 de l'Europe locale et regionale; OECD 2009: Fiscal Decentralization Database

Man kann den Befund auch so zusammenfassen: Dänemark und die Schweiz, zwei der glücklichsten Länder der Welt[89], haben sehr schwache Regierungen, die nur wenig zu entscheiden haben. In Dänemark sitzt die Königin nicht in Kopenhagen. Die wahren Königinnen und Könige sind die Bürgermeister der Kommunen. Ähnlich ist es in der Schweiz – auch wenn die aus Prinzip mit Königen nichts zu tun haben wollen.

Zwischenruf: „Die Schweiz ist die Hehlerzentrale der Welt"

Dieses Zitat stammt von Jean Ziegler, einem Schweizer Politiker, Ex-Nationalrat und Sonderberichterstatter für die UNO.[90] Tatsächlich steht die Schweiz im jährlichen Steueroasen-Index auf Platz eins![91] Ein Freund von mir war daher erstaunt, dass ausgerechnet ich die Schweiz so sehr lobe. Tue ich das? Vielleicht. Vor allem aber versuche ich zu verstehen, warum das System Schweiz so gut funktioniert und warum die Menschen mit ihrer Demokratie so zufrieden sind. Dabei ist mir wohl bewusst, dass die Schweiz von der Steuerflucht aus anderen Staaten erheblich profitiert. Dazu gehört auch, dass die Schweizer dieses Problem regelmäßig auszublenden versuchen und nur auf internationalen Druck daran etwas geändert haben. Aber umso erstaunlicher ist es andererseits, dass dieses konservative „neoliberale" Land zugleich ein so ausgeprägter Sozialstaat wurde.

Kleinkariert macht glücklich

Als ich mit einer Delegation ein Pflegeheim in Åbenrå in Südjütland besuchte, kamen wir aus dem Staunen nicht heraus. Dort hatte jeder Bewohner einen Anspruch auf zwei Zimmer: Ein Schlaf- und ein Wohnzimmer. Eine Pflegerin erzählte uns, dass sie mal in Deutschland gearbeitet hätte. Die Arbeitsbelastung dort sei unmenschlich – vor allem, weil man keine Zeit habe, sich angemessen um die betreuten alten Menschen zu kümmern. Sie würde nie wieder in Deutschland arbeiten.

Ein wichtiger Aspekt dabei besteht darin, dass die Kommunen in diesen dezentralen Staaten nicht nur viel mehr Geld, sondern auch entspre-

[89] Veenhoven 2011: World Database of Happiness; Stiftung für Zukunftsfragen 2011: Dänen sind die glücklichsten Europäer

[90] Ziegler 2017: Ich habe gelogen, wie das Männer immer tun

[91] Tax Justice Network 2018: Financial Secrecy Index

chend mehr Aufgaben und Kompetenzen haben – oder besser – sich diese erobert haben. In Skandinavien werden das gesamte Sozialsystem, das Gesundheitssystem, die Pflege, die Schulen – aber auch die Wirtschaftsförderung und der öffentliche Verkehr durch die Kommunen überwiegend eigenständig gestaltet. Ein Vertreter des Deutschen Städte- und Gemeindebundes würde an dieser Stelle vielleicht einwerfen: Auch in Deutschland haben die Kommunen einen umfangreichen Aufgabenkatalog. Stimmt! Aber das sagt eben nicht alles: Entscheidend für die Beurteilung der Rolle der Kommunen sind die tatsächlich damit verbundenen Kompetenzen.[92]

So dürfen die Kommunen in Deutschland zwar die Räumlichkeiten der Schulen mit den Hausmeistern bereitstellen, die Lehrer sind aber Angestellte der Länder, die auch über Strukturen und Lehrpläne bestimmen. Oft genug hört man in Deutschland sogar, es wäre besser, wenn die Schulen bundesweit einheitlich verwaltet würden. Auch wird regelmäßig von Politikern aller Parteien gefordert, dass der Bund mehr an der Finanzierung der Schulen beteiligt werden sollte, da die Länder und Kommunen das nicht leisten können. Jetzt hat die neue Große Koalition wieder entsprechende Schritte vereinbart.

Anders wird in unseren beiden Nachbarländern gedacht. Dort sind die Schulen kommunale Einrichtungen. Und die Kommunen befinden sich im Wettstreit um die besten Schulen. Das dänische Schulgesetz enthält nur sieben Seiten, da wird nur der grobe Rahmen geregelt. Alles andere passiert nicht in Kopenhagen, sondern in Åbenrå oder Sønderborg – also vor Ort. Die Kommunen entscheiden über die Einstellung der Lehrer, die Lehrpläne, die Schulbücher, die Ausstattung usw. Immerhin wurde in der Schweiz Anfang der achtziger Jahre der Beginn des Schuljahres einheitlich festgelegt. Und in der Verfassung steht nur, dass die Schulen kostenfrei sein müssen. Das mag alles kleinkariert sein, aber das Entscheidende ist: Die Menschen sind zufriedener als wenn sie alles von oben vorgeschrieben bekommen. Und es lässt Raum für Experimente und Diversität. Auch die Ausstattung der Schulen und sozialen Einrichtungen spricht für sich: Die Kommunen geben dafür mehr Geld aus, weil die Bürger das erwarten und auch bereit sind zu bezahlen.

Auch im sozialen Bereich haben die Kommunen in Deutschland riesige Aufgaben. Und auch in diesem Bereich sind die Entscheidungsspielräume

---

[92] Wegener/Arbeit 2006: Regionalisierungstendenzen in europäischen Staaten

vergleichsweise gering. Denn die Finanzierung geschieht nur zum kleineren Teil aus eigenen Mitteln. Überwiegend hängt sie von Bundes- und Landeszuschüssen ab. Und Bund und Land nutzen diese Abhängigkeit, um die Ausgaben zu lenken – also durch Gesetze und Verordnungen detailliert zu reglementieren.

Demokratie basiert auf Vertrauen

Heute lese ich in meiner Ostholsteiner Zeitung, dass das Schwimmbad in der Nachbargemeinde Laboe wegen der hohen Defizite geschlossen werden soll. Viele Bürger wären aber bereit, für den Erhalt etwas zu zahlen. Das gilt sicher auch für die Bürger der Nachbargemeinden, die das Bad mitnutzen. Das bringt mich auf die Frage: Würde eine solche Debatte in Dänemark genauso verlaufen?

Tatsächlich hat die starke Kommunalisierung erhebliche Auswirkungen auf das Verhältnis der Bürger zum Staat und zur Politik. Denn für den Bürger in Dänemark oder der Schweiz spielt die Zentralregierung nur eine untergeordnete Rolle. Er hat mit dem Zentralstaat nur selten etwas zu tun. Im Grunde wird alles vor Ort geregelt. Am deutlichsten drückt sich das darin aus, dass der Normalbürger seine Einkommenssteuer direkt an seine Kommune zahlt. Er sieht und erlebt tagtäglich, wofür sein Geld ausgegeben wird. Wenn eine Gemeinde eine neue Schule oder ein Schwimmbad bauen will, dann kann der Bürgermeister vorschlagen, dass die Kommunalsteuer zum Beispiel um zwei Punkte erhöht wird. Wenn die Schule bezahlt ist, kann die Steuer dann wieder gesenkt werden.

In der Tat findet die Idee der stärkeren Kommunalisierung (üblicherweise wird dies als „Subsidiarität“ bezeichnet) auch in Deutschland bei den meisten Menschen spontan Zustimmung. Nach einer Umfrage des Instituts TSN Emnid[93] vertrauen fast vierzig Prozent der Bürger ihrem Bürgermeister, aber nur vier Prozent vertrauen Bundespolitikern. Das Vertrauen in die Landespolitiker liegt dazwischen. Diese Unterschiede haben nichts damit zu tun, welche Partei die Bürger präferieren. Bürger können sich einfach auf kommunaler Ebene leichter einmischen und eher vorstellen, um was es geht. Die Politik vor Ort ist näher. Deswegen haben sie mehr Vertrauen.

---

[93] Towfigh 2015: Das Parteienparadox

Das ist keine Nebensache – sondern ein zentraler Punkt für das Verständnis von Demokratie. Menschliches Zusammenleben basiert seit den Sippen der Sammler und Jäger auf Vertrauen. Das gesamte komplexe Sozialverhalten der Menschen mit alle den Gefühlen wie Liebe, Eifersucht, Hass, Vertrauen, Ironie, Spaß, gemeinsam Feiern – aber eben auch Ausgrenzen von Störern – hat sich entwickelt, um dieses Zusammenleben möglich zu machen. Menschen sind dadurch in der Lage, Gesellschaften zu bilden. Aber je größer die Gesellschaften werden, desto größer die Gefahr, dass das Vertrauen verloren geht. Berlin ist weit weg von Heikendorf, wo ich wohne. Brüssel noch viel weiter.

Deswegen ist die lokale Ebene für eine Demokratie von so großer Bedeutung. Die Menschen in der Schweiz und Dänemark sind keine besseren Menschen. Auch dort gibt es populistische Parteien. Wir in Schleswig-Holstein sind geradezu entsetzt über die neue liberal-konservative Regierung in Dänemark, die sich als Minderheitsregierung von den Populisten der Folkeparti tolerieren lässt und wieder Grenzkontrollen eingeführt hat. Auch in der Schweiz gab es rechtspopulistische Kampagnen. Nicht alles ist gut dort. Aber es gibt eben einen großen Unterschied. Die Menschen vertrauen in ihre Demokratie, ihr Land und sind stolz auf ihr Sozialsystem. Und das hängt sehr stark mit der Rolle der Kommunen zusammen. Vor Ort kann jeder die Demokratie selbst erleben. Dort kann sich jeder einmischen. Die Zusammenhänge sind vor Ort leichter zu durchschauen. Und die Ergebnisse sind leichter zu kontrollieren. Deswegen ist Subsidiarität – die Verlagerung von Aufgaben nach unten, wann immer das möglich ist – so wertvoll.

Wie die Kommunalisierung die Politik verändert

Es gibt noch einen weiteren wichtigen Effekt: Die Bürger sind nicht nur eher bereit, ihrer Kommune Geld zu geben. Das Geld wird auch anders ausgegeben.[94] Kommunalisierung ändert auch die Art, wie Politik gemacht wird! Ein Kommunalpolitiker wird nämlich daran gemessen, wie gut die kommunalen Einrichtungen sind. Er oder sie wird also viel eher geneigt sein, das Geld für gute Kindergärten, Schulen oder andere öffentliche Einrichtungen auszugeben.[95]

---

[94] Hentschel 2006: Bürger, Kommune und Staat

[95] OECD 2007: Social Expenditure Database

Ein Bundestagsabgeordneter denkt anders. Er kann sich nicht mit guten Kindergärten vor Ort brüsten. Deswegen wird er immer dazu neigen, das Geld in Transfersysteme zu stecken. Deshalb werden zum Beispiel die Gelder für Familienförderung in Dänemark überwiegend (zu zwei Dritteln) für Kindergärten und andere kommunale Einrichtungen ausgegeben, nur ein Drittel wird an die Eltern ausgezahlt. In Deutschland dagegen gehen weniger als dreißig Prozent der Mittel an Einrichtungen. Es werden also nicht die KiTas gefördert, sondern die Familien bekommen Geld pro Kind als sogenannte Transferleistung und müssen dann teure KiTa-Plätze bezahlen.

Ein weiteres Beispiel für diesen Mechanismus ist die Pflege alter Menschen. Dänemark hat keine Pflegeversicherung. Während in Deutschland Pflegebedürftige Geld bekommen, um sich ihre Pflege selbst zu kaufen, haben die dänischen Kommunen ambulante und stationäre Pflegeeinrichtungen aufgebaut, die die Menschen nach Bedarf versorgen. Das hat Vorteile. Denn die deutschen Transfersysteme funktionieren keineswegs so effizient und marktwirtschaftlich, wie marktfromme Wissenschaftler uns das glauben machen. Im Gegenteil: Zentral verwaltete Systeme sind intransparent und oft auch ineffizient und teuer. Dagegen steht die Effizienz und Qualität einer kommunalen Einrichtung unter der direkten Beobachtung der Bürgerinnen und Bürger der Gemeinde. Wenn etwas nicht funktioniert, dann sind der Bürgermeister bzw. die Mehrheitsfraktionen im Gemeinderat direkt verantwortlich und gefordert, für Abhilfe zu sorgen.

Gute Beispiele für kommunale Aufgabendurchführung gibt es auch in Deutschland. So hat eine Reihe von Landkreisen die Arbeitsverwaltung von der Bundesanstalt für Arbeit im Rahmen der sogenannten Option übernommen. Die Erfolge können sich sehen lassen. Denn eine dezentrale Arbeitsverwaltung kann flexibler mit den Akteuren vor Ort kooperieren und Lösungen finden, die den örtlichen Bedingungen besser gerecht werden. Eine örtliche Arbeitsverwaltung ist nicht mehr an Weisungen aus dem fernen Nürnberg gebunden, sondern kann gegebenenfalls auf dem kurzen Dienstweg mit dem Landrat Entscheidungen abstimmen und treffen. Bei Missständen steht sofort die örtliche Politik in der Kritik und wird schnell auf Probleme reagieren, die im fernen Nürnberg kaum jemanden interessieren würden. Es liegt einfach auf der Hand, dass eine solche Struktur in der Regel effizienter und oft sogar kostengünstiger arbeitet. Aber die meisten Städte und Kreise haben dies abgelehnt, da sie Angst hatten, mal wieder auf den Kosten sitzen zu bleiben.

In den letzten Jahren wurden in Schleswig-Holstein überall Seebrücken gebaut. Warum? Sie wurden mit Fördermitteln der EU und des Landes zu achtzig Prozent gefördert – das nennt man Kofinanzierung. Seebrücken bauen gilt nämlich als Wirtschaftsförderung für den Tourismus. Das ließen sich die Kurorte an der Küste natürlich nicht entgehen, zumal dann örtliche Bauunternehmen Aufträge bekamen. Hätte die EU statt dessen Kirchtürme oder Moscheen gefördert, hätte das vermutlich auch funktioniert. Auch manche Dorfstraße wird nur deswegen super ausgebaut, weil man da 75 Prozent dazu bekommt.

Ich habe gar nichts gegen Seebrücken – es ist schön in Dämmerung darauf spazieren zu gehen und den Sonnenuntergang zu bewundern. Aber ich halte es für viel sinnvoller, anstelle der ganzen Förderprogramme einfach das Geld an die Kommunen zu geben. Dann können die Gemeinderäte frei entscheiden, ob sie lieber Seebrücken oder Kindergärten bauen wollen. Stattdessen hat die Armut der Länder und Kommunen in Deutschland zu einem komplexen System von Kofinanzierungsmitteln geführt. Gemeinderäte, die frei und autonom über ihre Finanzen entscheiden könnten, würden aber möglicherweise ganz andere Schwerpunkte setzen, als sich die Politiker in Brüssel, Berlin oder auch in Kiel ausdenken.

Wie knauserig sind die Bürger?

Viele Kommunen – insbesondere viele Städte im Osten und im Rheinland – sind hoch verschuldet und haben kaum noch Geld für eigene Politikgestaltung. In den Jahren nach der Jahrtausendwende gingen in vielen Städten die Steuereinnahmen zurück und die Stadtparlamente konnten nur noch den Mangel verwalten. Oft mussten sie sogar Kürzungen beschließen, die sie eigentlich nicht wollen. Auch wenn sich dies in den letzten Jahren durch die gute Konjunktur etwas verbessert hat, gibt es immer noch Kommunen, die sich nichts leisten können. Dafür werden die Kommunalpolitiker nicht selten von Bürgern auch noch beschimpft. Für die Gemeinderäte, die viel Zeit und Engagement in die ehrenamtliche Arbeit in der kommunalen Selbstverwaltung investieren, ist das frustrierend.

Diese Entwicklungen sollten die Diskussion um mehr Finanzautonomie geradezu beflügeln. Nach meinen Erfahrungen ist aber das Gegenteil der Fall. Obwohl die Idee der Kommunalisierung spontan bei vielen Menschen auf Sympathie stößt, gehen bei dem Stichwort „Steuerhoheit der Kommunen“ (und auch der Länder) bei vielen Politikern geradezu die Warnlampen an.

Einer der Gründe liegt natürlich darin, dass eine radikale Dezentralisierung der Finanzen und der politischen Entscheidungen einen massiven Machtverlust für die Bundespolitik zur Folge hätte. Dagegen gibt es naturgemäß Widerstände – sowohl in der Regierung, in den Apparaten und auch bei den gut vernetzten Bundestagsabgeordneten. Oft wird dann argumentiert, man könne den Kommunen nicht mehr Verantwortung geben, weil dann noch mehr Unsinn gebaut und beschlossen würde. Und wieder andere glauben, dass alles besser wird, wenn noch mehr zentral geregelt wird und nicht jedes Land oder gar jede Kommune andere Regeln einführt. Das ist nicht immer falsch – auch Kommunalpolitiker machen gelegentlich Unsinn. Aber für das Vertrauen in die Demokratie verursacht diese paternalistische Einstellung einen erheblichen Schaden.

Es gibt aber auch gewichtige Argumente gegen eine Dezentralisierung, mit denen man sich genauer auseinandersetzen muss. Insbesondere im linken politischen Spektrum werden gegen die lokale Steuerhoheit stets zwei Befürchtungen vorgetragen:

[1] Sozialpolitiker glauben, es könnte zu einem Dumping-Wettbewerb um die niedrigsten Steuern kommen, unter dem die sozial Schwachen am meisten leiden würden.

[2] Bürgermeister armer Städte haben Angst davor, dass die armen Kommunen noch ärmer und die reichen Kommunen noch reicher werden.

Was die Furcht vor einem Dumping-Wettbewerb betrifft, so hilft ein Blick zu unseren nördlichen Nachbarn. In Schweden und Dänemark sinken seit dreißig Jahren die Einnahmen des Zentralstaates, weil Bürger und liberale Parteien das fordern und immer wieder die zu hohen Steuern kritisiert wurden. Aber sind deswegen die Staatseinnahmen gesunken? Keineswegs! Denn gleichzeitig war die Bereitschaft der Bürger, für kommunale Investitionen, für Schulen oder Krankenhäuser, die kommunalen Steuern zu erhöhen, immer sehr hoch. In Schweden lag der kommunale Steuersatz 1960 noch bei durchschnittlich 15 Prozent – verdoppelte sich dann bis 1980 auf 29 Prozent – und ist seitdem nur noch moderat auf circa 32 Prozent gestiegen. In Dänemark führte diese Entwicklung sogar dazu, dass die Regierung in Kopenhagen das Recht der Kommunen, die Steuern zu erhöhen, zeitweilig aussetzte, um den Konsolidierungskurs durchzusetzen.

Die Bürger sind offensichtlich viel eher bereit, mehr Steuern zu zahlen, wenn es um „ihre" Schule, „ihr" Pflegeheim oder „ihr" Schwimmbad geht. Sie sehen dann direkt vor Ort, was mit ihrem Geld geschieht. Skandinavische Kommunen sind überwiegend über die Einkommensteuer finanziert, die von den Stadt- und Gemeinderäten festgelegt wird. So stimmen die Wähler bei den Kommunalwahlen nicht nur über wohlfeile Wünsche ab, sondern gleichzeitig auch darüber, wie die geplanten Projekte finanziert werden sollen. Und erstaunlicherweise haben sie immer wieder auch Steuererhöhungen für ihre Gemeinde zugestimmt.

Noch deutlicher kann man diesen Effekt in der Schweiz studieren. In vielen Kommunen und Kantonen dürfen nur dann Schulden gemacht werden, wenn dies in einem Referendum von den Bürgern gebilligt wird. Nach allen Erfahrungen stimmen die Bürger in den Gemeinden fast nie für die Aufnahme von Schulden. Wenn sie eine neue Schule haben wollen, dann erhöhen sie lieber die Steuern. Oder sie verzichten eben auf den Neubau.

Besonders beeindruckt hat mich das schwedische System der Einkommenssteuer. Wie in Dänemark werden in Schweden die Kommunen überwiegend durch die Einkommenssteuer finanziert. Das Spannende an dem schwedischen System besteht aber darin, dass „Normalbürger" mit einem Einkommen bis zu 40.000 Euro keinerlei Steuern an den schwedischen Staat zahlen. Sie zahlen lediglich die Basissteuer, die vollständig an ihre Kommune geht. Wer dagegen mehr verdient, muss auf das zusätzliche Einkommen neben der Basissteuer eine progressive Reichensteuer von bis zu fünfundzwanzig Prozent bezahlen.[96] Letztere geht nach Stockholm an den Zentralstaat. Man kann es auch so ausdrücken: Die Normalbürger finanzieren ihre Kommunen, ihr Gemeinwesen. Der Zentralstaat finanziert sich nur durch die Reichen, die Unternehmen, die Mehrwertsteuer und die Sozialabgaben. Ich finde das ist eine vorbildliche Aufgabenteilung im Steuersystem.

---

[96] Swedish Tax Agency 2010: Taxes in Sweden

Steuerdumping im Kanton Schwyz

„Tiefe Steuern vertreiben die Alteingesessenen im Kanton Schwyz." – mit dieser Schlagzeile alarmierte der Züricher „Tages-Anzeiger" im Sommer 2010 seine Leser.[97] Der Kanton Schwyz, nach dem die gesamte Schweiz benannt ist, war eines der Steuerparadiese für Reiche in der Zentralschweiz, zu denen außerdem noch die Kantone Uri, Zug, Nidwalden und das italienischsprachige Tessin gerechnet werden. Anders als in Skandinavien gab es in der Schweiz tatsächlich ein Wettbewerb im Steuerdumping. Einige kleine Gebirgskantone und das sonnige Tessin hatten durch immer niedrigere Steuersätze für Firmen und für reiche Bürger immer mehr Reiche angelockt. Allerdings – so berichtet der Zeitungsartikel – hat das die Grundstückskosten und die Lebenshaltungskosten immer mehr in die Höhe getrieben, so dass sich Normalverdiener das nicht mehr leisten können und wegziehen.

Es ist also nicht verwunderlich, wenn bei Diskussionen über Steuerautonomie immer die Frage gestellt wird: Wie wirkt sich das für arme strukturschwache Kommunen aus? Werden die dann nicht abgehängt? In Deutschland wird zum Beispiel oft behauptet, dass Steuerautonomie sich nicht mit dem verfassungsmäßigen Gebot der gleichwertigen Lebensverhältnisse verträgt.

Auch diese Befürchtung lässt sich für Skandinavien nicht verifizieren. Der wesentliche Grund dafür liegt in der intelligenten Konstruktion des Finanzausgleichs zwischen den Kommunen und Regionen. Anders als in Deutschland bezieht sich der Finanzausgleich nicht allein auf die Steuereinnahmen der Kommunen. Stattdessen geht die Berechnung des Ausgleichs vor allem von Strukturdaten aus. Dazu gehören: Das durchschnittliche Einkommen, die Zahl der Kinder, die Zahl der alten Leute, die Arbeitslosenquote usw. Danach wird der Bedarf der Gemeinde berechnet. Kommunen mit hoher Arbeitslosigkeit, vielen Kindern oder vielen Alten haben einen höheren Bedarf. In Schweden kommt dann noch ein geografischer Faktor hinzu: Denn im dünn besiedelten Lappland jenseits des Polarkreises benötigt eine Kommune wesentlich mehr Mittel, um ihren Bürgern gleiche Lebenschancen zu gewährleisten.

Nachdem so der Bedarf festgestellt wurde, wird als zweites die Steuerkraft berechnet. Es wird ausgerechnet, wie viele Steuern die Kommune

---

[97] Schaffner 2010: Tiefe Steuern vertreiben die Alteingesessenen im Kanton Schwyz

bekommen würde, wenn sie den Durchschnittssteuersatz aller Kommunen in Schweden erheben würde. Die Differenz zwischen dem Bedarf und den errechneten fiktiven Steuereinnahmen wird durch den Finanzausgleich ausgeglichen. Dadurch werden arme Kommunen sogar finanziell bessergestellt als reiche, weil sie einen höheren Bedarf haben. So sollen alle Kommunen die gleichen Chancen haben und ihren Bürgern die gleichen Lebensbedingungen bieten können.

Nun aber können die Gemeinden beschließen, dass sie mit dem Durchschnittssteuersatz nicht zufrieden sind und weniger Steuern erheben wollen. Oder sie beschließen, dass sie sich mehr leisten wollen und heben die Steuern an. Das klingt recht vernünftig. Denn die Bürger sind vermutlich nur dann bereit, die Steuern zu erhöhen, wenn sie sicher sind, dass die Mehreinnahmen in der Kommune bleiben.

Im Gegensatz dazu ist der Finanzausgleich in Deutschland undurchschaubar und teilweise sogar völlig kontraproduktiv organisiert. Wenn z. B. ein Bundesland oder seine Gemeinden Mehreinnahmen generieren (was sowieso nur in geringem Umfang möglich ist), dann fließt dieses Geld auf Bundesebene in den großen Topf und das Land darf nur einen kleinen Anteil davon selbst behalten. Als Schleswig-Holstein zum Beispiel in seiner verzweifelten Finanzlage (und aus Sicht der Grünen auch aus ökologischen Gründen) eine drastische Erhöhung der Erdölabgabe für das in der Nordsee geförderte Öl beschloss, blieben von den hundert Millionen Euro Mehreinnahmen nicht mal vier Millionen in der Landeskasse. Der Rest wurde über den Länderfinanzausgleich auf die anderen Bundesländer umverteilt.

Es wird kolportiert, dass reiche Länder wie Hessen oder Bayern ihre Steuerprüfer bewusst anweisen, bei wichtigen Firmen nicht so genau hinzuschauen. Denn in Frankfurt und München befinden sich die meisten Konzernzentralen. Und die Finanzminister betrachten es quasi als Standortvorteil, wenn die Steuerprüfung nicht so genau ist. Die Verluste werden ja auf alle verteilt. Monika Heinold, die grüne Finanzministerin von Schleswig-Holstein, fordert auch aus diesem Grund eine Bundessteuerverwaltung.

Für Skandinavien gilt das nicht. So gibt es zum Beispiel in Schweden zwar erhebliche Unterschiede bei den Steuersätzen.[98] Aber die Annahme, dass die reichen Kommunen generell niedrigere Steuersätze haben und

[98] Statistiska centralbyrån 2011: Regional Statistik

die ärmeren höhere, trifft nicht zu. Es gibt auch wohlhabende Gemeinden mit sehr hohen Steuersätzen – während arme Gemeinden mit niedrigen Steuern seltener sind.

Vergleicht man aber die skandinavischen Kommunen mit den deutschen, dann sind die Unterschiede frappant: Die deutschen Kommunen sind viel schlechter ausgestattet. Gerade die Städte mit großen sozialen Problemen im Osten und im Rheinland haben kaum eine Möglichkeit gegenzusteuern und geraten immer mehr in die Schuldenfalle. Oder anders herum betrachtet: Auch wenn die skandinavischen Kommunen durchaus ihre Spielräume nutzen – im Vergleich mit den deutschen Kommunen erheben auch die Kommunen mit den geringsten Steuersätzen immer noch viel mehr Steuern von ihren Bürgern als in Deutschland und leisten sich dafür ein um vieles besseres Sozialsystem. Von einem Steuerdumping kann also in keiner Weise die Rede sein.

Mehrbedarf in der Tundra und der australischen Steppe

Mittlerweile haben nahezu alle Staaten einen mehr oder weniger guten Finanzausgleich eingeführt.[99] Anders sind gleiche Lebenschancen in der Praxis nicht zu gewährleisten. Einzige Ausnahme sind die USA, die keinen Finanzausgleich kennen. Das erklärt vermutlich die extrem großen ökonomischen und sozialen Unterschiede in den USA. Anders als in Deutschland schlagen aber diese Unterschiede dort voll auf die Einnahmen der Staaten oder Kommunen durch. So ist es in den USA normal, dass reichere Gemeinden bessere Schulen haben, ihre Lehrer besser bezahlen und sich auch sonst eine bessere Infrastruktur leisten können.

In der Schweiz wurde in den letzten Jahrzehnten aufgrund der geschilderten Erfahrungen nach und nach ein Finanzausgleich eingeführt. Er ist aber in seiner Wirkung noch nicht mit dem schwedischen System vergleichbar. Auch nach dem Finanzausgleich betragen die Unterschiede zwischen den Schweizer Kantonen immer noch bis zu 23 Prozent.

Im Unterschied dazu haben nahezu alle anderen entwickelten Staaten – so unterschiedlich ihre Systeme sonst sein mögen – ein Finanzausgleichssystem, das die Unterschiede weitgehend nivelliert. Aber Nivellie-

---

[99] Blöchinger 2008: Steuerautonomie und Finanzausgleich; siehe derselbe 2010: Fiscal Policy across Levels of Government in Times of Crises

ren heißt noch nicht gleiche Lebenschancen! Denn eine strukturschwache Gegend wie die Uckermark ohne Industrie mit vielen Alten und Arbeitslosen wird nicht gleichgestellt, indem die Einnahmen nivelliert werden. Es gibt allerdings nur zwei Länder, die ich untersucht habe, in denen die Unterschiede bewusst überkompensiert werden. Das sind Schweden und Australien. Und das hat einen guten Grund, der durch ihre Geographie erklärt werden kann: Denn in der schwedischen Tundra sind ähnlich wie in der australischen Steppe gleiche Lebensbedingungen nur möglich, wenn diese benachteiligten Regionen besondere Unterstützung bekommen.

Wer soll meine Steuern bekommen?

Spannend ist auch die Überlegung, was in Deutschland passieren würde, wenn die Kommunen und Länder ihre Einkommenssteuersätze selbst festlegen könnten. Interessanterweise hat der deutsche Beamtenbund vor einigen Jahren dazu mal eine Umfrage gemacht.[100] Das Ergebnis ist sehr deutlich: Auch in Deutschland würden vier von fünf Bürgern ihre Steuern lieber an ihre Kommune zahlen. Nur vier Prozent möchten dem Bund mehr Geld geben. Bei einer aktuellen Umfrage sagen sogar 81 Prozent, die Länder und der Bund sollten den Kommunen mehr Geld abgeben![101]

Ich kann mir daher gut vorstellen: Würden wir in Deutschland ein ähnliches Finanzausgleichssystem einführen wie in Schweden, dann würde auch bei uns der Anteil der Kommunen und Länder an den Staatsausgaben ständig wachsen und gleichzeitig der Druck auf den Bundestag wachsen, die Steuern für den Bund zu senken. Und dann würden die Kommunen sich automatisch immer mehr Aufgaben erkämpfen. Heute weisen viele Kommunen die Übernahme von Aufgaben von sich. Sie trauen sie sich das nicht zu, weil sie sie nicht bezahlen können und fürchten auf den Mehrkosten sitzen zu bleiben. Aber ich bin mir sicher: Eine Steuerhoheit vor Ort würde im Laufe der Zeit dazu führen, dass viel mehr in die Bildung und die Sozialeinrichtungen investiert würde.

---

[100] Forsa 2010: Steuern, Schulden, Sparbeschlüsse

[101] dbb 2016: Bürgerbefragung öffentlicher Dienst

Vertrauen in die kommunale Wirtschaft

Im März 2015 meldete die Neue Züricher Zeitung entsetzt, dass „der Staat sich verselbständigt."[102] Bereits jeder vierte Arbeitnehmer in der Schweiz arbeitet beim Staat. Damit hat die Schweiz fast das schwedische Niveau erreicht. Dort arbeiten 25 Prozent aller Beschäftigten bei den Kommunen. In Dänemark sind es noch mehr. In Deutschland dagegen hat die Zahl der Beschäftigten im öffentlichen Verwaltungen und Einrichtungen seit 1991 um über zwei Millionen abgenommen und liegt unter zehn Prozent. Dies wurde lange Zeit als Erfolg gefeiert.

Erstaunlicherweise hat das aber unseren Nachbarstaaten nicht geschadet. Wenn jedes Jahr in Davos wieder die Wettbewerbsfähigkeit der Staaten verglichen wird, liegen die Schweiz und die Skandinavier stets in der Spitzengruppe.[103] Es gibt auch gute Gründe dafür: Denn wofür arbeiten diese Beschäftigten? Die wichtigsten Bereiche sind das Gesundheitswesen, das Bildungswesen, die Kinderbetreuung, die Energieversorgung, der öffentliche Verkehr, die Wasserversorgung, die Müll- und Abwasserentsorgung und vieles mehr. Für einen modernen Staat ist eine gute Infrastruktur in allen diesen Sektoren sehr wichtig. Es gibt noch einen interessanten Gesichtspunkt: In kommunalen Einrichtungen arbeiten überwiegend Frauen. Diese finden dort ordentlich bezahlte Arbeit – oft in der Nähe ihrer Wohnung. Das erweist sich gut für die Familien, gerade wenn diese Kinder aufziehen. Und in der Krise erwies sich die kommunale Beschäftigung als stabiler Wirtschaftsfaktor.

Nun argumentieren viele Liberale, dass private Einrichtungen dies besser leisten könnten als öffentliche. Stimmt das?

In Schleswig-Holstein gibt es viele private Kliniken und viele öffentliche, meist kommunale Krankenhäuser. In beiden Sektoren gibt es Häuser mit gutem Ruf und mit schlechtem Ruf. In beiden Sektoren gibt es Häuser, die profitabel arbeiten und andere mit Defiziten. Was besser ist, ist schwer zu entscheiden. Ein anderes Beispiel ist die Bahn. In Deutschland glaubte man, dass man die marode Bahn nur sanieren kann, wenn zumindest Teile des Bahnverkehrs ausgeschrieben werden. Das gelang erfolgreich. In den letzten zwanzig Jahren hat der Bahnverkehr enorm zugenommen, die Züge sind sauberer und schneller geworden und die Defizite konnten deutlich reduziert werden. Schaut man aber in die

[102] Rütti 2015: Wenn der Staat sich verselbständigt

[103] Schwab 2016: The Global Competitiveness Report

Schweiz, dann ist dort genau das gleiche gelungen – ohne Privatisierung. Heute befördert die Bahn in der Schweiz die meisten Fahrgäste in ganz Europa.

Was ist also besser?

Die meisten öffentlichen Einrichtungen und Betriebe sind lokal tätig und gehören den Städten oder Kreisen. Wenn die Einrichtungen privatisiert werden, geraden sie häufig in die Hand von großen Konzernen. Und da gibt es einen sehr großen Unterschied. Die kommunalen Einrichtungen genießen bei den Menschen fünfmal soviel Vertrauen wie private große Konzerne![104] Die Zufriedenheit mit der Arbeit der kommunalen Dienstleister ist sogar noch größer und liegt bei erstaunlichen 91 Prozent. Auch das Vertrauen in Sparkassen, die meistens den Kreisen gehören, ist doppelt so groß wie das in private Banken. Das Vertrauen in öffentliche Stadtwerke sogar dreimal so groß wie das in private Unternehmen.

Fragt man sich, warum das so ist, dann scheint mir der Schlüssel des Rätsels bei dem Begriff „Vertrauen“ zu liegen. Kommunale Einrichtungen sind den Bürgern näher. Die Bürger können mit eigenen Augen nachvollziehen, was diese leisten und wie sie arbeiten. Und die kommunalen Dienstleister bekommen regelmäßig auch eine direkte Rückmeldung von den Bürgern. Natürlich haben Stadtwerke und Sparkassen auch ihre Skandale. Und die Empörung der Bürger ist dann typischerweise sogar besonders hoch. Denn schließlich sind das „ihre“ Einrichtungen. Aber danach wird der Skandal in den kommunalen Gremien bearbeitet, häufig wird der Manager entlassen. Oder der Bürgermeister muss gehen. Das flößt den Menschen offensichtlich mehr Vertrauen ein als die Anonymität eines international tätigen Konzerns.

Und damit will ich es an dieser Stelle bewenden lassen. Ich werde später, wenn es um die Wirtschaftsordnung geht, noch mal auf diese Thematik zurückkommen.

Der Traum von der Kommune – Überlegungen für einen Staatsaufbau von unten

Natürlich sind weder die Schweiz noch Dänemark oder andere dezentraler organisierte Staaten ein Paradies. Auch dort haben strukturschwache Regionen wie die jütländische Westküste mit Problemen wie Abwande-

---

[104] VKU 2015: Aktuelle Forsa-Umfrage

rung zu kämpfen. Auch dort gibt es heftige Auseinandersetzungen, Kritik an der Zusammenlegung von Schulen, Streit über Investitionen oder einfach nur Misswirtschaft durch politisches Fehlmanagement.

Spätestens seit der großen Wende in der Steuer- und Wirtschaftspolitik ab 1980 entwickelte sich sowohl in Deutschland wie in beiden dezentral organisierten Nachbarn eine lebhafte Diskussion, in der über mehr oder weniger Kommunalisierung, Dezentralisierung und Subsidiarität gefochten wurde. Die einen – insbesondere die Kommunalpolitiker – halten das Subsidiaritätsprinzip hoch. Die anderen – vor allem viele Ökonomen und Finanzpolitiker – halten die Wahrnehmung der Aufgaben durch die Länder und den Bund oder auch durch Privatisierung für besser. Denn diese haben allein aufgrund ihrer Größe in der Regel mehr Kompetenz und sind außerdem effektiver, so dass der Staat Geld spart.

Was aber auffällt: Selten wurde diese Diskussion unter dem Fokus geführt, was nützt der Demokratie? Was stärkt die Demokratie?

In Dänemark hatte die große Kommunalreform 2007 erheblichen Ärger hervorgerufen. Von 268 Kommunen im Jahre 1970 sind am Schluss nur noch 98 Kommunen übriggeblieben. Sicherlich benötigen Kommunen mit vielen Aufgaben und großen Kompetenzen auch größere Strukturen. Aber die enge Verbindung der Bürger mit der örtlichen Politik ist auch sehr wertvoll, da sie Vertrauen stiftet. So ist es kein Wunder, dass Kreisreformen in mehreren neuen Bundesländern, aber auch in Schleswig-Holstein auf erheblichen Widerstand der Bürger stießen und sogar scheiterten. Bayern dagegen hat immer noch extrem viele kleine Gemeinden und Kreise und lebt damit dennoch sehr gut.

Eine konsequente Dezentralisierung – wo immer das von der Sache her möglich und sinnvoll ist – ist deshalb auch eine Chance für mehr Vertrauen in die Demokratie, für mehr Bürgerbeteiligung und mehr Akzeptanz von Politik. Dies ist gerade für das preußisch geprägte Deutschland eine gewaltige Aufgabe.[105] Um das zu erreichen, müsste in Deutschland der Staatsaufbau geradezu vom Kopf auf die Füße gestellt werden. Die Kommunen sollten ins Zentrum der Demokratie gerückt werden.

Auf diese Weise könnte es auch in Deutschland gelingen, viel mehr Entscheidungen vor Ort zu fällen. Die Politik würde näher an die Menschen heranrücken. Die Menschen würden sich mehr einmischen, die Arbeit in

---

105 Hier sollte man vielleicht auch „Norddeutschland" sagen. Denn zumindest Bayern tickt ja in dieser Hinsicht etwas anders.

den Stadt- und Gemeinderäten würde attraktiver werden und die Bürger würden mehr Vertrauen für ihre Politiker entwickeln. Auch die Bereitschaft der Menschen vor Ort Steuern zu zahlen, wäre wesentlich größer, weil die Menschen direkt erleben können, was mit dem Geld gemacht wird. Ein solches Kommunalsystem könnte dazu führen, die Probleme beim Ausbau der sozialen Infrastruktur in den kommenden Jahren zu lösen. Und es könnte dazu beitragen, den demografischen Wandel besser zu bewältigen.

Ich bin deshalb überzeugt davon, dass eine Gesellschaft, in der die Kommunen eine zentrale Rolle spielen, auch ein Stück Sozialutopie sein kann, für die sich die Menschen begeistern lassen. Dezentralisierung löst nicht alle Probleme, aber sie kann ein Beitrag, ein Baustein für die Demokratie von morgen sein, für die notwendige Transformation unserer Gesellschaft.

Fazit:

Gerade in Zeiten der Globalisierung brauchen wir eine Stärkung der lokalen Ebene – eine Dezentralisierung von Finanzen und Kompetenzen. Die Kommune und die Region als Heimat, als Bezugspunkt der Menschen, als ein gestaltbarer Bereich, können den Menschen in einer unübersichtlichen Welt mehr Identität und Gestaltungsmöglichkeiten geben und die Demokratie stärken.

Zur direktdemokratischen Verfassung von 1869 in Zürich:
„der erste konsequente Versuch, die Idee der reinen Volksherrschaft in einer den modernen Kulturverhältnissen entsprechenden Form durchzuführen."
(Friedrich Albert Lange, Philosoph und Redakteur des „Landboten", damals die wichtigste demokratische Zeitung).[106]

„Die Direkte Demokratie ist auch nicht zu verwechseln mit einer plebiszitären Demokratie, ein weiterer typisch deutscher Versuch die institutionalisierte Mitsprache der Bürgerinnen und Bürger zu diskreditieren."
(Andreas Gross, 2007)

Kapitel 4

Die direkte Demokratie - ein Schutzwall gegen den Populismus

Demokratie als Diskurs – Eine Waffe gegen Populismus – Minderheiten und Menschenrechte – Direkte Demokratie und das Parlament

Wie so oft in der Geschichte steht am Anfang einer neuen Entwicklung ein grausiges Ereignis. In der Schweiz war es die Choleraepidemie in den Armenvierteln von Zürich im Jahre 1867, der fünfhundert Menschen zum Opfer fielen. Bis dahin war die Demokratie in der Schweiz vor allem eine Angelegenheit der gebildeten Schichten – des liberalen Bürgertums – gewesen. Die Wahlbeteiligung lag meist bei zehn Prozent und die Freisinnigen Gruppen[107] hatten stets die Mehrheit im Parlament. Es gab aber schon eine lange Tradition der Direkten Demokratie und der Volksversammlungen in einigen anderen Kantonen.

---

[106] Soweit nicht anders angegeben ist die wichtigste Quelle für dieses Kapitel: Gross 2016: Die unvollendete Direkte Demokratie

[107] In der Schweiz werden die Liberalen als Freisinnige bezeichnet – FDP heißt Freisinnige Demokratische Partei. Diese ist allerdings dort die große konservative Partei des Bürgertums – eher wie die CDU Deutschland.

Begriffsdefinitionen, wie sie von mir benutzt werden:

Die Begriffe sind im deutschen Sprachraum nicht eindeutig. Ich orientiere mich daher soweit möglich an der Schweiz.

Volksgesetzgebung: Jede Form von Direkter Demokratie

Volksabstimmung: Teilweise als Synonym zur Volksgesetzgebung, teilweise als Synonym zum Volksentscheid verwendet.

Volksinitiative: Die Initiative für einen Volksentscheid (Unterschriftensammlung). Auch für den gesamten Prozess für einen von unten initiierten Volksentscheid benutzt.

Volksbegehren: Die zweite Stufe nach der Volksinitiative in einem dreistufigen Verfahren, wie es in Deutschland auf Landesebene üblich ist.

Volksentscheid: Die abschließende Stufe (die Abstimmung aller Wähler) im zweistufigen oder dreistufigen Verfahren. Der Begriff wird oft auch als Oberbegriff verwendet. In der Politikwissenschaft wird auch „Plebiszit" als Oberbegriff benutzt. Im Ausland dient meist „Referendum" (englisch: referendum, französisch référendum, spanisch: eferéndum) als Oberbegriff.

Plebiszit: Eine Volksabstimmung, die von oben (durch Regierung oder Parlament) angesetzt wird.

Referendum: Eine Volksabstimmung über eine Vorlage (Gesetz) der Regierung oder des Parlaments.

Fakultatives Referendum: Eine Volksabstimmung, die durch Unterschriftensammlung gegen ein vom Parlament beschlossenes Gesetz zustande kommt.

Obligatorisches Referendum: Eine Volksabstimmung, die durch die Verfassung für bestimmte Beschlüsse des Parlamentes (z. B. Verfassungsänderung, Verschuldung, Gebietsänderungen) verbindlich vorgeschrieben ist.

Volksbefragung: Meist ein unverbindliches Plebiszit.

Bürgerentscheid: Volksentscheid auf kommunaler Ebene – meist zweistufig.

Bürgerbegehren: Die erste Stufe im zweistufigen Verfahren auf kommunaler Ebene – entspricht also der Volksinitiative.

EBI – Europäische Bürgerinitiative: Ein formalisiertes Petitionsverfahren an die EU-Kommission durch Unterschriftensammlung.

Der entscheidende Schub wurde durch die Ereignisse von 1867 ausgelöst. Nun nahm die demokratische Bewegung einen enormen Aufschwung und die Wahlbeteiligung stieg auf bis zu 75 Prozent. 1869 wurde in Zürich eine neue Verfassung beschlossen, die es ermöglichte, durch Volksentscheide Gesetze und Verfassungsartikel zu beschließen oder durch Referenden Parlamentsbeschlüsse aufzuheben.

Die Wucht der Demokratiebewegung zeigt sich auch bei anderen Entscheidungen: So wurde in Zürich eine Kantonalbank für den einfachen Mann beschlossen. Eine weitere bis dato unbekannte Neuerung war die Einführung einer progressiven Einkommenssteuer. In den folgenden Jahren breitete sich die demokratische Bewegung in immer mehr Kantonen aus. 1880 wurde schließlich das fakultative Gesetzesreferendum in die Bundesverfassung aufgenommen. Nun konnten die Schweizer gegen ein vom Parlament beschlossenes Gesetz Unterschriften sammeln und dann darüber abstimmen und ein Veto einlegen. Und 1891 folgte mit der Verfassungsinitiative der Durchbruch: 50.000 Unterschriften (heute braucht man 100.000 Unterschriften – das sind circa zwei Prozent der Wahlberechtigten) konnten eine Abstimmung über eine Verfassungsänderung einleiten. Seitdem ist die Schweiz das Land der Direkten Demokratie – auch wenn immer noch mehr als 99 Prozent aller Gesetze allein vom Parlament verabschiedet werden.

Im Durchschnitt gibt es jährlich etwa zehn Volksabstimmungen zu nationalen Themen, die Mehrzahl davon sind Referenden. Dazu kommen Abstimmungen über kantonale und gemeindliche Themen. Diese Abstimmungen finden jeweils gebündelt an vier festgelegten Terminen im Jahr statt – aber nie zusammen mit den Wahlen zum Parlament. Jeder Bürger bekommt die Wahlunterlagen zusammen mit einer Broschüre zugeschickt. Da drin stehen die Abstimmungsfragen, gegebenenfalls auch Alternativen und Argumente dafür und dagegen. Danach wird ausführlich am Frühstückstisch, im Büro, in der Kneipe und im Verein diskutiert. Und dann abgestimmt. Seitdem man die Stimme per Post abgeben kann, hat der Anteil der Briefwähler auf über sechzig Prozent zugenommen.

Direkte Demokratie als Kommunikationsprozess

Der Philosoph, Ökonom und Nobelpreisträger Amartya Sen hat immer wieder betont, dass nicht der Wahlvorgang entscheidend ist für eine Demokratie, sondern der öffentliche Diskurs, der der Abstimmung vorausgeht: Und dafür sind die freie Rede, der Zugang zu Informationen und das Recht, eine andere Meinung wirksam zu vertreten, notwendig.[108] Der Demokratiewissenschaftler Andreas Gross legt deshalb Wert darauf, dass Volksentscheide Zeit brauchen. In der Schweiz – anders als in den USA – vergehen in der Regel drei Jahre (maximal sogar fünf Jahre) vom Beginn der Unterschriftensammlung bis zur Abstimmung.

Ein häufiger Vorwurf gegen die Direkte Demokratie besteht darin, dass das Volk ja gar nicht wie ein Parlament über Alternativen beraten kann, sondern nur mit Ja oder Nein abstimmen kann. Deshalb kämen dabei oft schlechte Lösungen zustande. Aber das gilt nicht für die Schweiz. Denn dort kann das Parlament einen Gegenvorschlag für die Verfassungsänderung vorlegen oder als Alternative ein einfaches Gesetz zur Lösung des Problems vorschlagen. Die Wähler können dann bei der Volksabstimmung beide Vorschläge ablehnen, nur einem der beiden Vorschläge zustimmen oder auch bei beiden Vorschlägen „Ja" ankreuzen. Das letztere heißt dann „Doppeltes Ja" – das gibt es erst seit 1987. Dann kann man noch angeben, welche Variante einem lieber ist. Der Trick besteht darin, dass für den Fall, dass beide Vorschläge eine Mehrheit bekommen, die Zusatzfrage den Ausschlag gibt.

Doch auch nach der Abstimmung ist der Prozess noch nicht zu Ende. Denn wenn die Verfassung geändert wurde, dann muss nun das Parlament ein Gesetz verabschieden, um die Änderung umzusetzen. Auch das dauert. Und wenn wieder Unterschriften von einem Prozent der Wähler gesammelt werden, dann können die Bürger der Schweiz auch noch über dieses Ausführungsgesetz abstimmen. Man sieht, das ist ein langer Prozess mit viel Diskussion und Abwägung – der sehr viel Raum lässt, um zu differenzierten Lösungen zu kommen.

Ein lehrreiches Beispiel dafür war die erfolgreiche Volksabstimmung über die Ausweisung von Ausländern, die strafrechtlich verurteilt worden sind. Diese Initiative war von der rechtspopulistischen SVP eingereicht worden – und sie war ein Albtraum für die Grünen und alle liberalen Menschen, die die Durchführung heftig kritisierten. Zu Recht, denn der Text verstieß eindeutig gegen die europäische Menschenrechtskonvention. Er hätte nie zur Abstimmung zugelassen werden dürfen. Aber das Parlament traute sich nicht, sie abzulehnen. Dazu komme ich aber später. Nach dem Beschluss stellte das Parlament natürlich fest, dass eine Umsetzung dieses Beschlusses nicht möglich war, ohne gegen die Menschenrechtskonvention zu verstoßen, die die Schweiz anerkannt hatte.

---

[108] Sen 2010: The Idea of Justice

Daraufhin kam es zu einem zweiten Volksentscheid, in dem mit fast zwei Drittel Mehrheit eine differenzierte Regelung beschlossen wurde. Viele Menschen hatten sich anders entschieden, weil sie sich von der SVP instrumentalisiert fühlten. So kompliziert kann Demokratie sein.

Wenn ich Vorträge halte, melden sich immer wieder Menschen, die zeitweise in der Schweiz gelebt haben. Sie berichten stets, dass in den Familien, in den Kneipen und in den Vereinen viel intensiver über politische Sachfragen debattiert wird als in Deutschland. Jeder Volkentscheid führt zu hunderttausenden von Diskussionen. Diese bilden die Essenz der Schweizer Demokratie. Politik ist dort nicht nur eine Show im Fernsehen. Nein, hier politisiert jeder. Die Bürger wissen, dass sie im Zweifel das letzte Wort haben, die Politiker wissen das auch. Die Bürger verstehen sich daher als Hobbypolitiker, die zu allem eine Meinung haben. Das prägt ihr Selbstbewusstsein als Staatsbürger.

Übrigens ist die Meinung der Schweizer von ihrem Parlament gar nicht so schlecht. Denn in neun von zehn Fällen bestätigen die Schweizer die Beschlüsse des Parlaments. Das mag auch daran liegen, dass das Parlament bei seinen Entscheidungen immer sehr genau schaut, was die Menschen denken. Doch auch viele der Volksentscheide, die keine Mehrheit gefunden haben, haben oft erhebliche Auswirkungen auf die Politik. Sie sind stets auch ein Seismograf für Stimmungen. So schreibt der Journalist Roger Blum: „Als Regel gilt, dass eine verworfene Volksinitiative, die vierzig oder mehr Prozent Zustimmung bekommt, trotzdem Auswirkungen auf die Politikgestaltung hat und dass eine Volksinitiative, die knapp angenommen wird, in möglichst moderater Form umgesetzt wird." So scheiterte zum Beispiel die Volksinitiative zur Abschaffung der Schweizer Armee mit 35 Prozent Ja-Stimmen und hoher Wahlbeteiligung – aber die Debatte hatte doch so viel im Lande verändert, dass wenige Jahre später vom Parlament eine Halbierung der Größe der Armee vorgeschlagen wurde, die anschließend in einem Referendum mit großer Mehrheit beschlossen wurde.

Direkte Demokratie als Waffe gegen den Populismus

Immer wieder wird der Brexit als Beispiel dafür genannt, dass Direkte Demokratie populistisch genutzt werden kann und zu schlechten Ergebnissen führt. Dabei wäre so etwas in der Schweiz gar nicht möglich. In der Schweiz nennt man eine solche Abstimmung wie den Brexit ein „Plebiszit" – das bezeichnet eine Volksabstimmung, die von oben – meist durch einen Präsidenten oder Diktator – angesetzt wird. Andreas Gross, der wie kein anderer die Direkte Demokratie in der Schweiz wissenschaftlich begleitet, lehnt Plebiszite entschieden ab: „Seit Napoleon III. sind solche Plebiszite Lieblingsinstrumente von autoritären Herrschern und Diktatoren aller Art.“ Das gilt natürlich besonders, wenn ein Herrscher (wie Erdogan, Napoleon III., Cameron usw.) Frage und Zeitpunkt der Abstimmung bestimmt und/oder die Medien kontrolliert.

Volksinitiativen folgen einer anderen Logik. Sie sind ein Recht von Bürgern gegenüber dem Parlament. Ein ganz wichtiger Effekt besteht darin, dass politische Debatten weniger über Personen und mehr über Sachthemen verlaufen. Dazu trägt natürlich auch bei, dass es bei Wahlen in der Schweiz nicht um die Wahl einer Regierung oder gar eines Präsidenten geht. Denn im siebenköpfigen Bundesrat (Nassim Taleb: die „Nichtregierung“)[109] sind ja alle größeren Parteien vertreten und ein Staatsoberhaupt gibt es erst gar nicht (siehe Kapitel 8). So profilieren sich die Parteien im Parlament fast ausschließlich über ihre Sachthemen und es geht nicht um die Erhaltung bzw. Bekämpfung der Regierung. Der Pionier der demokratischen Bewegung Karl Bürkli sagte schon 1869, dass „sich das Volk weit eher irrt (und) weit leichter verführt werden kann, wenn es sich um Personen (Wahlen) handelt und nicht um die Beurteilung von Sachen (Abstimmungen)“. Demnach müsste man also Präsidentenwahlen wie in den USA, Frankreich oder der Türkei abschaffen, weil sie besonders anfällig für Populismus sind – aber dafür Volksentscheide einführen.

Ich denke deshalb, diese Sachorientierung in der Schweiz ist eine starke Waffe gegen Populismus. Sie stärkt den demokratischen Diskurs und schwächt diejenigen, die durch persönliche Vorwürfe und falsche Anschuldigungen versuchen, andere zu diskreditieren. Aber die Direkte Demokratie hat noch einen Trumpf aufzuweisen. Denn sie schlägt den Populisten das Argument aus der Hand, es werde gegen das Volk regiert. Und drittens zwingt sie die Eliten, mehr auf das Volk – also auf die einfachen Leute – zu hören. Wenn ausgerechnet die Schweiz heute eines der besten Rentensysteme der Welt hat, bei dem die Reichen voll einzahlen müssen, obwohl ihre Rente auf 2.000 Euro gedeckelt ist – dann ist das

---

[109] Taleb 2013: Antifragilität. Im Nationalrat, der ersten Kammer des Parlamentes, sind zur Zeit zwölf Parteien vertreten. Die stärksten vier Parteien stellen den Bundesrat, ein Kollegialorgan, das an Stelle einer Regierung an der Spitze der Exekutive steht.

einem Volksentscheid zu verdanken.[110] Und die Versuche von Politik und Interessenverbänden, dies zu ändern, sind stets gescheitert.

Aber neben der Sachorientierung, der Basisorientierung und der „erzieherischen Funktion“ gegenüber den Eliten hat die Direkte Demokratie noch einen Vorteil, mit dem Populisten jeder Couleur ein Problem haben: Sie wirkt befriedend. Als in Frankreich von der sozialistischen Regierung die gleichgeschlechtliche Ehe eingeführt wurde, gingen hunderttausende Katholiken auf die Straße und es herrschten bürgerkriegsähnliche Unruhen. Im erzkatholischen Irland war das anders. Dort berief die Regierung, die um die Brisanz des Themas wusste, 2013 eine Convention on the Constitution[111] ein, die nur zu einem Drittel aus gewählten Abgeordneten und zu zwei Dritteln aus zufällig ausgelosten Bürgern bestand. Diese hundert Menschen kamen ein Jahr lang regelmäßig an Wochenenden zusammen und erarbeiteten eine Verfassungsänderung. Ergebnis: Die Ehe für gleichgeschlechtliche Partner wurde mit einer Mehrheit von 62 Prozent in einem Referendum angenommen, es gab keine Unruhen, alles blieb friedlich.[112] Für Extremisten und Populisten kein Anlass sich zu freuen.

Positive Beispiele für Direkte Demokratie

Bevor ich auf einige Probleme und Verbesserungsvorschläge bezüglich der Direkten Demokratie eingehe, lohnt es sich, einige positive Beispiele und Wirkungen anzuschauen:

So wird oft befürchtet, dass Direkte Demokratie zu einer unbezahlbaren Wünsch-Dir-Was-Politik führt. Die praktischen Erfahrungen zeigen das Gegenteil. Mehrere Studien aus den USA und der Schweiz kommen zum Ergebnis, dass die Bürger sehr sparsam mit den öffentlichen Geldern umgehen. Die Schweizer Kommunen, in denen Schulden nur mit Zustimmung des Volkes gemacht werden dürfen (obligatorisches Schulden-Referendum), haben deutlich weniger Schulden als diejenigen, in denen der Gemeinderat allein entscheiden kann. Und die Volksabstimmung über die Schuldenbremse für den Bundeshaushalt im Jahre 2001 hatte mit fast 85 Prozent die größte Zustimmung, die es je bei einem Volksentscheid gegeben hat.

---

[110] ACFS/Mercer 2011: Melbourne Mercer Global Pension Index

[111] Van Reybrouck 2016: Gegen Wahlen. Mehr dazu in Kapitel 5.

[112] Genauso erfolgreich kam 2018 die Verfassungsänderung zur Legalisierung von Abtreibungen zustande.

Trotzdem kann Direkte Demokratie auch sehr teuer werden – aber dann beschließen die Bürger auch eine Gegenfinanzierung: Ein Beispiel ist das schon erwähnte Rentensystem, das vor allem Arbeitgeber und Reiche sehr teuer kam – denn sie müssen es überwiegend finanzieren. Die wohl teuerste Investitionsentscheidung aller Zeiten war der Volksentscheid für die Verlagerung des Güterverkehrs über die Alpen von der Straße auf die Schiene (1994). Er führte mittlerweile zum Bau von zwei gigantischen Tunnelbauwerken quer durch die Alpen für knapp zwanzig Milliarden Schweizer Franken, die überwiegend per LKW-Maut und Benzinpreiserhöhungen (!) finanziert wurden. Kein Parlament hätte sich so etwas getraut!

Erstaunlich wirksam scheint Direkte Demokratie insbesondere dann zu sein, wenn es darum geht, Entscheidungen auch mal gegen die Wirtschaft durchzusetzen. Beispiele dafür sind ein Volksentscheid „Gegen Zersiedelung – neue Raumplanung“ (2013), „Für das Verbot von übermäßigen Vergütungen bei Aktiengesellschaften“ (2013), „Einführung der Schwerlastverkehrsabgabe“ (1998) und „Mieterschutz in die Verfassung“ (1971). Wenn man aber weiß, dass die Mehrzahl der Menschen in fast allen Demokratien das Gefühl hat, dass die Wirtschaft regiert und ihre Interessen gegen die Politik durchsetzt, dann ist auch dies zu begrüßen.

Auch Umweltschutzmaßnahmen scheitern oft in den Parlamenten und lassen sich in einem Volksentscheid leichter durchsetzen. Beispiele dafür waren die Initiative für ein Moratorium beim Bau von Atomkraftwerken 1990, die Initiative für gentechnikfreie Landwirtschaft 2005, die für eine naturnahe Landwirtschaft – Stärkung der ökologischen Landwirtschaft 1996 und die für Schutz und Renaturierung der Moore 1987. Der Tierschutz wurde in der Schweiz bereits 1973 in die Verfassung aufgenommen. Das erste EU-Land war 2002 Deutschland, fast dreißig Jahre später.

Andere erstaunlich progressive Entscheidungen waren die Aufnahme der Komplementärmedizin (Naturheilverfahren u. a.) in das staatliche Gesundheitswesen 2009, die Einführung gleichgeschlechtlicher Partnerschaften mit Gleichstellung gegenüber Ehepaaren bei Steuern und Sozialversicherungen 2005, die Freigabe von Heroin zur ärztlichen Verschreibung 1999, die Abschaffung des uneingeschränkten Rechts Waffen zu tragen und zu besitzen 1992 (bis dahin war Waffenbesitz in einigen Kantonen noch gar nicht geregelt und automatische Waffen waren legal wie in vielen US-Staaten), die Einführung des Zivildienstes 1992.

Sehr schwer tun sich die Schweizer allerdings, wenn sie das Gefühl haben, dass sie ihre Freiheit selbst etwas eingrenzen sollen. So gelang der

Beitritt in die UNO erst 2002. Die Aufnahme von Grundrechten in die Verfassung wurde erst 1999 gegen den erbitterten Widerstand der CVP (Katholische Partei), FDP (Freisinnige – Wirtschaftspartei) und SVP (Rechtspopulisten) beschlossen – und zwar obwohl diese drei Parteien im Parlament die Mehrheit hatten.

Erwähnen sollte man auch, dass 1918 eine grundlegende Änderung des Wahlrechtes beschlossen wurde. Damals wurde das Mehrheitswahlrecht, das den Liberalen stets absolute Mehrheiten beschert hatte, natürlich per Volksentscheid durch ein Verhältniswahlrecht abgelöst, bei dem die Bürger ihre Stimmen kumulieren und panaschieren können. Dagegen taten sich Männer sehr schwer, den Frauen das Wahlrecht zu geben. Erst 1971 fand das Wahlrecht für Frauen in einem Volksentscheid die Mehrheit, nachdem schon die Mehrheit der Kantone in den 1960er Jahren das Frauenwahlrecht eingeführt hatte.

Es gibt übrigens noch ein zweites Land der Welt, das eine weitgehende Volksgesetzgebung eingeführt hat – und das ist Uruguay. Seit dem Ende der Militärdiktatur hat sich eine Kultur der Direkten Demokratie entwickelt, die nicht nur erstaunliche Entscheidungen hervorgebracht hat, sondern die dem Land auch politischen Frieden und Stabilität beschert hat, was in Lateinamerika ja keineswegs selbstverständlich ist.

Hier eine Liste der wichtigsten erfolgreichen Volksentscheide in Uruguay[113]:

- Für eine staatliche Wasserversorgung – gegen Privatisierung
- Für das staatliche Erdölmonopol – gegen Privatisierung
- Für eine Dezentralisierung der Demokratie – Stärkung der Regionen
- Gegen Rentenkürzungen
- Für Rentenerhöhung
- Gegen die Privatisierung von öffentlichen Einrichtungen
- Aufhebung der Straffreiheit für Taten in der Zeit der Diktatur

Insbesondere die zahlreichen Entscheide gegen Privatisierungen haben Uruguay vor dem Ausverkauf von öffentlichen Gütern an internationale Konzerne und internationale Fonds bewahrt, die andere Staaten ins Unglück gestürzt haben. Auch hier zeigt sich – wie in der Schweiz – wie sehr Menschen in Volksabstimmungen darauf achten, dass die Staatsfinanzen und die öffentlichen Güter in Ordnung gehalten werden.

---

113 Schuldt 2016: Volksabstimmungen in Uruguay

Minderheiten und Menschenrechte

Bei allen positiven Erfahrungen hat das System in der Schweiz immer noch eine offene Achillesferse: Das ist der mangelnde Schutz von Minderheiten. Neben der schon erwähnten Initiative zur Abschiebung von Ausländern, die straffällig geworden sind, wurde besonders der Volksentscheid gegen den Bau von Minaretten kritisiert. Beide Entscheidungen widersprachen zwar der europäischen Menschenrechtskonvention und konnten daher auch nicht umgesetzt werden. Aber sie fanden trotzdem statt.

Ein Grund dafür besteht in einer völlig unbefriedigenden Rechtslage. So werden durch die Verfassung der Schweiz von 1999 zwar umfangreiche Grundrechte garantiert, diese können aber durch eine Verfassungsänderung eingeschränkt werden. Es können sogar offene Widersprüche in die Verfassung geschrieben werden. So wird einerseits die Religionsfreiheit garantiert, andererseits der Bau von Minaretten verboten. Und darüber hinaus hat das Bundesgericht auch noch entschieden: Wenn das Parlament Gesetze beschließt, die verfassungswidrig sind, so müssen diese dennoch ausgeführt werden.

Es gibt aber trotzdem Schranken: Denn die Schweiz hat sich durch internationale Verträge – darunter auch die europäische Menschenrechtskonvention – zur Einhaltung der Grundrechte verpflichtet. Verstöße dagegen sind nach Entscheidung des Bundesgerichtes nicht zulässig. Deshalb sind die beiden genannten Volksentscheide nicht umsetzbar. Sie stehen aber trotzdem in der Verfassung. Im Fall des Minarettverbots kommt noch hinzu, dass die Bundesebene für das Baurecht gar nicht zuständig ist. Sie kann die Entscheidung also gar nicht umsetzen. Nach Auffassung aller Experten ist deshalb die Rechtslage eindeutig: Wenn jemand ein Minarett bauen möchte und seine Gemeinde würde dies nicht gestatten, so könnte er dagegen vor dem Europäischen Gerichtshof für Menschenrechte in Straßburg klagen und würde Recht bekommen. Vermutlich baut aber keiner mehr.

Um diese völlig unbefriedigende Situation zu beenden, wurde vorgeschlagen, dass in der Schweiz ein Bundesverfassungsgericht eingerichtet wird, damit eine präventive Normenkontrolle möglich wird. In Deutschland ist diese Frage übrigens eindeutig geregelt. Volksentscheide, die verfassungswidrig sind oder internationalen Verträgen zuwiderlaufen, würden nicht zugelassen werden. In Deutschland können die Menschenrechte in der Verfassung auch nicht eingeschränkt werden. Das wird übrigens in der Schweiz von vielen Demokraten als vorbildlich angesehen. Aber noch gibt es bei uns auf Bundesebene keine Direkte Demokratie. Die dafür erforderliche Zweidrittelmehrheit scheiterte mehrfach am Veto der CDU, obwohl alle anderen Parteien (auch die CSU) dafür sind.

Direkte Demokratie und das Parlament

Viele Politiker lehnen Direkte Demokratie ab, weil sie denken, dass dadurch ihre mühsame Arbeit im Parlament diskreditiert wird. Gerade Kommunalpolitiker, die viel Freizeit für ihre Feierabendparlamente opfern, sind frustriert, wenn am Ende ihre mühsam erreichten Ergebnisse durch ein Bürgerbegehren zunichtegemacht werden. „Die sollen doch selber kandidieren und mitdiskutieren und nicht hinterherkommen und alles besser wissen." So wird nicht selten gedacht.

Die Praxis in der Schweiz zeigt dagegen, dass eine gut abgestimmte Arbeitsteilung zwischen Parlament und Referenden möglich ist. In der Regel werden Gesetze vom Parlament auf Initiative einer Partei erarbeitet oder auch von der Regierung vorgeschlagen. Die Detailarbeit, die Anhörung von Fachleuten, Verbänden und Interessengruppen, die Auswertung und juristische Prüfung findet dann im Parlament mit Hilfe von Experten statt. Aber die Parlamentarier wissen sehr gut, dass es am Schluss ein Referendum geben kann, wenn die Vorlage zu strittig ist.

In der Praxis werden 99 Prozent der Gesetze vom Parlament beschlossen und vom Volk auch so akzeptiert. In einem Fall von Hundert entscheidet das Volk per Referendum. Und zwar fast immer (beinahe in neunzig Prozent der Fälle) für die Vorlage des Parlaments. Das ist kein permanentes Misstrauen gegen die gewählten Politiker, sondern vielmehr eine sehr sinnvolle Arbeitsteilung im Interesse der Demokratie. Das Entscheidende an der Direkten Demokratie ist eben nicht das Misstrauen gegen Parlamente. Das Entscheidende ist das Wissen der Menschen, der Wähler, der Regierenden und der Parlamentarier: Wir leben in einer Demokratie. Das heißt Volksherrschaft. Und in einer Demokratie hat das Volk im Zweifelsfall stets das letzte Wort. Auch wenn es die Stimme nur selten erhebt.

Diese Arbeitsteilung entspricht übrigens sehr gut den Vorstellungen eines der Vordenker der Demokratie Jean-Jaques Rousseau.[114] Er war der Auffassung, dass Gesetze stets vom Volk beschlossen werden müssen. Aber sie sollten von Fachleuten (Gesetzgebern) erarbeitet werden. Er

[114] Rousseau 1762: Gesellschaftsvertrag

schlug sogar vor, dass Gesetzestexte von Ausländern erarbeitet werden sollen, da diese unvoreingenommen und neutral seien.

Soweit zum Verhältnis Parlament und Referendum. Nun noch ein paar Überlegungen zur Volksinitiative – wenn also ein Vorschlag direkt vom Volk bzw. einer Initiative kommt. Wie passt eine Volksinitiative in das Schema?

Auch diesbezüglich finde ich die Aufgabenteilung in der Schweiz sehr klug gelöst. Eine Volksinitiative kann dort nämlich keine eigenen Gesetze einbringen – und daher kann das Volk auch nicht gegen das Parlament Gesetze beschließen. Eine Initiative kann lediglich Zielvorstellungen formulieren, die, wenn sie beschlossen werden, in die Verfassung aufgenommen werden. Nun ist aber wieder das gewählte Parlament am Zuge. Dieses muss anschließend ein Gesetz machen, um das neue Verfassungsziel umzusetzen. Über das fertige Gesetz kann dann natürlich wieder – wenn beantragt – in einem Referendum abgestimmt werden. Auch hier bleibt also die Rolle des Gesetzesmachers die klassische vornehme Aufgabe des gewählten Parlaments.

Etwas anders sieht die Situation natürlich in den Kantonen und Kommunen aus. Auf dieser Ebene sind viele Sachverhalte viel leichter vom Bürger zu durchschauen und zu beurteilen. Deshalb können dort auch fertige Gesetzestexte (in Deutschland spricht man auf der kommunalen Ebene von „Satzungen“) als Volksinitiative eingebracht werden. So ist es ja auch in Deutschland in den meisten Ländern und Kommunen geregelt.

Auf jeden Fall sollten die Regelungen so gestaltet werden, dass eine gute Zusammenarbeit und Ergänzung zwischen Parlament und Initiativen im Vordergrund steht. So können in Schleswig-Holstein nach Abgabe der Unterschriften einer Initiative dazu Anhörungen im Landtag stattfinden und es ist wie bei jedem Gesetzesvorhaben möglich, dass danach Änderungen am Text von den Initiatoren vorgenommen werden. Sie können auch Kompromisse mit dem Parlament vereinbaren. Wenn das gelingt, kommt es nicht zur Volksabstimmung und die Direkte Demokratie war ein wichtiger Beitrag für parlamentarische Arbeit. Ein solch produktives Verhältnis sollten deshalb auch die Autoren, die die Direkte Demokratie in die Verfassung einführen, von Anfang an im Auge halten.

Weitere Erfahrungen mit der Direkten Demokratie

Mittlerweile gibt es über 120 Jahre praktische Erfahrung mit Direkter Demokratie. Nicht nur in der Schweiz und Uruguay. Auch in 24 Staaten der USA, in Australien, Neuseeland, in Österreich, in Italien, in allen deutschen Bundesländern, sowie in einem Dutzend weiterer Staaten haben sich die Menschen daran gewöhnt. Die intensivste Praxis pflegen seit über hundert Jahren neben der Schweiz die beiden Pazifikstaaten Oregon (seit 1902) und Kalifornien (ab 1912) – letzterer mit 37 Millionen Einwohnern die größte Direkte Demokratie der Welt. Es gibt also genügend Erfahrungen, um eine Bilanz zu ziehen, Schwachpunkte zu identifizieren und daraus einige Vorschläge für die Weiterentwicklung der Demokratie abzuleiten.

Kosten

Ja – natürlich kostet Direkte Demokratie etwas. Aber alle Untersuchungen kommen zu dem Ergebnis, dass sie noch mehr einspart. Staaten und Kommunen, in denen über den Haushalt oder einzelne Ausgaben abgestimmt werden kann, sind viel weniger verschuldet. Und im Übrigen denke ich, Demokratie sollte uns etwas wert sein!

Komplexe Sachverhalte und Kompromisse

Zunächst ist festzustellen, dass die Qualität von Gesetzen und Änderungen, die auf dem Wege der Direkten Demokratie verabschiedet wurden, in keiner Weise schlechter sein muss. Auch Parlamente verabschieden Gesetze, die sich als fehlerhaft erweisen.

Kritisiert wird allerdings das System in Kalifornien. Dort geht die Direkte Demokratie völlig am Parlament vorbei und die Fristen sind sehr kurz. Es kann vorkommen, dass im Frühjahr Unterschriften gesammelt werden und im Herbst bereits darüber abgestimmt wird. Das Parlament behandelt die Initiativen nicht und kann daher auch keine Alternativen zur Abstimmung vorgelegen. Aus Schweizer Sicht ist das System in Kalifornien daher sehr konfrontativ und lässt nicht die nötige Zeit, um gute Lösungen zu diskutieren.

Das Schweizer System legt dagegen viel mehr Gewicht auf den demokratischen Diskurs. Die ausführliche Behandlung im Bundesrat und in beiden Parlamentskammern führt sehr häufig zu Kompromissvorschlägen, die dann entweder von den Initiatoren akzeptiert werden oder beim Volksentscheid die Zustimmung bekommen. In Neuseeland ist es sogar möglich, dass mehr als zwei Alternativen zur Abstimmung vorgelegt werden. Im nächsten Kapitel werde ich eine noch weitergehende Möglichkeit diskutieren: Nämlich die Nutzung von Bürgerbeteiligung, um alternative Formulierungen für Volksentscheide zu erarbeiten. Das kann bei komplexen Fragen dazu beitragen, noch bessere Lösungen zu finden.

Kunst

Andreas Gross ist der Meinung, dass es neben den Grundrechten auch andere thematische Grenzen geben sollte. So sollte zum Beispiel nicht über Kunst abgestimmt werden. Kunst muss vom Staat gefördert werden – der Staat muss sich aber neutral verhalten.

Wirtschaft und Geld

Wie wir gesehen haben, trifft das Volk auch mal klare Entscheidungen, die der Wirtschaft weh tun. Das ist kein Wunder. Denn am Anfang der Direkten Demokratie standen sowohl in der Schweiz wie in Oregon und Kalifornien und in vielen anderen Ländern die Erfahrungen vieler Menschen, dass die Politik durch die Wirtschaft erpressbar – wenn nicht sogar käuflich – geworden war. Gerade die wohlhabenden Staaten Kalifornien und Schweiz sind aber auch ein Beweis dafür, dass die Wirtschaft sehr gut mit Volksentscheiden leben kann.

Die Erfahrungen zeigen aber auch, dass die Wirtschaft immer wieder versucht hat, die Direkte Demokratie für sich selbst zu nutzen. Insbesondere in Kalifornien werden zum Teil Volksentscheide professionell in Auftrag gegeben. Trotzdem scheiterten mehrere solcher Kampagnen wie zum Beispiel der Versuch, die Rechte der Gewerkschaften einzuschränken, trotz Einsatz von über zehn Millionen US-Dollar für Werbung. Die teuerste Kampagne war 2006 eine Initiative von Klimaschützern für die Besteuerung der Öl- und Gasförderung, bei der die Befürworter immerhin 57 Millionen US-Dollar aufbrachten. Trotzdem gelang es den Ölkonzernen Chevron, Exxon und Shell mit einer Werbekampagne von fast hundert Millionen US-Dollar die Initiative knapp zu verhindern.

Aus diesen Gründen wird in Kalifornien und in der Schweiz gefordert, dass die eingesetzten Geldmittel und ihre Quellen offengelegt werden müssen. Andreas Gross fordert sogar, dass es ähnlich wie bei der Parteienfinanzierung eine öffentliche Unterstützung von Initiativen gibt: Dazu sollen Kleinspenden für Volksinitiativen bis zu tausend Schweizer Franken vom Staat verdoppelt werden.

Volksversammlungen

In vielen kleinen Schweizer Gemeinden und in den beiden Kantonen Appenzell-Innerrhoden und Glarus wird die Direkte Demokratie noch in Form von öffentlichen Volksversammlungen (Gemeindeversammlung bzw. Landgemeinde) ausgeübt. Dort werden Gesetze und Haushalt beschlossen oder auch die Exekutive und die Abgeordneten im Parlament gewählt. Wie sehr sich das Demokratieverständnis verändert, verdeutlicht die Kritik an diesen Volksversammlungen. Die Kritiker halten dieses Verfahren nicht mehr für zeitgemäß, da die Grundrechte auf Meinungsfreiheit und geheime Abstimmung nicht gewährleistet sind. Die Schweiz musste daher bei der Ratifizierung der Europäischen Menschenrechtskonvention sogar eine Ausnahmeklausel beantragen.

Quoren

In Deutschland sind bei Volksabstimmungen diverse Quoren eingerichtet worden, wie eine Mindestbeteiligung an der Abstimmung oder eine Mindestzahl aller Wahlberechtigten, die dafür sein müssen. So kommt es immer wieder vor, dass ein Volksentscheid scheitert, obwohl sich neunzig Prozent der Abstimmenden für ihn entscheiden, weil ein Quorum nicht erreicht wird. Oft wird dieses Ergebnis von den Gegnern der Initiative gezielt angestrebt, indem sie der öffentlichen Debatte ausweichen und versuchen, das Thema totzuschweigen.

Die Praxis in der Schweiz, die seit 150 Jahren ohne Quoren auskommt, macht deutlich, dass Quoren in einer entwickelten Direkten Demokratie nicht erforderlich sind. Sie ermuntern nur die Gegner einer Initiative, sich der öffentlichen Debatte nicht zu stellen. Die Venedig-Kommission[115] des Europarates, die nach der Perestroika gegründet wurde, um insbesondere die neuen Demokratien zu beraten, empfahl ebenfalls, bei Volksabstimmungen keine Zustimmungsquoren vorzusehen.

Direkte Demokratie stärkt die Demokratie

Die Erfahrungen sind also eindeutig. Es gibt keinen Zweifel, dass Direkte Demokratie die Akzeptanz der Demokratie und die Zufriedenheit mit der Politik deutlich erhöht. Das gilt sogar dann, wenn sie noch nicht optimal

---

115 Venice Commission 2007: Code of Good Practice on Referendums

konstruiert ist. Denn sie führt zur Versachlichung der politischen Diskurse. Und sie befriedet kontroverse politische Debatten.

Die Argumente, dass Direkte Demokratie gefährlich sei und dass die Schweiz nicht mit Deutschland oder Europa vergleichbar sei, können nicht überzeugen. Schon im alten Athen warnten Gegner der Demokratie wie Platon vor dem Chaos, das ausbricht, wenn das einfache Volk entscheiden kann. Auch Beobachter der Revolution in Amerika berichteten in Europa von dem unglaublichen Chaos, das dort existieren solle. Die praktischen Erfahrungen widerlegen diese Befürchtungen besser als jedes Argument. In diesem Zusammenhang sollte man sich daran erinnern, dass das Ermächtigungsgesetz von Adolf Hitler im Parlament und nicht per Volksabstimmung verabschiedet wurde. Die dafür erforderliche Zweidrittelmehrheit kam nur durch die rechtswidrige Verhaftung der kommunistischen Abgeordneten, die rechtswidrige Änderung der Geschäftsordnung und die rechtswidrige Einschüchterung der liberalen Abgeordneten durch die SA im Saal zustande.

Und noch etwas muss betont werden: Direkte Demokratie ist keine Kampfansage an das Parlament. Wenn, wie in der Schweiz, von hundert Gesetzen nicht mal eines durch die Direkte Demokratie geändert oder verhindert wird, dann kann man nicht davon reden, dass das Parlament beschädigt wird. Nein – es handelt sich lediglich um ein Instrument, das die Demokratie festigt und damit auch das Vertrauen in das Parlament stärkt. Es ist interessant, dass ausgerechnet das Bundesland Bayern, in dem die Direkte Demokratie in Deutschland am stärksten gelebt wird, die wenigsten Regierungswechsel gehabt hat.

Die Diskussion der von Gegnern angeführten Probleme, die mit der Direkten Demokratie auftreten können, hat aber auch deutlich gemacht: Alle diese Probleme können ohne weiteres vermieden werden, wenn wir von den Erfahrungen in anderen Ländern lernen und den Werkzeugkasten der Demokratie entsprechend gestalten.

> **Fazit**:
>
> Die Direkte Demokratie stärkt die Kommunikation zwischen den Bürgern und der Politik und raubt dem Populismus die Argumente. Sie kann ein weiterer wichtiger Baustein sein, um die Entfremdung zwischen einfachen Menschen, Politikern, Parlament und Regierung zu verringern und die Demokratie zu stärken.

„Demokratie ist die Wahl durch die beschränkte Mehrheit anstelle der Ernennung durch die bestechliche Minderheit.“ (George Bernard Shaw)[116]

„Wahlen allein machen noch keine Demokratie.“ (Barack Obama)[117]

Kapitel 5

Wahlen, Repräsentation und Vertrauen

Parlamente sind nicht repräsentativ – Drei Formen der Demokratie – Demokratie und Minderheiten – Persönlichkeitswahl versus Verhältniswahl – Wie Parlamente besser funktionieren – Bürgerbeteiligung und Losverfahren – Das Tribunat

Wer im Internet die Stichworte „Zitat, Wahl, Politik“ eingibt, der erhält Seiten über Seiten mit Zitaten angeboten – die meisten voller Häme und Defätismus. Schriftsteller, Satiriker und auch Politiker ziehen über demokratische Wahlen her, erklären Politiker pauschal zu Betrügern und die Wähler zu unfähigen Lämmern, die betrogen werden. Das war vermutlich schon immer so. Aber es hat auch etwas mit aktuellen Entwicklungen zu tun. In Zeiten sekundenaktueller Medien wird Politik immer kakophonischer und anfälliger für Lobbyeinflüsse und Mediendruck. Zugleich werden die Bürger immer mehr zu Hobbypolitikern, die alles besser wissen. Sie geben nicht einfach ihre Stimme ab und bleiben dann still. Deshalb brauchen wir einerseits mehr Bürgerbeteiligung, aber eben auch gute Wahlsysteme, die den Bürgern viel Einfluss geben und zugleich Persönlichkeiten fördern, denen Menschen vertrauen.

Bevor wir uns jedoch Wahlsysteme genauer anschauen, sollte man auch die andere Seite betrachten: Geht man nämlich zu einer typischen Wahl-

[116] Shaw 1911: Dramatische Werke

[117] Heumann 2009: Obamas großes Versprechen

versammlung einer sogenannten Volkspartei, dann erhält man ein völlig anderes Bild als oben geschildert: Lisa X. ist eine sympathische junge Frau Anfang dreißig. Sie hat den jungen Anwalt Bernd Y. geheiratet und sie haben einen vierjährigen Sohn. Sie hat sich schon immer für Politik interessiert und über Ungerechtigkeiten aufgeregt. Nach der Schule studierte sie deshalb Politologie und trat in eine Partei ein. Sie machte Praktika in der Landtagsfraktion und der Landesgeschäftsstelle und arbeitete nach dem Studium halbtags als Kreisgeschäftsführerin ihrer Partei. So lernte sie zahlreiche Gemeindevertreter, Ortsvorsitzende und Abgeordnete im Kreistag und Landtag kennen – sie war also gut vernetzt und alle fanden sie sympathisch. Als dann der örtliche Bundestagsabgeordnete Walter Z. aus Altersgründen beschloss, nicht mehr zu kandidieren, ergriff sie die Chance. In der Abstimmung ließ sie alle Konkurrenten weit hinter sich: einen Arzt, einen Handwerksmeister, eine Lehrerin, einen Polizisten. Nun sitzt sie im Bundestag. Und mit hoher Wahrscheinlichkeit wird sie dort mehrere Wahlperioden verbringen. Denn sie wird immer professioneller, eloquenter und besser vernetzt. In Berlin bleibt sie relativ einflusslos – es sei denn sie gehört zu der kleinen Gruppe von Abgeordneten, die in die Fraktionsspitze oder gar in die Regierung vorstoßen. Aber im Wahlkreis ist sie die Queen.

Nun stellt sich die Frage: Was ist das Problem? Ist die Wahl einer Frau wie Lisa X. ein Problem? Oder die eines erfahrenen Abgeordneten wie Sigmar Gabriel oder Wolfgang Schäuble, die vor Ort von ihren Parteifreunden mit großer Mehrheit als Kandidaten unterstützt wurden?

Nein – auch das ist kein Problem. Das Problem tritt erst in der Summe auf: Der Bundestag repräsentiert in seiner Zusammensetzung nicht die Bevölkerung. Und wenn zunehmend nur noch junge Politologen und Juristen neu in den Bundestag kommen, die zuvor noch nie außerhalb ihrer Partei gearbeitet haben, und die dann Profis werden und ihr Leben lang nichts als Politik machen, dann ist das eben doch ein Problem.

Natürlich waren Parlamente noch nie repräsentativ für den Schnitt der Bevölkerung: Die Revolutionäre in Frankreich und den USA im 18. Jahrhundert wollten durch Wahlen gar keine repräsentative Versammlung bekommen. Es sollten vielmehr die würdigsten Menschen (damals natürlich nur Männer) ins Parlament gewählt werden. Deshalb setzte eine Kandidatur auch ein gewisses Einkommen voraus. Auch die Frankfurter Nationalversammlung von 1848 war ein Honoratiorenparlament, in dem Beamte, Akademiker und Juristen (zusammen 59 Prozent) dominierten. Die zweite große Gruppe waren die Vertreter der freien Berufe, die Kaufleute und Fabrikanten. Nur wenige Angestellte kamen aus der Wirtschaft. Arbeiter und Bauern – also Vertreter von damals noch neunzig Prozent der Bürger – suchte man im Parlament vergebens.

Leider hat sich daran bis heute nicht viel geändert. Heute haben fast alle Bundestagsabgeordneten ein Studium absolviert. Dabei dominieren unverändert die Juristen, Verwaltungswissenschaftler und Politologen mit zusammen 38 Prozent. Die Hälfte der Abgeordneten kommt aus dem Staatsdienst oder hat gleich in der Partei oder bei einem Abgeordneten das Handwerk gelernt wie Lisa X.[118]

Besonders auffällig wird die mangelnde Repräsentativität, wenn es um das Sozialsystem geht. Deutschland ist eines von ganz wenigen OECD-Staaten, die kein einheitliches Rentensystem und keine einheitliche Krankenkasse für alle haben.[119] Obwohl circa neunzig Prozent der Bevölkerung gesetzlich versichert sind, gilt das geschätzt für weniger als ein Viertel der Abgeordneten. Mehr als drei Viertel der Volksvertreter im Parlament, die über unser Sozialsystem entscheiden, und fast alle Beamten im Ministerium, die diese Entscheidung ausarbeiten und die Umsetzung organisieren, sind privatversichert und von den Entscheidungen gar nicht betroffen.

Und noch etwas fällt auf: Auch hundert Jahre nach der Einführung des Frauenwahlrechts in Deutschland sind in allen Parlamenten regelmäßig mehr als zwei Drittel der Gewählten Männer. Dabei hat der Frauenanteil unmittelbaren Einfluss auf die Entscheidungen. So haben Untersuchungen in den USA nachgewiesen, dass die Einführung des Frauenwahlrechts regelmäßig zu einer signifikanten Ausweitung der Einnahmen und Ausgaben des Staates führte, wodurch mehr Sozialprogramme finanziert werden konnten.[120] Offensichtlich gewährleistet nur eine angemessene Vertretung der Betroffenen in den Parlamenten auch eine wirksame Berücksichtigung ihrer Anliegen. Wenn weltweit jede dritte Frau im Laufe ihres Lebens geschlagen und vergewaltigt wird und die gleiche Arbeit immer noch um mehr als zwanzig Prozent schlechter bezahlt wird, wenn sie von einer Frau gemacht wird, dann zeigt das, welche praktische Bedeutung das Ringen um eine bessere Repräsentanz auch heute noch hat.

---

118 Deutscher Bundestag 2017: Abgeordnete in Zahlen

119 Stöger 2011: Rentensysteme im internationalen Vergleich

120 Lott/Kenny 1999: Did Women's Suffrage Change the Size and Scope of Government?

Drei Formen der Demokratie

Wie kann man also das Problem der mangelnden Repräsentativität lösen? Zwei Methoden, wie man den Graben zwischen Bürgern und gewählten Repräsentanten verringern kann, haben wir schon kennen gelernt: die Dezentralität (siehe Kapitel 3) und die Direkte Demokratie (siehe Kapitel 4). In diesem Kapitel wollen wir uns zunächst damit beschäftigen, wie eine repräsentative Versammlung – wie ein Parlament – so ausgewählt werden könnte, dass das Vertrauensband zwischen Bürgern und Abgeordneten gestärkt wird.

Dazu noch mal ein Blick zurück in die Geschichte. Heute wird Demokratie mit freien Wahlen zum Parlament gleichgesetzt. Das scheint uns selbstverständlich. Ist es aber nicht! Denn im alten Athen wurden die meisten Entscheidungen in einer Volksversammlung gefällt, zu der jeder männliche Bürger Zutritt hatte.[121] Und der Rat der 500, der die Entscheidungen vorbereitete, wurde nicht gewählt, sondern für ein Jahr ausgelost – ja tatsächlich: Es wurde gelost! Grundsätzlich gibt es in der Geschichte also drei Methoden, wie demokratische Entscheidungen gefällt werden können: Die Volksversammlung, die Auswahl einer repräsentativen Versammlung durch ein Losverfahren und das, was wir als Demokratie kennen: Die Wahl eines Parlamentes.

Die Volksversammlung war die ursprüngliche Form der Demokratie. Wir finden sie – „Ekklesia“ genannt – in den griechischen Stadtstaaten der Antike. Bei den Wikingern fand der „Thing“ jährlich oder auch halbjährlich im Rahmen des Stammestreffens statt. Meist war er mehr ein Gerichtstag als ein Parlament, da die Regeln sowieso seit alters her feststanden. Oft wurden aber auch Entscheidungen für den Stamm gefällt, Kriege beschlossen oder auch Häuptlinge und Könige gewählt. Heute findet man Volksversammlungen noch in einigen Gemeinden und kleinen Kantonen der Schweiz (die „Landsgemeinde“) und in einigen Dörfern in Schleswig-Holstein. In Gemeinden bis zu siebzig Einwohnern tritt in Schleswig-Holstein anstelle des Gemeinderates eine Gemeindeversammlung, die die gleichen Aufgaben hat wie in größeren Gemeinden der gewählte Rat.

In einer Volksversammlung sind also die Bürger, der Souverän, unmittelbar gefragt. Für das Vertrauen in die Demokratie ist das Gold wert. Aber

---

[121] Das waren allerdings nur 10 Prozent der Einwohner, da die Frauen, die Sklaven und die Metöken (nicht eingebürgerte Einwohner – meist Handwerker aus anderen griechischen Städten) nicht wahlberechtigt waren – siehe Kapitel 1.

auch diese Form hat Nachteile: Die Hauptkritik besteht darin, dass die Abstimmungen nicht geheim sind und so Menschen unter Druck geraten können. Vor allem aber gibt es eine schlichte Grenze für dieses Verfahren: Denn Volksversammlungen sind in einem Staat mit mehreren Millionen Einwohnern nicht mehr möglich.

Die einzige Alternative ist also eine Vertreterversammlung. In diesem Kapitel soll es deshalb darum gehen, wie eine solche Versammlung gewählt bzw. ausgewählt werden kann und sollte. Dabei geht es zunächst ganz allgemein um Parlamente – also um gesetzgebende oder satzungsgebende Versammlungen.[122] Die Frage der Bestellung der anderen Gewalten (Justiz, Exekutive und andere) diskutiere ich in Kapitel 8 im Rahmen des Themas Gewaltenteilung genauer. Hier bespreche ich zunächst nur die unterschiedlichen Wahlverfahren, gehe dann auf einige Probleme des Status (und der Bezahlung) von Parlamentariern ein und behandele am Schluss des Kapitels den zuletzt wieder häufiger diskutierten Vorschlag, Parlamente durch ein Losverfahren zu besetzen.

Heißt Demokratie Herrschaft der Mehrheit?

Immer wieder wird von Experten das Wahlsystem in Großbritannien und den USA gelobt. Dort wählen die Bürger „ihren" örtlichen Abgeordneten. Dadurch gibt es einen persönlichen Bezug. Und wenn sich der Abgeordnete durch Stimmverhalten oder durch persönliche Verfehlungen unbeliebt macht, bekommt er bei der nächsten Wahl persönlich die Konsequenz zu spüren: Er wird nicht wiedergewählt oder erst gar nicht aufgestellt. Trotzdem werden fast immer Vertreter von Parteien gewählt. Warum? Nun – die Wähler wollen zwar Personen wählen, die sie kennen. Sie wollen aber auch wissen, welches Programm diese Abgeordneten vertreten und wofür sie ggf. stimmen werden. In den USA hat das dazu geführt, dass es nur noch zwei Parteien im Parlament gibt – Kandidaten von kleinen Parteien oder Minderheiten haben keine Chance. Wer sie wählt, könnte gleich zu Hause bleiben, was viele Menschen auch tun. In zwei Dritteln aller Wahlkreise steht eh schon fest, wer gewählt wird. Die Entscheidung fällt in wenigen Wahlkreisen, wo der Abstand zwischen den beiden Parteien gering ist.

In England gibt es zwar mehr Parteien im Parlament (neben den beiden Großen „Labour" und „Conservatives" hauptsächlich Regionalparteien –

---

122 Kommunalparlamente (also Gemeinderäte, Kreistage, Stadträte usw.) beschließen keine Gesetze, sondern Satzungen.

aber auch traditionell die Liberalen), aber dafür gehen noch viel mehr Stimmen verloren. Wenn ein Wahlkreis nur mit dreißig Prozent der Stimmen gewonnen wird – was nicht selten vorkommt, dann sind alle anderen Stimmen verloren – „the winner takes all". Dadurch sind kleine Parteien auch in England oft extrem unterrepräsentiert. Ein weiterer undemokratischer Effekt besteht darin, dass fast immer eine Partei die absolute Mehrheit der Sitze bekommt – obwohl sie oft weniger als vierzig Prozent der Stimmen bekommen hat.

In Frankreich gibt es das gleiche System, aber es gibt zwei Wahlgänge. Im zweiten Wahlgang treten nur noch die beiden Kandidaten mit den meisten Stimmen an. Auch hier fallen im Ergebnis viele kleine Parteien einfach raus – es sei denn, sie verabreden ein Bündnis mit einer größeren Partei, die ihnen dafür einige Wahlkreise überlässt. Damit wird eine kleine Partei wie die Grünen schon vor der Wahl zum Juniorpartner einer Großen (in diesem Fall meist die Sozialisten), was ihnen in der Praxis sehr geschadet hat.

Etwas besser gelöst wurde dieses Problem der verlorenen Stimmen in Australien. Dort kann man seine Präferenz angeben – man gibt der favorisierten Partei eine „1", der zweitliebsten eine „2" usw. bis zur letzten. Wenn im Wahlkreis kein Kandidat mehr als die Hälfte der „1"-en bekommen hat, dann wird der Kandidat mit den wenigsten „1"-en gestrichen und die Kandidaten mit der „2" auf diesen Stimmzetteln bekommen die Stimme. Dann wird der nächste gestrichen usw. Wenn der Kandidat mit der „2" auch schon gestrichen wurde, kommt die „3" oder die „4" usw. zum Zuge. Das Verfahren wird solange fortgesetzt, bis ein Kandidat die Mehrheit der Stimmen hat. Aber auch das System in Australien hat den Nachteil, dass kleinere Parteien im Parlament praktisch keine Chance haben und Minderheiten nicht berücksichtigt werden.

Plurale Demokratie und Verhältniswahl

Die Vernachlässigung der Minderheiten stellt für die Akzeptanz der Demokratie ein ernstes Problem dar. Seit den Erfahrungen der Schreckensherrschaft der Jakobiner in der französischen Revolution wissen wir, dass auch ungeteilte Volksherrschaft totalitär sein kann. Vordenker der Demokratie betonen deshalb, dass eine wirkliche Demokratie eben nicht einfach die Herrschaft der Mehrheit bedeuten darf. Wichtig sind auch der Schutz und die Berücksichtigung der Minderheiten. Eine radikale

Demokratie ist stets eine „plurale" Demokratie![123] Dort sind nicht nur alle Menschen formal gleich, sondern auch die unterschiedlichen Gruppen der Gesellschaft wie Geschlechter, Arbeiter, Umweltschützer, Gläubige einer Religion, Menschen mit unterschiedlicher Herkunft, Religion usw. haben gleiche Rechte, so zu leben, wie sie möchten, solange sie damit nicht die Freiheit einer anderen Gruppe einschränken.

Für die Gestaltung der Demokratie bedeutet das, dass Minderheiten in der Verfassung besonders geschützt werden. Und ein gutes Wahlsystem sollte zumindest relevanten Minderheiten eine faire Chance geben. In vielen Staaten wurde deshalb die Verhältniswahl eingeführt, bei der alle Parteien entsprechend ihrer Stimmenzahl proportional im Parlament vertreten sind. Aber eine reine Verhältniswahl hat auch erhebliche Nachteile. Es gibt keine Personenwahl mehr und damit keinen persönlichen Bezug zwischen Wählern und Gewählten. Es werden nur noch Parteien gewählt. Es kann sogar vorkommen, dass ganze Regionen gar nicht mehr im Parlament vertreten sind. Und da nun viele kleine Parteien ins Parlament kommen, haben diese ein großes Erpressungspotential und erzwingen die Berücksichtigung ihrer Sonderwünsche, wenn sie für die Mehrheitsbildung gebraucht werden. Dies war lange Zeit in Italien der Fall und bildet auch in Israel ein Problem, wo es eine Vielzahl extremer religiöser Parteien gibt.

Um das Erpressungspotenzial von Minderheiten einzugrenzen, wurde dann in vielen Staaten eine Sperrklausel eingeführt. Dort braucht man mindestens zwei Prozent, fünf Prozent wie in Deutschland oder sogar zehn Prozent wie in der Türkei, um ins Parlament zu kommen. Das zwingt Minderheiten, die nicht auf die erforderliche Stimmenzahl kommen, mit anderen Minderheiten zusammenzuarbeiten und erleichtert die Mehrheitsbildung im Parlament. Allerdings bewirkt eine Sperrklausel auch, dass alle Stimmen für die Parteien, die unter die Sperrklausel fallen, gänzlich verloren sind. Eine andere Variante wurde in Italien ab 2005 praktiziert. Dort bekam die stärkste Partei oder Parteienbündnis automatisch 55 Prozent der Sitze. Da das zu starken Verzerrungen führte, wurde das Wahlsystem vom Verfassungsgericht für verfassungswidrig erklärt.

Das deutsche Wahlsystem war deshalb als Zwitter konzipiert: Das drückt sich in der Bezeichnung „personalisierte Verhältniswahl" aus. In der Theorie soll es dafür sorgen, dass ein Teil des Parlamentes direkt gewählte Abgeordnete ist, die ihren Wahlkreis vertreten. Die andere Hälfte be-

---

[123] Laclau/Mouffe 2015: Hegemonie und radikale Demokratie

steht aus von den Parteien auf ihrer Liste aufgestellten Kandidatinnen und Kandidaten. Die Listenwahl soll den kleinen Parteien eine Chance geben, die keinen Wahlkreis gewinnen können.

Praktisch funktioniert dieses System aber nicht so wie gedacht. Da die kleinen Parteien kaum Direktmandate gewinnen können, spielt für sie nur der Listenplatz eine Rolle. Das bewirkt, dass die Parteiversammlungen alleine bestimmen, wer ins Parlament kommt. Personenwahl gibt es nicht – denn eine Stimme für einen grünen oder FDP-Kandidaten ist fast überall eine weggeworfene Stimme. Daher wählen viele Bürger taktisch und kreuzen mit der Erststimme einen Kandidaten von CDU oder SPD an – auch wenn sie den nicht so toll finden. Mit Personenwahl hat das wenig zu tun.

Bei den großen Parteien dominieren dagegen die Direktmandate. Das hat dazu geführt, dass die großen Parteien dazu übergegangen sind, nur noch Direktkandidaten einen Listenplatz zu geben. So wird auch hier die Wahlmöglichkeit der Wähler weitgehend ausgeschaltet. Entweder der Direktkandidat wird direkt gewählt oder er (oder sie) kommt über die Liste ins Parlament. Viele Wähler verstehen dieses System nicht oder sie ärgern sich, dass letztlich die Parteien allein die Personalauswahl treffen.

Es gibt noch ein gravierendes Argument, das gegen die Verhältniswahl spricht: Sie fördert Kandidaten, die sich im Machtkampf der Partei durchsetzen. Wenn in Deutschland ein Großteil der Bundestagsabgeordneten vorher in Ministerien, als Angestellter der Partei oder eines Abgeordneten – also aus dem politischen Apparat – stammt, dann ist das eine Folge des Systems, das Persönlichkeiten, die sich unabhängig von der Partei profilieren, benachteiligt.

Personenwahl in Wahlkreisen und der doppelte Pukelsheim

Was also ist zu tun? Gibt es eine Alternative? Gesucht wird offensichtlich eine eierlegende Wollmilchsau: Ein Wahlsystem, bei dem Personen – Persönlichkeiten – gewählt werden und doch Minderheiten angemessen repräsentiert werden. Also eine Personenwahl mit Verhältnisausgleich.

Wie könnte ein solches System aussehen? Wiederum lohnt sich ein Blick über den Tellerrand. Bis 1919 gab es auch in der Schweiz das Mehrheitswahlsystem wie in Großbritannien. Deshalb waren im Parlament überwiegend die bürgerlichen Freisinnigen vertreten. Dann wurde in einem

Volksentscheid eine Verhältniswahl durchgesetzt – aber eben nicht für die gesamte Schweiz, sondern für jeden Kanton. Außerdem können Stimmen für die einzelnen Kandidaten abgegeben werden und Kandidaten, die auf der Liste stehen, gestrichen werden.

Im Ergebnis entstand ein Wahlsystem mit einer ganzen Reihe von Neuigkeiten: Jeder Kanton wählte „seine" Abgeordneten. Es handelt es sich also wie in Großbritannien um eine Persönlichkeitswahl. Da aber fast alle Kantone mehrere Abgeordnete wählen, sind mehr oder weniger alle Parteien entsprechend ihrer Stärke im Parlament vertreten. Neu „erfunden" wurde auch, dass man mehrere Stimmen für die Kandidaten seiner Partei abgeben konnte. Damit konnte man innerhalb der Kandidaten der Partei, die man bevorzugt, einzelne Kandidaten auswählen, zu denen man besonders viel Vertrauen hat. Und man kann Kandidaten streichen, zu denen man kein Vertrauen hat.

Dieses Schweizer Wahlsystem schuf also eine Persönlichkeitswahl, bei der aber im Unterschied zu dem System in Großbritannien jede Stimme zählte. Man kann auch eine kleinere Partei wählen, ohne dass die Stimme verloren geht. Und man hat auch innerhalb der Kandidaten der eigenen Partei eine Auswahl! Es ist also kein Wunder, dass solche Wahlsysteme, bei denen jeweils mehrere Abgeordnete in einem Wahlkreis gewählt werden (man spricht von Mehrpersonenwahlkreisen), zunehmend beliebt geworden sind. Unter den fünfzehn Staaten, die im Demokratie-Index der Zeitschrift Economist[124] am Besten abscheiden, haben mittlerweile die Hälfte ein solches Wahlsystem: Irland, Dänemark, Norwegen, Island, Österreich, Finnland und die Schweiz. Australien kennt Mehrpersonenwahlkreise bei der Senatswahl. Auch in Deutschland werden ähnliche Systeme immer beliebter. Mittlerweile gibt es eine Wahl in Mehrpersonenwahlkreisen bei den Landtagswahlen in Bayern, Hamburg und Bremen. Und auch auf der kommunalen Ebene haben sich unterschiedliche Systeme, die von der Schweiz inspiriert wurden, in fast allen Bundesländern durchgesetzt.

Ein Nachteil dieses Systems bestand darin, dass die Chancen für kleine Parteien oder gar Einzelbewerber sehr ungleich sind, wenn die Wahlkreise unterschiedlich groß sind. So brauchte eine Partei in Zürich bei der Kantonswahl in dem einen Wahlkreis nur 5 Prozent der Stimmen, um einen Sitz zu bekommen, in einem anderen Wahlkreis aber ein Drittel.

---

[124] The Economist Intelligence Unit: Democracy Index 2017

Bei der Wahl zum Nationalrat in der Schweiz gibt es Kantone, die nur einen Abgeordneten wählen, so dass praktisch eine Direktwahl in diesem Kanton stattfindet.

Aber auch dafür wurde mittlerweile eine Lösung gefunden. Wieder mal war der Schweizer Kanton Zürich Vorreiter. Nachdem ihr bisheriges Wahlsystem auf eine Klage der Schweizer Grünen hin für verfassungswidrig erklärt wurde, fassten die Abgeordneten des Kantons Zürich einen überraschenden Entschluss: Sie beauftragten einen der führenden Wahlrechtsforscher, den Augsburger Professor Friedrich Pukelsheim, damit, ein optimales Verfahren zu finden. Es sollte die Sitze proportional der Stimmenzahl auf die Wahlkreise verteilen, aber zugleich sollten alle Parteien genau proportional zur Zahl ihrer Stimmen im Parlament vertreten sein. Und der Professor rechnete und lieferte tatsächlich einen Vorschlag: Er hat den sperrigen Namen „Doppeltproportionale Divisormethode mit Standardrundung“. Da den Stadtvätern das zu unaussprechlich war, nannten sie das Verfahren einfach den „Doppelten Pukelsheim“ oder den „Doppelproporz“.

Tatsächlich wird nun seit 2006 die Wahl des Kantonsrates des Kantons Zürich sowie des Gemeinderats der Stadt Zürich nach diesem Verfahren praktiziert. 2008 führten dann die Schweizer Kantone Aargau und Schaffhausen per Volksabstimmung den Doppelten Pukelsheim ein. 2013 stimmten auch die Bürger der Kantone Nidwalden und Zug und 2015 die im Kanton Schwyz für den Doppelproporz.

Ich verzichte hier auf eine detaillierte Beschreibung des Systems. Wichtig bleibt festzuhalten, dass unser Wunsch nach einem optimalen System in Erfüllung gegangen ist und praktisch funktioniert:

Es gibt ein Wahlsystem, das eine echte Personenwahl mit maximalem Einfluss der Wähler auf die Auswahl der Kandidaten in ihrem Wahlkreis ermöglicht. Und das es trotzdem möglich macht, dass die Parteien im Parlament entsprechend ihrer Stimmenzahl proportional vertreten sind. Jeder Bürger hat mehrere Stimmen und kann, so er will, die Kandidaten seiner Wahl wählen. Die Parteien machen ihnen Vorschläge, aber sie entscheiden nicht alleine, wer nachher ins Parlament kommt. Das alles macht die Wahl interessanter, wenn die Bürger wissen, dass sie direkt Einfluss auf die Auswahl der Kandidaten nehmen können. Damit gewinnt die Wahl mehr Akzeptanz und die gewählten Abgeordneten aus „ihrem“ Wahlkreis sind mit „ihren“ Wählern durch ein Vertrauensband verbunden. Und doch sind relevante Minderheiten oder Auffassungen angemessen im Parlament vertreten.

In Deutschland spricht noch ein weiterer Gesichtspunkt für dieses System! Seit Jahren wird die wachsende Zahl der Überhangmandate kritisiert. Seit 2017 besteht der Bundestag aus 709 Abgeordneten, obwohl es nur 598 geben sollte. Das sind fast ein Fünftel mehr, als von der Verfassung vorgesehen sind. Auch dafür wäre das „Pukelsheim-System" eine gute Lösung. Denn es gibt dann automatisch keine Überhangmandate mehr.

Ich bin überzeugt, dass wir für eine gute Demokratie auch das beste mögliche Wahlsystem benutzen sollten und den Egoismus, mit dem sich die kleinen und großen Parteien immer wieder an ein gegebenes Verfahren klammern, überwinden müssen. Denn ein gutes Wahlsystem wäre ein wichtiger Beitrag für die Demokratie in Deutschland und könnte dazu beitragen, das Vertrauen in die Demokratie zu stärken.

Noch einige Ideen

Natürlich gibt noch zahlreiche Vorschläge, wie die Wahl attraktiver und bürgerfreundlicher gestaltet und die Demokratie damit lebendiger gemacht werden kann. Hier einige Ideen:

Ersatzstimme

Die Idee aus Australien, Kandidaten nicht einfach anzukreuzen, sondern ihnen Nummern zu geben, könnte man auch mit dem Züricher System kombinieren. Um die Sache einfacher zu gestalten, würde es sogar ausreichen, neben der Hauptstimme eine zweite „Ersatzstimme" zu vergeben. Solche Ersatzstimmen gibt es schon in vielen Ländern – zum Beispiel bei der Wahl des Bürgermeisters von London und in Neuseeland. Dann könnte man seine „Erststimme" der geliebten Kleinpartei geben, die „Ersatzstimme" bekommt dann eine der Parteien, die mit großer Wahrscheinlichkeit die Sperrklausel überwinden werden. So dürfte kaum eine Stimme verloren gehen!

Proteststimme

Es gibt Wähler, die können sich nicht entscheiden oder sind mit dem Angebot an Kandidaten oder Parteien unzufrieden. Sie werden üblicherweise als Nichtwähler oder als ungültige Stimmen eingruppiert. Um ihrem Anliegen gerecht zu werden, könnte man die Möglichkeit schaffen, eine Proteststimme zum Beispiel durch Durchstreichen oder leer Lassen des Stimmzettels abzugeben, die dann in der Wahlstatistik gesondert gewertet wird.

Unabhängige Kandidaten

Es gibt unabhängige Kandidaten, die sich keiner Partei zuordnen wollen. Sie können auch heute schon für den Bundestag kandidieren, haben aber praktisch keine Chance, gewählt zu werden. Im Rahmen eines Wahlsystems mit Mehrpersonenwahlkreisen hätten sie eine echte Chance, sich bekannt zu machen und als einer von mehreren Kandidaten im Wahlkreis ein Mandat zu gewinnen.

Quotierung

In Deutschland waren die Grünen Vorreiter mit quotierten Listen, die alternativ mit Frauen und Männern besetzt werden. Einige Staaten wie Italien und Schweden schreiben sogar eine Quotierung vor. In Indien muss ein Drittel des Unterhauses aus Frauen bestehen. Kandidaten mit keiner eindeutigen sexuellen Orientierung müssten sich dann allerdings selbst einem Geschlecht zuordnen. Es ist sogar denkbar, die Plätze im Parlament strikt quotiert zu vergeben, wie das zum Beispiel in Norwegen bei der Wahl der Aufsichtsräte verlangt wird. Wenn es dann eine Partei nicht schafft, genügend Frauen als Kandidaten aufzustellen, würde sie Mandate verlieren.

Kinderwahlrecht

Dies ist ein extrem umstrittener Vorschlag. Für niemanden wird die Politik von heute so viel Auswirkungen haben wie für unsere Kinder. Und „Niemand will so viel Reformen durchführen wie Kinder“, schrieb schon Franz Kafka.[125] Tatsächlich sind Kinder ab der Geburt laut Grundgesetz Staatsbürger. Da sind sich prominente Verfassungsrechtler wie der Ex-Bundespräsident Roman Herzog, die Hamburger Ex-Justizsenatorin Lore Peschel-Gutzeit und der ehemalige Verfassungsrichter Paul Kirchhof einig. Auch die ehemalige Bundesfamilienministerin Renate Schmidt, der ehemalige Vorsitzende der katholischen Bischofskonferenz Karl Lehmann und der Ratsvorsitzender der Evangelischen Kirche Manfred Kock unterstützen die Idee: das Kinderwahlrecht. Es gibt dazu unterschiedliche

---

[125] Kafka: Fragmente aus Heften und losen Blättern.

Konzepte wie das echte Kinderwahlrecht, das Familienwahlrecht, das Stellvertreterwahlrecht, das Minderjährigenwahlrecht und Kombinationen davon – aber in einer Zeit, in der die Eltern bei Wahlen in die Minderheit geraten und Kinder keine Stimme haben, während die Rentner die Wahlen entscheiden, ist die Frage des Kinderwahlrechts aktueller denn je.[126]

Wahlbroschüre

Um die Wahl interessanter zu machen und Debatten über die Wahl und die Auswahl der Kandidaten zu erleichtern, sollte jeder Wähler mit den Wahlunterlagen eine Broschüre bekommen, in der sich Parteien und Kandidaten kurz vorstellen können.

Briefwahl, elektronische Wahl und Wahl im Rathaus

In der Schweiz, wo die Menschen vier- bis fünfmal jährlich an die Urne gerufen werden, gibt die Mehrheit der Bürger schon lange ihre Stimme per Briefwahl ab. Mittlerweile ist auch die elektronische Wahl per Internet in der Diskussion. Eine einfache bürgerfreundliche Alternative wird bereits in vielen Kommunen praktiziert: Die Bürger können bis zu drei Wochen vor der Wahl ins Rathaus oder in ihr Bürgerbüro am Ort gehen, und dort in einer Wahlkabine ihre Stimme abgeben – fast wie am Wahltag. Aber das zählt dann als Briefwahl. Um die Bedenken von Datenschützern wegen des Wahlgeheimnisses zu berücksichtigen, gibt es den Vorschlag, dass die Wahl nur noch per Personalausweis stattfinden sollte. Der muss dann vorgelegt werden. Bei schriftlicher Wahl muss die Ausweisnummer angegeben werden. Und bei elektronischer Wahl könnte die neue elektronische Identifikation durch den Personalausweis genutzt werden. Auch sollte stets sichergestellt sein, dass ein ausgedruckter Stimmzettel existiert, der die Wahl auch im Nachhinein überprüfbar macht.

Wahlpflicht

Bei der Kommunalwahl 2013 lag die Wahlbeteiligung in der Stadt Kiel in einem Wahlbezirk im ärmsten Stadtteil Gaarden-Süd bei 17 Prozent. Im reichen Düsternbrook dagegen über siebzig Prozent. Die Wahlbeteiligung der jungen Wähler liegt nur bei der Hälfte der Alten. Was bewirkt das? Es lohnt sich für Politiker nicht, sich um arme Jugendliche zu kümmern.

---

[126] Siehe dazu die Agenda 21 von Rio de Janeiro; Zeit-Online: Wählen ab der Wiege, 9. Juli 2008; siehe auch Weimann: Wahlrecht für Kinder – Eine Streitschrift

Denn diese haben sich von der Demokratie verabschiedet. Die öffentlichen Kontroversen konzentrieren sich daher auf die Rente als wichtigstes Thema – denn damit werden die Wahlen entschieden.

Das konsequenteste Gegenbeispiel sind die Australier. Wer nicht wählen geht, bekommt einen Bußgeldbescheid. Es kostet beim ersten Mal zwanzig australische US-Dollar. Bei Wiederholung wächst die Strafe. Die Wahlbeteiligung stieg seit dem Krieg kontinuierlich an – 2017 überstieg sie erstmals 95 Prozent. Zweieinhalb Prozent wählten ungültig.

Wer die Debatte über Wahlpflicht verfolgt, stellt fest, dass es kaum ernsthafte Argumente gegen die Wahlpflicht gibt. Die Zeugen Jehovas, die Wahlen ablehnen, können ja leere Stimmzettel abgeben. Allerdings haben weder Parteien noch Wähler ein echtes Interesse daran, dass alle wählen. Und die Menschen, die nicht wählen gehen, interessiert es sowieso nicht.

Mein persönliches Résumé lautet allerdings anders: Wir sollten ein Interesse daran haben, nicht als Wähler und nicht als Anhänger einer Partei, sondern als Staatsbürger und Demokraten. Denn dann muss sich die Politik mehr Gedanken über Gaarden-Süd machen.

Ausländerwahlrecht

Dieses Thema ist strittig, seit die Demokratie existiert. Im antiken Athen hatten nur die geborenen Athener das Wahlrecht – eine Minderheit der Bevölkerung. Die französische Revolution ließ alle wählen, die in Frankreich wohnten, egal welcher Staatsbürgerschaft. In der EU dürfen oft Staatsbürger anderer EU-Staaten bei Regional- oder Kommunalwahlen mitwählen. Das macht auch Sinn: Denn sie sind von den Entscheidungen betroffen, sie zahlen Steuern und Sozialabgaben und ihre Kinder gehen an örtliche Schulen. Bei nationalen Wahlen gilt das aber bislang nicht. Und bei der Wahl des EU-Parlaments gab es sogar die Möglichkeit doppelt abzustimmen. Im Rahmen der EU spricht deshalb alles dafür, so vorzugehen, wie in jedem Nationalstaat. Jeder hat eine Stimme und gibt sie am Wohnort ab. Nur wer außerhalb der EU lebt, kann sie gesondert abgeben. Für Staatsbürger anderer Staaten wird ebenfalls eine Beteiligung an kommunalen und regionalen Wahlen diskutiert. Man könnte sich vorstellen, dass dies international so geregelt wird. Nur bei der Wahl zum obersten Parlament sollte jeder in seinem Heimatstaat wahlberechtigt sein, bis er von einem anderen Staat eingebürgert wird. Das aber ist dann eine Frage des Staatsbürgerschaftsrechts und nicht des Wahlrechts.

Das Parlament und die Abgeordneten

Ein überraschendes Phänomen, gerade für neu gewählte Abgeordnete im Parlament, besteht darin, dass sie – kaum dass sie gewählt wurden – von einem Teil der Wähler sehr kritisch beäugt werden. Obwohl die Wähler sie gewählt haben, trauen manche Wähler ihren Abgeordneten nach der Wahl alles mögliche Böse zu. Manchen Menschen ist das Parlament zu teuer, andere halten es für ineffektiv und glauben, die Abgeordneten denken nur an sich selber. Aber was ist die Alternative?

Von dem Vorschlag, die Abgeordneten schlechter zu bezahlen, halte ich nichts. Schon im alten Athen konnte nur ein kleiner Teil der Bevölkerung regelmäßig an den Volksversammlungen teilnehmen. Das waren die, die Sklaven hatten, um ihren Hof zu bestellen, und so genug Zeit (und bei größerer Entfernung auch ein Pferd), um in die Stadt zu reiten und den ganzen Tag der Demokratie zu opfern. Eine der wichtigsten Reformen bestand darin, dass die ausgelosten Mitglieder im Rat der 500 gut bezahlt wurden, damit jeder kandidieren konnte. Und dieses Argument gilt auch heute noch.

Denn natürlich gibt es Abzocker, die kaum etwas tun. Die müssen dann abgewählt werden. Die meisten Abgeordneten machen aber einen fleißigen Job weit über sechzig Wochenstunden, sind ständig unterwegs und daher kaum zu Hause, häufig abends und am Wochenende noch auf Veranstaltungen von Vereinen, Partei, Betrieben im Wahlkreis, wo alle erwarten, dass sie Zeit haben, berichten und zuhören. Wer das nicht gut bezahlen will, wird kaum qualifizierte Abgeordnete bekommen. Sonst gehen nur noch Reiche ins Parlament, die sich das leisten können. Oder es werden von Konzernen Leute bezahlt, die dann ihre Interessen im Parlament vertreten.

Und die Kosten? Ein selbstbewusstes Parlament, das nicht nur eine Alibi-Veranstaltung wie in den sozialistischen Volks„demokratien“ sein soll, sollte aus gut bezahlten, professionellen Abgeordneten bestehen. Das Argument, dass das zu teuer sei, hat keine Berechtigung. Natürlich kostet der Bundestag eine Menge Geld. Aber Abgeordnete, Mitarbeiter, Räume und Sachmittel kosten zusammen weniger als 0,2 Prozent der Ausgaben des Bundes. Das sollte uns die Legislative – die wichtigste der drei klassischen Gewalten – wert sein. Historisch hat sich gezeigt, dass keine Kontrollinstanz der Regierung wirksamer – und damit auch billiger – war, als ein gewähltes Parlament, das nicht nur jede Handlung der Regierung diskutiert und kritisiert, sondern nicht ganz selten sogar Regierungen abwählt. Dazu gehört auch, dass Abgeordnete gut mit Mitarbeitern ausgestattet sein sollten, damit sie bei der Vielzahl der Gesetze sich qualifiziert und unabhängig vorbereiten können.

Im Kieler Landtag galt die Regel, dass der Präsident gleichauf steht mit dem Ministerpräsidenten, die Fraktionsvorsitzenden mit den Ministern, die Parlamentarischen Geschäftsführer mit den Staatssekretären und die Abgeordneten mit den Abteilungsleitern. So stehen sich die Legislative und die Exekutive bei Verhandlungen, Gesprächen und in den Ausschüssen gleichberechtigt gegenüber.

Allerdings heißt das nicht, dass alles so bleiben soll, wie es heute ist. Man könnte eine ganze Reihe der Regeln ändern. Dazu habe ich einige Vorschläge gesammelt:

Anrechnung von Nebeneinkünften

Ein Teil der Abgeordneten hat Nebeneinkünfte. Entweder, weil sie Vermögen besitzen, weil sie freiberuflich zum Beispiel als Anwälte oder Firmeninhaber noch etwas nebenher arbeiten (was auch Sinn machen kann, damit sie hinterher wieder zurück in den Beruf können) oder weil sie mit Verbänden oder Firmen einen Vertrag haben. Es wäre daher sinnvoll, die Diäten um das zusätzliche Einkommen zu kürzen oder dies zumindest zu neunzig Prozent gegen zu rechnen. Damit würde die Möglichkeit von Firmen und Verbänden, Abgeordnete freizustellen und weiter zu bezahlen, in der Hoffnung, dass sie ihre Interessen vertreten, stark reduziert.

Abgeordnete gesetzlich versichern

Abgeordnete sollten grundsätzlich in den gesetzlichen Krankenversicherungen und der gesetzlichen Rentenversicherung versichert sein – also einen normalen Arbeitnehmerstatus bekommen. Bislang sind Abgeordnete eine besondere Art von Freiberuflern und müssen sich selbst versteuern und versichern. Da die Sozialversicherungen der größte finanzielle Posten sind, über den der Bundestag zu entscheiden hat, ist es ein Unding, dass fast alle Abgeordneten privat versichert sind.

Der gläserne Abgeordnete

Abgeordnete sollten grundsätzlich verpflichtet sein, ihre Besitztümer, Nebentätigkeiten, Ehrenämter und alle Einnahmen offen zu legen, damit die Wähler Interessenkollisionen erkennen können. Mittlerweile haben die meisten Parlamente erste Schritte in diese Richtung beschlossen. Das genannte Ziel ist aber noch nirgends erreicht.

Bestechlichkeit

Es wird dringend Zeit, dass es den Abgeordneten (wie heute schon den Beamten) verboten wird, sich bestechen zu lassen, also Geschenke und Geldzuwendungen ohne Arbeitsleistung anzunehmen. Auch wenn es im Konkreten vermutlich nur schwer nachweisbar sein wird, da Nebeneinkünfte ja grundsätzlich legal sind, sollte die Stimmabgabe oder das Engagement für eine Sache gegen eine finanzielle Zuwendung oder sonstige Vergünstigung generell strafbar werden.

Nach meiner Erfahrung im Parlament und aus der Verbandsarbeit bin ich überzeugt, dass die meisten Abgeordneten sehr fleißig und bemüht sind, den Wünschen ihrer Wählerinnen zu entsprechen und entsprechend ihrer ehrlichen Überzeugung abstimmen. Auch wenn deren Meinung nicht jedem gefällt. Dann kann man ja jemand anderes wählen. Aber selbst wenn es nur wenige schwarze Schafe gibt, so muss alles getan werden, um dies zu verhindern und transparent zu machen. Es geht ja auch darum, das Vertrauen der Menschen in ihr Parlament zu verbessern oder gar wiederherzustellen.

Wechsel zwischen Politik und Wirtschaft

Gewählte Politiker können naturgemäß abgewählt werden oder verlassen die Politik aus persönlichen oder politischen Gründen. Beamte und Selbständige können dann meist ohne Probleme in ihren früheren Job zurückkehren. Andere müssen sich eine neue Arbeit suchen. Für einige ist das leicht – v.a. wenn sie als wirtschaftsnah gelten. Aber ich habe auch erlebt, dass nicht nur grüne oder linke, sondern sogar respektierte CDU-Politiker nach Verlust ihres Mandates zu Hartz-4-Empfängern wurden, da ja für die Parlamentszeit keine Arbeitslosenversicherung gezahlt wird. Es ist also naheliegend, dass Unternehmen Politikern Jobs in Aussicht stellen, wenn sich diese für das Unternehmen oder die Branche im Rahmen ihrer politischen Arbeit einsetzen. Um dies zumindest einzuschränken, sollte es klare Karenzzeiten geben, die den Wechsel von der Politik in die Wirtschaft regeln und einschränken.

Gibt es ein perfektes System?

Ganz sicher nicht. Gute Regeln und Transparenz können dazu beitragen, das Vertrauen in die Politik zu verbessern. Aber sie können die Politik nicht perfekt machen. Der beste Schutz der Demokratie vor Missbrauch bleibt die öffentliche Debatte, der sich jeder Politiker stellen muss – auch wenn es manchmal ungerecht oder gar verletzend wird. Die Mechanismen, die schon beim Palaver in den Stammesgesellschaften galten, funktionieren auch heute noch – mal im Guten, mal auch im bösartigen Sinne. Deswegen gibt es nicht das perfekte System. Es bleibt eine Aufgabe, an guten Regeln der Demokratie weiter zu arbeiten, denn Demokratie ist ein lebendes System, dass mit den Herausforderungen der Zeit stets weiterwachsen und entwickelt werden muss.

Bürgerbeteiligung und Losverfahren

Ein gutes Wahlsystem, gute Regeln für Abgeordnete, mehr Transparenz – all das sind wichtige Verbesserungen, die das Verhältnis zwischen den Wählern und den Abgeordneten verbessern können. Direkte Demokratie, dezentrale Demokratie und andere Formen der Bürgerbeteiligung stärken das Vertrauen ins System und können verhindern, dass sich politische Eliten zu weit von ihren Wählern abkoppeln. Aber ein Problem werden sie nicht lösen: Auch in Zukunft wird sich die soziale Zusammensetzung von Abgeordneten erheblich von dem Durchschnitt der Bevölkerung unterscheiden. Lisa X. wird auch in Zukunft häufiger gewählt werden als zum Beispiel die Arbeiterin Emma Y.: Nicht weil sie weniger sympathisch ist oder besser Bescheid weiß, sondern v.a. weil sie als hauptamtliche Kreisgeschäftsführerin besser vernetzt ist und im politischen Geschäft mehr Routine hat. Deswegen wird sie in der Regel nicht nur bei der Aufstellung in der Partei, sondern auch bei der Wahl selbst mehr Stimmen bekommen. Natürlich gibt es auch „einfache" Emmas, die sich bei der Kandidatur durchsetzen aufgrund von hervorragenden politischen Qualifikationen – die sie zum Beispiel als Betriebsrätin in einem Büroreinigungsunternehmen gewinnen konnte. Aber nach aller Erfahrung wird das auch in Zukunft eine Ausnahme bleiben.

Der belgische Archäologe und Historiker David van Reybrouck beschreibt die Probleme der gewählten Parlamente etwas anders, aber eher noch drastischer: „Zwischen den Wählern und den Kandidaten haben sich immer mehr Intermediäre – Parteien, Presse, soziale Medien etabliert. ... Kommerzielle und soziale Medien verstärken einander zudem. ... (So) entsteht eine Atmosphäre der permanenten Hetze." Sein Résumé lautet: Das klassische, patriarchalische Modell der Interessenvertretung der Parteien funktioniert nicht mehr in einer Zeit, da der Bürger mündiger ist als je zuvor.[127]

Aus diesem Grunde fordert er mehr Bürgerbeteiligung. In einem historischen Rückblick erinnert er daran, dass im antiken Athen der Rat der 500, das entscheidende Gremium, das die Volksversammlungen vorbereitete und die Vorlagen (also im heutigen Duktus: die Gesetze) erarbeitete, nicht gewählt, sondern für ein Jahr ausgelost wurde. So hatte jeder die gleiche Chance. Auch in den italienischen Stadtrepubliken gab es unterschiedliche Wahlverfahren, bei denen neben Wahlen auch Losverfahren eine Rolle spielten. So wurde das Gremium, das die Dogen in Venedig wählte, vorab nach einem recht komplexen Verfahren ausgelost (siehe mehr dazu in Kapitel 8).

Interessant sind auch die Aussagen von Aristoteles und des Aufklärers Montesquieu: Wahl durch Los entspricht der Natur der Demokratie, Wahl durch Abstimmung der Natur der Aristokratie. Dazu muss man allerdings wissen, dass beide überzeugte Aristokraten waren, die Demokratie ablehnten. Der geistige Vordenker der französischen Revolution und Demokratie Rousseau hielt dagegen eine Mischform für attraktiv: Wahlen für Stellen, die besondere Fähigkeiten verlangen, Los dagegen für Stellen, wo gesunder Menschenverstand, Gerechtigkeitssinn und Redlichkeit ausreichen.[128] Was können wir daraus lernen, um unsere Demokratie zu verbessern?

Deliberative Demokratie

In den 1980er Jahren entwickelten der berühmte Gerechtigkeitsforscher John Rawls und der Philosoph Jürgen Habermas den Terminus „deliberative Demokratie“.[129] Gemeint ist eine Gesellschaft, in der die Bürger nicht nur Politiker wählen, sondern auch miteinander und mit Experten sprechen. Seitdem explodierte die Literatur über Bürgerbeteiligung und zahlreiche Experimente wurden gestartet. Till van Rahden von der Universität Montreal hält Streit für essentiell in einer Demokratie. Es kommt aber darauf an, wie man miteinander streitet – und das muss geübt werden.

---

[127] Reybrouck 2013: Gegen Wahlen

[128] Rousseau 1762: Gesellschaftsvertrag

[129] Habermas 1992: Drei normative Modelle der Demokratie; John Rawls 1993: Politischer Liberalismus

Die Frage des Stils sei in der Demokratie ebenso wichtig wie die Frage der politischen Inhalte.[130]

1996 wurde auf Grund von Vorschlägen des texanischen Professors James Fishkin in Austin (Texas) eine National Issues Convention mit 600 Bürgern veranstaltet, die an einem Wochenende aktuelle Themen diskutierten. Mehrere solche Veranstaltungen mit repräsentativ ausgelosten Teilnehmern ergaben zum Beispiel eine sehr hohe Zustimmung für erneuerbare Energien. Das führte zu einer tatsächlichen Wende in der Politik und ausgerechnet der Ölstaat Texas wurde später zu einem Vorreiter für Windenergie.

Seitdem sind zahlreiche Projekte dieser Art weltweit sowohl auf nationaler wie auch lokaler Ebene durchgeführt worden. In Deutschland wurde das Verfahren der Planungszelle entwickelt. Dabei erweisen sich Projekte mit Losverfahren denen mit freiwilliger Meldung regelmäßig als überlegen. Der Grund liegt darin, dass bei Bürgerberatungen mit freiwilliger Meldung keine repräsentative Zusammensetzung zustande kommt. Es melden sich stets überwiegend gut ausgebildete, weiße Männer.

Die bedeutendsten Projekte waren Bürgerkonvente in Kanada (British Columbia und Ontario), in den Niederlanden, in Irland und Island mit dem Auftrag, eine neue Verfassung zu erarbeiten. In den ersten drei Fällen wurden jeweils über hundert Bürger repräsentativ in drei Schritten (Auslosung, freiwillige Meldung und schließlich Auslosung einer repräsentativen Auswahl) für fast ein Jahr zusammengebracht. Die Ergebnisse waren jedes Mal beeindruckend. Aber keiner der Vorschläge wurde anschließend umgesetzt. In den beiden anderen Fällen wurde von Anfang mehr Wert darauf gelegt, den Prozess der verfassungsgebenden Versammlung besser zu kommunizieren und mit der Politik zu vernetzen, so dass die Verfassungsänderungen per Volksentscheid angenommen wurden. Überraschend war insbesondere die hohe Zustimmung im katholischen Irland zur gleichgeschlechtlichen Ehe (62 Prozent) und zur Legalisierung der Abtreibung (67 Prozent) nach einem intensiven Diskussionsprozess – ich habe dies in Kapitel 4 schon beschrieben.

Bei all diesen Projekten ging es nie darum, die Parlamente abzuschaffen, sondern vielmehr die repräsentative, die Direkte Demokratie und die deliberative Demokratie als Ergänzung zu sehen. In Deutschland sind Bürgerbeteiligungsverfahren mittlerweile in vielen Gesetzen verankert

---

[130] Nagiller 2018: Demokratie als Stilfrage

worden, so zum Beispiel bei der Bauplanung, der Straßenbauplanung und in vielen Umweltgesetzen. In vielen Kommunen sind Bürgerversammlungen und Anhörungen längst eine Selbstverständlichkeit geworden.

Aber immer kommt es auch darauf an, wie es gemacht wird: Wo es Bürgermeister und Stadträte gibt, die aktiv auf die Bürger zu gehen und gute Beteiligungsprozesse durch externe Experten organisieren lassen, da funktionieren sie oft gut und tragen dazu bei, gute Lösungen zu finden. Wenn die Bürger aber das Gefühl haben, dass es sich um Alibi-Veranstaltungen handelt, dann kann das Ergebnis auch negativ sein und das Klima verschlechtern.

Das Tribunat

Eine weitergehende Idee ist die Einrichtung einer gelosten Parlamentskammer nach dem Vorbild des Rats der 500 in Athen. Damit greife ich Gedanken des schon zitierten belgischen Demokratie-Aktivisten David van Reybrouck auf.[131] Es geht darum, den Polit-Profis im Parlament ein Gremium gegenüberzustellen, das die Parlamentsbeschlüsse aus der Sichtweise des „Durchschnittsmenschen" gegencheckt. Denn die gewählten Parlamentarier sind nicht nur meist gut ausgebildet, sie werden auch spätestens nach einer Legislaturperiode zu Berufspolitikern. Und das macht schließlich auch Sinn, da sie erst dann das nötige Fachwissen erworben haben und richtig mitmischen können.

Diese zweite (oder dritte – siehe dazu Kapitel 8) Kammer nenne ich in Anlehnung an die römischen Volkstribunen und eine Idee von Fritz Glunk das „Tribunat".[132] Ich könnte mir ein solches Tribunat bestehend aus 300 Bürgern vorstellen, von denen jedes Jahr hundert neu ausgewählt werden. Die Auswahl erfolgt durch ein zweistufiges Losverfahren mit dem Ziel, dass das Tribunat die Bevölkerung nach Bildung, Beruf, Geschlecht, Region, Religion, Alter, Herkunft und anderen Kriterien möglichst gut repräsentiert. Das könnte so aussehen: In der ersten Stufe werden 10.000 Menschen ausgelost. Diese werden auf Veranstaltungen informiert und gefragt, ob sie bereit sind, das Amt zu übernehmen. Unter denen, die dazu bereit sind, werden dann mit einem Computeralgorithmus per Zufallsgenerator hundert Tribunen so ausgewählt, dass die

---

131 Van Reybrouck 2013: Gegen Wahlen

132 Fritz Glunk schlägt allerdings vor, die Tribunen ebenfalls zu wählen, da erscheint mir das Verfahren von Reybrouck sinnvoller. Siehe Glunk 2017: Schattenmächte

Gruppe möglichst repräsentativ ist. Wichtig ist eben, dass in dieser Kammer Menschen aus bildungsferneren Schichten angemessen beteiligt werden, also die Bevölkerung gut abbildet wird. Jeder so Ausgewählte würde wie ein Bundestagsabgeordneter mit Bezahlung, Büro und Mitarbeitern ausgestattet werden. Er oder sie wäre dann drei Jahre lang Bürgertribun. Dadurch, dass jedes Jahr ein Drittel der Tribunen wechselt, wird die Kontinuität in der Arbeit sichergestellt. Da die Tribunen nicht erneut gewählt werden können, sind sie kaum durch Lobbyisten beeinflussbar.

Das geloste Tribunat könnte dann über Gesetze und andere Beschlüsse des Parlamentes beraten und mit Zweidrittelmehrheit ein Veto einlegen. Wenn das Parlament dann erneut seinen Beschluss bestätigt, würde darüber ein Volksentscheid stattfinden. Das Tribunat könnte auch das Parlament beauftragen, zu einem Thema wie Bürgerversicherung innerhalb einer Frist ein Gesetz vorzulegen. Wichtigster Effekt seiner Arbeit wäre: Das Parlament müsste immer berücksichtigen, dass das Tribunat als zweite Kammer mitberaten kann. Als weitere Option könnte das Tribunat das Recht erhalten, bei Volksentscheiden eigene Vorschläge einzubringen, über die dann alternativ abgestimmt wird.

Die wesentliche neue Qualität, die das Tribunat mit Vetorecht in die Demokratie einbringen würde, wäre die stärkere Berücksichtigung von Problemen und Interessen der bildungsfernen Schichten, die oft als Ungelernte im schlecht bezahlten privaten Dienstleistungssektor arbeiten oder gar keinen Job haben. Diese Menschen sind in den Gremien und Parlamenten der herkömmlichen Demokratien stets unterrepräsentiert oder erst gar nicht vertreten. Sie starten auch sehr selten Volksinitiativen und nehmen viel weniger an Abstimmungen teil.

Fazit:

Repräsentative Gremien – also Parlamente – sind ein entscheidender Baustein der Demokratie. Auch wenn es kein ideales Wahlsystem gibt, so gibt es doch viele Möglichkeiten, um den Einfluss und die Repräsentation der Bürger zu verbessern und die Demokratie transparenter zu gestalten. Es wird dringend Zeit, dass sie besser genutzt werden, um das Vertrauen der Menschen in die Demokratie zu verbessern.

„Das ist der Skandal: Dass die Politik sich nicht gegen das Diktat der Finanzmärkte durchsetzen kann." (Heiner Geißler)[133]

„Je mehr sich der Staat aus der Fürsorge für das Leben der normalen Menschen zurückzieht und zulässt, dass diese in politische Apathie versinken, desto leichter können Wirtschaftsverbände ihn – mehr oder minder unbemerkt – zu einem Selbstbedienungsladen machen. In der Unfähigkeit, dies zu erkennen, liegt die fundamentale Naivität des neoliberalen Denkens."
(Colin Crouch)[134]

Kapitel 6

Demokratie und Gerechtigkeit

Wie kann ein gerechtes Steuersystem durchgesetzt werden?

Ehrenwerte Gesellschaften – Regiert Aladdin die Welt? – Gleichheit ist Glück – Der Rawlsche Punkt und der Capability Approach – Die linksradikalen FDP-Wähler – Eckpunkte für ein faires Steuer- und Abgabensystem

Jeff Bezos, der Gründer von Amazon, hat es geschafft. Er ist der reichste Mann der Welt. In der heute[135] veröffentlichten Liste der Milliardäre hat er den Microsoft-Gründer Bill Gates und den Vermögensverwalter Warren Buffett überholt. Bemerkenswert ist dabei, dass er sein Vermögen in einem Jahr um 39,2 Milliarden US-Dollar steigern konnte, weil die Amazon-Aktien um 59 Prozent gestiegen sind. Sein Vermögen ist also nicht in erster Linie durch die großen Gewinne von Amazon gewachsen. Die spielten natürlich auch eine Rolle. Viel entscheidender war jedoch, dass die Firma an der Börse höher bewertet wurde. Und das hat eine Folge, die meist kaum beachtet wird: Der Zuwachs seines Vermögens erfolgte zum

---

[133] Heinrichjosef (genannt Heiner) Georg Geißler war Generalsekretär der CDU. Zitiert nach Feddersen 2017: Kohls linke Hand.

[134] Crouch 2003: Postdemokratie

[135] Forbes am 7. März 2018: The World Billionaires

größten Teil steuerfrei. Ein Jeff Bezos braucht für sich als Privatperson nicht einmal Steueroasen.

Der Aufstieg von Jeff Bezos ist Ausdruck einer grundlegenden Veränderung in der internationalen Wirtschaft. Schaut man sich die Liste der größten Konzerne im Jahre 2008 – also zum Zeitpunkt der großen Finanzkrise – an, dann dominierten damals noch die Ölkonzerne. Unter den ersten Zehn fand man so bekannte Namen wie Exxon (USA), Petrochina (China), Gazprom (Russland) und Shell (Niederlande/Großbritannien). Aus der IT-Branche lag allein der Softwarehersteller Microsoft in der Spitzengruppe. Die Internetkonzerne legten zwar schon beachtliche Zuwachsraten hin, standen aber damals noch in der zweiten oder dritten Reihe.

Zehn Jahre später hat sich das Bild radikal gewandelt. Fünf der zehn größten Konzerne der Welt sind jetzt Internet-Firmen: Apple, Alphabet (Google), Amazon, Facebook und nun auch Microsoft, das jetzt auch im Netz tätig ist. Man kann es auch so ausdrücken: Das Zeitalter des Erdöls ist vorbei, in den letzten zehn Jahren ist die Digital-Wirtschaft zum dominierenden Wirtschaftszweig geworden. Diese ungeheuer rasante Entwicklung kam nicht zufällig. Denn die Internet-Ökonomie hat eine Eigentümlichkeit, die ihr Methoden der Monopolbildung ermöglicht, wie wir sie in anderen Wirtschaftszweigen noch nicht kannten: Das wichtigste Kapital dieser Konzerne sind nicht Fabriken, die Hunderttausende von Menschen beschäftigen. Ihr wichtigstes Kapital sind die Daten – man spricht dabei von „Big Data“. Jeder Kunde, der die Plattform aufruft, liefert ihr kostenlos neue Daten. Tatsächlich stellen Analysten fest, dass die Internet-Ökonomie systematisch die Gesetze des Marktes aushebelt. Der britische Philosoph Nick Srnicek prägte dafür den Begriff „platform capitalism“.[136] Je mehr Daten nämlich eine Plattform von und über ihre Nutzer hat, desto gezielter kann sie die Kunden ansprechen und um so vielfältiger und besser sind ihre Angebote. Daher haben große Firmen im Internet nicht nur den üblichen Skalenvorteil[137], sondern auch noch den Vorteil der größeren Datenbasis. Im Internet gibt es auch keinen Qualitätsvorteil des Anbieters vor Ort, des Handwerkers, keinen persönlichen Service eines Dienstleisters. Im Ergebnis haben kleine und mittlere Firmen in vielen Geschäftsfeldern keine Chance. Der Trend in der Internet-Ökonomie geht zum weltweiten Monopol.

---

136 Srnicek 2016: Platform Capitalism

137 Der bisherige Skalenvorteil großer Firmen hatte zwei Gründe: Die Investitionen in Forschung und Entwicklung sind pro Produkt umso geringer, je mehr Produkte verkauft werden und die Produktion kann umso effizienter organisiert werden.

Was hat diese Entwicklung mit dem Thema Demokratie zu tun? Dazu wollen wir uns das Verhältnis von Wirtschaft und Demokratie etwas genauer anschauen.

Ehrenwerte Gesellschaften

Viele mögen es gar nicht mehr glauben: Von 1914 bis 1980 nahm die Ungleichheit in der Welt nicht zu – sondern tatsächlich – ab! Dies geschah teils durch die Vernichtung von Kapital durch die beiden Weltkriege, teils durch die Weltwirtschaftskrise, teils durch die hohe Besteuerung in fast allen kapitalistischen Ländern. Nach dem zweiten Weltkrieg kam das enorme Wachstum dazu, das die Kapitalrendite deutlich überstieg. In dieser Zeit nahmen die Einkommens- und Vermögensunterschiede drastisch ab. Gleichzeitig durchlief die Demokratie einen erstaunlichen Siegeszug. Wir haben bereits in Kapitel 2 erfahren, wie dieser Trend sich seit 1980 wieder umkehrte. Seitdem nimmt die Ungleichheit in der Welt wieder zu. Zugleich sagen uns die Statistiker der Demokratie[138], dass die Zahl und die Qualität der Demokratien seit der Jahrtausendwende wieder abnehmen. Daher stellt sich doch die Frage, ob es zwischen diesen beiden Entwicklungen einen inneren Zusammenhang gibt?

Die wachsende Zahl der Milliardäre ist vermutlich nur ein Indiz dieser Entwicklung.[139] Denn es dürfte sicherlich ein Ausnahmefall sein, wenn ein Milliardär einen Politiker trifft, und ihn dann auffordert, ein Gesetz zu ändern, die Steuern zu senken oder was auch immer (man erinnert sich vielleicht an den Unternehmensberater Maschmeyer, der seinen Freund und Bundespräsidenten Christian Wulff in seine Villa auf Mallorca einlud). Eine wichtigere Rolle dürften die Vorstände der internationalen Konzerne spielen. Allein schon die Einkommen dieser neuen „Supermanager-Klasse", wie der Ökonom Thomas Piketty sie nennt, sprechen Bände. Im Jahr 2017 „verdiente" der Chef des größten deutschen IT-Konzerns SAP Bill McDermott über 21 Millionen Euro, das ist fast das Hundertfache des Einkommens der Kanzlerin Merkel.[140] Kein Wunder, dass so mancher Minister und Spitzenbeamte von einem Wechsel in die Privatwirtschaft träumt – und ihn auch vollzieht.

---

138 Economist Intelligence Unit: Democracy Index 2017; Puddington/Roylance 2016: Freedom in the World

139 Credit Suisse: Global Wealth Databook 2014

140 Marx 2018: Vergütung der DAX-Chefs steigt auf Rekordniveau

Natürlich ist auf dieser Ebene die Einflussnahme auf die Politik selbstverständlich. Die Industrieverbände bezahlen nicht umsonst Tausende von Lobbyisten, die für sie die Kontakte mit der Politik in Brüssel und Berlin pflegen und gute Argumente vortragen. Und natürlich haben der damalige Wirtschaftsminister Gabriel und die Kanzlerin Merkel im Rahmen des Dieselskandals direkte Gespräche mit der Chefetage der Autoindustrie geführt.

Eine andere einflussreiche Gruppe sind die Finanzberatungsfirmen. Eine meiner schon erwähnten Quizfragen lautet: „Wie viele Beschäftigte haben die vier größten Unternehmensberatungen?“ Als Tipp gebe ich dazu die Information, dass die beiden größten Autokonzerne der Welt – General Motors und Toyota – zusammen 690.000 Angestellte beschäftigen. Wenn Sie, liebe Leserin/lieber Leser, Ihre Antwort auf meine Frage mit der Lösung vergleichen wollen, dann finden Sie die Zahl unten in der Fußnote.[141]

Offensichtlich handelt es sich bei den „Big Four“, wie sie im Branchenjargon genannt werden, nicht um kleine Beratungsfirmen. Viel eher sollte man von einer Beratungsindustrie sprechen. Nahezu alle internationalen Konzerne lassen ihre Firmenstrukturen und Geschäfte von solchen Beratern analysieren und optimieren. Ergebnis ihrer Beratung sind dann komplexe Konstruktionspläne des Konzerns, mit denen teils legal, teils illegal Steuern „vermieden“ werden.

Im Zusammenhang mit dem Skandal „Luxemburg Leaks“ wurden von Mitarbeitern der weltgrößten Beratungsfirma PricewaterhouseCoopers über 28.000 Seiten mit solchen Plänen ins Internet gestellt. „Erwischt“ wurde dabei unter anderem E.ON, der größte Elektrizitätskonzern der Welt. Er vergab über seine Tochter Dutchdelta Finance Sàrl in Luxemburg zweistellige Milliarden-Kredite für Auslandsinvestitionen. Dabei gelang es E.ON die Steuerzahlungen in Luxemburg auf die Zinseinnahmen auf 0,1 Prozent des Gewinns zu drücken – angeblich wegen hoher Verlustvorträge und wegen Vergünstigungen, die E.ON für Forschung und Entwicklung erhalten hatte.

Auch so bekannte Firmen wie Amazon, Pepsi, Heinz (weltgrößter Ketchup-Konzern), iTunes und British American Tobacco waren mit im Boot. Pikanterweise waren sogar staatliche Pensionskassen aus Kanada und Südkorea beteiligt, die ganze Stadtviertel in Berlin oder Hamburg

---

[141] Die vier größten Unternehmensberater – man nennt sie auch die „Big Four“ sind: Ernst & Young, Deloitte, KPMG, PricewaterhouseCoopers. Sie haben zusammen ca. 890.000 Beschäftigte weltweit.

aufgekauft und die Mietzahlungen über Luxemburg steuerfrei gewaschen hatten. Vieles war legal. Aber eine Reihe dieser Absprachen erwies sich als illegal nach Luxemburgischen Recht oder EU-Recht oder verstieß gegen UNO-Konventionen. Bestraft wurden allerdings bislang nicht die Firmen, sondern die Whistleblower – also die Mitarbeiter, die das offen gelegt hatten – wegen Verrat von Firmengeheimnissen.[142]

Auch der wertvollste Konzern im Deutschen Aktien-Index (DAX), die Bayer AG, ist wegen Steuervermeidung bekannt geworden.[143] 1990 zahlte der Konzern an seinem Stammsitz in Leverkusen noch 123 Millionen Euro Gewerbesteuer. Trotz glänzender Geschäfte waren es im Jahre 2015 nur noch 28 Millionen Euro, also ein Fünftel. Dabei stieg der Gewinn im gleichen Zeitraum auf das Achtfache: von 532 Millionen auf 4,11 Milliarden Euro. Als Grund wurde angegeben: „Eine geänderte regionale Ergebnisverteilung". Gemeint war, dass die Gewinne teilweise nach Belgien oder auch in die benachbarte Gewerbesteueroase Monheim verlagert wurden.

Ein anderes Detail: Der Algorithmus der Suchmaschine von Google gehört einer kleinen Tochter auf den Bermudas (und nicht dem Mutterkonzern mit dem Entwicklungszentrum in Kalifornien). Deshalb wurden von allen Gewinnen aus den Anzeigengeschäften weltweit happige Lizenzgebühren in Richtung Bermudas überwiesen, wo sie steuerfrei blieben. Das hat das neue Steuergesetz von Trump nun unterbunden. Der Trick, der hier benutzt wurde, hatte den schönen Namen „Double Irish with Dutch Sandwich"[144], da an den Transaktionen zwei weitere Töchter von Google in Irland und eine in den Niederlanden beteiligt waren, so dass Lücken in der Gesetzgebung der beteiligten vier Länder genutzt wurden.

Regiert Aladdin die Welt?

Weitere Wirtschaftsakteure, mit denen sich Politik und Demokratie beschäftigen müssen, sind natürlich die Banken. Seit der Finanzkrise haben wir gelernt, was „too big to fail" bedeutet: Eine Pleite von Barclays oder JP Morgan Chase wäre nämlich genauso wenig kontrollierbar wie die Pleite der Deutschen Bank, der französischen BNP Paribas oder der britischen HSBC. Kommt es zu einer Insolvenz, dann muss der Staat sie auf

---

[142] Ein Vorbild stellt diesbezüglich Schweden dar: Dort gilt das Öffentlichkeitsprinzip. Siehe Axberger 2012: Öffentlichkeitsprinzip

[143] Coordination gegen BAYER-Gefahren: BAYER zahlt erneut weniger Steuern; BAYER AG: Geschäftsbericht 2015

[144] Reichl 2014: Double Irish with a Dutch Sandwich

Kosten der Steuerzahler retten. Und doch hat sich keine Regierung getraut, diese Banken zu zerlegen.

Banken gelten als seriös. Da fällt es auf, dass die Deutsche Bank fast tausend Tochterfirmen in einschlägigen Steueroasen hat, darunter 105 auf den Kaiman-Inseln, 398 in der US-Steueroase Delaware, weitere in Luxemburg, Malta usw. Als Steuervermeidungsdienstleister hat sie eine Hauptniederlassung in Amsterdam. Eine Tochter mit dem interessanten Namen „Regula Limited“ hat ihren Sitz auf den Britischen Jungferninseln.[145]

Ein besonders schillerndes Exemplar ist die Bank HSBC – die Nummer zwei auf der Welt.[146] 2017 wies sie eine Bilanz von 2,5 Billionen US-Dollar (tatsächlich Billionen – nicht Milliarden[147]) und einen Gewinn vor Steuern von 21 Milliarden US-Dollar aus. Der Börsenwert lag 2015 bei 185 Milliarden US-Dollar. Eine Spezialität dieser Bank: Sie ist die Nummer eins bei islamischen Anleihen – größer als alle arabischen Banken. Der Prophet Mohammed erlaubt nämlich keine Zinsen. Daher wird bei der Auszahlung von Krediten stets ein sogenanntes Disagio abgezogen. Dafür entfallen dann die Zinsen.

Das Sündenregister dieser Bank ist allerdings noch beeindruckender: In den letzten neun Jahren wurde die HSBC zu Geldstrafen von insgesamt circa drei Milliarden US-Dollar in den USA, Frankreich, der Schweiz und Großbritannien verurteilt. Die Delikte reichen von illegaler Berechnung von Scheckgebühren, Geldwäsche für Terroristen und Drogenhändler, illegale Zwangsverkäufe von privaten Häusern in den USA, deren Kredite sie billig als Paket gekauft hatte, Finanzierung von islamistischem Terror, von Kindersoldaten in Afrika, Handel mit Blutdiamanten und so weiter. In Gerichtsurteilen wurde festgestellt, die HSBC zeige das „Bild einer kriminellen Organisation“ oder es wurde ihr eine „durch und durch versaute Unternehmenskultur“ bescheinigt.[148]

---

[145] Nach einer Recherche von Jutta Sundermann für Attac in 2013

[146] HSBC – Hongkong & Shanghai Banking Corporation, größte europäische Bank, ehemals lag der Firmensitz in China – daher der Name, heute in London. Siehe auf Wikipedia und in HSBC: Annual Report and Accounts 2017

[147] Das englische Wort „billion“ heißt im Deutschen Milliarde. Die deutsche Billion – die hier gemeint ist – ist gleich 1.000 Milliarden und heißt im englischen „trillion“.

[148] Süddeutsche Zeitung, 17. Juli 2012: US-Senat rügt Großbank HSBC; ARD (Tagesschau), 18. Juli 2012: US-Senat wirft Großbank Geldwäsche vor; Gallarotti 2015: Eine andere Realität

Eine der politisch auffälligsten Banken ist Goldman Sachs, die Millionensummen für wechselnde Präsidentschaftskandidaten in den USA spendiert hat. Präsident Trump stellte gleich einen ganzen Trupp von Ex-Goldman-Sachs-Angestellten als Berater an. Im deutschen Wikipedia werden allein 37 Politiker aufgelistet, die von dieser Bank herstammen, darunter so bekannte Namen wie Mario Draghi, nun Chef der EZB; Mario Monti, Premierminister Italiens 2011–2013; Otmar Issing, Vorsitzender von Kanzlerin Merkels Expertengruppe zur Finanzkrise; Alice Weidel, Fraktionsvorsitzende der AfD im Bundestag. Die kürzliche Berufung von Jörg Kukies (SPD) als Staatssekretär Finanzen stieß daher auf heftige Kritik.[149]

Eine vielleicht noch gewichtigere Rolle haben in den letzten Jahren die sogenannten Schattenbanken[150] eingenommen. Mittlerweile sind sie die größten Wirtschaftsakteure auf dem Globus geworden. Die größte europäische Schattenbank ist übrigens die Allianz-Gruppe, bei der sicher auch viele Leser versichert sind. Sie liegt mit circa zwei Billionen Euro verwaltetem Kapital weltweit auf Platz fünf der Großinvestoren.

In einer eigenen Liga spielt allerdings BlackRock, der unbestrittene Marktführer unter den Geldanlegern. BlackRock verwaltet Gelder in der unvorstellbaren Größenordnung von 6,9 Billionen US-Dollar! BlackRock investiert Geld für private Anleger, für Staaten, aber auch von über der Hälfte aller Rentenfonds in den USA! Mit diesen Geldern ist der Konzern auch an fast allen DAX-Konzernen mit mehr als fünf Prozent beteiligt. Das wichtigste Instrument dazu soll Aladdin sein, ein Computerprogramm mit einer riesigen Datenbank („Big Data" lässt grüßen), das die Risiken aller Geldanlagen analysiert. Wenn ein neues Umweltgesetz von Aladdin als Risiko für Staatsanleihen bewertet wird, dann kann das schon erheblichen Druck auf die Politik ausüben – auch ohne dass dazu Gespräche geführt werden müssen. Letzteres geschieht natürlich trotzdem regelmäßig. „Wir nehmen Einfluss im Hintergrund" erläuterte dazu Christian Staub, der Deutschlandchef des Unternehmens.[151] Sinnvollerweise wurde dazu 2016 der ehemalige CDU-Fraktionsvorsitzende Friedrich Merz als Aufsichtsratsvorsitzender gewonnen.

---

[149] Schulte 2018: „Goldman Sachs buhlt um Einfluss"

[150] Schattenbanken sind Finanzinstitute unterschiedlichster Art, die im Auftrag ihrer Kunden deren Geld anlegen, aber keine Banklizenz haben. Deshalb fallen sie auch nicht unter die Regeln, die für Banken gelten.

[151] Obertreis 2015: Wir nehmen Einfluss im Hintergrund

Gleichheit ist Glück

Und damit komme ich zurück zur Demokratie. Dass Konzerne und Geldanleger Einfluss auf politische Entscheidungen nehmen, ist nicht verwunderlich. Und in gewissem Umfang auch legitim. Denn schließlich wollen alle Menschen, dass die Wirtschaft gut läuft und die Arbeitslosenzahlen niedrig sind.

Unbestritten ist aber auch, dass die Ungleichheit in den letzten drei Jahrzehnten wieder zugenommen hat. Daher stellt sich die berechtigte Frage, was bedeutet das für die Menschen? Wie wirkt sich mehr oder weniger Ungleichheit auf das Leben der Menschen aus? Viele liberale Ökonomen vertreten ja durchaus die Auffassung, dass Wettbewerb und Ungleichheit zu mehr Wohlstand und damit auch zu einem besseren Leben führt.

Die beiden britischen Gesundheitsforscher Wilkinson und Pickett haben diese Frage analysiert[152]. Ihnen fiel auf, dass einige gesundheitsrelevante Phänomene wie Drogenabhängigkeit, Fettleibigkeit und psychische Störungen in den entwickelten Staaten sehr unterschiedlich häufig vorkommen. So leiden in Texas siebenmal so viele Menschen an Fettsucht wie in der Schweiz. Interessanterweise spielt dabei das Bruttoinlandsprodukt pro Kopf, also der durchschnittliche Reichtum des Landes, keine Rolle – jedenfalls nicht in den entwickelten Staaten[153]. Dann machten sie jedoch eine spannende Entdeckung: Alle untersuchten Probleme treten in Ländern mit großen Einkommensunterschieden viel häufiger auf, als in Ländern mit weniger Ungleichheit.

Daraufhin betrachteten die beiden Forscher andere soziale Themen: Eine Verdoppelung der Ungleichheit führt im Mittel zu einem Anstieg der Zahl der Gefängnisinsassen pro Einwohner um das Dreifache. Die Zahl der Geburten von Minderjährigen versechsfacht sich sogar, die Fettleibigkeit steigt um das Zweieinhalbfache an. Während die Kriminalität erheblich wächst, sinkt das Bildungsniveau. Im nächsten Schritt bildeten die Autoren aus zehn dieser Faktoren einen Index und verglichen den mit den Einkommensunterschieden in allen entwickelten Ländern. Das Er-

---

152 Wilkinson/Pickett 2009: Gleichheit ist Glück; siehe auch Diefenbacher/Zieschank 2011: Woran sich Wohlstand wirklich messen lässt

153 Wenn man arme Entwicklungsländer mit den entwickelten Staaten vergleicht, dann gilt das nicht. Dann führt mehr Wohlstand auch zu weniger sozialen Problemen. Aber in der Spanne zwischen Portugal und Norwegen spielen die Unterschiede zwischen den Staaten statistisch keine Rolle; entscheidend sind nur die Einkommensunterschiede innerhalb der Gesellschaft.

gebnis war frappierend: Je größer die Einkommensunterschiede in einem Land, um so größer der Index. Man kann das auch umdrehen. Wenn eine Regierung etwas gegen Drogensucht, Kriminalität, Fettleibigkeit, Bildungsversagen usw. tun möchte, dann sollte sie für weniger Ungleichheit sorgen. Damit könnte sie nämlich viel mehr bewirken als mit teuren Präventionsprogrammen gegen Drogen, Einstellung von mehr Polizisten, mehr Ernährungsberatung und Ausbau der Schulen. All das ist sicher sinnvoll. Aber wenn es gelingt, die Ungleichheit zum Beispiel vom englischen auf das schwedische Niveau zu senken, dann wird mehr erreicht als durch alle teuren Programme!

Nun stellt sich natürlich die Frage, wie dieser Zusammenhang erklärt werden kann? Der Glücksökonom Richard Layard erzählt dazu folgende Geschichte:[154] Er hatte eine Gruppe von Medizinstudenten an der Harvard-Universität gefragt, in welcher der beiden folgenden Welten sie lieber leben wollen:

Welt a: Das Durchschnittseinkommen liegt bei 25.000 US-Dollar im Jahr, Sie selbst verdienen aber 50.000 US-Dollar.

Welt b: Das Durchschnittseinkommen liegt bei 250.000 US-Dollar im Jahr, Sie selbst verdienen aber nur 100.000 US-Dollar.

Die liberale Theorie würde natürlich postulieren, dass die meisten Studenten ihr Einkommen maximieren wollen und deshalb die Gesellschaft b) wählen würden. Dem war aber nicht so. Die große Mehrzahl der Studenten wollten lieber nur 50.000 US-Dollar verdienen, wenn sie dann mehr haben, als ihre Mitmenschen. Ihnen war also ihre Stellung in der Gesellschaft wichtiger als ihr absolutes Einkommen. Dieses Phänomen ist von einer Vielzahl von Autoren bestätigt worden. Dabei geht es den Menschen nicht mal darum, mehr als andere zu verdienen. Sie wollen nur nicht deutlich weniger haben. Vor allem geht es um den Vergleich mit ihren Freunden und Nachbarn – ihrer Peer-Group. Nicht der absolute Lebensstandard ist also entscheidend für das Wohlbefinden. Die Menschen wollen zwar mehr verdienen – aber vorrangig geht es ihnen dabei darum, in der sozialen Stufenleiter nicht abzufallen. Das Gefühl, dass viele Bekannte und Freunde mehr haben, löst offensichtlich Stress aus und führt zu Unwohlsein.

Nun könnte man meinen, dann müsste es in allen Gesellschaften der Oberschicht bessergehen – egal wie hoch das absolute Einkommen ist.

---

[154] Layard 2005: Die glückliche Gesellschaft

Aber interessanterweise ist auch das nicht der Fall. In Gesellschaften mit großen Einkommensunterschieden geraten nicht nur die unteren Schichten unter Stress, sondern auch die oberen. Dazu ein Beispiel: In einer Untersuchung wurde die Kindersterblichkeit bei armen und reichen Menschen in Schweden mit der in England und Wales in den 80er Jahren verglichen.[155] Das Ergebnis war sehr unterschiedlich. In England und Wales starben die Kinder der obersten sozialen Schicht doppelt so oft wie die der ärmsten Schichten. Noch häufiger starben die Kinder der allein erziehenden Mütter. In Schweden gab es keinen solchen Zusammenhang. Aha – könnte man denken: Schweden hat ja auch eine einheitliche kostenlose Gesundheitsversorgung für alle. Aber das erklärt nicht die Unterschiede. Denn die Kindersterblichkeit in Schweden war in allen sozialen Schichten niedriger als in England und Wales. Sogar die Kinder der englischen Oberschicht, die sich ja mit Sicherheit eine perfekte Gesundheitsversorgung leisten können, sterben häufiger als die der schwedischen Unterschicht.

Wilkinson und Pickett ziehen aus dieser und vielen anderen Untersuchungen den Schluss: Mehr „Gleichheit“ lohnt sich für alle Menschen, nicht nur für die Unterschicht. Offensichtlich wirkt sich mehr Ungleichheit und das Gefühl fehlender Gerechtigkeit auf das gesamte Zusammenleben der Menschen aus, von den Gefängnissen über das Bildungssystem bis hin zur Gesundheit. Der Statuswettbewerb zwischen den Menschen nimmt zu. In den Ländern mit extremer Ungleichheit wie in Südafrika, Brasilien oder auch in einigen Regionen der USA verkriechen sich die Reichen in „Gated Communities“, in eigene bewachte Stadtviertel, wo niemand ohne Ausweis oder Einladung hineinkommt. Der soziale Stress nimmt zu, der Überlebenskampf wird härter. Und zwar für alle Schichten. Daher lautet der Untertitel der deutschen Ausgabe des Buches von Wilkinson und Pickett: „Warum gerechte Gesellschaften für alle besser sind.“

Für die Demokratie wiederum bedeutet dies: Wenn die Gesellschaften ungleicher werden, dann trägt das nicht zum Wohlbefinden bei. Wenn die Menschen – insbesondere ärmere Menschen oder Menschen mit Abstiegsängsten, die also besonderem sozialen Stress ausgesetzt sind – das Vertrauen in die Demokratie verlieren, dann kann man das nicht als subjektiv und unwichtig abtun und behaupten, dass es doch allen bessergeht. Offensichtlich erfüllt die Demokratie dann nicht die Erwartungen der Menschen von einer gerechten Gesellschaft. Daher stellt sich an die-

[155] Leon u. a. 1992: Social class differences in infant mortality in Sweden

ser Stelle die Frage: Was sollte die Politik anders machen? Was erwarten die Menschen? Wollen sie, dass alle das gleiche verdienen oder besitzen? Oder welche Unterschiede werden von den meisten Menschen akzeptiert?

Der Rawlsche Punkt und der Capability Approach

Im Dezember 2016 veröffentlichte das Meinungsforschungsinstitut Forsa eine repräsentative Umfrage zum Thema Gerechtigkeit.[156] Die Ergebnisse waren eindeutig. Bei allen Fragen antworteten weit über achtzig Prozent, dass sie den Ist-Zustand als ungerecht einstuften. So fanden 84 Prozent der Befragten es nicht gerecht, wenn Manager und Unternehmenschefs Gehälter von mehreren Millionen Euro erhalten. Aber was würden die Menschen als gerecht empfinden? Wünschen sie sich die absolute Gleichheit, wie im idealen Kommunismus?

Der Journalist Robert Misik hat dazu eine klare Meinung:[157] „Dass Manager pro Stunde 20.000 Euro verdienen, also einen Betrag, auf den viele Menschen in einem ganzen Jahr nicht kommen, empfinden (Menschen) als ‚ungerecht'. Aber sie finden es nicht automatisch als unfair, wenn jemand, der etwas gelernt hat, der ehrgeizig war und sich in seinem Beruf qualifiziert hat und dann aufgestiegen ist, 200.000 Euro im Jahr verdient – also grob gesprochen, das Zehnfache des Durchschnittsverdieners. Die gleichen Menschen empfinden es dagegen nicht als fair, wenn Menschen vierzig Stunden und mehr arbeiten und dann mit Hungerlöhnen von 900 Euro nach Hause gehen." Interessanterweise entsprachen 200.000 Euro ungefähr dem Gehalt von deutschen Bundesministern – also den einzigen Spitzenmanagern in Deutschland, die sich der Wahl stellen müssen.

Tatsächlich haben sich schon Generationen von Philosophen und Ökonomen mit der Frage der Gerechtigkeit beschäftigt. Ich habe die unterschiedlichen Positionen in der nachfolgenden Grafik dargestellt.[158] Links findet man das alte Ägypten: Für die Pharaonen war es gerecht, dass den

---

[156] Wüllenweber 2016: Ist das gerecht?

[157] Misik 2010: Anleitung zur Weltverbesserung

[158] Die Grafik folgt einer Darstellung von Thomas Ebert: Soziale Gerechtigkeit

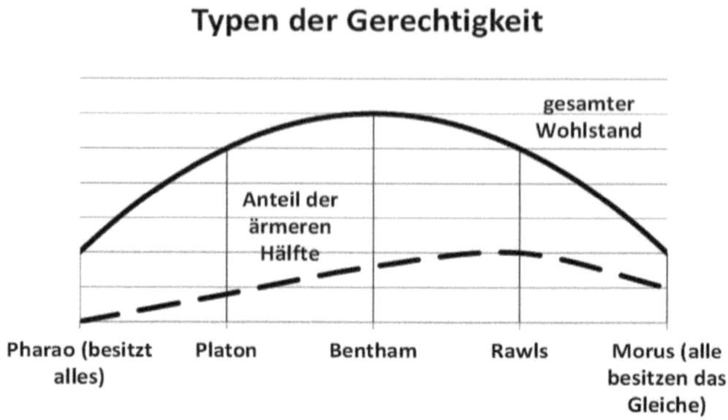

Göttern alles gehörte – und das hieß dem Pharao. Den Armen gehörte nichts. Niemand hatte einen Anreiz, sich zu engagieren. Die Gesellschaft war über Jahrtausende statisch. Der Aristokrat Platon hielt eine Klassengesellschaft für gerecht, wenn es keine Willkür gibt, sondern verlässliche Regeln, auf die sich jeder – vom Sklaven bis zum Regierenden – verlassen kann.[159] Dagegen schildert Thomas Morus, britischer Lordkanzler und katholischer Heiliger, in seinem Roman Utopia eine Gesellschaft mit absoluter Gleichheit, aber ohne Freiheit (ganz rechts in der Grafik).[160] Hier besitzen alle das Gleiche – der relative Anteil, den die Armen bekommen, ist hier am höchsten. Aber da sich niemand anstrengen muss, ist der gesamte Reichtum relativ gering. Der britische Ökonom und liberale Vordenker Jeremy Bentham gründet die Denkschule des Utilitarismus: Demnach ist eine Gesellschaft gerecht, wenn der Nutzen (Utility) aller Menschen maximiert wird.[161] Das finden wir in der Mitte der Grafik. Als bedeutendster Gerechtigkeitsphilosoph des 20. Jahrhunderts gilt John Rawls. Nach seinen Überlegungen ist soziale und ökonomische Ungleichheit nur in soweit gerechtfertigt, wenn jede Position jedem offen steht (Chancengleichheit) und wenn sie für die Schwächsten der Gesellschaft Vorteile bringt.[162] Man sieht, am Rawlschen Punkt hat die Gesellschaft zwar nicht so viel Reichtum angehäuft wie bei Bentham, aber den Armen geht es hier von allen Gesellschaften am besten.

Allerdings sagt die Verteilung des Reichtums noch nicht alles über die Gerechtigkeit einer Gesellschaft. Denn für einen ärmeren Menschen

---

159 Platon ca. 370 v. Chr: Der Staat

160 Morus: 1516: Utopia

161 Bentham 1780: An Introduction to the Principles of Morals and Legislation

162 Rawls 1971: Eine Theorie der Gerechtigkeit

kommt es nicht nur auf die Menge des Geldes an. Für sie kann es wichtiger sein, wenn Schulen und Arztbesuche kostenlos sind und ein guter öffentlicher Verkehr existiert. Deshalb überzeugt mich am meisten der Capability-Approach, den der Gerechtigkeitsphilosoph und Ökonomie-Nobelpreisträger Amartya Sen und die Philosophin Martha Nussbaum entwickelt haben:[163] Ihnen geht es um die Auswirkungen auf den einzelnen Menschen. Sie messen deshalb die Gerechtigkeit einer Gesellschaft daran, wie groß für die Menschen ihre Fähigkeit (englisch: capability) ist, ihr Leben nach ihren Wünschen zu gestalten. Deswegen kommt es nicht nur auf die Verteilung des Geldes an, sondern auch auf eine funktionierende Demokratie, auf die Umwelt, auf öffentliche Einrichtungen wie Schulen, Kindergärten, Pflegeheime, Bahnen und Busse, Stromversorgung, auf eine Gesundheitsversorgung, Renten, Sicherheit vor Diebstahl und Gewalt und vieles mehr.

Jede Investition in öffentliche Einrichtungen und Dienstleistungen ist daher eine Form der Umverteilung. Aus diesem Grund ist es konsequent, drei Stufen der Verteilung zu unterscheiden. a) Einkommensverteilung vor Steuern, Abgaben und Sozialtransfers; b) Einkommensverteilung danach; c) Einkommensverteilung, bei der zusätzlich die öffentlichen Dienste und Einrichtungen berücksichtigt werden. Und auf die letztere kommt es an.

Die linksradikalen FDP-Wähler

Und was sagen die Wähler? Finden die meisten die oben zitierte Ansicht von Herrn Misik viel zu radikal? Neigen sie eher Morus, Bentham oder Rawls zu? Welche Verteilung finden sie gerecht?

Mit dieser Frage hat sich vor zwei Jahren ein Team um Professor Andreas Herrmann von der Universität St. Gallen beschäftigt und dazu 1.500 Wahlberechtigte befragt – mit einem erstaunlichen Ergebnis.[164] Demnach halten es die Befragten für gerecht, wenn das reichste Fünftel der Gesellschaft dreißig Prozent des Vermögens besitzt und das ärmste Fünftel dreizehn Prozent. Die Reichen sollten also mehr als doppelt so viel besitzen wie die Armen. Tatsächlich jedoch besitzt in Deutschland das Fünftel der Reichen und Bessergestellten 75 Prozent des Vermögens,

---

[163] Nussbaum 2011: Creating Capabilities; Sen 2010: The Idea of Justice

[164] Diekmann/Grigat 2017: Wenn FDP-Wähler zu Sozialisten werden

während die Unterschicht gar nichts besitzt. Sie hat sogar Schulden. Überträgt man diese Wunschvorstellung auf die dazu erforderlichen Einkommen, dann kann man sagen: Die Wähler erwiesen sich in dieser Untersuchung um vieles egalitärer als Herr Misik. Sie fordern eine radikale Umverteilung. Sie liegen am ehesten bei John Rawls.

Natürlich gibt es Unterschiede zwischen den Anhängern der Parteien. Nach der Vorstellung der FDP-Wähler sollte die Ungleichheit doppelt so groß sein wie nach Meinung der Piraten-Wähler. Dabei wurde die Ungleichheit mit dem sogenannten Gini-Index gemessen.[165] Die anderen Parteien von der CDU bis zu den Linken liegen mit relativ wenig Abstand voneinander dazwischen. Vergleicht man jedoch die gewünschte Verteilung mit der tatsächlichen Verteilung der Vermögen in Deutschland, dann entpuppen sich selbst die FDP-Wähler als radikale Sozialisten. Sie wünschen sich nämlich einen Gini-Index von 23 Prozent (die Piraten dagegen nur elf Prozent). Tatsächlich liegt der Index jedoch bei 74 Prozent.

Das bedeutet konkret: Nach Meinung der „radikalsozialistischen" Gruppe der FDP-Wähler müssten die Reichen dieser Republik über die Hälfte ihres Besitzes an die Armen abgeben. Nach Meinung der „superradikalen" Wähler der CDU, der Grünen, der SPD und auch der AfD sollten sie sogar zwei Drittel ihres Besitzes abgeben, damit es in Deutschland gerecht zugeht. Die Linken und Piraten fordern noch mehr. Aber tatsächlich passiert nichts dergleichen. Keine der Parteien fordert auch nur entfernt ein Steuersystem, dass zu einer solchen Verteilung führen würde. Das ist ein Paradoxon, auf das ich später zurückkommen werde.

---

165 Der Gini-Index ist der am häufigsten verwendeten Maßstab für Ungleichheit. Er liegt in einer Spannbreite von 0 Prozent (alle sind absolut gleich – also echter Kommunismus) und 100 Prozent (einer besitzt alles, alle anderen haben nichts). Die reale Ungleichheit bei den Einkommen nach Abgaben und Sozialtransfer liegt in Deutschland bei etwa 30 Prozent, in Dänemark bei 25 Prozent, in Großbritannien bei 35 Prozent, in den USA bei 40 bis 45 Prozent, in Brasilien über 50 Prozent, in Südafrika bei über 60 Prozent. Die Ungleichheit bei den Vermögen ist durchweg viel höher. In Deutschland zum Beispiel über 70 Prozent. Siehe OECD: Divided we Stand; CIA und UN: List of countries by income equality; CIA: The World Factbook

Fünf Eckpunkte für ein gerechtes Steuer- und Abgabensystem

Die oben erwähnte Forsa-Umfrage lässt keinen Zweifel daran, dass viele Menschen mit der bestehenden Verteilung unzufrieden sind, weil sie sie ungerecht finden. Dabei wenden sie sich nicht gegen die Demokratie. Fast alle Menschen halten die Demokratie theoretisch für die richtige Form der Regierung – auch die meisten AfD-Wähler. Aber mit der Praxis der Demokratie haben sie Probleme. Seit der Französischen Revolution war die Demokratie stets ein Versprechen von mehr Gerechtigkeit. Solange sich die Gesellschaft in diese Richtung bewegte, war die Zustimmung zur Demokratie groß. Denn den meisten Menschen geht es nicht darum, alle vier Jahre abstimmen zu dürfen. Es geht vielmehr darum, dass ihre Wünsche und Interessen in die Arbeit der Regierung Eingang finden.

Wenn aber die Demokratie in einem wesentlichen Bereich das nicht leistet, dann wachsen die Zweifel und die Menschen wenden sich schließlich resigniert ab. Und wenn sie den Eindruck haben, dass internationale Konzerne mehr Einfluss auf die Entscheidungen der Kanzlerin haben als das gewählte Parlament oder gar als die Wähler, dann ist die Demokratie in ihren Augen gescheitert.

Am besten kann man das in Russland beobachten. Viele Russen wissen durchaus, dass Putin eine Art Autokrat ist. Aber die unglaubliche Bereicherung von Millionären und Milliardären nach der Perestroika hat die Hoffnung der Menschen auf ein besseres Leben durch die Demokratie zerstört. Was für viele zählt: Putin hat den größten Reichtum Russlands, die ungeheuren Bodenschätze in dem Riesenland, wieder verstaatlicht. Mit den Verkäufen an Erdgas und Erdöl an die Westeuropäer kann er die Renten zahlen. Das ist für viele Menschen attraktiver als eine Demokratie, in der sich Oligarchen gnadenlos bereichern und die alten Menschen auf den Straßen betteln gehen müssen.

Häufig berufen sich neoliberale Ökonomen bei ihrem Ruf nach dem „schlanken Staat" auf den Urvater der Volkswirtschaftslehre Adam Smith. Zu Unrecht – wie Gerhard Streminger nachgewiesen hat:[166] Die politische Ökonomie (also der Staat) hat nach Smith nicht die Aufgabe, die Reichen reicher und die Armen ärmer zu machen, sondern den Men-

[166] Smith 1776: Der Wohlstand der Nationen; Streminger 2017: Adam Smith, Wohlstand und Moral

schen Einkommen und dem Staat genügend Einnahmen zu verschaffen, um öffentliche Dienst zu erfüllen.

Was folgt daraus? Es gibt einen unmittelbaren Zusammenhang zwischen einem gerechten und nachhaltigen Steuer- und Abgabensystem und einer funktionierenden Demokratie! Nachdem ich mich seit vielen Jahren mit dem Thema einer fairen Staatsfinanzierung beschäftigt habe, halte ich die folgenden fünf Punkte für entscheidend. Natürlich werden viele Leser das eine oder andere anders sehen oder auch grundsätzlich anderer Meinung sein. Dann bitte ich Sie, zu einem meiner Vorträge zu kommen, damit wir das ausdiskutieren können. Da dieses Buch von der Demokratie handelt, kann ich hier aus Platzgründen nur die Eckpunkte skizzieren.[167] Allerdings geht es mir hier auch nur um die Methode, wie ein solches gerechtes System durchgesetzt werden kann. Die Details können sicher auch anders formuliert werden.

[1] **Die Staatseinnahmen**

Die Einnahmen des Staates sollen die Ausgaben in der Regel decken und eine gute Versorgung der Gesellschaft mit öffentlichen Dienstleistungen, Sozialleistungen und öffentlicher Infrastruktur sicherstellen.

Die Einnahmen des Staates bestehen aus Steuern, Abgaben, Gebühren und zum Teil auch aus Gewinnen.[168] Sie müssen daher alle zusammen betrachtet werden. Denn was in Deutschland über Sozialabgaben (Renten, Gesundheitswesen) bezahlt wird, wird in anderen Staaten wie Dänemark über Steuern oder gar über Gebühren (Studium in den USA) finanziert. Wichtig ist, dass insgesamt ein ausreichendes Aufkommen für Bildung, Sozialstaat und eine gute Infrastruktur sichergestellt wird. Die Einnahmen sollten in der Regel ausreichen, um die Ausgaben zu decken und aufgenommene Schulden in angemessener Zeit zu tilgen. Schuldenaufnahme sollte nur in Krisenzeiten erfolgen.[169]

---

167 Mehr dazu in Hentschel 2013: Von wegen alternativlos!; Hentschel 2016: Der Kampf gegen aggressive Steuervermeidung

168 Die meisten Staaten sind verschuldet. Ausnahmen bilden „kluge" Ölstaaten wie Norwegen oder Saudi-Arabien, die einen Teil der Öleinnahmen in riesigen Staatsfonds für die Zukunft zurückgelegt haben. Aber auch viele Kommunen sind unternehmerisch tätig (Stadtwerke, Sparkassen usw.).

169 Viele Globalisierungskritiker wie die Organisation Attac bekämpfen die Schuldenbremse, weil sie als Vorwand für Einsparungen in Sozialprogrammen missbraucht wird. Ich sehe sie eher als Druckmittel, Politik ehrlich zu machen. Tat-

Neoliberale Autoren und Politiker vertreten die Auffassung, dass eine zu hohe Staatsquote[170] schädlich für die Wirtschaft sei. Schaut man sich jedoch Staaten wie Dänemark und Schweden an, die traditionell eine Staatsquote über fünfzig Prozent ausweisen, dann stellt man überrascht fest, dass in den vergangenen Jahrzehnten Staaten mit hoher Staatsquote stets zu den wettbewerbsfähigsten Staaten gehört haben.[171] Der Grund ist leicht einsichtig: Staaten mit hohen Einnahmen geben das Geld ja auch wieder aus. Sie finanzieren damit Arbeitsplätze und Aufträge an die Wirtschaft und erzeugen damit wirtschaftliche Impulse. In der Krise stabilisiert eine hohe Staatsquote die Nachfrage und damit die Konjunktur. Nicht umsonst beschlossen die G20-Staaten 2008 nach der großen Finanzkrise ein weltweites Konjunkturprogramm, um einen Einbruch der Weltwirtschaft wie im Jahre 1929 zu verhindern. Einige wie Südkorea setzten sogar gezielt auf nachhaltige Zukunftsinvestitionen.[172] Deshalb sind Länder mit hoher Staatsquote in der Krise oft im Vorteil: Denn sie haben in der Regel eine niedrige Staatsverschuldung. Und vor allem: Ein gutes Sozialsystem stabilisiert die Demokratie. Deswegen ist eine Staatsquote von über fünfzig Prozent kein Problem, sondern sollte als politisch wünschenswert beurteilt werden.

[2] **Dezentralisierung und Finanzausgleich**

Die Ausgaben des Staates sollen soweit wie möglich durch die Kommunen und Regionen vor Ort getätigt werden. Ein vertikaler Finanzausgleich soll überall gleiche Lebensbedingungen sicherstellen.

Diesen zweiten Eckpunkt für ein gutes Abgabensystem habe ich bereits ausführlich in Kapitel 3 behandelt. Dänemark und die Schweiz machen es vor: Die meisten staatlichen Aufgaben können und sollten dezentral vor Ort angesiedelt werden. Dementsprechend sollten die staatlichen Mittel vorrangig den Kommunen und Regionen zur Verfügung stehen. Damit das nicht zu Ungerechtigkeiten führt, muss dies jedoch mit einem Finanzausgleichssystem verbunden werden, das den Regionen ermöglicht, überall gute Lebenschancen zu schaffen.

---

sächlich hat die Schuldenbremse in den letzten Jahren trotz guter Einnahmen Steuersenkungen verhindert.

170 Die Staatsquote ist das Verhältnis der Staatseinnahmen zum Bruttoinlandprodukt – also der Anteil des Staates an den Gesamteinnahmen der Gesellschaft.

171 Schwab/Sala-i-Martín 2017: The Global Competitiveness Report; Horn u.a. 2017: Was tun gegen die Ungleichheit

172 Stern 2009: The Global Deal

[3] **Einkommens- und Vermögenssteuern**

Die Steuern, Abgaben und Gebühren sollen so gestaltet werden, dass mittelfristig eine von der großen Mehrheit als gerecht akzeptierte Einkommens- und Vermögensverteilung erreicht wird.

Dies ist nur möglich mit einer progressiven Besteuerung von Einkommen und Vermögen und eine Neujustierung der Sozialabgaben und Gebühren.[173] In der Summe muss erreicht werden, dass der Trend zur Konzentration von Einkommen und Vermögen gestoppt und schrittweise das angestrebte Ziel erreicht wird. Dass ein solches Steuer- und Abgabensystem möglich ist, zeigt uns die Historie nach dem zweiten Weltkrieg bis etwa 1980. In dieser Zeit war die Gesamtprogression der Abgaben und Gebühren in Großbritannien, Deutschland, den USA und vielen anderen Staaten so justiert, dass der Abstand der Einkommen und Vermögen zwischen Reichen und Armen abnahm. In der Folge dieser Politik sank der Anteil der Einkommen des reichsten Prozentes der Gesellschaft in allen Industriestaaten von 20 Prozent auf unter 10 Prozent – in Skandinavien sogar fast auf fünf Prozent. Parallel dazu sank die Vermögenskonzentration erheblich.

Seit den achtziger Jahren kehrte sich diese Entwicklung um und die Schere zwischen Reich und Arm ging wieder auseinander. Spätestens Mitte der neunziger Jahre erreichte diese Entwicklung auch Deutschland. Die wesentlichen Gründe dafür waren die Abschaffung der Vermögenssteuer und die weitgehende Freistellung der großen Firmenvermögen von der Erbschaftssteuer. So konnte Johanna Quandt ihr Vermögen von knapp 50 Milliarden Euro mit Hilfe mehrerer Schenkungen an ihre Kinder fast steuerfrei vererben. Und obwohl diese Gesetzgebung vom Bundesverfassungsgericht für verfassungswidrig erklärt wurde, hatte die große Koalition nicht die Kraft, eine faire Neuregelung durchzusetzen!

Hinzu kam auch die Reduzierung der Progression bei der Einkommenssteuer. Heute endet die Progression schon bei Einkommen von 60.000 Euro und sinkt darüber wieder kontinuierlich ab.[174] Ein Grund dafür sind der wachsende Anteil der geringer werdenden Kapitaleinkommen und die faktische Nichtbesteuerung der Wertzuwächse von großen Vermögen. Auch das System der Sozialabgaben verschärft das Problem. In

---

[173] DIW 2011: A Wealth Tax on the Rich to Bring down Public Dept?

[174] Daran ändert auch die 3% Reichensteuer ab 250.000€ Einkommen nicht, sie erzeugt nur einen Zacken in der fallenden Kurve.

Deutschland ist die Belastung durch die Beiträge für Rente und Gesundheit schon für niedrige Einkommen im internationalen Vergleich sehr hoch. Danach wachsen sie mit dem Einkommen zunächst linear statt progressiv an. Ab der Beitragsbemessungsgrenze für die Rentenkasse sinkt die Belastung sogar.

Als Folge dieser Entwicklung hat sich eine Klasse von Spitzenverdienern gebildet, die immer mehr Vermögen ansammeln können – und die häufig sogar gar keine Steuern zahlen, indem sie Ihr Vermögen in Steueroasen unterbringen.

[4] **Umweltsteuern**

Die Abgaben auf die Ausbeutung von natürlichen Ressourcen und die Belastung der Umwelt sollen so justiert werden, dass die Folgekosten und Wertverluste für die Gesellschaft damit abgegolten werden – man spricht vom Verursacherprinzip.

Natürlich können Umweltsteuern das Ordnungsrecht nicht ersetzen. Aber wenn etwas nicht verboten ist, dann sollte es zumindest nicht auch noch belohnt werden. Denn wenn Fehlanreize für übermäßigen Umweltverbrauch gesetzt werden, zahlen alle Menschen und die Natur die Zeche. Meist sind die sozial Schwachen von Belastungen der Luft, des Bodens oder des Wassers am meisten betroffen. Ökologisch blinde Steuern sind faktisch eine massive Subventionierung der Umweltzerstörung. Die wichtigste Forderung dieser Art ist natürlich die nach einer CO_2-Abgabe, die die Deckelung des CO_2-Ausstoßes gemäß dem 1,5-Grad-Ziel der UN-Klimakonferenz in Bonn 2017 gewährleistet.

Ganz absurd sind Regelungen, aufgrund derer umweltschädliches Verhalten auch noch massiv subventioniert wird. Ein extremes Negativbeispiel sind die Steuerprivilegien für den Flugverkehr in Höhe von zehn Milliarden Euro jährlich, die dazu führen, dass mancher Flug billiger als die entsprechende Bahnfahrt wird. Andere Beispiele sind die Förderung des Dieselmotors durch die reduzierte Mineralölsteuer und die jahrzehntelangen Subventionen für die Stromerzeugung aus Atomkraft.

Solchen gigantischen Marktverzerrungen, die in die falsche Richtung wirken, kann mit korrigierender Förder- oder Informationspolitik oft kaum etwas entgegengesetzt werden. Sie müssen beseitigt werden durch eine konsequente Anwendung des Verursacherprinzips.

[5] **Unternehmenssteuern**

Unternehmenssteuern sollen dazu beitragen, die Infrastruktur, von der die Firmen profitieren, zu finanzieren und zugleich dazu beitragen, die Konzentration von Firmen, Banken und anderen Unternehmen in immer größere Oligopole zu verhindern. Sie sollen dort erhoben werden, wo die wirtschaftlichen Aktivitäten stattfinden.

Natürlich ist die Verhinderung von Monopolen nicht alleine über Steuern zu regeln. Dazu wird auch ein wirksames Ordnungsrecht benötigt, das die Bildung von Monopolen und Kartellen verhindert und solche notfalls auch wieder auflöst. Darauf werde ich in Kapitel 8 über die Gewaltenteilung und die Regulative Gewalt weiter eingehen. Aber auch das Steuersystem muss dazu beitragen. Große Firmen erzielen systematisch höhere Gewinne als kleine und mittlere Unternehmen. Will man dies ausgleichen, dann reicht es nicht, Gewinne mit einem festen Steuersatz zu besteuern. Wie bei den Einkommenssteuern müssten auch die Unternehmenssteuern progressiv mit der Höhe des Gewinnes wachsen. Wenn sich deshalb eine Firma aufspalten würde, um in eine niedrigere Steuerklasse zu kommen, dann ist das für die Verbraucher, die Marktwirtschaft und die Demokratie ein Gewinn.

In den letzten Jahrzehnten hat sich jedoch ein internationaler Steuersenkungswettbewerb entwickelt, der immer absurdere Formen angenommen hat. Die EU ist dabei kein Leidtragender, sondern wurde durch ihre Wettbewerbsordnung vielmehr Motor dieser Entwicklung. So reduzierte sich von 2000 bis 2010 der durchschnittliche Unternehmenssteuersatz in der EU von 31,4 auf 21,5 Prozent. Es ist also geradezu verlogen, wenn sich einige jetzt über die Steuersenkungen in den USA aufregen. Einschließlich der Zuschläge in den Einzelstaaten liegt der Steuersatz in den USA immer noch bei durchschnittlich 28 Prozent – also weit höher als in der EU.

Aber die Konzerne geben sich mit niedrigen Steuersätzen nicht zufrieden und betreiben systematisch Steuervermeidung. Im Kern funktioniert das so, dass die Gewinne von internationalen Konzernen Tochtergesellschaften zugeordnet werden, die in sogenannten Steueroasen gemeldet sind, in denen wenig oder keine Steuern anfallen. Nicht selten handelt es dabei nur um eine Briefkastenfirma – eine Meldeadresse ohne Personal, Investitionen oder irgendeine geschäftliche Tätigkeit vor Ort.[175]

---

[175] Die OECD hat diese Entwicklung dokumentiert und Maßnahmen vorgeschlagen, die von den Nationalstaaten leider nur unvollständig umgesetzt werden.

Kapital ist vergleichsweise mobil. Der Eigentümer einer Fabrik oder eines Häuserblocks in Berlin kann ein Briefkasten auf den Bermudas sein. Das gilt nicht nur für Eigentumsrechte, sondern auch für immaterielle Werte wie Label und Patente. Auch viele Dienstleistungen können standortungebunden auf dem internationalen Markt angeboten werden. Der Kampf gegen die Steuervermeidung von internationalen Konzernen hat sich deshalb zu einer Sisyphusarbeit entwickelt, die anscheinend die Möglichkeiten demokratisch gewählter Regierungen überfordert. Jede gesetzliche Maßnahme führt nur zu neuen, noch komplexeren Strategieplanungen der großen Unternehmensberatungen.

Deshalb fordern Experten und Wissenschaftler und auch einige Nichtregierungsorganisationen wie das Netzwerk Steuergerechtigkeit, Attac oder das internationale Tax Justice Network einen Systemwechsel: Die Gesamtkonzernsteuer.[176] Konzerne sollen nicht mehr pro Betrieb, sondern als Gesamtheit besteuert werden. Die Konzerne sollen eine internationale Gesamtbilanz vorlegen. Die Gewinne sollen dann nach einer Formel den Standorten zugerechnet werden, wo die Firmen tatsächlich aktiv sind. Denn Gewinne werden dort erwirtschaftet, wo Menschen arbeiten, Investitionen getätigt oder Kunden mit Waren beliefert werden. Im Rahmen einer Gesamtkonzernsteuer würden die Steueroasen leer ausgehen. Wo es keinen Umsatz, kein Personal und keine Investitionen gibt, da gibt es auch keine wirtschaftlichen Aktivitäten – und da können auch keine Gewinne erwirtschaften werden – völlig unabhängig von der Zahl der Briefkästen. Auch das ist eine urdemokratische Frage: Wer in Deutschland bzw. in der EU Geschäfte macht, der soll dafür auch hier Steuern zahlen. Es wird also Zeit für einen Systemwechsel.

Eine Ergänzung

Natürlich sind die genannten fünf Punkt kein fertiges Steuersystem und sie beantworten auch nicht alle wichtigen Fragen. Ich halte sie aber für die zentralen Eckpunkte.

Siehe OECD/G20 2015: Base Erosion and Profit Shifting Project; Christian Aid 2008: Death and Taxes; Buck 2016: Deutschland als Eldorado der Geldwäsche

176 Im Englischen spricht man von Unitary Taxation, in den USA von Formulary Apportionment. Siehe dazu Picciotto 2012: Towards Unitary Taxation of Transnational Corporations; Hentschel 2017: Die Gesamtkonzernsteuer; Clausing 2014: Lessons for International Tax Reform; RSM Bird Cameron 2013: International Tax Wars?

So fordert die Regulierung der Märkte auch darüber hinaus immer wieder gezielte staatliche Eingriffe, wenn die Marktmechanismen versagen. Beispiele dafür sind die Finanztransaktionssteuer, Big-Data-Abgaben für die Nutzung von Userdaten oder Digitalsteuern, die LKW-Maut und die Konzessionsabgaben der Kommunen für die Energieversorgung. Auch die Debatte um das Für oder Wieder der Mehrwertsteuer kann ich hier in einem Buch über Demokratie nicht behandeln.[177] Denn natürlich muss auch die Mehrwertsteuer berücksichtigt werden, wenn die gesamte Verteilungswirkung des Steuersystems beurteilt werden soll.

Wie ein gutes Abgabensystem durchgesetzt werden kann

Der Dieselskandal und das Versagen der großen Koalition bei der Erbschaftssteuerreform haben den Eindruck verstärkt, dass ein faires, gerechtes und nachhaltiges Steuer- und Abgabensystem gegen die Lobbys der Wirtschaft und Finanzmärkte kaum noch durchgesetzt werden kann. Jeder Versuch einer Korrektur verfängt sich im Geäst des komplexen Systems und dem Aufschrei von Interessenverbänden und Opposition.

Dabei mangelt es nicht an Konzepten: Ein gutes Rentensystem, das von allen Einkommen finanziert wird, mit einer Basisrente und einem Anreiz zur Vorsorge für alle, findet man bei unseren Nachbarn Schweiz oder den Niederlanden. Ein Vorbild für starke Ökosteuern findet man in Dänemark. Andere Beispiele sind die Gesamtkonzernsteuer in Kanada, das duale Steuersystem in Schweden oder das leider abgeschaffte Rooseveltsche Einkommenssteuersystem in den USA (von 1935 bis 1980). Es mangelt also nicht an guten Modellen, sondern an Durchsetzungskraft.

Die zukünftige Demokratie braucht daher nicht neue Steuerkonzepte. Sie braucht ein Verfahren, das gewährleistet, dass das Urversprechen der Demokratie – die Gerechtigkeit – zumindest schrittweise verwirklicht wird. Sie braucht Instrumente, damit sich die Politik gegen die vielfältige Einflussnahme der Akteure aus der Wirtschaft durchsetzen kann. Oft wird dabei das Bild von bösartigen Wirtschaftsbossen und korrupten Politikern gezeichnet. Diese Sichtweise geht aber am Problem vorbei. Klarer wird das Problem, wenn bei Umfragen die große Mehrheit der Bürger, die eine radikale Umverteilung fordern, sich trotzdem im Konkre-

[177] Siehe dazu mein Buch „Von wegen alternativlos!“

ten gegen eine höhere Erbschaftssteuer für Unternehmensbesitzer aussprechen. Daraus spricht die Befürchtung um den Erhalt der Arbeitsplätze und des Wohlstandes in Deutschland. Natürlich glauben alle Beteiligten das Richtige zu tun. Die Wirtschaftsmanager, weil sie denken, dass niedrige Steuern gut für die Wirtschaft sind, die Politiker, weil sie sich für die Wirtschaft in ihrem Wahlkreis einsetzen, die Journalisten, weil sie die Argumente von Politik und Wirtschaft für plausibel halten und schließlich auch die meisten Wähler.

Selbst viele Menschen, die unser System für völlig ungerecht halten, stimmen im Zweifelsfall gegen die Steuererhöhung für „ihre" Firma. So wurde mir von Freunden berichtet, dass viele Menschen in Südostniedersachsen nicht über den Dieselskandal empört waren, sondern dahinter einen Anschlag auf VW vermuteten. Denn sie wissen, dass der Lebensstandard der gesamten Region direkt oder indirekt von VW abhängt.

Bei dem folgenden Vorschlag greife ich deshalb eine Erkenntnis auf, die der US-Präsident Franklin D. Roosevelt aus der Krise von 1929 und ihrer Bewältigung gewonnen hatte.[178] Damit es nicht wieder zu grundlegenden Fehlentscheidungen kommt, die die damalige Krise verursacht und anfänglich eine konsequente Reaktion verhindert hatten, machte er zum Ende seiner Amtszeit einen bemerkenswerten Vorschlag: Er schlug vor, dass die Ziele seiner Sozial- und Arbeitsmarktpolitik, des „New Deal"[179], vom Kongress in die Verfassung festgeschrieben werden sollten. Damit wollte er vor allem die Sozialversicherungen in den USA absichern und die Arbeitsmarktpolitik als Priorität vor allen anderen Zielsetzungen der Wirtschaftspolitik festschreiben.

Im Januar 1944, ein Jahr vor Antritt seiner vierten Amtszeit, stellte Roosevelt diesen grundsätzlichen Gedanken als „Second Bill of Rights" in einer Rundfunkansprache vor. Er bezog sich damit auf die „Bill of Rights" – die ersten zehn Artikel in der US-Verfassung. Eine Verletzung dieser Grundrechte kann von jedem Amerikaner bis zum höchsten Gericht eingeklagt werden, sogar gegen den Kongress, wenn er ein Gesetz verabschiedet, dass der Bill of Rights widerspricht. Zu einer Verabschiedung

---

178 Elhardt 2018: USA: Vom Start der Demokratie zu ihrem Ende ...

179 Mit „New Deal" wurden die Sozial-, Arbeitsmarkt- und Steuergesetze bezeichnet, mit denen die Regierung Roosevelt erfolgreich die große Wirtschaftskrise von 1929 in den USA überwinden konnte und die nach dem Krieg die USA zum Wirtschafts-Wunderland und zur Vorbild-Demokratie machten.

des Vorschlages von Roosevelt kam es jedoch nicht mehr. Denn er starb im April 1945. Sein Nachfolger Präsident Truman griff das Thema nicht mehr auf.

Analog dazu könnte unser aktuelles Problem der Demokratie dadurch gelöst werden, dass die oben beschriebenen fünf Eckpunkte des Steuersystems einklagbar in die Verfassung aufgenommen werden: Die Deckung der Ausgaben, der Vorrang der Dezentralisierung (Subsidiaritätsprinzip), eine allgemein akzeptierte Einkommens- und Vermögensverteilung, das Verursacherprinzip und die Gesamtkonzernsteuer. Nach allem was wir wissen, dürften diese Ziele von einer großen Mehrheit der Bevölkerung unterstützt werden. Sollte es gelingen, einen bundesweiten Volksentscheid in Deutschland durchzusetzen, dann könnten diese Ziele auf diese Weise in der Verfassung verankert werden.

Ein Gini-Index als Zielvorgabe und eine Kontrollkommission

Allerdings bereitet die Formulierung zur Einkommens- und Vermögensverteilung Schwierigkeiten. Was bedeutet „allgemein akzeptiert“? Wie soll das konkretisiert und wie überprüft werden? Diese Fragen sind von zentraler Bedeutung, weil jede konkrete Gesetzesvorlage, die eine erhebliche Umverteilung von Einkommen und Vermögen zur Folge hat, auf massiven Widerstand der betroffenen Kreise stoßen wird. Zugleich entscheidet sich bei der Verteilungsfrage unmittelbar, ob die Politik das Versprechen der Demokratie einlösen kann.

Um dieses Problem zu lösen, gibt es einen einfachen Vorschlag: Sowohl für die Einkommensverteilung wie auch für die Vermögensverteilung sollte eine konkrete Zielvorgabe in die Verfassung geschrieben werden. Als Maßstab für die Ungleichheit könnte zum Beispiel der schon erwähnte Gini-Index gewählt werden.[180] Die Zielvorgabe könnte man sich zunächst an der Vermögens- und Einkommensverteilung von 1980 orientieren. Das wäre ein realistischer Wert, aber eben doch eine engagierte Vorgabe. Bei der Einkommensverteilung sollten nicht nur alle Nettoeinkommen einschließlich der Transferzahlungen wie Kindergeld und

---

180 Der Gini-Index ist das am häufigsten verwendete Verteilungsmaß. Es gibt allerdings auch andere Indizes mit unterschiedlichen Vor- und Nachteilen. Da diese aber alle stark korrelieren, gehe ich hier nicht auf Details ein.

Arbeitslosengeld berücksichtigt werden, sondern auch alle Dienstleistungen, die der Staat kostenlos bereitstellt (wie die Schulen) oder bezuschusst (wie den öffentlichen Verkehr, die Kindergärten oder die Pflegeeinrichtungen). Es sollte also ein Index gewählt werden, der alle öffentlichen Leistungen mit einbezieht, der also die oben dargestellten Gedanken von Sen und Nussbaum – den Capability Approach – berücksichtigt.

Es reicht aber nicht aus, diese Ziele in die Verfassung zu schreiben – auch nicht, wenn sie einklagbar sind. Vielmehr sollte zusätzlich ein politischer Mechanismus implementiert werden, der die Umsetzung dieser Ziele im Rahmen der Gesetzgebung möglichst automatisch gewährleistet.

Zu diesem Zweck könnte eine unabhängige Kontrollkommission eingerichtet werden. Sie sollte die Aufgabe bekommen, jährlich die reale Entwicklung in Hinblick auf die fünf beschriebenen Verfassungsziele zu evaluieren. Um die Unabhängigkeit der Kommission zu gewährleisten, könnte sie sich zum Beispiel aus Vertretern von Sozialverbänden, Gewerkschaften, Wirtschaftsverbänden, Umweltverbänden, Religionsgemeinschaften und Wissenschaftlern zusammensetzen. Die einschlägigen vorschlagsberechtigten Verbände werden vom Parlament im Einrichtungsgesetz festgeschrieben. Die Verbände sollten aber bei der Benennung der Personen in der Kommission frei sein.

Als Ergebnis sollte die Kommission einen jährlichen Bericht veröffentlichen, in dem dargestellt wird, ob und wie sich die Realität auf die fünf Verfassungsziele zubewegt. Sollte das nicht der Fall sein, also die Situation sich verschlechtern oder auf einem nicht akzeptablen Stand stagnieren, dann sollten in einem zweiten Teil des Berichtes Vorschläge für eine geeignete Novellierung des Steuer- und Abgabensystems gemacht werden. Dabei kann es um Änderungen der Systematik – aber auch um die Höhe der Steuern bzw. Abgaben gehen.

Der große Vorteil dieses Mechanismus besteht darin, dass es nicht mehr darum geht, „ob" die Steuersätze angehoben oder bestimmte Ökosteuern eingeführt werden. Auf Basis der Zielvorgaben in der Verfassung geht es nur noch um das „wie". Wer gegen eine Vermögenssteuer ist, müsste dann eine andere Maßnahme vorschlagen. Das schränkt die Lobbyarbeit auf konkrete Alternativvorschläge ein. Die Regierung steht nicht am Pranger der Unternehmerverbände oder des Steuerzahlerbundes, wenn sie die Vorschläge der Kommission übernimmt.

Das Interessante an dem Vorschlag besteht auch darin, dass er sehr pragmatisch klingt. Wer will sich schon gegen Ziele für ein gerechtes

Steuer- und Abgabensystem stellen? In der Praxis könnte der Vorschlag jedoch geradezu revolutionär wirken. Denn ohne einen solchen Vorschlag dürften kaum wesentliche Änderungen in den kommenden Jahren möglich sein. Und das bedeutet, dass die Spaltung zwischen Reich und Arm weiter fortschreiten würde, der soziale Zusammenhang immer mehr verloren geht und die Demokratie noch mehr an Vertrauen verlieren würde.

> **Fazit**:
>
> Ein von den Bürgern als gerecht und fair beurteiltes Steuersystem ist einer der wichtigsten Bausteine für eine Demokratie. Dies kann nur erreicht werden, wenn die Gesellschaft sich über die Ziele der Steuerpolitik verständigt und diese in die Verfassung schreibt, damit diese dann von der Politik gegen Partikularinteressen verbindlich umgesetzt werden können und müssen.

„Die EU war ein Versprechen, dass es den meisten besser gehen würde. ... Viele Menschen fühlen sich deklassiert, ausgeschlossen und nicht ernst genommen.“ (Christian Kern, Ex-Bundeskanzler von Österreich)[181]

„Europa ist für mich die letzte große Utopie. Es ist eine Utopie. Es ist keine Selbstverständlichkeit.“ (Daniel Cohn-Bendit)[182]

Kapitel 7

Aufbruch für ein neues Europa

Was ist schiefgelaufen? – Der Bürgerkonvent – Ein vielfältiges und dezentrales Europa – Die Regionen und die Finanzverfassung – Eine Verfassung neuen Typs – Der europäische Traum

Ende November 2017 wurde der bis dahin völlig unbekannte deutsche Landwirtschaftsminister Christian Schmidt endlich berühmt. Er ließ zu, dass einer seiner Beamten in der EU dafür stimmte, dass das Pflanzenschutzmittel Glyphosat weiter benutzt werden darf. Damit brach er ohne Absprache den Koalitionsvertrag und ignorierte die Weisung von Kanzlerin Merkel.

Es gibt sehr gute Gründe, sich über diese Entscheidung zu empören. „Glyphosat ist wahrscheinlich krebserregend“ – so lautete 2015 das Urteil der IARC, einer Kommission der Weltgesundheitsorganisation. In den USA klagen mittlerweile 3.500 Menschen – meist Krebskranke – in einer Sammelklage gegen Monsanto. Aber egal, wie man dazu steht: Es geht mir an dieser Stelle nicht um den Minister Schmidt und seine Entscheidung, sondern um die Funktionsweise der Europäische Union.

Denn der Vorfall ist bezeichnend. Da hebt ein unbekannter Beamter in einem Gremium der EU an der falschen Stelle seine Hand, und anschließend ist eine Entscheidung getroffen worden, die nicht mehr zu ändern

---

[181] Huffington Post 2016: Die große Enttäuschung

[182] Siehe Heinrich Böll Stiftung Bremen 2016: Welt in Scherben

ist. Obwohl ganz Deutschland über diesen Vorgang tobt und Merkel ihren Minister öffentlich rügt, kann sie die Entscheidung nicht mehr korrigieren. Sein Parteichef Seehofer klatscht leise Beifall. Der Bauernverband jubelt natürlich – ebenfalls leise. So funktioniert die EU. Formal ist die EU beinahe eine Art Demokratie, mit einem Parlament, einer Art Regierung (der Kommission) und einer Art Bundesrat (dem Europäischen Rat). Tatsächlich aber ist die EU immer noch ein vorsintflutliches Gebilde, ein komplexes Vertragswerk, wo nicht die gewählten Europäer in Brüssel den Ton angeben, sondern Nationalpolitiker, die sich zu Hause damit brüsten, welche schlimmen Dinge sie in Europa angeblich gerade wieder verhindert haben.

Was ist schiefgelaufen?

Lange Zeit erschien wenigstens unser Europa eine Oase der Vernunft zu sein. Nach dem Wahnsinn der Weltkriege, in denen Europas Mächte mit Deutschland an der Spitze die ganze Welt reingerissen hatten, kam Europa zur Besinnung und beschloss zusammenzuarbeiten. Die EU brachte Frieden – zumindest für die, die Mitglied wurden. Nach tausend Jahren unentwegter Kriege freundeten sich alte Feinde wie Deutschland und Frankreich an. Spanien, Griechenland und Portugal wurden demokratisch, weil die Menschen in die EU wollten. Und nach dem Fall der Mauer geschah in Osteuropa das Gleiche. Blutige Konflikte in Nordirland, in Südtirol oder im Baskenland wurden zunehmend anachronistisch, da eh niemand aus der EU raus wollte. Eine Generation junger Europäer wuchs heran, für die Grenzen ein Relikt einer fernen Vergangenheit zu sein schienen. Und nun? Nun kamen die Flüchtlinge. Nun kamen die Terroranschläge in Frankreich. Dänemark führte wieder Grenzkontrollen ein. In Polen, Ungarn und Tschechien kommen Nationalisten an die Macht, die demokratische Standards unter dem Jubel ihrer Anhänger abbauen. Polen kastriert sogar sein Verfassungsgericht. Und dann kam auch noch der Brexit. Ist der „europäische Traum", wie Jeremy Rifkin[183] die Vision der EU nannte, zu Ende? Was ist der Grund dafür, dass die EU so sehr in Verruf geraten ist?

Das größte Problem besteht darin, dass sie nicht wirklich demokratisch verfasst ist. Das wichtigste Entscheidungsgremium ist nicht das Parla-

183 Jeremy Rifkin sah in Europa ein Modell für das Zusammenwachsen der Welt. Siehe: Rifkin 2004: Der europäische Traum

ment – trotz seiner deutlichen Aufwertung im Lissabon-Vertrag – sondern immer noch der Ministerrat[184]. Dieser ist nicht repräsentativ zusammengesetzt und muss in zentralen Fragen wie Finanzpolitik oder Außenpolitik einstimmig entscheiden. Vor allem aber sitzen im Ministerrat keine gewählten Abgeordneten, die sich für Europa verantwortlich fühlen und sich gegenüber der europäischen Öffentlichkeit rechtfertigen müssen, sondern Minister nationaler Regierungen. Das Ergebnis sind dann häufig Deals, die niemanden befriedigen, durchgesetzt durch Druck der großen Geldgeber – insbesondere Deutschland und Frankreich.

Ein zweites großes Problem besteht in der Dominanz der Wettbewerbspolitik. Mit erstaunlicher Energie wurden die Märkte geöffnet. Aber der Ordnungsrahmen, den man für freie Märkte benötigt, wurde oft sträflich vernachlässigt. So wurden Autoabgase unzureichend kontrolliert und es kam zum VW-Skandal um Dieselmotoren. So wurden die Arbeitsmärkte geöffnet und es kam zum Verleih von Billigarbeitskräften aus Osteuropa. Und die Öffnung des Marktes ohne einheitliche Steuern machte Europa zum Vorreiter im internationalen Wettbewerb um niedrigere Steuersätze. Es ist ein Witz, wenn die EU wieder mal eine schwarze Liste der Steueroasen wie Panama oder Singapur erstellt, aber viele der wichtigsten Steueroasen gehören zur EU und tauchen nicht auf: Irland, Niederlande, Luxemburg oder die britischen Bermudas und das niederländische Curaçao.

Auch der Euro leidet an fehlenden Regeln. Deshalb kam es in Folge der Finanzkrise zu starken Verwerfungen. Da Deutschland in besonderer Weise von der Öffnung der Märkte profitiert hat, entstand der Eindruck, dass Deutschland die EU zu sehr dominiert. Kein Wunder, dass das nationale Gegenreaktionen hervorrief. Das schädigt das Ansehen der EU und auch das von Deutschland und erschwert eine proeuropäische Politik in vielen Ländern.

Das Misstrauen wird zusätzlich verstärkt, weil die Welt und auch die Länder in Europa weiter auseinanderdriften. Die Spaltung in Armut und Reichtum nimmt im neuen Jahrtausend rapide zu. Und die EU erweist sich demgegenüber nicht als handlungsfähig. Und trotzdem besitzt die EU immer noch eine hohe Attraktion: Fast alle Nachbarländer und insbesondere deren Menschen möchten rein: Weil sie friedlich unter ihrem Schutzschild leben wollen, weil sie dann von den Förderfonds etwas abbekommen und vor allem wollen die Menschen die Freizügigkeit!

---

184 Genauer muss man hier von Ministerräten sprechen, die in verschiedenen Zusammensetzungen als Fachministerräte tagen, und dem Europäischen Rat als Koordinationsgremium der Regierungschefs.

Ein Neuanfang für Europa - ein Bürgerkonvent

Der Befund ist eindeutig – die EU ist in der Krise. Was aber ist die Alternative? Diese Frage habe ich in den letzten Jahren mit einer Reihe von Experten – so im Arbeitskreis Europa von Mehr Demokratie e. V. – intensiv diskutiert. Daraus sind die folgenden Überlegungen und Vorschläge entstanden. Die zentrale Überlegung lautete: Wenn die Ursache der Probleme in der Konkurrenz der Nationalstaaten zu finden ist, dann kann die Lösung nicht in einer Renationalisierung gefunden werden. Umgekehrt wird ein Schuh daraus. Wir brauchen nicht weniger Europa, sondern ein besseres Europa. Europa muss demokratischer, es muss handlungsfähiger, aber es muss zugleich auch dezentraler und es muss solidarischer und ökologischer werden.

Mittlerweile hat die Debatte an Fahrt gewonnen – aber leider nicht an Klarheit. Macron wurde mit einem Pro-Europa-Programm zum französischen Präsidenten gewählt. Der Kommissionspräsident Juncker hat Anfang 2017 gleich fünf mögliche Szenarien vorgelegt. Gleichzeitig jedoch wird die Idee einer stärkeren Integration hin zu einem Nationalstaat Europa weiterhin von der Mehrheit der Bürger der EU abgelehnt.[185]

In dieser Situation gewinnen Gedanken wie die von Armin Steuernagel[186] an Bedeutung. Ihn beschäftigt nicht die Frage, wie die zukünftige Verfasstheit Europas aussehen soll. Ihn interessiert viel mehr der Weg, auf dem wir zu einer Verfassung kommen können, die von möglichst vielen Menschen Europas akzeptiert wird. Seine Kernthese lautet: Bei der Erstellung der neuen europäischen Verfassung kommt es nicht nur darauf an, was drinsteht, sondern entscheidend wird auch sein, ob und wie es gelingt, die Bürger dabei von Angang bis Ende zu beteiligen. Sie müssen das Gefühl bekommen, dass das „ihre“ Verfassung ist – er nennt das „Emotional Ownership“.

Dabei geht es ihm nicht nur um Akzeptanz – also darum, dass eine erneute Pleite wie nach dem letzten EU-Verfassungskonvent vermieden wird. Damals wurde die Verfassung in Volksabstimmungen in Frankreich und den Niederlanden abgelehnt. Er glaubt vielmehr, dass auf diese Weise auch eine völlig andere Verfassung entstehen wird. Die Verfassung, die von dem letzten Verfassungskonvent 2003 vorgelegt wurde, hatte 448 Artikel und war nicht dafür gedacht, dass die Wähler (sprich: normale

---

[185] Raines/Goodwin/Cutts 2017: Europa – ziehen wir (noch) an einem Strang?

[186] Armin Steuernagel 2017: Emotional Ownership

Menschen) sie verstehen und lesen. Im Bewusstsein des Konvents ging es viel eher darum, eine Verfassung zu schreiben, die vom Europäischen Rat – also den Regierungen der Nationalstaaten – gebilligt werden sollte. So war es kein Wunder, dass sie – nachdem sie in Volksentscheiden abgelehnt wurde – einfach durch Ratsbeschluss in Kraft gesetzt wurde. Das Volk wurde einfach übergangen.

Diesmal muss deshalb von Anfang an klar sein, dass am Schluss alle Menschen über diese Verfassung abstimmen werden.[187] Am besten sollte die Einberufung des Konvents bereits in einer europaweiten Abstimmung beschlossen werden.[188] Und auf jeden Fall sollte der Konvent direkt von den Bürgern gewählt werden. Denn nur ein von den Bürgern gewählter Konvent – ein echter Bürgerkonvent – wird die Kraft haben, sich im Zweifelsfall gegen Bedenken und Blockaden aus allen politischen Richtungen hinwegzusetzen und eine echte europäische Verfassung zu schaffen.

Damit sich keine der kleinen Nationen untergebuttert fühlen kann, sollte der Konvent aus zwei Hälften bestehen: Eine Bürgerkammer und eine Staatenkammer. Die Bürgerkammer würde aus repräsentativ gewählten Mitgliedern bestehen. Jedes Land wählt entsprechend seiner Einwohnerzahl Konventmitglieder – aber mindestens ein Mitglied, damit auch die Kleinststaaten Malta, Luxemburg und Zypern vertreten sind. In der zweiten Kammer, der Staatenkammer, sind dagegen alle Staaten gleich vertreten. Das ist wichtig, denn am Schluss soll ja eine Verfassung geschaffen werden, die möglichst in allen Ländern die Mehrheit bekommt.

Nun ist Europa aber viel größer als die heutige EU. Von den 50 Staaten, die ganz oder teilweise[189] in Europa liegen, sind 28 Mitglieder der EU. Weitere achtzehn Staaten sind bereits per Vertrag wirtschaftlich mit der EU verbunden und daher von den Entscheidungen der EU direkt betroffen. Und bis auf drei sind alle Mitglied im Europarat.[190] Deswegen macht

---

[187] Der Artikel 48 des Lissabon-Vertrages enthält bereits die Verpflichtung, bei ordentlichen Vertragsveränderungen einen Konvent abzuhalten. Eine Volksabstimmung ist aber noch nicht vorgesehen.

[188] Detaillierte Vorschläge zur Einberufung und Arbeitsweise des Konvents siehe Mehr Demokratie e. V. 2017: Für einen europäischen Bürgerkonvent.

[189] Russland, Kasachstan und die Türkei liegen teilweise in Europa und teilweise in Asien.

[190] Vatikan, Kosovo und Weißrussland sind aus unterschiedlichen Gründen nicht Mitglied im Europarat.

es Sinn, dass alle Staaten Europas das Recht haben, Mitglieder in den Verfassungskonvent zu entsenden. Die Konventmitglieder aus Nicht-EU-Staaten wären natürlich nur beratend dabei und können Ihr Votum getrennt abgeben. So ähnlich wurde es bereits beim Verfassungskonvent 2002/2003 gehandhabt.

Bürgerbeteiligung und Volksabstimmung

1999 beschloss der Kanton Zürich, nach hundert Jahren eine neue Verfassung zu erstellen. Dazu wurde ein Konvent gewählt, für den kein mandatierter Politiker kandidieren durfte. Dieser Konvent organisierte intensive Konsultationen mit der Bevölkerung. Fast 3000 Stellungnahmen wurden von Bürgern und Institutionen abgegeben. Nach fünf Jahren Beratung wurde der fertige Entwurf vorgelegt. An einigen Stellen wurden mehrere Alternativen zur Abstimmung gestellt. 62,2 Prozent der Bürger stimmten schließlich zu.

Wie könnte ein solcher Prozess in der EU aussehen? Aufgabe des Bürgerkonvents soll es sein, eine neue Verfassung zu erarbeiten, die dann allen Bürgern Europas zur Abstimmung vorgelegt wird. Dieser Entwurf muss in beiden Hälften (also Bürgerkammer und Staatenkammer) des Bürgerkonvents eine Mehrheit bekommen. Da aber anschließend eine Volksabstimmung in allen Staaten stattfindet, gibt es auf den Konvent sowieso einen hohen Druck, Konsense zu finden, die möglichst in allen Staaten mehrheitsfähig sind. Knappe Kampfabstimmungen würden das nur erschweren.

Wie in Zürich könnte der Verfassungsentwurf an einigen strittigen Stellen auch Alternativen vorsehen, über die dann ebenfalls abgestimmt werden kann. Wenn es mehrere Alternativen für einen Paragrafen gibt, dann könnte man sogar Präferenzen vergeben – so wird es heute in Schweiz bereits gehandhabt.

Im Februar 2017 gab sich die Hauptstadt Mexico City mit zehn Millionen Einwohnern eine eigene Verfassung. Was einmalig und neu war, war die Bürgerbeteiligung. Am Schluss hatten zehntausende von Bürgern mit Stellungnahmen, Petitionen, Alternativvorschlägen, Befragungen und in öffentlichen Foren mitgearbeitet. Mexico City wurde nun der 32. Bundesstaat von Mexiko. Auch für die Verfassung der EU wird es entscheidend sein, ob es tatsächlich gelingt, eine solche intensive Debatte in ganz Europa zu organisieren. Denn der Bürgerkonvent wird nur erfolgreich sein, wenn er sich von Anfang an als Konvent der Bürger versteht.

Eine Idee aus Mexiko sieht vor, dass die Bürger Änderungsvorschläge online einbringen können und dass dazu online Unterschriften gesammelt werden können – auch über andere Plattformen. In Europa könnte man dies so handhaben: Wenn für einen Vorschlag über 100.000 Unterschriften zustande kommen, dann muss er öffentlich behandelt und den Initiatoren die Möglichkeit der Präsentation des Vorschlages im Konvent gegeben werden. Gelingt es aber, eine Million Unterzeichner zu gewinnen, dann sollte der Vorschlag als Alternative in der Endabstimmung zur Abstimmung gebracht werden – es sei denn, der Konvent übernimmt den Vorschlag oder es kommt zu einem Kompromiss.

Das Schlusswort über die Verfassung sollten natürlich alle Bürger der Union haben – und nicht die Regierungen oder die Parlamente! Deshalb soll es am Schluss eine Volksabstimmung geben, die in allen Mitgliedsländern am gleichen Tag stattfindet. Auch Nicht-EU-Länder können an der Abstimmung teilnehmen, auch wenn ihre Ergebnisse nicht zum Gesamtergebnis zählen. Diese sind dann ein Votum darüber, ob die Menschen dieses Landes die Verfassung gut finden und einen Beitritt befürworten.

Wichtig ist: Die Verfassung braucht eine doppelte Mehrheit. Eine Mehrheit der Bürger und eine Zweidrittelmehrheit der Staaten – dann tritt sie in Kraft. Dann könnte es am Schluss so ausgehen, wie 1787 bei der Verabschiedung der Verfassung der USA. Damals wollten viele Regierungen der dreizehn Ex-Kolonien partout keine Zentralregierung. Aber der Konvent setzt eine Volksabstimmung durch. Als neun Kolonien die Verfassung verabschiedet hatten, trat sie in Kraft. Und am Schluss stimmten die Menschen in allen dreizehn Kolonien zu und traten der USA bei. Hätte man bis zuletzt auf die politische Klasse der Teilstaaten gehört, hätte es noch ewig dauern können.[191]

Häufig wird mir in Diskussionen gesagt, dass dann viele EU-Staaten wie Ungarn, Polen oder Griechenland, oder auch Dänemark nicht dafür

---

[191] Bei der Verabschiedung der Verfassung der USA 1787 trat diese nach Ratifizierung durch Volksabstimmungen in neun von dreizehn Staaten in Kraft. Die anderen Staaten traten teilweise erst Jahre später bei. Durch ein solches Verfahren haben Staaten, die dagegen votieren, kein Veto – was für die Abstimmung ein wichtiges Argument sein kann.

stimmen würden. Ich bin jedoch überzeugt davon, dass die Attraktion der EU überwiegen wird. Die Menschen werden angesichts der Alternative Mitglied der neuen EU zu werden oder nicht dafür stimmen. Dafür gibt es vier Gründe:

- Die Menschen wollen die Freizügigkeit behalten.
- Die Menschen wollen Sicherheit – gerade für die Osteuropäer bedeutet die EU Schutz vor Russland.
- Große Teile des ländlichen Raums profitieren von den Förderprogrammen und Agrarprogrammen der EU, gerade in Polen, Ungarn oder Griechenland.
- Die wirtschaftlich stärkeren Staaten profitieren vom Binnenmarkt.

Deshalb glaube ich, dass am Schluss die Völker für Europa stimmen werden. Insbesondere wenn ein Bürgerkonvent eine neue Verfassung vorlegt und es nicht darum geht, Ärger an der eigenen Regierung abzulassen. Und selbst wenn ein Land gegen die Verfassung votiert, tritt die Verfassung in Kraft und das Land kann in einer weiteren Abstimmung noch mal darüber entscheiden, ob es Mitglied wird bzw. bleibt.

Ein vielfältiges und dezentrales Europa

Wie aber sollte die neue Verfassung aussehen? Oder besser formuliert: Wie soll das neue Europa aussehen? Soll Europa ein Zentralstaat werden in der Tradition der französischen Republik – wie es so manche Europabegeisterte mit großer Emphase an die Wand werfen?

Ganz sicher nicht! Das künftige Europa muss sehr unterschiedlichen Erwartungen gerecht werden. Einerseits sollte es handlungsfähig genug sein, um notwendige Regulierungen auch gegen Wirtschaftsverbände, gegen die großen Banken und andere mächtige Interessengruppen durchzusetzen. Aber Handlungsfähigkeit bedeutet nicht, dass alles in Brüssel entschieden werden muss. Denn wir haben auch gelernt, dass Demokratie von unten wächst: Aus den Kommunen und Regionen, wo die Menschen viel eher Vertrauen zu ihren Repräsentanten fassen. Das nennt man Subsidiarität – ich nenne es jedoch lieber Dezentralisierung.

Es ist übrigens kein Zufall, wenn mir dabei immer die Schweiz in den Kopf kommt. Denn die Schweizer standen vor über 150 Jahren in einer ähnlichen Situation. 1848 wurde aus 25 eigenständigen „Staaten" ein gemeinsames Gebilde geschaffen – aber auf keinen Fall ein „Staat" – also eher eine Art “Nichtstaat“. Damals bestand die Schweiz aus drei Monarchien, sechs Landsgemeinden (mit einer direkten Demokratie der Grundbesitzer), sieben Patriziaten (Adelsherrschaft – vor allem in einigen Städten), vier Zunftverfassungen (Herrschaft der selbstständigen Handwerker), zwei Föderationen (bestehend aus mehreren autonomen Gemeinden) und einer Reihe von Untertanengebieten (von Städten fremdregiert ohne eigene Rechte). Dazu gab es vier verschiedene Sprachen und zwei Religionen, die sich ungefähr so hassten wie heute Juden und Moslems. Es ist geradezu ein Wunder, dass diese autonomen Kantone sich zusammentaten und einen gemeinsamen Staat bildeten. Noch erstaunlicher finde ich, dass die Verfassung dieses „Nichtstaats“ vorsah, dass alle Männer – auch einfache Arbeiter und Dienstboten – das Stimmrecht bekamen. Das war ein Novum in der Weltgeschichte.

Heute kommt uns das alles in Bezug auf Europa sehr vertraut vor. Auch das neue Europa kann kein Nationalstaat werden. Ein solches Gebilde wie die EU, mit heute schon über dreißig Völkern, noch mehr Kulturen, über 170 Sprachen und zahlreichen Religionen und Weltanschauungen muss dezentral von unten nach oben aufgebaut sein. Und das bedeutet, dass die Kompetenzen so weit wie möglich unten angesiedelt werden müssen. Für alles, was in den Kommunen, Städten oder Regionen geregelt werden kann, sollten diese die Zuständigkeit haben.

Die Professoren Eichenberger und Stadelmann halten Dezentralisierung und Bürgerbeteiligung auch für das wirksamste Mittel gegen Korruption.[192] In vielen EU-Staaten fließt das gesamte Steueraufkommen zuerst in die Hauptstadt, von wo es dann in einem undurchschaubaren Verfahren zum Teil zurück in die Regionen und Kommunen fließt. Dagegen empfehlen die beiden a) Direkte Demokratie; b) Dezentralisierung und c) Einbau von weiteren Informations- und Kontrollmechanismen in die politischen Strukturen.

Wie kann das erreicht werden? Dazu müssen die Kompetenzen der EU-Ebene in der Verfassung in einem Kompetenzkatalog festgelegt werden. Dabei sollten „geteilte Zuständigkeiten“ so weit wie möglich vermieden werden, damit die Wähler bei den Wahlen wissen, welche Ebene für welche Politik zuständig ist: Für soziale Einrichtungen die Städte und Kommunen, für Wirtschaftsförderung und Umweltschutz die Regionen, für die Strafgesetze die Nationalstaaten und so weiter. Das bedeutet, die

---

[192] Eichenberger/Stadelmann 2017: Wie die EU stärker wird

europäische Ebene sollte nur vergleichsweise wenige Kompetenzen haben. So zum Beispiel Außenpolitik, die Regulierung und Besteuerung von internationalen Konzernen und Banken und natürlich sollte sie für einen gerechten Finanzausgleich zuständig sein.

Wenn man aber die Regelungsdichte auf EU-Ebene drastisch reduzieren will, dann ergibt sich ein Problem: Heute gibt es zigtausende von Druckseiten voller Regulierungen in der EU. Die kann man nicht alle in die Verfassung schreiben. Wie aber kann die EU dann einheitliche Standards festlegen – z. B. für Mindeststeuern, für den Rechtsstaat, für den Verbraucherschutz, für den Sozialstaat und andere Bereiche – ohne für diese Fragen zuständig zu sein?

Auch hier kann die Schweiz ein Beispiel sein. Man kann die Grundprinzipien für die Politik in die Verfassung schreiben: Ein solches Prinzip könnte zum Beispiel lauten, dass es ein einheitliches Gesundheitssystem für alle geben muss. Dazu muss in Brüssel gar nichts geregelt werden. Und das Gesundheitssystem muss auch nicht verstaatlicht werden. Wie bisher kann es auch in der neuen EU eine Vielzahl von Lösungen geben. Aber das Prinzip „einheitliche Gesundheitsversorgung für alle“ gilt! Es sollte einklagbar in der Verfassung stehen. Und wenn eine Kommune, eine Region, oder ein Staat gegen solche Prinzipien verstößt – dann können diese zu erheblichen Strafzahlungen verdonnert werden.

Es gibt noch ein zweites Argument für dieses Konzept: Die Prinzipien der Politik können von den Bürgern der EU souverän bestimmt und verändert werden: Nämlich per Volksentscheid. So kann die EU ein sehr dezentrales Gebilde werden. Und sie kann trotzdem Standards setzen, die jeder EU-Bürger einklagen kann – ohne dass alles von der EU selbst geregelt und organisiert werden muss.

Die Regionen und die Finanzverfassung

Geld ist Macht! Für eine wirkliche Dezentralisierung reicht es deshalb nicht aus, wenn jede Ebene klar definierte eigene Aufgaben hat, für die sie allein verantwortlich ist. Vielmehr muss sie auch über die dafür nötigen Geldmittel verfügen. Kommunen und Regionen brauchen eine eigene Finanzhoheit, wie das in der Schweiz oder in Skandinavien die Praxis ist. Das deutsche System, wo jede untere Ebene am goldenen Zügel der oberen Ebene hängt, macht aus dem Föderalismus bzw. der Autonomie der Kommunen in der Realität eine Farce. Investitionen werden getätigt, nur um Fördergelder der EU, des Bundes und der Länder abzuschöpfen. Aufgaben werden vom Bund auf Länder oder Kommunen[193] übertragen, ohne die Finanzierung zu sichern. Bürger protestieren gegen unterfinanzierte Schulen vor Landesparlamenten, die keinen Einfluss auf die Höhe ihrer Steuereinnahmen haben. So kann der Steuerzahler kein Verantwortungsgefühl für das Gemeinwohl entwickeln, weil es für ihn nie nachvollziehbar wird, was seine Steuern bewirken.

Deshalb braucht Europa ein funktionierendes föderales System und ein dafür geeignetes Finanzsystem. Die Euro-Krise hat deutlich gemacht, dass eine gemeinsame Währung ohne einen Finanzausgleich nicht möglich ist. Bei einem offenen Markt und einer einheitlichen Währung würden sonst die wirtschaftlich schwächeren Regionen unweigerlich noch weiter zurückfallen. Denn die wirtschaftlich stärkeren Regionen profitieren vom offenen Markt und von der einheitlichen Währung am meisten. Ein wirksamer Finanzausgleich ist deshalb der Preis – aber auch das Herzstück – jedes föderalen Systems. Ohne Solidarität, ohne dass die reichen Regionen abgeben und die schwächeren unterstützen, können offene Grenzen und ein offener Arbeitsmarkt nicht funktionieren. Denn dann würden alle Menschen in die reichen Zentren strömen. Und das kann ja nicht das Ziel sein. Deshalb ist ein Finanzausgleich erforderlich, der gewährleistet, dass überall in der EU möglichst gleiche Lebenschancen gewährt werden. Und um die Regionen zu stärken, sollten die Empfänger des Finanzausgleichs nicht die Nationalstaaten, sondern die Regionen sein.

Heute verteilt die EU ein Großteil ihrer Mittel über zweckgebundene Förderprogramme, für die jeweils Förderanträge gestellt werden müssen. Damit das Geld nicht in falsche Kanäle fließt, wird eine exzessive Bürokratie beschäftigt, die kontrolliert, ob alles in Ordnung ist und die Förderkriterien eingehalten werden. Wenn wir eine wirkliche Dezentralisierung wollen, dann muss dieses Fördersystem weitgehend abgeschafft werden und durch einen echten Finanzausgleich ersetzt werden. Der Finanzausgleich sollte zum Ziel haben, dass die Kommunen bzw. Regionen bei einem durchschnittlichen Steuersatz (den sie selbst gerne variieren können – siehe dazu Kapitel 3) gleiche Lebensqualität gewährleisten

---

[193] Die Übertragung von Aufgaben vom Bund auf die Kommunen ist seit der 2. Föderalismuskommission nicht mehr erlaubt. Statt dessen werden Aufgaben auf die Länder übertragen, die sie dann ggf. an die Kommunen weiterreichen.

können. Das bedeutet, dass Regionen mit großen Problemen – also vielen Arbeitslosen, vielen alten Menschen, vielen Kindern oder sonstigen ungünstigen Bedingungen wie Bergtäler, Inseln, Wüsten, Polargebiete usw. – entsprechend mehr Mittel zur Verfügung haben müssen, um gegensteuern zu können.

Gegen einen solchen Finanzausgleich wird eingewandt, dass dann in Regionen mit mafiösen Strukturen das Geld missbraucht wird und nicht bei den Menschen ankommt. Deshalb sei die exzessive Kontrolle der Fördermittel durch die EU dringend geboten. Wer aber die Realität anschaut, der stellt fest, dass auch korrupte Eliten in Sizilien oder Bulgarien in der Lage sind, exzellente Förderanträge zu stellen. Um das zu verhindern, müssen wir die Demokratie vor Ort stärken. Ich vermute, dass die demokratische Debatte vor Ort viel besser funktioniert, wenn die Regionen das Geld, das sie brauchen, im Rahmen eines Finanzausgleichs bekommen und dann in den lokalen Parlamenten in Sofia oder Palermo über die Verwendung öffentlich diskutiert wird.

Damit das funktioniert, braucht die EU geeignete Strukturen. Ulrike Guérot hat in ihrem Buch „Warum Europa eine Republik werden muss“[194] eine solche Regionenbildung vorgeschlagen. Europa könnte in 50 bis 70 Regionen gegliedert werden. Während die 22 kleinen EU-Staaten eigene Regionen darstellen könnten, sollten die sechs großen Staaten (Spanien, Italien, Frankreich, Großbritannien, Deutschland und Polen) aus mehreren Regionen bestehen. Es könnten auch staatenübergreifende Regionen gebildet werden. Diese Regionen könnten zunächst drei Aufgaben haben:

[1] Die Regionen könnten die Wahlkreise bei der Wahl zum Senat des europäischen Parlamentes bilden (siehe weiter unten).

[2] Die Regionen sollten die Empfänger der Finanzausgleichsmittel der EU sein.

[3] Die Regionen benötigen eigenständige Parlamente, die über die Verwendung der Mittel entscheiden. Das können auch mehrere Parlamente in einer Region sein, wenn zum Beispiel im Falle von Deutschland mehrere Bundesländer eine Region bilden.

Zu guter Letzt braucht die EU eigene Finanzquellen. Dafür gibt es zwei schwerwiegende Gründe.

---

[194] Guérot 2016: Warum Europa eine Republik werden muss!

- Einmal: Das Haushaltsrecht ist das höchste Recht eines demokratisch gewählten Parlamentes. Das darf nicht vom Wohlwollen der Nationalstaaten abhängen.
- Zum Zweiten: Der Finanzausgleich innerhalb der EU muss durch Zuweisungen der EU aus eigenen Mitteln an die Regionen erfolgen. Das nennt man vertikalen Finanzausgleich. Ein horizontaler Finanzausgleich dagegen, bei dem ein Teil der Staaten Geld einzahlt, den die schwächeren bekommen, führt stets zu unseligen populistischen Neiddebatten, wie wir sie beim Brexit gerade erlebt haben. Ein solcher Zwist hat auch den Länderfinanzausgleich in Deutschland über Jahrzehnte geprägt – und wurde aus guten Gründen bei der 2017 beschlossenen Reform abgeschafft.

Welches sollten die eigenen Steuerquellen der EU sein? Die sogenannte „Monti-Gruppe" hat dazu im Auftrag der Kommission 2017 Vorschläge vorgelegt. Am besten wären eigene EU-Steuern wie eine Stromsteuer und eine CO_2-Steuer, um die Klimapolitik voranzutreiben. Ebenso denken sie an eine Bankenabgabe und die seit längerem diskutierte Finanztransaktionssteuer, um die Finanzmärkte endlich stärker an der Staatsfinanzierung zu beteiligen. Für denkbar halten sie auch eine europäische Mineralölsteuer, eine europäische Körperschaftssteuer und einen Anteil an der Mehrwertsteuer. Die Professoren Henrik Müller und Wolfram F. Richter von der Technischen Universität Dortmund schlagen vor, eine grundsätzliche Trennung vorzunehmen. Das mobile Kapital – also die Körperschaftssteuern – sollten von der EU erhoben werden, die Besteuerung der Arbeit soll weiter national bleiben.[195]

Eine Verfassung neuen Typs für ein demokratisches Europa

Die heutigen EU-Verträge bestehen aus drei Regelwerken: a) Die Grund- und Menschenrechte; b) die Definition der EU-Institutionen und deren Verfahrensweisen und c) unzählige Verträge, Vereinbarungen, Verordnungen, Richtlinien und weitere Rechtsakte in nahezu allen politischen Feldern. Insgesamt sollen das, so wurde mir vor einigen Jahren in Brüssel gesagt, über 30.000 Seiten sein.

---

[195] Müller/Richter 2017: Europa am Scheideweg

Eine neue Verfassung muss einfach und klar sein. Nur dann wird sie in einer Volksabstimmung in allen EU-Staaten erfolgreich bestätigt werden. Deshalb wird ein neuer Konvent mit Sicherheit nicht den Fehler des letzten Konvents wiederholen und versuchen, das gesamte Regelwerk der EU auf mehreren hundert Seiten abzubilden. Denn welcher Wähler würde sich das durchlesen? Aber ein kompletter Verzicht auf die Beschreibung dessen, was man von der EU an Politik erwartet, ist sicher auch nicht ratsam. Schließlich wollen die Menschen mehr Gerechtigkeit. Sie wollen wissen, worauf sie sich einlassen, wenn sie Rechte von ihren nationalen Parlamenten auf ein internationales europäisches Parlament übertragen.

Eine Lösung dieses Problems könnte eine knappe, konzentrierte Verfassung sein, die aus vier Teilen besteht:

1. Teil: Grund- und Menschenrechte

Dieser erste Teil der Verfassung bereitet die wenigsten Probleme. Grundlage können die Erklärungen und Verfassungen der heutigen EU, der UN, des Europarats und vieler Nationalstaaten sein. In dieser Hinsicht gilt die EU schon heute als vorbildlich. Aber alles kann noch besser gemacht werden!

Was auf jeden Fall hinzukommen sollte, ist ein originäres Bürgerrecht der EU. Das EU-Bürgerrecht muss künftig unmittelbar gelten – und zwar für den Wohnort, an dem man mit seinem ersten Wohnsitz gemeldet ist – es sei denn, man wohnt außerhalb der EU. Aus dem Bürgerrecht leiten sich alle Rechte ab – und zwar jeweils für den Nationalstaat, die Region und die Kommune, in der man wohnt. Man hat also dort das Wahlrecht, man wird dort versteuert und gehört dort ins Sozialsystem. Man ist eben EU-Bürger.

Neu formuliert werden muss auch der Umgang mit digitalen Daten. Ausgehend von einem Grundrecht auf informationelle Selbstbestimmung könnte eine neue Ordnung für die Verwendung von Daten geschaffen werden.

2. Teil: Die Organe der EU und ihre Regeln

In diesem Teil wird die Gewaltenteilung beschrieben – also die Funktionsweise der Organe der EU und ihre Regeln. Man nennt dies auch die horizontale Gewaltenteilung. Grundlegend sollte für jede künftige Demokratie sein, dass das letzte Wort über die Verfassung der Souverän hat.

Wir, die Bürger, sind die erste Gewalt im Staate, die konstitutive Gewalt, die in Form der Direkten Demokratie ausgeübt wird.

Darüberhinausgehend sollte geprüft werden, wie das klassische Modell der drei Gewalten 250 Jahre nach Montesquieu neu gestaltet werden kann, um den Herausforderungen der Transformation gewachsen zu sein. Die Frage stellt sich für die Konstituierung der EU um so dringlicher, weil damit erstmals eine Demokratie auf multinationaler Ebene gestaltet werden soll. Im folgenden Kapitel 8 wird dazu ein Vorschlag für ein neues Sieben-Gewalten-Modell diskutiert.

3. Teil: Aufgabenkatalog und Finanzverfassung

In diesem Abschnitt der Verfassung soll die vertikale Gewaltenteilung beschrieben werden – also die Gliederung der EU in Kommunen, Regionen, Nationalstaaten und die EU-Ebene. Für jede Ebene sollte in einem Aufgabenkatalog festgelegt werden, wofür sie zuständig ist. In diesen Teil gehören auch Regelungen zur internationalen Ordnung – die Anerkennung des Völkerrechts und die Rechtsstellung von internationalen Abkommen. Mittelfristig oder auch langfristig könnte die Ebene der Nationalstaaten sogar ganz überwunden werden, so dass die EU sich zu einer föderalen, stark dezentralen Republik entwickelt, die wieder dreistufig ist. In den kleinen EU-Staaten, die mit einer Region identisch wären, wäre dieser Übergang sowieso unproblematisch. Für die großen EU-Staaten stellte sich das sehr anders dar – da die Überwindung des Nationalstaates, der heute insbesondere der Träger des Rechtssystems und der Sozialsysteme ist, ein langfristiger Prozess sein wird.

Neben dem Aufgabenkatalog soll dieser Teil auch das Finanzsystem darstellen. Dazu gehören Regeln, welche Steuern auf welcher Ebene autonom erhoben werden dürfen. Natürlich sollte sich auch die EU durch eigene Steuern finanzieren. Weiterhin muss die Finanzverfassung festlegen, wie der künftige Finanzausgleich funktionieren und finanziert werden soll. Dazu habe ich weiter oben bereits einiges ausgeführt.

4. Teil: Prinzipien der europäischen Politik

Etwas Entsprechendes gibt es in der deutschen Verfassung nicht. Im Grundgesetz wird über die Inhalte und Ziele der Politik kaum etwas ausgesagt, das über die Grundrechte hinausgeht. Die einzigen Politikbereiche, die gesondert geregelt sind, sind die Bildungspolitik und die Verteidigungspolitik. Außerdem gibt es in dem Teil, der die Bundesverwaltung regelt, Aussagen zur Organisation des Verkehrswesens und der Telekommunikation.

Dagegen hat sich die Schweizer Verfassung völlig anders entwickelt. Sie enthält nämlich grundlegende Aussagen zu praktisch allen Politikbereichen wie Bildung, Forschung, Kultur, Umwelt, Verkehr, Energie, Kommunikation, Verbraucherschutz, Wirtschaft, Banken, Versicherungen, Geld, Landwirtschaft, Tierschutz, Arbeit, Soziale Sicherheit und Sozialversicherungen, Gesundheit, Zivilrecht, Strafrecht und vieles mehr. Die Ursache dafür liegt darin, dass für die meisten Politikbereiche nicht der Bund, sondern die Kantone und die Gemeinden zuständig sind. Die Schweiz ist eben sehr dezentral. Wenn also Schweizer Bürger ein Anliegen haben wie zum Beispiel den Tierschutz, dann können sie eine Volksinitiative starten, um einen entsprechenden Satz in die Verfassung zu schreiben. Die Politik wird weiter in den Kommunen und Kantonen gemacht. Aber der Bund macht die Vorgaben.

In ähnlicher Weise könnte man das Problem in Europa lösen. Eine radikale Dezentralisierung der EU würde verbunden sein mit der Aufnahme von einklagbaren Prinzipien der Politik in die Verfassung. All das muss dann nicht auf europäischer Ebene geregelt werden. Die Staaten, Regionen und Kommunen sind frei in der Gestaltung. Aber sie müssen die Politikziele einhalten – sonst können die Bürger gegen Gesetze, Verordnungen oder Satzungen klagen.

Überlegungen für die Prinzipien der europäischen Politik

Die folgenden Überlegungen für die Prinzipien der Politik in einer künftigen EU-Verfassung sind lediglich erste Ideen und Vorschläge – von Freunden, Mitstreitern, von mir. Sie sollen anregen. Was am Schluss tatsächlich in die Verfassung geschrieben wird, das entscheidet naturgemäß der Bürgerkonvent. Und letztlich werden darüber die Bürger aller europäischen Staaten abstimmen.

Um aber überhaupt zu einem Verfassungskonvent – einem Bürgerkonvent – zu kommen, brauchen wir eine breite internationale Bewegung in allen EU-Staaten. Und damit eine solche Bewegung erfolgreich sein kann, muss die Vision eines künftigen Europa konkret werden. Dazu müssen wir mehr thematisieren als demokratische Prinzipien. Wir brauchen dazu Umweltverbände, die für Klimaschutz und Naturschutz werben, Sozialverbände und Gewerkschaften, die für ein solidarisches Europa werben, Friedens- und entwicklungspolitische Initiativen, die für eine solidarische Außenpolitik werben, und so weiter.

Ich bin sicher, dass eine neue Verfassung für Europa nur dann die Zustimmung der Menschen finden wird, wenn sie klare Aussagen trifft, die ein soziales, nachhaltiges und friedliches Europa beschreiben. Und wenn die Idee realisiert wird, dass über einen Vorschlag, für den eine Million Unterschriften gesammelt werden, am Schluss mit abgestimmt werden muss, dann besteht eine hohe Wahrscheinlichkeit, dass viele dieser Forderungen vom Konvent übernommen werden oder gar bei der Abstimmung eine Mehrheit finden. In diesem Sinne sind auch die folgenden Stichpunkte zu verstehen:

Steuern

Im Bereich der Steuerpolitik könnten die Eckpunkte festgelegt werden, die ich bereits in Kapitel 6 dargestellt habe: Steuern und Abgaben sollten so gestaltet werden, dass Konzerne einheitlich besteuert werden, dass eine angemessene Einkommensverteilung und Vermögensverteilung angestrebt wird und dass Verursacher für die Folgen aufkommen. Natürlich wäre dann immer noch sehr viel Spielraum für kreative Gestaltungen in Kommunen, Regionen und Staaten vorhanden. Aber das bestehende Steuer- und Abgabensystem, das eine zunehmende Konzentration von Vermögen und Einkommen begünstigt, Kohlekraftwerke, Luftverkehr und Dieselfahrzeuge auch noch subventioniert, wäre dann vor Gericht beklagbar.

Wirtschaft

Im Bereich der Wirtschaftspolitik könnte die Gemeinwohlverpflichtung des Eigentums stärker betont werden und es könnte zur Aufgabe gemacht werden, kleine und mittlere Betriebe wirksam zu stützen und eine wirksame Konzentrationskontrolle sicherzustellen. Eine europäische Wirtschaftsordnung sollte kommunalen und gemeinwirtschaftlichen Unternehmensformen (Genossenschaften, gemeinnützige GmbHs, Non-Profit-Unternehmen, öffentlich-rechtliche Körperschaften) eine Sonderstellung einräumen. Dazu sollte auch über neue, passendere Rechtsformen nachgedacht werden. Dieser „dritte Sektor" hat Bedeutung für die Versorgung der Bürger mit öffentlichen Dienstleistungen, wo die Versorgung durch staatliche oder rein privatwirtschaftliche Organisationen nicht möglich oder wünschenswert ist. Ganz besonders gilt dies für die

Bereiche der kommunalen Daseinsvorsorge wie Pflegeheime und Kindergärten, aber auch für Einrichtungen im Bildungs- und Gesundheitsbereich (Schulen, Universitäten, Krankenhäuser).

Große Konzerne und systemrelevante Banken und Fonds sollten aufgelöst werden können. Alternativ müssen sie dem Gemeinwohl verpflichtet werden, was durch eine entsprechende Besetzung des Aufsichtsrats gewährleistet werden könnte.

Umwelt

Es sollte eine Klimaschutzpolitik gemäß dem 1,5-Grad-Ziel der Bonner Klimakonferenz als Ziel der EU festgeschrieben werden. Damit würden alle Subventionen, die diesen Zielen offen widersprechen, wie die Subventionierung von Kohle oder von Dieselöl, verfassungswidrig. Weiter könnte das Prinzip festgeschrieben werden, dass die Politik darauf hinwirken muss, dass keine Stoffe in die Natur gelangen, die nicht in angemessener Zeit natürlich abgebaut werden. Ob diese Vorgabe durch Pfand, durch Recycling oder Verbote erreicht wird, bleibt Sache der Gesetzgeber vor Ort. Geregelt werden könnte auch, dass ausreichende vernetzte Flächen unter Naturschutz gestellt werden müssen, um das Artensterben zu stoppen.[196] Das lässt viel Flexibilität zu, ermöglicht aber trotzdem viel wirksameres Handeln wie heute, wo die Unternehmensfreiheit und die Freiheit der Verfügung über das Eigentum immer noch vorrangige Werte sind, die ein Eingreifen schwierig machen.

Soziales

Im Bereich der Sozialpolitik könnten Prinzipien wie eine einheitliche Gesundheitsversorgung, eine existenzsichernde Basisrente für alle und eine Grundsicherung für Kinder verankert werden. Damit würde die Verfassung Mindeststandards beschreiben, die in vielen europäischen Ländern schon längst realisiert sind, aber zum Beispiel im wohlhabenden Deutschland noch nicht. Andere Prinzipien könnten Aussagen zur Pflege, zur Behindertenversorgung und zur Inklusion treffen. Auch hier gäbe es weitgehende Freiheit für die Nationalstaaten bzw. die Kommunen und Regionen, die Prinzipien umzusetzen. Aber die Erfüllung wäre einklagbar. So würde auch den vielen Forderungen, dass die EU sozialer werden muss, entsprochen, ohne dass eine Vereinheitlichung der Sozialsysteme

---

[196] Dazu gibt es bereits Regeln in der EU, die noch nicht ausreichend umgesetzt werden.

erforderlich ist und ohne dass die Dänen fürchten müssen, dass ihr vorbildliches Sozialsystem abgebaut wird.

Diese Debatte über Verfassungsziele ist auch in Deutschland nicht ganz neu. So schlug der TAZ-Korrespondent Christian Rath eine Reihe von Ergänzungen des Grundgesetzes vor, die teilweise bereits durch Entscheidungen des Bundesverfassungsgerichts nahe gelegt worden sind:[197] Dazu gehören die Sicherung des Existenzminimums und der Mieterschutz als Gegenstück zum Schutz des Eigentums. Solche Themen bieten sich als Verfassungsziele für eine neue EU-Verfassung geradezu an.

Bildung

Das Bildungskapitel könnte den kostenlosen Zugang zur Bildung von der Krippe bis zur Hochschule und die Chancengleichheit für alle Bürger im Bildungssystem festschreiben. Auch könnte die Gleichberechtigung von staatlichen und freien Schulen – sofern sie die gleichen Standards gewährleisten und für alle offen sind – festlegt werden.

Recht

Die Prinzipien für die Innen- und Rechtspolitik könnten auch neue Themen wie den Datenschutz, die Netzneutralität oder gar das Verbot der kostenlosen Nutzung von Daten formulieren.[198]

Außenpolitik

Ein neues Europa wird zwangsläufig eine neue Rolle in der Welt spielen – im positiven oder als neoimperialistische Macht im negativen Sinne. Deswegen sollte die Verfassung als Ziel der Außenpolitik die Förderung demokratischer, sozial gerechter und nachhaltiger Lebensverhältnisse in den Nachbarstaaten und in der ganzen Welt festlegen. Dazu gehören auch die schrittweise Demokratisierung der internationalen Organisationen und das Ziel der Weltdemokratie. Grundlage der internationalen Wirtschaftspolitik der EU sollten die UNO-Deklarationen sein. Staaten oder Konzerne, die gegen die Menschenrechte, Kinderrechte, Arbeitnehmerrechte, Umweltschutz, Klimaschutz, Meeresschutz usw. verstoßen, verschaffen sich dadurch unfaire Vorteile und sollen daher sanktioniert werden können. Zugleich sollte die EU sich als Friedensmacht definieren.

---

[197] Rath 2013: Der Schiedsrichterstaat

[198] Hier bin ich inspiriert von Jaron Lanier. Siehe Lanier 2013: Wem gehört die Zukunft?

Militärisches Engagement sollte stets an ein Mandat der UNO gebunden sein. In Kapitel 9 zur internationalen Ordnung und Außenpolitik werde ich auf diese Fragen zurückkommen.

Der europäische Traum

Vor einigen Jahren besuchte ich Narva, eine Stadt an der estnisch-russischen Grenze. Oben von der Burg Hermannsfeste hat man einen grandiosen Blick über den gleichnamigen Fluss Narva auf die alte russische Grenzfestung Iwangorod. Ein Mitglied unserer Reisegruppe erinnerte daran, dass bis vor wenigen Jahren unsere „Ostgrenze" die Stadtgrenze von Lübeck war. Heute stehen wir hier an der EU-Grenze und schauen nach Russland rüber. In Narva sprechen neunzig Prozent der Bevölkerung zu Hause russisch und wehren sich gegen die Vorschriften, die die estnische Sprache bevorzugen. Und trotzdem war die große Mehrheit der russischsprachigen Esten für den Eintritt in die EU und die Kinder lernen fleißig Englisch. In der Erinnerung daran stellen sich mir viele Fragen:

Was macht die EU so attraktiv für die Menschen? Warum muss sie neu gegründet werden? Was würde sich dadurch ändern? Was macht die Faszination des französischen Präsidenten Macron aus, der mit einem klaren Kurs pro Europa und mit der Forderung nach einem Konvent die Wahl gewonnen hat? Warum können sich plötzlich in einer Umfrage 57 Prozent der Bundesbürger vorstellen, eine Macron-Partei zu wählen?[199]

Vermutlich dämmert es immer mehr Menschen, die einerseits noch mehrheitlich an ihrem Nationalstaat – ihrem Land festhalten wollen, dass andererseits die Lösung der großen Probleme nur transnational möglich ist. Zwar sind Dezentralität, Bildung von Regionen und ein handlungsfähiges Europa in den Köpfen noch Widersprüche, aber das Bewusstsein, dass diese Widersprüche zusammengedacht werden müssen, wächst.

Über viele der konkreten Handlungsvorschläge von Macron lässt sich streiten. Doch der Impuls für eine demokratische Neugründung der EU ist trotzdem richtig und trifft bei vielen Menschen einen Nerv. Europa – die EU – würde endlich demokratisch konstituiert – nicht als Nationalstaat mit einem Staatsvolk, sondern als transnationaler demokratischer

---

[199] Forsa-Umfrage vom 4.6.2018 auf www.welt.de/Politik

föderativer Verbund – eben eine europäische Schweiz. Gelänge es dabei eine Volksgesetzgebung durchzusetzen, so würde in der EU ein starkes Vertrauensband zwischen den Bürgern, den Völkern und den europäischen Institutionen geschaffen.

Mit einem echten Parlament mit allen Rechten, wie sie in einer Demokratie üblich sind, und mit einer vom Parlament gewählten europäischen Regierung (oder „Nichtregierung" – siehe Kapitel 8) würden auch die Wahlen zum EU-Parlament eine ganz andere Bedeutung gewinnen. Zugleich würde sich eine europäische Öffentlichkeit herausbilden, die die Debatten nicht mehr nur aus nationaler Sicht betrachtet.

Eine solche Neukonstituierung der EU ist nicht nur wichtig, um die Menschen und ihr Europa näher zusammenzuführen. Noch wichtiger ist die Wirkung nach außen. Angesichts von Klimawandel und Flüchtlingsströmen, Kriegen in Afrika und Krisen in der Ukraine, Türkei und Tunesien, gerät Europa immer mehr in eine neue strategische Rolle. Jeremy Rifkin hat in seinem Buch „Der europäische Traum" erstmals die Idee entwickelt, dass ein einiges Europa mit einer neuen Verfassung ein Modell für die zukünftige Entwicklung der Welt – für das Zusammenwachsen der Völker – werden könnte – also ein Modell des Kosmopolitismus.[200]

Die EU hat Europa eben nicht erobert, sondern umgekehrt, die Völker wollten und wollen immer noch freiwillig in die EU. Große Herrscher und Tyrannen wie Kaiser Augustus, Karl der Große, Karl der V., Napoleon und zuletzt Hitler haben immer wieder vergeblich versucht, ganz Europa gewaltsam unter ihrer Herrschaft zu vereinen. Was ihnen mit all ihren Kriegen und Schlachten nicht gelungen war, hat nun die EU friedlich zustande gebracht: den freiwilligen Zusammenschluss der Völker. Auch wenn dabei zwei offene Fragen bleiben: Das ungeklärte Verhältnis zu Russland und zur Türkei – beides offene Wunden, die Europa noch viele Jahre Probleme bereiten werden – ich komme darauf in Kapitel 10 zurück.

Heute steht Europa am Scheideweg. Wir könnten aus der Krise die Kraft gewinnen, um Europa neu zu gestalten. Wir könnten dabei von der Vielfältigkeit der Länder und Völker lernen und von allem das Beste übernehmen. Aber wir können auch scheitern.

---

[200] Rifkin 2004: Der europäische Traum

Fazit:

Eine Neugründung der EU als plurale föderale Demokratie wäre eine große Chance – nicht nur um sie handlungsfähig zu machen und die Transformation zur Gleichgewichtsgesellschaft zu bewältigen, sondern auch als Modell für das Zusammenwachsen der Welt. Dazu sollte eine neue Verfassung durch einen Bürgerkonvent erarbeitet und per Volksentscheid in allen Staaten verabschiedet werden.

"Eine ewige Erfahrung lehrt, dass jeder Mensch, der Macht hat, dazu getrieben wird, sie zu missbrauchen. Er geht immer weiter, bis er an Grenzen stößt." (Charles de Montesquieu)[201]

Kapitel 8

Gewaltenteilung weitergedacht

Warum Montesquieu überholt ist – Von Sparta bis Taiwan – Das Modell der sieben Gewalten – Senat und Tribunat – Die Abschaffung der Regierung – Eine neue Rolle der Parteien – Publikative – Regulative – Monetative – Demokratie als Lernprozess

Die Idee, das Konzept der Gewaltenteilung neu zu überdenken, entstand nach einer Diskussion mit dem Politologen und Aktivisten Christian Felber und dem Europa-Politiker Gerald Häfner auf der Jahrestagung von Mehr Demokratie e. V. im Sommer 2016. Danach begann ich zu dem Thema zu recherchieren: Tatsächlich stammt das Konzept der drei Gewalten, der vielleicht wichtigsten Idee der Verfassung der USA, ausgerechnet von einem französischen Baron und überzeugten Aristokraten: Charles-Louis de Secondat, Baron de La Brède de Montesquieu.[202] Die Macht im Staate soll zwischen der Exekutive – der Regierung, der Legislative – dem Parlament und der Judikative – der Justiz geteilt werden und diese sollen sich gegenseitig kontrollieren.

Wie kam er auf solche Ideen? Seine Familie war ursprünglich bürgerlich. 1716 wurde er mit 27 Jahren Gerichtspräsident am höchsten Gericht von Aquitanien in Bordeaux. Einen solchen Posten bekam man damals nicht aufgrund seiner Leistungen, sondern er hatte ihn von seinem Großvater geerbt. Dieser hatte das Amt und den damit verbundenen Adelstitel gekauft, nachdem er eine reiche Erbin geheiratet hatte. Das war damals so üblich im Ancien Régime. Montesquieu war ein Pragmatiker. Er fand

---

[201] Montesquieu 1748: Vom Geist der Gesetze

[202] Montesquieu bezeichnet sie als „séparation des pouvoirs“.

Adel und König gut. Er war nur gegen den Absolutismus. 1748 veröffentlichte er seine Gedanken in seinem berühmten Buch „Vom Geist der Gesetze". Es erschien in Genf, also im Ausland, da es – wie zu erwarten war – in Frankreich prompt verboten wurde. Auch die katholische Kirche setzte es auf den Index der verbotenen Bücher – und es blieb dort bis 1967 – kaum zu glauben!

Dabei war Montesquieu gar kein Revolutionär – bloß eben ein liberaler Aristokrat. Sein idealer Staat war eine Monarchie. Der König sollte die Regierung (die erste Gewalt) berufen – auch das fand er ok. Damit er aber nicht autokratisch regierte, sollten die Gesetze im Parlament (der zweiten Gewalt) gemacht werden. Soweit folgte er John Locke, dem Vordenker der englischen Konstitution.[203] Das Parlament – so schlug er vor – sollte aus zwei Kammern bestehen. In der einen Kammer säßen die Vertreter der wohlhabenden Bürger, die damals allein die Steuern bezahlten. In der anderen Kammer sollen die Vertreter des Adels sitzen, damit der „Pöbel" nicht die Macht hat. Das eigentlich Neue bei Montesquieu war die dritte Gewalt: Die Richter sollten unabhängig sein, damit auch Bürger gegen Adlige Recht bekommen können. Da spielten vermutlich seine persönlichen Erfahrungen als Richter eine Rolle. In der Französischen Revolution wurden seine Gedanken von vielen als reaktionär abgelehnt, da sie der Idee der Volksherrschaft, des „volonté générale" von Rousseau[204] widersprachen. Aber die Gründerväter der USA, die sich selbst auch eher als bürgerliche Aristokraten verstanden, übernahmen das Konzept. Nur wurde jetzt der „König" – also der Präsident – gewählt. Am Anfang durften in den USA eh nur Reiche kandidieren – man musste dazu teilweise 2.000 US-Dollar Steuern zahlen.[205] Wählen durften nur Selbständige, die Steuern zahlten. Arbeiter, Dienstboten, Schwarze, Indianer und Frauen hatten damals kein Wahlrecht.

In den folgenden 150 Jahren setzte sich dann aber in allen demokratischen Staaten das Vorbild der USA, also das Konzept von Montesquieu, durch – obwohl es doch für eine Demokratie gar nicht konzipiert worden war. Und man muss ihm zugestehen, dass das Konzept sich bewährt hat:

---

[203] Locke 1689: Zwei Abhandlungen über die Regierung

[204] Rousseau lehnte die parlamentarische Demokratie ab und bezeichnete sie als Wahlaristokratie. Demokratie war für ihn ein Staat, in dem Gesetze stets durch eine Volksabstimmung bestätigt werden. Siehe Rousseau 1762: Gesellschaftsvertrag.

[205] Die Regelungen waren in den Bundesstaaten unterschiedlich.

Selbst ein Trump kann heute nicht durchregieren und wird gelegentlich vom Verfassungsgericht oder vom Senat gestoppt. Und es ist kein Zufall, dass Autokraten und Möchtegernautokraten jeder Couleur von Erdogan über Putin bis hin zu dem konservativen Parteichef Kaczyński im EU-Land Polen stets versuchen, die Kontrolle über die Gerichte zu bekommen um die Gewaltenteilung auszuhebeln.

Warum ein neues Modell?

So sehr sich die Gewaltenteilung bewährt hat, so sehr müssen wir uns heute allerdings fragen, ob das Modell von 1750 noch auf die heutige Zeit passt. Schließlich stammt es aus einer anderen Welt: Vor der Industrialisierung, vor der Erfindung der Massenmedien, vor der Globalisierung und lange bevor ökologische Grenzen überhaupt vorstellbar waren. Montesquieu hatte sein Modell in einer Zeit erdacht, als sich das Bürgertum gegen Adel, Fürsten und Könige zu behaupten versuchte. Heute stellen sich der Demokratie ganz andere Probleme: Staatliche oder private Medienmonopole dominieren in vielen Staaten die öffentlichen Debatten. Internationale Konzerne bestimmen allein auf Grund der Größe ihrer Investitionen und der Zahl der Arbeitsplätze den politischen Kurs und verhindern die Durchsetzung von gerechten Steuern und Umweltvorschriften. Banken und Investmentfonds übertreffen mit ihrem Umsatz das Bruttoinlandsprodukt vieler Staaten, erpressen Regierungen zu Milliarden schweren Rettungspaketen auf Kosten der Steuerzahler oder erzwingen Privatisierungen und Deregulierungen.

Der Grundgedanke der Gewaltenteilung bestand darin, dass nicht alle Gewalt in einer Hand liegen sollte, weil sonst diese eine Hand alle anderen Hände leicht abhacken und wieder eine Autokratie errichten kann. So wie es übrigens nach den Revolutionen erst in Frankreich mit Napoleon, in Russland mit Stalin und in vielen anderen Staaten, wo es keine Gewaltenteilung gab, immer wieder passiert ist. Ein Tyrann wird gestürzt – und es folgte der nächste Tyrann.

Aber heute haben Demokratien ein ganz anderes Problem: Viele Regierungen in Staaten mit funktionierender Gewaltenteilung erscheinen nicht zu stark, sondern sie erscheinen zu schwach zu sein. Es gibt ganz wesentliche mächtige Akteure wie die Konzernbosse, die Banker oder auch Medienmogule, die außerhalb der Staatsgewalten stehen – oft genug sogar außerhalb des Landes – und vor dem Handeln der Regierung weitgehend geschützt sind. Deshalb lassen sie die Regierung oft ohnmächtig erscheinen. Und wenn viele Menschen den Eindruck haben, die Regierung könne gegen Banker, Konzerne oder andere Staaten nichts ausrichten, dann wünschen sie sich einen „starken Führer“, der sich durchsetzt. Und dann schlägt die Stunde der Populisten, die versprechen „auf den Tisch zu hauen“ – was immer das bedeutet. Die aber – wenn sie zu mächtig geworden sind – nicht mehr abgewählt werden können.

Wenn wir dieses Problem lösen wollen, dann müssen wir in der Demokratie – also in unserer Verfassung – hierfür neue Institutionen schaffen. Denn die folgenden Aufgaben kann eine gewählte Regierung nicht wirksam wahrnehmen:

- Die Regierung kann nicht die Presse regulieren! Wenn sie es versucht, dann steht sie stets im Verdacht, dies im eigenen Interesse zu tun, um die Berichterstattung zu beeinflussen. Und schon ist die freie Meinungsäußerung, der Kern der Demokratie, in Gefahr.
- Die Regierung kann nicht die Währung regulieren! Denn in Zeiten knapper Kassen gerät jede Regierung in die Versuchung, Geld zu drucken, um Wahlgeschenke bezahlen zu können um dann wiedergewählt zu werden.
- Die Regierung kann sich heutzutage kaum noch gegen große internationale Konzerne und Banken durchzusetzen, da diese ein erhebliches Erpressungspotential besitzen. Der Umgang mit VW nach dem Diesel-Skandal spricht Bände.

Von Sparta bis Taiwan

Das Modell von Montesquieu ist nicht das einzige Modell. Historisch wurden unterschiedliche Formen der Gewaltenteilung diskutiert und praktiziert. Das alte Athen kannte bereits drei Gewalten: Erstens die Volksversammlung, zweitens gewählte und ausgeloste Beamte und drittens täglich geloste Richter. In Sparta wurden jedes Jahr fünf Ephoren gewählt, die den adligen Ältestenrat und die Könige kontrollieren sollten. Sie fungierten als eine Mischung von Sittenwächtern und Verfassungsgericht und konnten sogar Könige verbannen. In Rom gab es etwas Ähnliches: Die vom Volk gewählten Volkstribunen. Der hauptsächlich in der Schweiz tätige Reformator Calvin lehnte in seinem Lehrbuch die Monarchie ab wegen ihrer Tendenz zur Autokratie und schlug eine Mischung aus Aristokratie und Demokratie mit ebenfalls drei Gewalten vor: Die Stände (Vertreter der Bürger), den Adel und Ephoren als Kontrollbeamte.[206] Der erste chinesische Präsident Sun Yat-sen schlug 1923 ein Modell mit fünf Gewalten vor, das heute die Grundlage der Verfassung von Taiwan ist: Neben der Legislative, der Judikative und der Exekutive gibt es jiānchá quán, eine Gewalt zur Kontrolle der Regierung – vergleichbar mit dem Bundesrechnungshof – und kǎoshì quán, eine Gewalt zur Prüfung und Aufsicht der Beamten.

Auch andere Verfassungen heutiger Demokratien modifizieren das Modell von Montesquieu. Im deutschen Grundgesetz werden der Präsident und die Regierung als getrennte Gewalten beschrieben. Dazu kommt als Institution mit eigenen Verfassungsrechten der Bundesrechnungshof hinzu. Allerdings sind die Gewalten nicht ganz unabhängig, da die Regierung vom Bundestag gewählt wird. Dafür haben die Opposition und die Parteien eine starke Stellung als Institutionen zur Kontrolle der Regierung. Und schließlich wirken die Bundesländer als eigene Gewalt über den Bundesrat – man spricht dabei von der vertikalen Gewaltenteilung. Dagegen befinden sich die Kommunen, die in Deutschland als Anhängsel der Länder definiert werden, in einer relativ schwachen Position (siehe Kapitel 4).

In der EU gibt es sechs Gewalten: Das Parlament als Legislative, die Kommission als Exekutive, der Europäische Rat als eine Art Wächtergremium und verfassungsgebendes Organ, das aber auch exekutiv eingreift. Daneben die Gerichte als Judikative und die europäische Zentralbank – ein erster Schritt in Richtung Monetative (siehe unten) und der Rechnungshof als Kontrollgremium. Allerdings hat der Europäische Rat ein solches Übergewicht, dass von einer gegenseitigen Kontrolle nicht die Rede sein kann.

Auch außerhalb der Verfassungen haben sich in vielen Staaten Gewalten herausgebildet, die ein starkes Eigenleben entwickelt haben. In den USA gehört dazu das ausufernde System von mittlerweile siebzehn Geheimdiensten und die bislang starke Umweltbehörde, die jetzt aber durch Trump massiv in ihren Rechten beschnitten wird. Hier wird der Mangel deutlich, wenn eine wichtige Institution in der Verfassung nicht abgesichert ist. In Deutschland und einigen anderen Ländern gibt es starke öffentliche Medien, die mehr oder weniger regierungsfern kontrolliert werden: Die Rundfunkräte für die Sender des ARD, der Fernsehrat für das ZDF und der Hörfunkrat für den Deutschlandfunk.

---

[206] Calvin 1536: Institutio Christianae Religionis

Wie könnte also eine moderne, zeitgemäße Gewaltenteilung aussehen, die die Macht von internationalen Konzernen in Schranken hält und den Bürger näher an seine Demokratie führt?

Vorschlag: Eine EU-Verfassung mit sieben Gewalten

Am aktuellsten stellt sich das Thema für die Europäische Union. Gerade ein so großes und feingliedriges Gebilde wie die EU bedarf eines gut durchdachten und ausbalancierten Machtgefüges. Im Folgenden stelle ich daher ein erweitertes Modell der Gewaltenteilung für Europa vor. Es entstand aus vielen Diskussionen mit begeisterten „Demokraten" und „Europäern" in den letzten Jahren. Es soll naturgemäß als Denkanstoß verstanden werden und lässt sicher noch Fragen offen. Natürlich können die folgenden Überlegungen auch auf die nationale und die regionale Ebene übertragen werden. Mir geht es zunächst erst mal nicht um „das" perfekte System, sondern darum, eine Diskussion anzuregen.

Im Modell der sieben Gewalten bildet die Direkte Demokratie, oder besser das souveräne Volk, die erste verfassungsgebende Gewalt: Die Konstitutive. Dann folgen die drei klassischen Gewalten – die alten Gewalten nach Montesquieu: Die Legislative, die Exekutive und die Judikative. Sie bleiben in ihrer wesentlichen Aufgabenstellung erhalten, aber werden weiterentwickelt, also optimiert, um den Anforderungen der heutigen Welt und eines künftigen Europas besser zu genügen.

Und schließlich kommen drei neue Gewalten hinzu, um Europa in die Lage zu versetzen, auf die oben genannten Probleme adäquat zu reagieren – also handlungsfähig zu werden: Das sind die Publikative, die Regulative und die Monetative. Keine dieser Gewalten haben wir neu erfunden. Wir haben nur geschaut, was es schon gibt, woran man anknüpfen kann und wie man sie gestaltet, damit sie in der Lage sind, die beschriebenen Probleme der Politik zu lösen.

Die erste Gewalt: Wir - die Bürger - die Konstitutive

Die erste Gewalt wird durch die Gemeinschaft der Bürger Europas gebildet. Sie sind der Souverän der Demokratie. Insofern ist der Satz im Grundgesetz „Alle Macht geht vom Volke aus" durchaus doppelsinnig: Man kann ihn auch so interpretieren, dass das Volk zwar alle vier Jahre wählen darf, aber eben keine eigene Macht – keine eigene Gewalt im Staate sein soll. Deswegen bedarf es Instrumente der Direkten Demokratie auf allen Ebenen. Die Kritik an Volksentscheiden, wie sie immer wieder – zuletzt nach der Brexit-Entscheidung – aufkommt, verwechselt Ursache und Wirkung. Wenn die Regierungen oder die EU-Gremien nicht die Menschen besser mitnehmen, dann haben sie ein Problem. Der Volksentscheid macht das nur deutlich. Gerade Volksentscheide auf EU-Ebene wären ein wirksames Instrument gegen den häufigen Vorwurf, die EU sei ein Elitenprojekt.

Ein Volksentscheid in der gesamten EU sollte dann erfolgreich sein, wenn eine Mehrheit der teilnehmenden Bürger mit „Ja" stimmt. Aber zugleich muss in der Mehrheit der Regionen (oder auch der Staaten) der Entscheid durchkommen. So wird verhindert, dass die kleinen Staaten überstimmt werden können. Allerdings sollten Volksentscheide in Europa – anders als in der Schweiz – an die Grundrechte und die Erklärung der Menschenrechte gebunden sein. Dazu sollte ihre Zulässigkeit vor dem europäischen Verfassungsgericht überprüft werden können.

Welche Funktion könnte nun die Direkte Demokratie in Europa spielen? Gesetzgebungsprozesse werden naturgemäß komplexer, je höher die Ebene des Gemeinwesens ist. Es macht daher Sinn, wenn die detaillierte Ausarbeitung von neuen Gesetzestexten von einem dafür gewählten Parlament durchgeführt wird. Deswegen scheint mir das Schweizer Modell für Europa besonders interessant zu sein: Die Direkte Demokratie ist in erster Linie die verfassungsgebende – daher konstitutive – Gewalt.

Der Souverän – also wir alle – sollte vor allem grundlegende Entscheidungen oder besser gesagt Weichenstellungen in Form von Volksentscheiden selbst treffen. Die Weichenstellungen werden als Ziele in die Verfassung geschrieben. Um das zu veranschaulichen: In der Verfassung könnte eine angestrebte Einkommensverteilung stehen (siehe Kapitel 6), oder – wie in der Schweiz: Das Neutralitätsgebot bei internationalen Konflikten, die Grundrente für alle, der Tierschutz oder die Verlagerung des Güterverkehrs auf die Schiene. Dann bekommt der Teil 4 der Verfassung, den ich im vorigen Kapitel vorgeschlagen habe, eine besondere Bedeutung. Denn die „Verfassungsprinzipien", die der Teil 4 enthalten soll, eignen sich am besten dafür, durch Volksentscheide modifiziert, ergänzt und weiterentwickelt zu werden. Hier geht es um Ziele, auf die sich die Gesellschaft – also künftig Europa – verständigt. Diese Ziele sind wie geschaffen dafür, öffentlich diskutiert zu werden. Jeder Mensch kann sich dazu eine Meinung bilden.

Natürlich müssen diese Ziele dann vor einem europäischen Verfassungsgericht eingeklagt werden können – je nach Betroffenheit von Einzelpersonen, von Klägergemeinschaften, Verbänden oder auch von anderen Gewalten. Dann kann keine Regierung, kein Bürgermeister, kein regionales Parlament sie einfach ignorieren. Sie sind für alle Ebenen, von der Kommune bis hin nach Europa – und wie wir im nächsten Kapitel sehen werden, auch für die internationale Ebene – verbindlich. Auf dieser Grundlage erarbeiten dann die Parlamente aller Ebenen die Gesetzgebung und Verträge. Die EU gibt nur den Rahmen. Die Umsetzung sollte soweit wie möglich dezentral vor Ort stattfinden.

Neben der Rolle als Verfassungsgeber könnte der Souverän in Europa noch eine zweite Rolle einnehmen. Diese nenne ich die Veto-Funktion durch Referenden. Initiativen, die in einem angemessenen Zeitraum genügend Unterschriften sammeln, können erzwingen, dass ein Gesetz, das das Parlament verabschiedet hat, dem Souverän in einem Referendum vorgelegt wird. Das gleiche Recht sollte auch eine Gruppe von Mitgliedsländern der EU haben. Die Wirkung eines solchen „fakultativen Referendums“ ist verblüffend. Denn es ändert die Arbeit des Parlamentes und der Regierung grundlegend. Wenn diese wissen, dass unpopuläre Entscheidungen durch ein Referendum gekippt werden können, dann wird das Parlament viel mehr kommunizieren. Deshalb ist es auch wichtig, dass der Gesetzgeber – also das Parlament – auf eine Initiative zugehen kann und Kompromisse anbietet. Wenn die Initiatoren diesen Kompromiss akzeptieren, können sie auf den Volksentscheid verzichten.

Die zweite Gewalt: Ein europäisches Parlament – die Legislative

Nehmen wir an, in der künftigen Verfassung würde im Abschnitt „Steuern“ festgelegt, dass die EU das Recht und die Pflicht hat, eine Börsensteuer auf Finanztransaktionen zu erheben. Eine solche Steuer wurde von einigen Experten schon seit Jahrzehnten gefordert. Auch das EU-Parlament hat diese Forderung seit der großen Finanzkrise schon mehrfach bekräftigt.[207] Ob eine solche Steuer eingeführt wird, darüber sollte künftig also die erste Gewalt entscheiden. Aber die Ausarbeitung und

---

[207] Leider laufen die Verhandlungen seit nunmehr sieben Jahren ohne Ergebnis. Siehe Europäisches Parlament 2012: Parlament verabschiedet ehrgeizige Vorgaben für die Finanztransaktionssteuer

Verabschiedung des erforderlichen komplexen Gesetzes sollte in der Hand von gewählten Parlamentariern – der zweiten Gewalt – liegen.

Klar ist: Die EU sollte als zweite Gewalt ein Parlament mit allen Rechten haben, wie es heute in allen Demokratien üblich ist: also dem Initiativrecht, dem Haushaltsrecht, mit Kontrollrechten sowie weiteren Zuständigkeiten, die ihm in der Verfassung zugewiesen werden. Wie in allen föderalen Staaten üblich, sollte es ein Parlament sein, das aus zwei – möglicherweise sogar drei – Kammern besteht.

Repräsentantenhaus

Die erste Kammer wäre das direkt gewählte europäische Repräsentantenhaus, das von den Bürgern aller EU-Staaten gewählt wird. Bei der Wahl sollte ein Wahlsystem genutzt werden, bei dem die Wahl von Persönlichkeiten im Vordergrund steht, die Zahl der Wähler pro Abgeordnetem aber ungefähr gleich ist (siehe dazu auch Kapitel 5).[208]

Spannend finde ich auch die Idee, einen Teil der Abgeordneten (zum Beispiel zehn Prozent) über eine europäische Liste der Parteien zu wählen. Damit könnte jede Partei ihre wichtigsten Kandidaten in ganz Europa bekannt machen. Diese wären dann eben auch ihren Wählern in ganz Europa verpflichtet. Das könnte die europäische Sichtweise bei den Wahlen erheblich stärken!

Europäischer Senat

Neben das Repräsentantenhaus sollte als zweite Kammer ein Senat der Regionen treten. Aber auf keinen Fall ein Bundesrat wie in Deutschland[209]. Europa braucht eine zweite Kammer, damit die kleinen Nationalstaaten und damit auch die Vielfalt Europas nicht untergehen. Die Mitglieder des Senats sollten jedoch nicht aus Vertretern der nationalen Regierungen bestehen wie es heute in Deutschland im Bundesrat und

---

[208] Zur Begründung und zum Wahlverfahren siehe in Kapitel 5: Persönlichkeitswahl in Mehrpersonenwahlkreisen mit Verhältnisausgleich. Allerdings sollte in jedem Staat mindestens ein Abgeordneter gewählt werden (Grundmandat). Bei einem Parlament mit 500 Abgeordneten träfe dies auf Malta, Luxemburg, Zypern und Estland zu.

[209] Anmerkung zum Wahlrecht: Vorbild für die Wahl der Senatoren könnte das System in Australien sein. Dort werden pro Provinz jeweils mehrere Senatoren gewählt, so dass auch kleinere Parteien eine Chance haben, einen Senator zu stellen.

auch im Europäischen Rat der Fall ist. Diese Konstruktion beinhaltet eine Vermischung von Exekutive und Legislative. Denn die Vertreter der nationalen Regierungen handeln naturgemäß vor allem aus der Sichtweise ihrer Regierung, die die nächste Wahl gut überstehen will und erst in zweiter Linie im Sinne einer optimalen Lösung für die Menschen Europas. Sie neigen dazu, sich dabei mit nationalen Forderungen zu profilieren. Das führt regelmäßig zu Deals, die von den aktuellen Nöten der nationalen Regierungen geprägt sind, die dann nicht selten von Brüssel nach Hause fahren, um alle Schuld für Probleme der europäischen Ebene anzulasten, obwohl sie die Entscheidungen selbst mit getroffen – und verursacht – haben.

Um die regionale Ebene zu stärken und die Übermacht der großen Nationalstaaten zu reduzieren, sollte Europa künftig aus 50 bis 70 Regionen bestehen[210], die jeweils etwa sechs Senatorinnen direkt wählen. Kleine Staaten würden dann eine Region für sich bilden, während große Staaten wie Deutschland aus mehreren Regionen bestehen könnten. Gesetze und weitreichende Entscheidungen wie internationale Verträge und Militäreinsätze bedürfen der Zustimmung beider Kammern, soweit nicht die Verfassung sogar ein Volksreferendum dafür vorsieht.

Die dritte Kammer – das Tribunat

Als dritte Kammer könnte für die EU ein Tribunat vorgesehen werden. In Kapitel 5 habe ich bereits die Idee einer Parlamentskammer, die nicht gewählt wird, sondern die in einem mehrstufigen Verfahren ausgelost wird, vorgestellt. Das Wahlverfahren muss so stattfinden, dass die soziale Zusammensetzung möglichst repräsentativ für die gesamte Bevölkerung ist – so dass auch Arbeiter, Kellner, Taxifahrer und Rentner angemessen vertreten sind.

Da die Mitglieder dieser Kammer vor allem ein Veto-Recht gegen Parlamentsbeschlüsse haben sollen, werden sie in Anlehnung der Volkstribune des alten Rom Tribune genannt. Bei der Neugestaltung der Verfassung der EU bestände die Gelegenheit, diese Idee zu verwirklichen. Gerade weil die Entfernung von den Bürgern nach Brüssel noch größer ist als bei den nationalen Parlamenten, bietet sich das Tribunat als Gegengewicht an. Die Erfahrungen mit gelosten Versammlungen auf nationaler Ebene in Irland, in Kanada oder in Island waren jedenfalls ausgesprochen posi-

---

210 Siehe den Vorschlag für die Regionenbildung bei Ulrike Guérot 2016: Warum Europa eine Republik werden muss!

tiv. Nicht nur, weil sich interessante Debatten entwickelten, sondern auch weil überraschende Lerneffekte eintraten, wenn die gelosten Abgeordneten (Tribune) mit persönlichen Erfahrungen von Referenten oder anderen Abgeordneten konfrontiert wurden. In allen Fällen wurden Verfassungsänderungen vorgeschlagen, die von vielen Experten unterstützt wurden.

Die dritte Gewalt: Ein Kollegialrat als Exekutive - die „Nichtregierung"

Wie könnte nun in einer neuen EU die Exekutive – sprich die „Regierung" – aussehen? Die beiden klassischen Lösungen für die Wahl der Exekutive sind das „Präsidialsystem", bei dem ein direkt gewählter Präsident die Regierung einsetzt, und das „Parlamentarische System", bei dem die Regierung vom Parlament gewählt wird. Beide haben ihre Vorteile und ihre Mängel. Doch zumindest für die EU halte ich beide Modelle für ungeeignet.

Gegen ein Präsidialsystem wie in den USA spricht insbesondere die Machtfülle eines direkt gewählten Präsidenten, der dort fast wie ein „König auf Zeit" agieren kann. Das Beispiel des Präsidenten Trump macht deutlich, wie gefährlich ein Präsident ohne eine regelmäßige Rückkopplung sein kann. Rousseau nannte ein solches System „Wahlmonarchie"! Auch erzeugt ein solches System Machtblockaden zwischen Parlament und Präsident, wenn der Präsident keine Mehrheit im Parlament hat. Sie wären ein weiterer Preis, den man in einem Präsidialsystem zu zahlen bereit sein müsste. Es ist kein Zufall, dass gerade die Präsidialsysteme wie in den USA, Russland, Frankreich, Ungarn, Türkei oder Polen besonders anfällig für Populismus sind.

Aber auch unser deutsches parlamentarisches System mit einer vom Parlament gewählten Mehrheitsregierung scheint mir für Europa nicht geeignet. Denn in der EU bestände die Gefahr, dass sich nationale Regierungen durch Schuldzuweisungen gegen die europäische Regierung zu profilieren versuchen. So wie wir es gegenwärtig in Ungarn oder Polen erleben. Konflikte zwischen Mehrheit und Opposition in Europa könnten dann teilweise entlang von nationalen Grenzen oder Regionen verlaufen. Nach dem Motto: Osteuropa fühlt sich vernachlässigt. Oder: Nordeuropa dominiert über Südeuropa und Südeuropa tritt in Opposition. Das würde jedes „Europa"-Gefühl zerstören.

Beide Regierungsformen leiden auch unter einem Mangel an Gewaltenteilung. Man sagt: Exekutive und Legislative sind „verschränkt". Die Parteien, die die Regierung stützen, sind geneigt, immer brav für Vorlagen zu stimmen, weil sie die Regierung nicht stürzen wollen. Die Opposition stimmt strikt dagegen. Diese Verschränkung führt oft dazu, dass die meisten Gesetzesvorlagen nicht mehr aus dem Parlament erarbeitet werden, sondern von der Regierung kommen. Hat aber in den USA oder Frankreich die Opposition gegen den Präsidenten die Mehrheit, dann kann es zur Blockade kommen. Das Gleiche passiert in Deutschland, wenn die Opposition die Mehrheit im Bundesrat hat. Dann wird alles, was die Regierung vorschlägt, niedergestimmt.

Aber welche Alternativen gibt es? Die Zeitschrift „The Economist" wies in ihrem Demokratieindex 2017 Schweden als das Land aus, in dem die Regierung am besten funktioniert.[211] Dabei regieren in Schweden traditionell Minderheitsregierungen, die sich jeweils Mehrheiten im Parlament suchen. Was aber noch weniger bekannt ist: In Schweden bestehen die Ministerien nur aus einem kleinen Stab und sind nicht weisungsberechtigt gegenüber den „an sich" unter ihnen stehenden Verwaltungsbehörden. Ein schönes Beispiel ist das Bildungsministerium. Es gibt sehr allgemeine Gesetze – die verabschiedet das Parlament. Es gibt Verordnungen – die macht die Regierung. Es gibt eine jährliche Evaluation. Die organisiert das zuständige Skolverket (Schulzentralamt). Dann gibt es diejenigen, die die Schule betreiben und die Lehrer einstellen. Das sind die Kommunen. Und schließlich gibt es die Schulen selbst, die weitgehend autonom sind. Natürlich müssen die Gesetze und Erlasse eingehalten werden. Aber niemand ist weisungsberechtigt. Und doch funktioniert das alles – besser als anderswo. Vor allem gilt: Die Durchführung (durch die Kommunen), die Verwaltung und die politische Sphäre sind klar getrennt durch die vertikale und horizontale Gewaltenteilung.

---

[211] Schweden lag beim Teilindex „Regierung" gemeinsam mit Norwegen und Kanada auf Platz 1. Beim Gesamtindex „Demokratie" lag Schweden seit 10 Jahren stets unter den ersten drei. Die aktuelle Reihenfolge der besten Demokratien: Norwegen, Island, Schweden, Neu Seeland, Dänemark, Irland, Canada, Australien, Finnland, Schweiz. Siehe in The Economist 2017: Democracy Index 2017

Ein Kollegialrat als Nichtregierung

Noch interessanter als Schweden scheint mir mit Blick auf Europa das Modell der Schweiz, von der der Philosoph und Risikoforscher Nassim Taleb sagt, sie sei das bestregierte Land der Welt, weil sie als einziger Staat keine Regierung hat.[212] Was kann man also aus der Schweiz und Schweden lernen? Eine Regierung ist nicht stark, weil sie einen starken Präsidenten hat. Die erfolgreichsten Staaten haben scheinbar schwache Regierungen. Aber sie werden vielleicht gerade deshalb sehr respektiert. Kaum ein Schweizer weiß, wer gerade Präsident ist, da dieser jährlich wechselt. Aber in keinem anderen Land der Welt ist das Vertrauen in ihre (Nicht-) Regierung so groß wie dort!

Und weil es in Europa auf nichts so sehr ankommt, wie auf Vertrauensbildung (das gilt natürlich nicht nur für Europa), schlägt der Verein Mehr Demokratie für die Bildung der Exekutive das Konkordanzprinzip der Schweiz vor.[213] An der Spitze der Exekutive – also der europäischen Verwaltung – sollte ein Kollegialrat treten, der nach dem Vorbild des Schweizer Bundesrates gebildet wird. Dieser Kollegialrat wäre also die Regierung. Er soll alle vier Jahre in gemeinsamer Sitzung von Repräsentantenhaus, Senat und ggf. auch dem Tribunat (zusammen hieße das die „Europäische Versammlung") gewählt werden. Aber eben nicht per Mehrheitsentscheid! Die Wahl des Kollegiums soll vielmehr auf Vorschlag der Fraktionen entsprechend ihrer Größe erfolgen – das kann man sich ähnlich vorstellen wie die Besetzung der Ausschüsse in den Parlamenten (ähnlich übrigens wie bei der früheren Magistratsverfassung der norddeutschen Städte). Zugleich sollte das Zugriffsverfahren sicherstellen, dass unterschiedliche Nationen und Regionen im Kollegialrat vertreten sind. Das Kollegium würde nur im Konsens entscheiden und alle Räte wären verpflichtet, den Konsens zu vertreten.

Konkret würde das bedeuten: Ein Kollegialrat für Europa in der Größe von 10 Mitgliedern (anstelle Ministern) würde sich heute folgendermaßen zusammensetzen: 3 Europäische Volkspartei, 2 Sozialdemokraten, 1 Konservative, 1 Liberale, 1 Linke, 1 Grüne, 1 Rechte/Populisten (entsprechend der Zusammensetzung des Europaparlaments und bei einer Verteilung der Plätze nach dem Saint-Laguë-System).

---

[212] Taleb 2012: Antifragilität

[213] Mehr Demokratie e. V. 2016: Europa neu denken und gestalten

Interessanterweise kommt auch der Politologe Parag Khanna, ein ehemaliger außenpolitischer Berater von Präsident Obama, zu dem gleichen Ergebnis.[214] Er lebt seit einigen Jahren in Singapur und ist ein Bewunderer der „Technokratie“, wie er das System in Singapur nennt. Dagegen hält er die präsidiale Demokratie in den USA für ineffektiv und anfällig für Populismus. Deswegen fordert er eine Kollegialregierung wie in der Schweiz mit wechselndem Vorsitz.

Der große Vorteil einer solchen Kollegialregierung wäre: Da es in Europa darum geht, nicht nur unterschiedliche politische Richtungen, sondern auch eine Vielfalt von Völkern, Regionen und Traditionen zu repräsentieren, erscheint die Bildung einer Mehrheitsregierung, die die öffentliche Meinung polarisiert, nicht als geeignetes Instrument. Mit einem Kollegialrat dagegen wäre die Regierung kein Akteur in den politischen Auseinandersetzungen. Der Kollegialrat wäre quasi politisch neutral und würde die Gesetze des Parlamentes und die Verfassungsvorgaben umsetzen. Die eigentliche politische Debatte fände im Parlament und in der Öffentlichkeit statt.

Rotation der Präsidenten

Auch das Rotationsprinzip für Regierungsspitzen hat sich im Grunde überall bewährt. In den USA darf der Präsident seit dem Zweiten Weltkrieg nur noch acht Jahre regieren, in Uruguay nur fünf Jahre, in Costa Rica vier Jahre und schließlich in der Schweiz nur ein Jahr. Auch das ist ein Beitrag zur Machtbeschränkung. Nicht zufällig versuchen Möchtegern-Autokraten wie Putin und Erdogan immer wieder auch, die Regierungszeitbeschränkung aufzuheben. Deshalb halte ich es für sinnvoll, dieses Konzept für die neue EU-Verfassung zu übernehmen. Vielleicht könnte das verbunden werden mit einem Präsidenten, der ebenfalls von der Europäischen Versammlung gewählt wird – aber eben nicht als Machtinstitution, sondern als Repräsentant, wie unser Bundespräsident.

Eine neue Rolle der Parteien

Das Konkordanzprinzip führt zwangsläufig auch zu einer grundlegenden Veränderung der Parteien. Denn die Parteien stehen nicht mehr unter dem Zwang, eine Regierung bilden zu müssen und dazu Koalitionen einzugehen. So müssen sie nicht mehr vorrangig Macht organisieren und dazu Kompromisse eingehen, sondern können sich darauf konzentrieren,

---

[214] Khanna 2017: Jenseits von Demokratie

Ideen zu erarbeiten, zu diskutieren und für diese zu werben. Der oft kritisierte Fraktionszwang würde damit überflüssig werden.

Das Schweizer Konkordanzsystem befreit die Politik von den üblichen Ritualen. In dem Positionspapier von Mehr Demokratie e. V. steht dazu: „Uns gefällt der relativ offene Charakter der Debatten im EU-Parlament, die durch die Frage «Bist du für oder gegen die Regierung?» nicht verfälscht sind. Das muss unbedingt erhalten bleiben.“ Da es nach diesem Konzept keine Mehrheitsregierung mehr gäbe, würden bei den Wahlen „nur“ Personen und Parteiprogramme gewählt und keine Regierung. Die eigentliche Dramatik der Demokratie wird dann auf Sachentscheidungen bei den Volksentscheiden verlagert. Denn immer dann, wenn eine politische Frage die Republik spaltet, wird diese Frage mit großer Wahrscheinlichkeit durch einen Volksentscheid entschieden. Dann ist die (Nicht-)Regierung auch nicht mehr die „Böse“. Sie genießt viel mehr Vertrauen – wie zum Beispiel bei uns das Verfassungsgericht.

Die vierte Gewalt: Gerichte und Verfassungsgericht – die Judikative

Eines der kompliziertesten Benennungsverfahren war im Mittelalter die Wahl der Dogen von Venedig. In einem zehnstufigen Verfahren von Wahlen und Losen wurde der neue Doge auf Lebenszeit gewählt. Sinn der Prozedur war es, zu verhindern, dass eine der großen mächtigen Familien die Macht im Staate an sich riss. Und was hat das mit der Wahl von Richtern zu tun?

Nun – Richter sollen unabhängig sein. Das oberste Gericht bzw. die obersten Gerichte der EU wären künftig die Schiedsrichter bei allen Streitigkeiten – zwischen den Gewalten, zwischen den Ebenen von einem Dorf in Bulgarien bis zum Präsidenten der EU und zwischen Bürgern und politischen Gremien. Das Verfassungsgericht wäre also eine Art Wächterinstanz – auch gegenüber den anderen Gewalten. Dazu muss das Gericht unabhängig sein: Nicht nur unabhängig von der Regierung, sondern auch unabhängig von der Wirtschaft und von den Mehrheiten im Parlament. Deshalb wird es von Demokratietheoretikern als kritisch angesehen, dass die Justiz in den meisten Staaten quasi in die Regierung eingebunden wird, indem sie organisatorisch zum Justizministerium gehört.

Ich verzichte als Nichtjurist darauf, einen detaillierten Vorschlag für die Konstruktion der Gerichte in einer neuen EU vorzuschlagen. Eines scheint mir aber notwendig zu sein: Es sollte ein Verfassungsgericht geben, das prüft, ob folgende Punkte den Regeln der EU-Verfassung entsprechen: das Handeln der EU-Organe, die Gesetze und Verordnungen, die Abstimmungsvorlagen für Volksentscheide, aber eben auch das Handeln der Nationalstaaten, der Regionen und Kommunen. Und dieses Gericht muss stark genug sein, die Befolgung der Verfassung durchzusetzen. Welche weiteren allgemeinen Gerichte und/oder Fachgerichte es auf europäischer Ebene geben sollte, das überlasse ich den Fachleuten und letztlich dem Verfassungskonvent.

Interessant scheint mir vor allem die Frage zu sein, wie die Richter der obersten EU-Gerichte gewählt und ihre Unabhängigkeit gesichert werden kann. Hier empfinde ich das deutsche System durchaus als lobenswert. Die deutschen obersten Gerichte haben international einen sehr guten Ruf und in der Bevölkerung eine hohe Anerkennung. Die Unabhängigkeit wird üblicherweise dadurch gestärkt, dass die obersten Richter nicht wiedergewählt werden können. In Deutschland beträgt die Amtszeit zwölf Jahre (allerdings maximal bis zum 68. Lebensjahr). In den USA werden die Richter auf Lebenszeit berufen. Zum Europäischen Gerichtshof dagegen ist bislang eine Wiederwahl nach drei Jahren Amtszeit möglich. Da würde ich die deutsche Variante vorziehen.

Eine Direktwahl von Richtern oder gar Staatsanwälten wie in einigen US-Staaten halte ich für keine gute Lösung. Denn wonach sollen die Wähler beurteilen, ob die Kandidaten gerechte Richter sind? Viel eher besteht die Gefahr, dass polarisierende Persönlichkeiten gewählt werden oder gar die gewählt werden, die als die härtesten Hunde beim Verurteilen von Verbrechern auftreten. Was sind die Alternativen? In Deutschland erfolgt die Wahl der Richter abwechselnd durch den Bundesrat und den Bundestag – jeweils mit Zweidrittelmehrheit. Das gewährleistet einen überparteilichen Konsens – wenn auch die großen Parteien naturgemäß dominieren. In der heutigen EU werden die Richter von den Nationalstaaten vorgeschlagen und vom Europäischen Rat einstimmig gewählt – was aber meist nur eine Bestätigung der Vorschläge ist. Damit haben die Regierungen der Nationalstaaten direkten Einfluss auf die Auswahl „ihrer“ Richter. Noch stärker ist der politische Einfluss beim obersten Gericht der USA. Die Richter werden vom Präsidenten vorgeschlagen, was eine politische Benennung erleichtert und sich auch in der Praxis so ausgewirkt hat.

Seit ich von der Dogenwahl in Venedig gelesen habe, erscheint mir das Verfahren eine gute Methode zu sein, um politischen Einfluss auf gewählte Gremien zu begrenzen. Man könnte sich vorstellen, dass die Parteien des Bundestages eine Kommission aus 21 Abgeordneten bilden, die wie ein Parlamentsausschuss nach Stärke der Fraktionen zusammengesetzt ist. Diese Kommission erstellt im Konsens (jedem Vorschlag müssen zwei Drittel zustimmen) eine Liste von 300 Richtern, die die Voraussetzungen erfüllen. Aus dieser werden dann 10 Richter ausgelost. Diese 10 kooptieren erneut 40 weitere Richter ihrer Wahl. Wieder werden aus den nunmehr 50 Richtern 10 ausgelost, die erneut 40 weitere Richter ihrer Wahl kooptieren. Nach einer oder zwei weiteren Wiederholungen des Verfahrens werden in der 50er Runde die neuen Richter aus ihrer Mitte gewählt. Das mag etwas kompliziert wirken – hat aber in Venedig über Jahrhunderte erstaunlich gut funktioniert. Der Charme dieser „Dogen-Methode" besteht darin, dass besonders polarisierende Personen kaum eine Chance haben und Vorabsprachen praktisch nicht möglich sind. Daher werden alle sich bemühen, möglichst qualifizierte und unabhängige Personen zu benennen, da sich ja niemand ausrechnen kann, bestimmte Kandidaten durch zu bekommen oder gar selbst gewählt zu werden.

Die fünfte Gewalt: Medienkontrolle und öffentliche Medien - die Publikative

„Wer beherrscht die Medien?" so fragt uns der Titel eines Buches über die Medienkonzerne zu Recht.[215] Bekannt ist Rupert Murdoch. Ihm gehört eines der größten Medienunternehmen der Welt. Die treuen Zuschauer seiner Fernsehkanäle der Fox-Gruppe in den USA sind nach Umfragen auch heute noch davon überzeugt, dass Saddam Hussein Giftgas produzierte und der völkerrechtswidrige Einmarsch in den Irak notwendig war. Tatsächlich waren die angeblichen „Beweise" der US-Geheimdienste gefälscht. Auch die jahrelange Regierung von Berlusconi in Italien profitierte mit Sicherheit davon, dass Berlusconi die Mehrheit aller Fernsehsender kontrollierte.

Doch vielleicht sind die Murdochs und Berlusconis gar nicht die größte Gefahr und eher Gestalten von gestern. In der neuesten Liste der größten Medienkonzerne der Welt dominieren die Internetkonzerne. Dazu gehören Kabelnetzbetreiber wie Comcast und Altice und Plattformbetreiber

[215] Hachmeister/Wäscher 2017: Wer beherrscht die Medien?

wie Alphabet (die Muttergesellschaft von Google) und Apple. Ihnen gemeinsam ist, dass sie kaum noch eigene Redaktionen beschäftigen.[216] Diese Plattformen werden aber künftig enormen Einfluss darauf haben, welche Texte, Filme, Bilder, Informationen wem angeboten und geliefert werden. Sie kontrollieren nämlich den Zugang zu Informationen, liefern oft jedem nur noch die Nachrichten, die er gerne hören möchte und kontrollieren die Wege der Verbreitung. Dies leisten sie so perfekt, dass sie es schaffen, den Großteil der Werbegelder für sich zu akquirieren. Qualitative Recherchen verlieren an Bedeutung. Skandalisierungen, Personalisierungen und Simplifizierungen verkaufen sich besser.[217]

In den USA wird nun der Firma Cambridge Analytica vorgeworfen, durch die Nutzung von Facebook-Userprofilen von 50 Millionen Amerikanern und das Zuspielen gefälschter Informationen den Wahlkampf beeinflusst zu haben.[218] Dass das funktionieren kann, darüber gibt es keinen Zweifel. Schließlich gelang es schon öfter Autokraten, die die öffentliche Meinung kontrollieren konnten, sich eine ganze Zeitspanne lang große Zustimmung zu verschaffen. Auch wenn das meist nur solange funktioniert, solange das System ökonomisch funktioniert.

Welche Medien brauchen wir?

Wenn Philosophen wie Sen und Habermas Recht haben, dass im Zentrum einer Demokratie der öffentliche Diskurs stehen muss und nicht das „Abstimmen",[219] dann spielen die Medien eine zentrale Rolle für ihr Funktionieren. Schon seit dem 19. Jahrhundert wurde die Presse häufig als vierte Gewalt oder „Publikative" bezeichnet. Aber das ist natürlich irreführend, denn die Presse ist keine staatliche Gewalt. Umso mehr stellt sich die Frage, ob wir nun eine echte Publikative brauchen?

---

216 IfM: Ranking – Die 100 größten Medienkonzerne 2016; Simon: Ranking – Das sind die größten Medienkonzerne der Welt

217 Die Organisation „Reporter ohne Grenzen" erstellt jedes Jahr einen Index der Pressefreiheit. In 16 Ländern der Erde ist die Lage „gut" (darunter auf Platz 16 Deutschland und auf Platz 8 als einziges Entwicklungsland Costa Rica), in 33 Ländern „zufriedenstellend" (darunter auf Platz 43 die USA), in 59 Ländern gibt es „erkennbare Probleme" (darunter Italien), in 40 Ländern ist die Lage „schwierig" (darunter das EU-Land Bulgarien), in 32 Ländern „ernst" bzw. „sehr ernst" – dazu gehört fast ganz Asien und fast alle muslimischen Staaten.

218 Wergin 2018: Wie die Internetgiganten unsere Demokratie aufs Spiel setzen

219 Sen 2010: The Idea of Justice; Habermas 1992: Drei normative Modelle der Demokratie

Wenn wir überlegen, wie eine solche Publikative Gewalt aussehen könnte, dann fragen wir im Grunde danach, welche Medienlandschaft wir brauchen. Und dann sind die Antworten offensichtlich: Wir brauchen eine Vielfalt an Meinungen. Wir brauchen Medien, die sowohl von der Regierung wie aber auch von der Wirtschaft nicht direkt beeinflusst werden können. Redaktionen müssen ein hohes Maß an redaktioneller Unabhängigkeit haben – und das bedeutet in privaten Medienkonzernen eine strikte Trennung zwischen den Redaktionen und dem Anzeigen- und Vertriebsgeschäft. Und sie müssen über genügend Ressourcen für gründliche Recherchen verfügen. Denn wir erwarten engagierte und unvoreingenommene Recherchen – wie zuletzt die Auswertung der „Paradise Papers“, an der über 400 Journalisten teilgenommen haben. Und die sind teuer. Gerade im Bereich des Fernsehens brauchen wir nicht nur private, sondern auch starke öffentliche Medien, wie sie in allen wichtigen Demokratien außer den USA eingeführt worden sind.

Digitale Medien

Völlig ungeklärt ist noch der Umgang mit den digitalen Medien. Es ist mittlerweile unbestritten, dass digitale Medien einer Kontrolle bedürfen. In Deutschland wurden die Plattformanbieter bereits verpflichtet, kriminelle Inhalte aus ihren Angeboten zu löschen, auch wenn sie nicht von Redakteuren, sondern von Privatpersonen eingestellt werden. Aber kann diese Aufgabe von privaten Medienanbietern vorgenommen werden? Ist das nicht eine Art von Zensur? Und ist es für eine Demokratie akzeptabel, wenn Nutzern bei Recherchen vorrangig Informationen angeboten werden, die seinem Profil entsprechen? Also Anarchisten zuerst linksautonome Schriften, Nazis zuerst rechtsradikale Nachrichten?

Jaron Lanier, der Schöpfer des Begriffs „Künstliche Intelligenz“, bezeichnet die Big-Data-Konzerne als Sirenen-Server. Er fordert neue Schutzdämme, Gesetze und Bürgerrechte, die die Souveränität der Menschen, die Demokratie und den Mittelstand schützen, eine „humanistische Informationsökonomie“.[220] Dazu gehört ein Grundrecht auf die eigenen Daten, deren Nutzung grundsätzlich von denen, die sie nutzen, bezahlt werden muss.

Auch sollen Benutzer ihre Plattform, ihr soziales Netzwerk, ihren Provider frei wechseln können und ihre Daten und Kontakte mitnehmen kön-

---

220 Lanier 2013: Wem gehört die Zukunft?

nen. Sie müssen mit allen Nutzern anderer Netze Kontakt aufnehmen können – Nachrichten müssen also transparent von Facebook zu WhatsApp, zum Messenger und den SMS-Nachrichten durchgereicht werden. Dazu muss jeder Mensch im Netz eine eigene Identität besitzen, die der Staat durch Gesetze reguliert (allgemeine User-ID). Der Philosoph Julian Nida-Rümelin, ehemaliger Kulturstaatssekretär in der Regierung Schröder/Fischer, geht noch weiter: Er wirft die Frage auf, ob und inwieweit die digitale Infrastruktur, insbesondere Internet-Monopole wie Suchmaschinen und soziale Netzwerke sogar verstaatlicht werden müssen.[221]

Damit ergeben sich für eine Publikative drei zentrale Aufgaben:

[1] Medienaufsicht

Die Medienaufsicht stellt eine Art Kartellamtsfunktion dar, die mit weitreichenden Kompetenzen die Unabhängigkeit und Vielfalt der gedruckten, digitalen und visuellen Medien sicherstellen muss; hierzu gehört in Zukunft auch die Netzneutralität, damit Konzerne wie Google und Comcast nicht steuern können, welche Informationen und Angebote den Kunden erreichen können und sollen.

[2] Qualität und Unabhängigkeit

Bei der Qualitätsförderung geht es um die Finanzierung von erforderlichen Ressourcen, wenn dies vom Markt nicht ausreichend geleistet wird. So gibt es schon heute in allen EU-Staaten eine Medienförderung, in der Hälfte der Mitgliedsstaaten sogar eine gezielte Förderung, um die Vielfalt der Medien zu stärken. Frankreich und Schweden sind schon länger dazu übergegangen, unabhängige Recherchen aus Staatsmitteln zu finanzieren. Auch die EU fördert mittlerweile bewusst kritische Lobby-Organisationen, in der Hoffnung, dass diese den professionellen Lobbys der Wirtschaft etwas entgegensetzen können.

Ein anderes wichtiges Element der Medienaufsicht wird künftig die Freiheit der Redaktionen und ihrer Redakteure sein, die zum Beispiel durch Redaktionsstatute gesichert werden kann. Heute stößt ein solches Ansinnen noch auf den erbitterten Widerstand von Verlagen, die für sich in Anspruch nehmen, eine bestimmte Tendenz zu vertreten. Das sollte auch in Zukunft für einzelne Zeitungen, Zeitschriften oder Sender möglich sein. Für die großen privaten Medienkonzerne gilt das aber schon heute nicht mehr. Dem könnte die Medienaufsicht künftig durch geeignete Regeln gerecht werden.

---

[221] Nida-Rümelin 2018: Wer kontrolliert die Maschinen, Julian Nida-Rümelin?

[3] Öffentliche Medien

Die dritte Aufgabe des Medienrates liegt in der Aufsicht über die öffentlichen Medien – und das heißt die Sicherstellung der Qualität und Pluralität. Fast alle europäischen Staaten, aber auch Japan haben einen öffentlichen Rundfunk, der über Gebühren finanziert wird. In der Schweiz ist der öffentliche Rundfunk SRG SSR ein privater Verein mit dem gesetzlichen Auftrag, dass alle Sprachregionen eine gesicherte Informationsabdeckung und ein vielfältiges Unterhaltungs-, Bildungs- und Kulturprogramm erhalten. Dafür erhält er siebzig Prozent der Rundfunkgebühren. In den Niederlanden, Spanien und den meisten osteuropäischen Staaten einschließlich Russland sowie Kanada erfolgt die Finanzierung über Steuern. Das erscheint mir gerechter als das deutsche Gebührensystem, das nach der letzten Reform den seltsamen Charakter einer Haushaltssteuer angenommen hat. Im Ergebnis schwebt mir daher eine Medienanstalt vor, die eine Art Mischung aus dem Schweizer SRG, dem englischen BBC und dem ARD in Deutschland sein könnte – aber steuerfinanziert und ohne jeden Einfluss der Regierung und der anderen Gewalten.

Europäische Medien

Heute wird in den Medien über europäische Themen meist nur aus nationaler Sichtweise berichtet. Die Bürger nehmen deshalb Europa weitgehend unter dem Blickwinkel nationaler Vor- oder Nachteile wahr. Die Schaffung europäischer Medien, die aus europäischer Perspektive berichten, sollte deshalb gefördert werden. Eine europäische Medienanstalt hätte die Aufgabe, Zeitungen, Zeitschriften, Radio- und Fernsehprogrammen sowie Internetmedien mit europäischem Fokus zu fördern oder herauszugeben – oder auch nur die Bereitstellung von Informationen und Übersetzungen zu finanzieren. Sie sollte mindestens in allen 24 Hauptsprachen der EU, die im EU-Parlament zugelassen sind, ein gleichwertiges und plurales Angebot sicherstellen.

Die Wahl der Publikative

Um diese vielfältigen Aufgaben pluralistisch wahrzunehmen und der Vielfalt der Regionen, der politischen Richtungen und der Kulturen gerecht zu werden, könnte die Publikative (der Medienrat) unabhängig und plural durch Interessenverbände besetzt werden: Umweltverbände, Sozialverbände, Gewerkschaften, Wissenschaft, Vertreter von Religionen und Denkschulen, von Sport, Kunst und Musik sollten im obersten Aufsichtsgremium der Publikative vertreten sein. Wer genau das Recht hat, Mitglieder des Medienrates zu benennen, sollte im zweiten Teil der Verfassung festgelegt werden. Dagegen sollten die anderen Gewalten und die politischen Parteien keinen Einfluss auf die Publikative ausüben können, um jede Interessenkollision zu vermeiden.

Die sechste Gewalt: Regulierung der Wirtschaft - die Regulative

Seit den achtziger Jahren beobachten Soziologen eine zunehmende gesellschaftliche Spaltung und eine wachsende Verarmung der Unterschicht (siehe Kapitel 6). Angesichts der scheinbar alternativlosen wirtschaftlichen Zwänge glauben immer mehr Menschen, man könne eh nichts bewirken. Sie bleiben bei Wahlen zu Hause oder wählen reine Protestparteien, so dass die Demokratie zur bloßen Hülle, einer „Postdemokratie" degeneriert.[222] Dauern solche Zustände an, besteht die Gefahr, dass die Demokratie ihre Verankerung in der Bevölkerung verliert. Populismus, Radikalisierung und Terrorismus werden zunehmen.

Was ist die Alternative? In Zeiten, in denen eine abnehmende Zahl immer größerer Wirtschaftskonzerne, Banken und Kapitalgruppen große Teile der Weltwirtschaft kontrollieren, braucht die künftige EU auch eine neue Wirtschaftsverfassung, damit sich die Politik gegenüber der Wirtschaft durchsetzen kann. Meines Wissens gab es in der Geschichte des Kapitalismus genau drei Fälle, in denen ein privater Monopolkonzern in mehrere Bestandteile zerschlagen wurde: Die Aufteilung von Standard Oil in 34 Konzerne in den USA 1911 durch den Obersten Gerichtshof der Vereinigten Staaten – also nicht durch die Regierung! Die Aufteilung der IG Farben von 1945 bis 1951 in fünfzehn Einzelunternehmen durch die Besatzungsmächte und die Zerschlagung der Telefongesellschaft AT&T in den USA in acht Teilunternehmen.

Als eine Alternative zur Zerschlagung von Großkonzernen wird in letzter Zeit wieder über Gemeinwohlökonomie diskutiert.[223] So fordert der britische Philosoph Srnicek die Verstaatlichung der Internetplattformen, da sie eine grundlegende gesellschaftliche Infrastruktur darstellen wie Postwesen, Eisenbahn, Wasser und Strom, die im 19. Jahrhundert ver-

---

[222] Crouch 2003: Postdemokratie

[223] Haberkorn 2018: Plattform-Kapitalismus; Felber 2010: Gemeinwohlökonomie; Ostrom 1990: Die Verfassung der Allmende; Helfrich/Böll-Stiftung 2012: Commons

staatlicht wurden. Christian Felber hat eine Initiative für eine Gemeinwohlökonomie gegründet, die sogar auf Zustimmung im Sozialausschuss der EU gestoßen ist. Elinor Ostrom erhielt als erste Frau für ihre Forschungen über die gemeinsame Nutzung von Ressourcen den Nobelpreis für Wirtschaft. Bei Attac wird diskutiert, ob man nicht bei Firmen mit wachsender Größe eine zunehmende Zahl öffentliche Vertreter in den Aufsichtsrat setzen muss.

Doch welche Regierung traut sich noch, Großkonzerne und Milliardäre stärker zu besteuern oder gar zu zerschlagen? Dabei wird so ziemlich jeder Ökonom – egal ob ein Schüler von John Maynard Keynes oder von Milton Friedman[224] – zustimmen, dass Monopolunternehmen und die Konzentration von Vermögen in wenigen Händen nicht wünschenswert sind und der Wirtschaft schaden. Am Ende des Kapitalismus stellt sich also erneut die alte Frage, wie eine Gemeinwohlorientierung der Wirtschaft hergestellt werden kann, wie eine Monopolisierung der Märkte verhindert werden kann. Ist die einzige Alternative zur Herrschaft der Konzerne das Modell China oder Russland?

Es ist offensichtlich: Wenn die Demokratie ihrem Namen – ihrem Anspruch – gerecht werden will, dann braucht sie eine Institution, um Monopole und Oligopole zu verhindern oder auch aufzulösen und die Wirtschaft in eine gemeinwohlorientierte marktwirtschaftliche Wirtschaftsordnung umsteuern. Und das kann nur eine unabhängige Kraft, die nach dem Vorbild der Judikative konstituiert wird, damit sie nicht wie Regierungen mit der Drohung von Investitionsstopp und Arbeitslosigkeit erpresst werden kann.

Daher schlage ich einen durch die Verfassung legitimierten Wirtschaftsrat als sechste Regulative Gewalt vor. Dieser muss unabhängig genug sein, die Marktwirtschaft vor zu hoher Konzentration zu sichern (Kartellamtsfunktion). Er muss sicherstellen, dass kein Unternehmen, keine Bank und keine Kapitalgruppe so groß ist, dass sie die Regierung erpressen kann, dass sie Märkte monopolisieren kann und dass sie systemrelevant wird. Zugleich muss er sicherstellen, dass ein starker Mittelstand als Rückgrat der Wirtschaft Bestand hat und nicht von großen transnationalen Konzernen verdrängt wird. Dazu braucht er das Recht, Konzerne

---

[224] John Maynard Keynes und Milton Friedman gelten als die bedeutendsten Ökonomen des 20. Jahrhunderts und zugleich als Antipoden, da Keynes forderte, dass der Staat die Ökonomie steuern soll, während Friedman die Position vertrat, er solle sich möglichst raushalten.

aufzuteilen und kleinen und mittleren Unternehmen systematische Vorteile und Förderung zukommen zu lassen. Andererseits sollten die Aufsichtsratsplätze in Großunternehmen nach Größe gestaffelt zunehmend von Vertretern der Öffentlichkeit und der Belegschaft besetzt werden.

Es liegt auf der Hand, dass eine solche Regulierung nur auf europäische Ebene möglich ist. Konzerne, die sich nicht an die Spielregeln halten, müssten sogar vom Markt ausgeschlossen werden können. Interessanterweise sind heute die USA, China und begrenzt Russland die einzigen Staaten der Welt, die es sich leisten können und sich trauen, Konzerne zu regulieren, Manager strafrechtlich zu belangen und sogar Milliarden schwere Strafen gegen Konzerne zu verhängen, während die EU-Staaten erstaunlich zurückhaltend blieben. Die EU könnte viel mehr tun – wenn sie einheitlich handeln und die Politiker nicht überwiegend national denken würden.

Eine künftige europäische Wirtschaftsordnung sollte jedoch über die reine Kartellkontrolle hinausgehen. Sie sollte kommunalen und gemeinwirtschaftlichen Unternehmensformen vom selbstverwalteten Kindergarten bis zu Großeinrichtungen wie dem Roten Kreuz eine Sonderstellung einräumen. Dazu gehören Genossenschaften, gemeinnützige GmbHs, Non-Profit-Unternehmen und öffentlich-rechtliche Körperschaften; es sollte aber auch über neue Rechtsformen nachgedacht werden. Dieser „dritte Sektor“ hat Bedeutung für die Versorgung der Bürger mit gewissen Dienstleistungen, wo die Versorgung durch staatliche oder rein privatwirtschaftliche Organisationen nicht möglich oder wünschenswert ist. Hier denke ich vor allem an die verschiedenen Bereiche der kommunalen Daseinsvorsorge und an Einrichtungen im Bildungs- und Gesundheitsbereich (Schulen, Universitäten, Krankenhäuser). Der geöffnete europäische Markt muss so gestaltet werden, dass gemeinwirtschaftliche Unternehmen auf kommunaler Basis nicht zwangsweise privatisiert werden müssen.

Schließlich bleibt die Frage, wie ein solcher Wirtschaftsrat politikfern konstituiert werden soll. Noch wichtiger als bei den Gerichten erscheinen hier die Kriterien Kontinuität und natürlich Unabhängigkeit. Dazu könnten die Wahl entweder paritätisch durch Vertreter der Wirtschaft, der Gewerkschaften (beide jeweils getrennt nach Klein-, Mittel- und Großbetrieben) und der Verbraucher erfolgen. Denkbar ist auch eine Wahl nach der bereits oben beschriebenen „Dogenmethode“ oder eine Kombination aus beidem.

Die siebte Gewalt: Finanzmarktregulierung und Zentralbank - die Monetative

Die Finanzkrise von 2008 mit den gewaltigen Turbulenzen, die sie gerade in der EU ausgelöst hat, hat bei vielen Menschen das Vertrauen in die Demokratie in der EU beschädigt. Insbesondere in Griechenland haben die Reaktionen der Mehrheit der EU-Staaten auf die Krise zu Massenarbeitslosigkeit, einem teilweisen Zusammenbruch des Gesundheitssystems und anderen Verwerfungen geführt, ohne dass sich die Gremien der EU dafür verantwortlich fühlten. Wäre die EU bereits ein Staat mit einer gewählten Regierung gewesen, dann wären Merkel und Juncker nach Athen gefahren und hätten eingreifen – helfen – müssen. Stattdessen reagierte Schäuble im Ministerrat so, als sei das allein ein Problem Griechenlands, als ginge es nur darum das Geld deutscher Bürger zu schützen. Die Mitglieder des zentralen Gremiums der EU reagierten nicht als Europäer, sondern als Nationalisten.

Es war dann ausgerechnet die unabhängige Europäische Zentralbank unter ihrem Chef Mario Draghi, die gegen teilweise wütende Anwürfe ihren Auftrag ernst nahm und durch großzügige Kredite versuchte, die Konjunktur wieder zu beleben. Allerdings waren ihr dabei völlig unsinnige Fesseln angelegt. Es beinhaltet schon eine gewisse Ironie, wenn einige Politiker in Deutschland, die zuvor die Unabhängigkeit der EZB durchgesetzt hatten, nun darüber empört waren. In dieser Stunde hat sich die Unabhängigkeit der EZB, die in der EU (anders als in den USA oder in Deutschland) als eigenständige Gewalt in der Verfassung konstituiert wurde, bewährt. Und dies, obwohl sie keineswegs optimal für ihre Aufgaben aufgestellt worden war.

Tatsächlich braucht die EU für die Steuerung des Finanzwesens eine weitere unabhängige Gewalt, einen Europäischen Finanzrat. Ich nenne diese Gewalt die Monetative.[225] Die verfassungsmäßigen Aufgaben dieser Monetative sollten aber anders gefasst werden als die der EZB heute. Da könnte durchaus die US-Zentralbank Fed ein Vorbild sein, deren erste Aufgabe eine geringe Arbeitslosigkeit ist, erst dann folgen als Aufgaben „moderate langfristige Zinsen“ und „Preisstabilität“. Auch die Bank of England, die Zentralbank Großbritanniens, hat die explizite Aufgabe, die Wirtschaftspolitik der Regierung zu unterstützen.

---

[225] Der Begriff „Monetative“ wird sehr ambivalent genutzt. Ich finde ihn aber treffend für die siebte Gewalt. Damit mache ich aber keine Aussage über die „Vollgeld-Theorie“, die von einem Verein mit dem Namen „Monetative“ gefordert wird. Dieser fordert die exklusive Geldschöpfung durch die Zentralbank.

Aus diesem Grunde sollte der Europäische Finanzrat mehrere Aufgaben haben:

- Vorrangige Ziele sollten nachhaltige Wirtschaftsentwicklung und geringe Arbeitslosigkeit sein.
- Steuerung der Zentralbank und ihrer Geldpolitik mit dem Ziel langfristiger moderater Zinsen und Preisstabilität.
- Dazu sollte sie, wie jede andere Zentralbank – aber leider nicht die EZB – berechtigt sein, Geld zu drucken und auch der EU-Regierung oder bei Bedarf auch bestimmten Regionen zur Verfügung zu stellen. Denn wenn die Bank zur Auffassung gelangt, dass sie mehr Geld in Umlauf bringen muss – wie das die Fed und die Bank of England sehr erfolgreich in der Finanzkrise getan haben, dann macht es mehr Sinn, dies durch die Finanzierung von staatlichen Investitionen zu tun, als das Geld den Banken zu geben.
- Dem Finanzrat sollte auch die Bankenaufsicht unterstellt sein, die die Banken und auch die Schattenbanken[226] regulieren und kontrollieren sollte, damit keine neue Finanzkrise eintritt. Dazu braucht sie auch das Recht, zu große Finanzinstitute, die für die EU systemrelevant werden, aufzulösen oder in mehrere Teile zu zerlegen. Systemrelevante Nicht-EU-Banken sollten vom EU-Markt ausgeschlossen werden können.

Es liegt auf der Hand, dass eine solche Institution demokratisch legitimiert sein muss. Sie kann aber nicht von der Regierung eingesetzt werden, da dann Druck auf die Regierung ausgeübt werden kann. Auch würde eine Regierung stets im Verdacht stehen, Geld zu drucken, um die eigenen Wiederwahlchancen zu verbessern. Die Ernennung der Mitglieder des Finanzrates sollte daher ähnlichen Überlegungen folgen wie die der obersten Gerichte und der Regulative.

---

[226] Schattenbanken sind alle Firmen und Institutionen, die Geld verleihen und anlegen, auch Vermögensverwaltungen, die das im Auftrag für Dritte tun – soweit sie keine Banklizenz haben. Die größten Schattenbanken sind mittlerweile erheblich größer als die größten Banken. Dazu gehören die privaten Vermögensverwalter BlackRock und Vanguard, die Staatsfonds von Saudi-Arabien und Norwegen sowie große Rentenfonds und Versicherungen. Größte deutsche Schattenbank ist die Allianz-Gruppe.

Demokratie - ein Lernprozess

Das Sieben-Gewalten-Modell ist ein Vorschlag – ein Diskussionsangebot. Als die Väter der Verfassung der USA (es war keine Frau dabei!) sich für das Modell von Montesquieu entschieden, wollten sie ganz entschieden keine Demokratie, sondern eine Wahlaristokratie für die Legislative (sechs Prozent der Bevölkerung waren anfangs wahlberechtigt, die tatsächliche Wahlbeteiligung lag in den USA erst 1804 erstmals über zwei Prozent.[227]). Gewählt werden konnten nur wohlhabende Landbesitzer. Das Präsidentenamt wurde bewusst als Wahlkönigtum gestaltet: Der König ernennt die Regierung – also die Exekutive – und auch die obersten Richter.

In den letzten zweieinhalb Jahrhunderten haben sich die Regeln der Demokratie und der Gewaltenteilung ständig verändert und weiterentwickelt – auch in den USA. Heute herrscht ein großer Konsens in allen modernen Demokratien, dass alle Menschen gleiche Bürgerrechte haben sollen, dass wir eine „Demokratie" als Staatsform haben wollen, in der alle Bürger sich aktiv einbringen können. Tatsächlich sind wir davon noch weit entfernt. Deswegen lohnt es sich, über „mehr Demokratie" nachzudenken. Das vorgestellte Modell ist sicher noch nicht perfekt. Ich verstehe es vielmehr als einen Beitrag zum Einstieg in die Diskussion. Ich bin gespannt auf Reaktionen und noch bessere Ideen.

> **Fazit 1:**
>
> Eine Demokratie mit erweiterter modernisierter Gewaltenteilung kann dazu beitragen, dass das Primat der Politik und des demokratischen Diskurses gegenüber der Wirtschaft und den Finanzmärkten wieder hergestellt wird und eine vielfältige kritische Medienlandschaft erhalten oder wieder gestärkt wird. Dabei muss gewährleistet werden, dass die neuen Gewalten unabhängig von Regierung und Parlament bleiben.
>
> **Fazit 2:**
>
> Europa sollte sich das Schweizer „Nicht-Regierungssystem" als Vorbild nehmen. Die Vielfalt der Völker und Kulturen Europas erfordert eine

---

[227] Siehe im englischen Wikipedia unter den Stichworten „Voting Rights in the United States" und „Suffrage", gelesen am 1.2.2018

Exekutive, der möglichst viele Menschen vertrauen können. Dieses Ziel dürfte sich mit dem Modell einer Mehrheitsregierung nur schwer vertragen.

„Im 21. Jahrhundert sind die Verfechter des Nationalen die weltfremden Idealisten.“ (Ulrich Beck)[228]

„Die Globalisierung der Wirtschaft macht die Globalisierung der Demokratie notwendig.“ (Andreas Gross)[229]

Kapitel 9

Das Ringen um eine demokratische Weltordnung

Marshall-Plan für die Welt und Assoziation für Demokratie und Entwicklung

Die Welt wächst zusammen und wir sind schizophren – Völkerrecht und Weltrecht – Die Herrschaft der Bodies – Fairhandel statt Freihandel – Das Welt-Parlament – Der Marshallplan für die Erde – Eine Assoziation für Demokratie und Entwicklung

Jedes Jahr verlassen zig Tausende von jungen Afrikanern ihre Heimat und ihre Familien und ziehen nach Norden – in Richtung Europa. Sie kommen aus Slums, wo es keine Arbeit gibt. Sie kommen aus Dörfern, wo die Menschen hungern. Sie kommen aus Flüchtlingslagern, wo die Menschen oft schon viele Jahre von Hilfsorganisationen mit dem Nötigsten versorgt werden, ohne eine Perspektive auf Änderung. Sie fliehen, weil sie es gewagt haben, den Mund auf zu machen und mit dem Tode bedroht werden. Oder sie kommen einfach, weil sie auf ein besseres Leben hoffen. Sie wissen, dass sie sich auf eine oft jahrelange gefährliche und für viele tödliche Reise begeben. Tausende sterben auf dem Track durch die Sahara. Tausende sterben in den Folterkellern in Libyen. Manche haben Glück und werden gegen horrende Summen von Verwandten,

---

[228] Beck 2017: Die Metamorphose der Welt

[229] Gross 2016: Die unvollendete Demokratie

die oft als Hilfsarbeiter in Europa leben, freigekauft – und viele ertrinken dann doch noch bei der Überfahrt übers Mittelmeer.

Doch einige dieser Menschen kommen oft nach Monaten oder gar Jahren bei uns in Schleswig-Holstein an. Manche finden sich hier schnell zurecht – machen eine Lehre, studieren und finden eine Arbeit oder gründen gar ein Geschäft. Andere sind zerbrochen nach alldem, was sie erlebt haben und brauchen Jahre, um ihre Traumata zu verarbeiten.

Was aber bedeutet dies für uns in Deutschland? Was bedeutet das für Europa? Was bedeutet das für die Zukunft der Welt?

Die Welt wächst zusammen und wir sind schizophren

Globalisierung ist nichts Neues. Neulich mailte mir eine Frau aus Neuseeland ein Foto meiner Ururgroßeltern. Ihr Ururgroßvater war um 1870 eingewandert und hatte das Foto seiner Eltern mitgenommen. Er war ein Onkel meiner Großmutter. Allein in den USA leben mehr Menschen mit deutschen Vorfahren als in Deutschland! Und unter unseren Vorfahren wiederum finden sich Römer, die im Rheinland siedelten, Hunnen, die hier mit Attila durchzogen, Italiener, Russen und Schweden, die für oder gegen den Kaiser kämpften, spanische Juden, die vor Progromen nach Hessen flohen, französische Protestanten, die wegen ihrer Religion nach Preußen flohen und dort eine zentrale Rolle beim Aufbau einer modernen Wirtschaft spielten, Polen, die als Bergarbeiter ins Ruhrgebiet zogen und viele mehr. Die meisten Deutschen wissen davon wenig – was aber einige merkwürdigerweise nicht davon abhält, Sinti oder Juden, deren Vorfahren hier seit tausend Jahren leben, als Fremde abzulehnen. Die Welt ist schizophren.

Neu ist heute allerdings, dass wir voneinander mehr erfahren: dass man in Ghana im Fernsehen sehen kann, wie das Leben in Deutschland (angeblich?) sein soll – und umgekehrt; dass die Menschen über E-Mails rund um den Globus Kontakt halten; dass die, die einen „guten“ Pass haben (also zum Beispiel einen deutschen), ohne Probleme in Thailand, Kenia oder Peru Urlaub machen können; und dass sich sogar mancher Normalverdiener so etwas leisten kann. Und neu ist, dass sich unsere Probleme von denen unserer Mitmenschen in Bangladesh nur noch schwer trennen lassen. Ich trage Sneaker aus Dhaka, schreibe auf einem Laptop aus Jiangsu (China) und fahre ein japanisches Auto, das in Kolín (Tschechien) gebaut wurde.

Es nützt in unserer globalen Welt auch nichts mehr, wenn wir alleine unseren CO_2-Ausstoß reduzieren, aber andere Ländern ihn hochfahren. Und die Idee, wir sollten unsere Grenzen schließen, ist schlicht absurd für ein Land, das die Hälfte der hier produzierten Waren im Ausland verkauft. Tatsächlich ist für uns als Exportland der gute Ruf in der Welt unser größtes Guthaben. Diesen guten Ruf mussten wird uns nach dem Zweiten Weltkrieg erst mühsam neu erarbeiten. Niemand schadet uns daher mehr als jene Deutschtümler, die unser Ansehen durch Fremdenfeindlichkeit wieder leichtsinnig aufs Spiel setzen.

Es stellt sich also nicht mehr die Frage: Bist Du für die Globalisierung oder dagegen? Es stellt sich viel mehr die Frage: Wie wollen wir die Globalisierung gestalten – wie wollen wir sie regeln? Vor wenigen Jahren schien Entwicklungshilfe noch etwas für „Gutmenschen“ zu sein und wurde von vielen Bürgern als Verschwendung angesehen. Heute (2017) redet ausgerechnet ein Entwicklungshilfeminister der CSU – Gerd Müller – manchmal „wie Karl Marx“ und legt „Eckpunkte für einen Marshallplan mit Afrika“ vor.[230] Natürlich nicht aus Humanismus, sondern weil „sonst Millionen zu uns (kommen)“. Der Begriff Marshallplan erinnert an den Vorschlag von Al Gore, dem späteren Vizepräsidenten der USA, der schon 1992 einen „Marshallplan für die Erde“ vorschlug.[231]

Tatsächlich sind wir längst alle ein bisschen schizophren: Einerseits sparen wir Energie und Wasser – andererseits fliegen wir mal kurz in den Urlaub. Und das gilt nicht nur für unser privates Handeln, sondern auch für das unserer Regierung: Da unterschreibt die Bundesregierung ein Klimaabkommen, fördert mit der einen Hand ein bisschen die erneuerbaren Energien – und subventioniert mit der anderen Hand Flugverkehr, Kohlekraftwerke, Atomkraft und Dieselfahrzeuge. Alles angeblich, damit es der Wirtschaft gut geht und wir konkurrenzfähig bleiben.

Das Verhalten gegenüber Afrika ist genauso widersprüchlich. Da reden die europäischen Regierungen davon, Afrika zu helfen – damit weniger Flüchtlinge kommen. Aber tatsächlich zwingen Deutschland und die EU immer mehr afrikanische Staaten, gegen ihren Willen die sogenannten

---

[230] Der Marshallplan war der umgangssprachliche Name des European Recovery Program (ERP), des erfolgreichen Wiederaufbauprogramm für Europa nach dem 2. Weltkrieg. BMZ 2017: Afrika und Europa; Gerwien/Hoidn-Borchers 2017: Flüchtlinge; Müller-Jung 2007: Potsdamer Klimakonferenz

[231] Siehe Gore 1992: Wege zum Gleichgewicht

EPA-Verträge[232] zu unterzeichnen, indem sie mit der Einstellung der Entwicklungshilfe drohen. Warum tun sie das?

Die reichen Länder wollen ihre Waren verkaufen und fordern symmetrische Verträge, in denen arme und reiche Länder gleichbehandelt werden. Die Entwicklungsländer stellen aber fest, dass dann ihre eigene Wirtschaft schutzlos ohne Zölle der übermächtigen Konkurrenz ausgeliefert ist. Kaduna – die „Krokodilstadt" am Niger – war einst ein Zentrum der Textilindustrie mit Hunderttausenden von Arbeitsplätzen. All das ist verschwunden. Nigeria – einer der ölreichsten Staaten der Welt – wurde durch das Öl ruiniert. Die Öffnung der Grenzen führte zu hohen Wechselkursen gegenüber dem US-Dollar. So wurden Importe billiger und immer mehr Textilien wurden importiert. Und das ruinierte die einheimischen Industrie.[233] Reich wurde durch das Öl nur eine kleine Kaste, die das Geld längst lukrativ in Europa angelegt hat. Man nennt das den Ressourcenfluch.

Das lässt sich auch historisch sehr gut nachvollziehen. Alle Länder, die sich erfolgreich entwickelt haben, haben stets das genaue Gegenteil von dem getan, was die Ökonomen der EU und der OECD immer noch vorschlagen: Sie haben die eigene Wirtschaft durch staatliche Förderung hinter dem Schutz von Zollschranken entwickelt. So machten es Preußen und Japan im 19. Jahrhundert, so machten es China, Korea und zuletzt Malaysia. Malaysia ignorierte nach der Ostasienkrise die Empfehlungen und Kredite von IWF und Weltbank und stand am Schluss deutlich besser da als die Nachbarstaaten, die „kooperierten".[234]

Auch die Euphorie für den Freihandel erweist sich als schizophren: Danach sollte es allen bessergehen, wenn Abkommen wie TTIP und CETA unterzeichnet werden. Tatsächlich profitieren viele Menschen aber gar nicht davon. Im Gegenteil: Es besteht die Gefahr, dass noch mehr Natur zerstört wird oder die Rechte von Arbeitnehmern untergraben werden, wenn vor allem große Konzerne die Möglichkeit bekommen, Staaten, Regionen oder Kommunen vor privaten Gerichten zu verklagen. Denn sie klagen, weil sie weniger Profite machen, wenn Parlamente Gesetze verabschieden, um Arbeitnehmer zu schützen oder die Umwelt zu erhalten oder um Strukturpolitik zu gestalten.

---

[232] EPA heißt: Economic Partnership Agreements

[233] Gänsler 2016: Ein Monatslohn für ein Sack Reis; Auty 1993: Sustaining Economies in Mineral Economies

[234] Abiola 2016: Europa erzeugt die Flüchtlinge selbst

Völkerrecht und Weltrecht

Tatsächlich wissen wir längst, dass ungeregelter Kapitalismus sehr schädlich sein kann – sowohl für die Menschen, die unter Wirtschaftskrisen leiden – aber auch für die Wirtschaft. Deswegen wurde der Kapitalismus national überall mehr oder weniger reguliert: Durch Vermögenssteuern, Rentenkassen, staatliches Gesundheitswesen, Bauvorschriften, Umweltgesetze und vieles mehr.

Auch international ist die Zeit, in der jeder Staat machen konnte, was er will, längst vorbei. Nach einem der grauenvollsten Kriege der Weltgeschichte – dem Dreißigjährigen Krieg, wurde 1648 im Westfälischen Frieden das Völkerrecht geschaffen. In Wirklichkeit war es zunächst ein Fürstenrecht, denn es regelte erstmals die internationalen Beziehungen zwischen souveränen Herrschern. Ab Ende des 18. Jahrhunderts traten dann nach und nach an die Stelle der Fürsten die Völker als Souverän. Und erst nach den beiden Weltkriegen war es soweit, dass die grundlegende Regel, das Annexionsverbot, zumindest verbal von allen Staaten der Erde akzeptiert wurde.

Eine völlig neue Entwicklung im internationalen Recht wurde 1899 mit der Haager Landkriegsordnung eingeläutet: Sie regelte die Schonung der Zivilbevölkerung im Krieg und später das Verbot der Chemiewaffen. Nun ging es nicht mehr um die Beziehung zwischen Staaten, sondern um Rechte von Menschen – von „Weltbürgern“: Das war die Geburtsstunde des „Weltrechtes“ – wie Jo Leinen und Andreas Bummel es in ihrem Buch über die Weltdemokratie bezeichnen.[235] Mittlerweile besteht das Weltrecht aus Tausenden von Verträgen und internationalen Konventionen wie die Menschenrechte, das Seerecht, die Klimakonvention usw.

Aufgrund dieser Verträge entstanden die supranationalen Einrichtungen, die entweder weltweit oder regional tätig sind. Über dreißig der wichtigsten dieser Einrichtungen befinden sich mittlerweile unter dem Dach der UNO, viele andere sind ohne Bezug zur UNO eingerichtet worden – so zum Beispiel die Welthandelsorganisation (WTO) und der Internationale Strafgerichtshof (ICC). Mittlerweile gibt es sogar ein gutes Dutzend internationaler Gerichte wie den Internationalen Gerichtshof in Den Haag, den Internationalen Seegerichtshof in Hamburg und den Dispute Settlement Body der WTO in Genf.

---

[235] Leinen/Bummel 2017: Das demokratische Weltparlament; der Rest dieses Kapitel referiert viele Gedanken dieses lesenswerten Buches.

Neben diese „staatlichen" Organisationen sind unzählige internationale Nichtregierungsorganisationen (NGOs) getreten. Dazu zählen sehr unterschiedliche Verbände wie das Internationale Rote Kreuz, das Internationale Olympische Komitee, der Internationale Gewerkschaftsbund, aber auch reine Lobbyorganisationen der Wirtschaft bis hin zu den großen Umweltverbänden wie Greenpeace oder Friends of the Earth, Menschenrechtsorganisationen wie Amnesty International oder Globalisierungskritikern wie Attac.

Wer hat das Sagen?

Der zentrale Streitpunkt zwischen den Staaten sind naturgemäß die Verfahren, nach denen über strittige Fragen entschieden wird. Insbesondere die dominierenden Mächte – darunter ganz besonders die USA – sind oft nicht bereit, sich Mehrheitsentscheidungen zu beugen. So sind die USA, China, Indien und Russland – aber auch Israel und die Türkei – dem Internationalen Strafgerichtshof nicht beigetreten, weil sie wissen, dass einige ihrer Gesetze mit den Menschenrechten nicht vereinbar sind.

In den meisten Organisationen gilt daher die Regel, dass jeder Mitgliedsstaat eine Stimme hat und die Entscheidungen nur einvernehmlich getroffen werden. Das macht das Prozedere natürlich sehr zäh. So war es bei den Weltklimakonferenzen – obwohl dann schon mal beim Abschlussvotum ein kleines Land einfach „übersehen" wurde, um die Einstimmigkeit verkünden zu können. In vielen Organisationen wird neben dem Vorstand noch ein Exekutivrat gebildet, in dem die wichtigsten fünf bis sieben Staaten wie USA, Japan, Deutschland, China, UK, Russland oder Frankreich meist unmittelbar vertreten sind, während die anderen Mitglieder gewählt oder von Ländergruppen vorgeschlagen werden.

Auch in der UN-Vollversammlung hat jedes Land eine Stimme – also China mit fast 1,4 Milliarden Einwohnern genauso wie Nauru mit 10.000 Einwohnern. Sie ist also kein Parlament. Trotzdem kann die UN-Vollversammlung mit Mehrheit Beschlüsse fassen, soweit nicht der Sicherheitsrat mit dem Thema befasst ist. Insbesondere entscheidet die UN-Vollversammlung über den Haushalt der UN, nimmt neue Mitglieder auf, beschließt (unverbindliche) Deklarationen, die dennoch oft eine weltweite Wirkung entfalten, wählt die nichtständigen Mitglieder des Sicherheitsrates, den Wirtschafts- und Sozialrat, die Richter des Internationalen Gerichtshofes (nicht zu verwechseln mit dem internationalen Strafgerichtshof, der nicht zur UN gehört) und den Generalsekretär. Völkerrechtlich verbindliche Beschlüsse mit Außenwirkung und den Einsatz von Blauhelmsoldaten kann jedoch nur der fünfzehnköpfige Sicherheitsrat fassen. Hier haben die USA, China, Russland, England und Frankreich einen ständigen Sitz und können ein Veto einlegen.

Bei den wichtigsten ökonomischen Organisationen dominieren dagegen die Geldgeber! Die Weltbankgruppe (bestehend aus fünf Organisationen) und der Internationale Währungsfond (IWF)[236] gehören zwar zur UNO, aber die Mitglieder haben unterschiedliche Stimmrechte, in etwa entsprechend ihrem finanziellen Beitrag. So hat die USA zehn bis sechzehn Prozent der Stimmen, die EU-Länder zusammen über zwanzig Prozent. Entscheidungen in der Weltbank benötigen eine Mehrheit. Anders ist es beim IWF. Hier erfordern Beschlüsse eine Mehrheit von 85 Prozent. Dadurch haben sowohl die USA wie auch die EU faktisch ein Vetorecht.

Ein großes Problem stellt die Beschlussfassung in der Welthandelsorganisation WTO dar, die nicht zur UNO gehört. Wichtige Entscheidungen über die Verträge (GATT, GATS und TRIPS)[237] werden nur einstimmig gefasst. Diese Einstimmigkeit kam aber praktisch nie zustande, da die Entwicklungsländer auf der einen und die USA und die EU auf der anderen Seite sich nie über die Agrarsubventionen einigen konnten. Denn die Industriestaaten fordern die Öffnung der Märkte für ihre Waren, sind aber nicht bereit, ihre Märkte für Agrarprodukte zu öffnen. Das ist der Hintergrund, warum in den letzten Jahren die reichen Länder wieder dazu übergingen, bilaterale Verträge wie NAFTA, TTIP oder CETA auszuhandeln. So soll das Veto der Entwicklungsländer in der WTO ausgehebelt werden.

Dagegen wurde das Verfahren bei Streitigkeiten über die bestehenden Verträge sehr gut geregelt: Dafür gibt es das WTO-Gericht „Dispute Settlement Body“ (DSB). Es gibt sogar ein Berufungsgericht, den „Appellate Body“, das als das mächtigste Gericht der Welt gilt.[238] Übrigens wurden die meisten Klagen (fast vierzig Prozent von insgesamt fast 500 Verfahren) gegen die USA eingereicht und viele auch gewonnen. Das System funktioniert also erstaunlich gut!

---

[236] Die Weltbankgruppe besteht aus fünf Einrichtungen, die überwiegend Entwicklungsprojekte finanzieren. Der IWF vergibt Kredite an Staaten, die Finanzierungsprobleme haben. Sie wurden beide 1944 im Rahmen der Regulierung der Finanzmärkte in den Bretton-Woods-Verhandlungen gegründet.

[237] GATT – Welthandelsabkommen, GATS – Abkommen über Dienstleistungen, TRIPS – Abkommen über geistiges Eigentum.

[238] Sands 2005: Lawless world

Als Zwischenfazit muss man daher sagen: Keine der Organisation ist wirklich demokratisch organisiert. Aber sind sie deswegen schlecht? Ich denke nicht. Weder die UNO mit ihren Unterorganisationen noch die WTO sind die Ursache des Bösen, sondern eher erste Schritte der Lösung. Ohne sie wäre die Welt nicht besser. Heute sind UNO-Organisationen die wichtigsten Akteure bei Hungerhilfe und Friedensmissionen. Kriege, Völkermord, Hunger und Menschenrechtsverletzungen werden nicht von den internationalen Einrichtungen verursacht, sondern fast immer von skrupellosen Machthabern der Nationalstaaten – auch den USA oder von EU-Staaten.

Eine sehr zwiespältige Einrichtung ganz besonderer Art stellt allerdings die G7 dar, die aus USA, Japan, Deutschland, Frankreich, UK, Kanada, Italien besteht. Zeitweilig wurde sie zur G8 mit Russland erweitert, das aber nach der Annexion der Krim wieder ausgeladen wurde. Man konnte die G7 beinahe als den Versuch bezeichnen, eine oligarchische Weltwirtschaftsregierung einzurichten. Aber da die Länder der G7 mittlerweile nur noch 44 Prozent des Bruttonationaleinkommens (BNE) der Welt erwirtschaften (bei Gründung der G7 waren es noch über 70 Prozent), werden die wichtigen Entscheidungen über die Weltwirtschaft seit der Finanzkrise in der G20 besprochen. Die G20 umfasst auch die wichtigsten Schwellenländer und repräsentiert damit über 80 Prozent des BNE der Welt.[239] Beide Gremien entscheiden stets einstimmig. Und auch hier gilt: Es ist gut, wenn die wichtigsten Staatsleute miteinander reden! Und es ist besser, wenn die großen Schwellenländer dazu eingeladen werden. Aber auch die G20 ist ein oligarchischer Club und keine demokratische Einrichtung!

Die Herrschaft der Bodies

Man könnte sich also freuen: Die Regelungsdichte nahm seit dem 19. Jahrhundert ständig zu. Das Chaos der rivalisierenden Nationalstaaten wird zurückgedrängt. Rundfunkfrequenzen und Seestraßen, Luftverkehr

---

[239] Mitglied sind 19 Staaten und die EU: USA, China, Japan, Deutschland, Frankreich, Brasilien, GB, Italien, Russland, Kanada, Indien, Australien, Mexiko, Südkorea, Indonesien, Türkei, Saudi-Arabien, Argentinien, Südafrika. Teilnehmer sind die Staats- und Regierungschefs, die Finanzminister, die Zentralbankchefs, der Präsident des Europäischen Rates, der Präsident der EZB, der Managing Director des IWF, der Vorsitzende des Internationalen Währungs- und Finanzausschusses (IMFC), der Präsident der Weltbank und der Vorsitzende des Development Committee der OECD.

und Klimaschutz, Patentwesen und Handel, Behandlung von Kriegsgefangenen und die Versorgung von Verwundeten – immer mehr Bereiche wurden durch Hunderte von neuen internationalen Organisationen gemeinsam geregelt. Auch die materiellen Verflechtungen nehmen ständig zu. Ohne Importe würden unsere Rinder im Stall verhungern und unsere Autos hätten keinen Sprit.

Die kritische Frage ist allerdings, wie kommen die Regeln zustande? Fritz Glunk schildert das Problem so:[240] „Es gibt eine Anzahl formloser Gruppen (in internationalen Handelsverträgen nur «bodies» genannt), in denen ... Wirtschaftsvertreter und staatliche Behörden zusammensitzen und globale Regeln und Normen ... festlegen; ... ebenso informell sind auch ihre Beschlüsse ... oder Vereinbarungen, die dann als «soft law» oder noch weicher als Empfehlung oder Meinungsäußerung auftreten ...; keine dieser Gruppen ist gewählt oder abwählbar oder einer demokratischen Kontrolle unterworfen; manche der so global verabredeten Normen werden, so wie sie sind, de facto oder de jure zu geltendem Weltwirtschaftsrecht; andere kommen zwar vor Parlamente, können dort aber, als weltweit ausverhandeltes «Paket», nicht mehr verändert werden. Die Parlamente und die Bevölkerungen der betroffenen Nationalstaaten akzeptieren schweigend diese Entmachtung."

Ein typisches Beispiel: Der Kampf gegen Steuervermeidung von Konzernen wäre logischerweise am besten beim Expertenkomitee für Steuerfragen der UNO angesiedelt. Doch die G20 beauftragte stattdessen die OECD (die Wirtschaftsorganisation der wohlhabenden Staaten) damit, einen Plan auszuarbeiten. Und obwohl die Chefunterhändlerin der OECD Gabriela Ramos die wachsende Ungleichheit in der Welt für das größte Wachstumshindernis hält,[241] weigerte sich die OECD mit dem UNO-Komitee zusammenzuarbeiten. Stattdessen wurde 2016 eine „Platform of Collaboration on Tax" (PCT) gebildet, die aus OECD, IMF, Weltbank und einem Büro für Entwicklungsfinanzierung der UNO gebildet wird. Nun sitzen nur noch unkontrolliert agierende Experten beisammen.[242]

Diese Entwicklung bedeutet eine systematische Aushebelung der nationalen Demokratien. Es ist geradezu eine Vorlage für Verschwörungstheorien über geheime Vereinigungen, die die Welt auf geheimnisvolle Wei-

---

240 Glunk 2017: Schattenmächte. Fritz Glunk ist Herausgeber des politischen Magazins „Gazette".

241 Ramos 2017: Für eine neue Globalisierung

242 Montes/Rangaprasad 2018: Collaboration or Co-optation?

se und in geheimen Clubs steuern. Für Populisten und Nationalisten ist das Wasser auf ihre Mühlen. Aber durch eine Abkapselung der Nationalstaaten würde naturgemäß keines der Probleme gelöst. Im Ergebnis wird so die Demokratie zwischen internationalen Lobbys aus Wirtschaft und Politik und nationalen Populisten zerrieben.

Die Lösung dieses Problems kann also nicht im Nationalismus liegen. Wir brauchen stattdessen eine Demokratisierung der internationalen Beziehungen – letztlich eine Demokratisierung der Welt. Genau dieser Konflikt zerreißt auch die Globalisierungskritiker: Einerseits mobilisieren sie gegen die Globalisierung, veranstalten gewaltsame Protestaktionen gegen G7- oder G20-Gipfel. Andererseits erheben sie zunehmend auch Forderungen für eine gerechte Weltordnung und für geeignete demokratisch legitimierte Institutionen.

Mit dem Weltsozialforum, bei dem sich seit 2001 jedes Jahr Tausende von Aktivisten aus aller Welt treffen, sowie mit den breiten Bewegungen für Klimaschutz und gegen bilaterale Handelsverträge wie TTIP und CETA hat sich in den letzten Jahrzehnten auch die internationale Zivilgesellschaft organisiert. Dabei wächst die Vernetzung von Nichtregierungsorganisationen wie Oxfam, Medico International, Transparency International, Greenpeace, Tax Justice Network, Democracy International oder Attac. Auch in den Parteien, in denen internationale Probleme lange Zeit nur Spezialisten im EU-Parlament interessierten, rücken diese Themen immer mehr ins Zentrum der Agenda. Eine wachsende Bedeutung hat auch die internationale Vernetzung der Kommunen, Städte und Regionen gewonnen. Sie haben sich im „Rat der Gemeinden und Regionen Europas“ (RGRE) und seit 2004 im Verband „United Cities and Local Governments“ (UCLG) zusammengeschlossen.[243] Der Kampf um eine demokratische Weltordnung hat begonnen.

Fairhandel statt Freihandel

Alle loben den freien Handel: Die EU, die OECD, die deutsche Wirtschaft und natürlich auch die Bundesregierung. Und sie schimpfen zur Recht auf Präsident Trump, weil er wieder Zölle einführt. Aber Unrecht haben die Politiker und Ökonomen, wenn sie so tun, als gäbe es keinen Grund für Trumps Handeln. Tatsächlich hat die USA Jahr für Jahr ein Leistungsbilanzdefizit von über 500 Milliarden US-Dollar. Man kann es auch

---

[243] Glunk 2017: Schattenmächte

so ausdrücken: Die USA macht im Handel mit Europa und Asien jedes Jahr eine halbe Billion US-Dollar minus. Das geht einher mit einem wachsenden Staatsdefizit. Allein die Schulden der US-Bundesregierung liegen im April 2018 bereits über 21 Billionen US-Dollar.

Das ist eine Zeitbombe. Das geht nur so lange gut, wie China und Europa bereit sind, die kostenlos gedruckten US-Dollars als Bezahlung anzunehmen und sie in US-Staatsanleihen wieder anzulegen. Übrigens hatte der Ökonom John Maynard Keynes schon 1944 bei den Verhandlungen über das Bretton-Woods-Abkommen ein Ausgleichssystem – eine „Clearing Union" – gefordert, bei den Staaten mit Außenhandelsüberschüssen dafür bezahlen sollten. Das wurde durch die USA verhindert, die damals größter Exporteur der Welt war. Heute würde die USA sich über eine solche Regel freuen.

Aber was für die USA gilt, gilt um vieles mehr für viele Entwicklungsländer. Der unfaire Handel beraubt sie ihrer Entwicklungschancen. Es bedarf dringend einer neuen Welthandelsordnung. Denn selbst die USA, China oder die EU sind mittlerweile so sehr mit dem Rest der Welt verknüpft, dass sie sich einen Handelskrieg kaum leisten können. Daran werden auch die markigen Sprüche und Entscheidungen von Präsident Trump nicht viel ändern. Und im Zentrum der Debatte steht die WTO, die mächtigste Organisation der Welt.

Diese Konstellation ist denn auch die Ausgangsbasis für Visionen, wie der Vorschlag des „ethischen Welthandels" von dem Politikaktivisten und Autoren Christian Felber, des „global Deal" von Franz Josef Radermacher oder der Vorschläge für eine neue Handelspolitik von Robert Habeck.[244] Sie vertreten die Auffassung, dass der Handel nicht frei sein soll, sondern „ethisch" oder „fair". Denn „freier" Handel heißt in Wirklichkeit, dass das Recht des Stärkeren gilt, dass es keine Regeln gibt. Das ist natürlich schon lange nicht mehr der Fall. Schon heute kann ein Staat vor dem WTO-Gericht klagen, wenn ein anderer gegen die Regeln der WTO verstößt.

Der Vorschlag von Felber besteht aus zwei zentralen Gedanken, mit denen ein ethischer bzw. fairer Welthandel hergestellt werden kann:

[1] Für den Welthandel soll künftig die UNO zuständig werden – was praktisch bedeuten könnte, dass die WTO eine Tochterorganisation der UNO wird.

244 Felber 2017: Ethischer Welthandel; Radermacher 2002: Balance oder Zerstörung; Habeck 2016: Wer wagt gewinnt

[2] Ein Land handelt fair, wenn es alle UNO-Deklarationen einhält. Wenn also jemand gegen die Menschenrechte verstößt – oder gegen den Umweltschutz, Klimaschutz, Meeresschutz, Kinderrechte, Arbeitnehmerrechte und andere – dann verschafft sich diese Firma oder der Staat, der das zulässt, einen unfairen Vorteil. Und das soll gleichbedeutend sein mit Preisdumping. Wenn also ein Staat Kinderarbeit zulässt, dann können andere Staaten die so produzierten Waren mit Strafzöllen belegen.

Ich halte die Idee für genial: Auf diese Weise würde aus „weichem" UN-Recht „hartes" Völkerrecht entstehen. Das hätte radikale Auswirkungen: Es würde nämlich einerseits bewirken, dass der Handel fairer wird. Aber andererseits hätte es auch die Wirkung, dass die UN-Resolutionen zu den Menschenrechten, zum Klimaschutz, zur Kinderarbeit und andere „hart" werden. So entstände nicht nur Völkerrecht, sondern auch „Weltrecht" im Sinne von Jo Leinen. Es entstände ein gewaltiger ökonomischer Druck auf alle Regierungen der Welt, die „Regeln" der UNO einzuhalten.

Ein erster Schritt auf dem Weg wäre der „Binding UN-Treaty", der zur Zeit auf Antrag von Ecuador in der Menschenrechtskommission der UN verhandelt wird.[245] Damit sollen internationale Konzerne verpflichtet werden, die UN-Resolutionen für Menschenrechte, gegen Kinder- und Sklavenarbeit und die Umweltabkommen einzuhalten. Es soll Klagerechte vor einem internationalen Gericht geben, so dass Arbeiterinnen, die für einen Hungerlohn in Bangladesh Hemden nähen, das europäische Label verklagen können, wenn es Aufträge an Firmen vergibt, die Kinder für sich arbeiten lassen. Allerdings läuft die deutsche Wirtschaft bereits Sturm dagegen und die deutsche Regierung hatte Ende 2017 gedroht, die Verhandlungen zu verlassen, weil der Vorschlag von Ecuador viel zu weit ginge. Ein anderer wichtiger Schritt wäre eine Vorlage auf der Jahrestagung der Weltbank 2018, die vorsieht, dass zumindest ein Teil der Kredite an ethische Standards gebunden werden solle. Und in der Schweiz läuft gerade eine Volksabstimmung, die Konzerne und ihre Töchter und Lieferanten verpflichten soll, die Menschenrechtskonventionen und die Umweltstandards einzuhalten.

Darüber hinaus werden von Felber, Radermacher und Habeck noch weitere Regeln vorgeschlagen. Ich nenne hier nur einige Beispiele:

---

[245] Leifker 2017: Auf zum Binding Treaty; BDA 2017: Wirtschaft und Menschenrechte; Attac 2017: UN-Treaty-Verhandlungen Tag 5

- Arme Länder sollen das Recht haben, die eigene Wirtschaft durch Schutzzölle gegen erheblich stärkere Staaten zu schützen.
- Wir brauchen eine Neuorientierung einer abgestimmten Agrarpolitik und Ausrichtung der Agrarforschung auf die Länder des globalen Südens.
- Alle Länder sollen verpflichtet sein, eine ausgeglichene Leistungsbilanz anzustreben. Dazu wird nach dem Vorschlag von Keynes eine Clearing Union eingerichtet, an die Staaten mit Leistungsbilanzüberschüssen Strafzahlungen leisten müssen.
- Transnationale Konzerne sollen nur eine bestimmte Größe erreichen dürfen.
- Medikamente sollen für arme Menschen kostenlos oder sehr billig bereitgestellt werden. Zugleich sollte die UNO neue Forschungsprogramme für die „Neglected Tropical Diseases“ und finanzieren.[246]

All diese Vorschläge zielen darauf ab, eine Alternative zu der „Freihandels“-Ideologie der Neoklassiker zu entwerfen. Gerade in der Debatte um die Freihandelsabkommen wie TTIP und CETA tauchte immer die Frage auf, ob freier Handel denn etwas Schlechtes sei. Und die Antwort ist klar und einleuchtend. Handel ist gut, aber er muss sich an Regeln halten. Wer Waren mit Kinderarbeit oder mit Sklaven produziert, wer die Natur zerstört oder Gewerkschaften verbietet, der hat keinen Anspruch auf freien Handel, sondern sollte sogar ausgeschlossen oder zumindest mit Strafzöllen belegt werden.

Aber die Vorschläge von Felber haben noch eine ganz andere Dimension: Sie beinhalten wirksame Instrumente, um die globalen Werte durchzusetzen, auf die sich die Weltgemeinschaft in Form von Deklarationen der UN-Vollversammlung geeinigt hat. Denn dann hinge die Umsetzung der Deklarationen nicht mehr nur vom guten Willen der Regierungen ab. Verstöße gegen die Deklarationen der UN würden wirksam bestraft und es entstände ein starker positiver Anreiz, sie umzusetzen. Man kann sogar noch weitergehen: Damit haben Felber und andere eine realistische Idee entworfen, wie der Übergang vom System der Nationalstaaten hin zu einer verbindlichen internationalen Ordnung funktionieren könnte.

---

[246] Habich 2017: Sieg über die stillen Killer

Das Weltparlament

Der logisch nächste Schritt zur Weiterentwicklung der internationalen Ordnung wäre ein Weltparlament. Es gibt übrigens keinen Zweifel daran, dass die große Mehrheit der Menschheit Demokratie will. Das World Values Survey führt in über hundert Staaten der Welt seit 35 Jahren Befragungen durch. Bei allen Unterschieden in den Einstellungen gibt es eine erstaunliche Konstante: Stets sprechen sich weltweit über neunzig Prozent für Demokratie aus – und zwar weitgehend unabhängig von Wohlstand, Regierungsform und anderen Kriterien.[247] Sogar in China sind es über siebzig Prozent. Nur mit der Realität sind viele Menschen nicht zufrieden.

Die erste Initiative für eine weltweite Demokratie war die 1889 gegründete Interparlamentarische Union (IPU), der mittlerweile die nationalen Parlamente aus 178 Mitgliedsstaaten angehören (praktisch alle außer den USA – dagegen sind China und Russland dabei). Ziel der IPU ist die Sicherung des Friedens, die Förderung des Demokratieverständnisses und die Wahrung der Menschenrechte. Der größte Anschub für eine neue Weltordnung kam allerdings erst durch die beiden Weltkriege. Dieser führte zur Gründung des Völkerbundes und schließlich nach dem Zweiten Weltkrieg der Vereinten Nationen, der UNO.

Es war dann niemand anderes als Albert Einstein, der 1945 nach den Atombombenabwürfen in Japan eine föderale Verfassung für die gesamte Welt forderte und mit anderen Initiatoren das World Federalist Movement gründete. 1963 erklärte Papst Pius XII. die Forderung nach einer „echten politischen Weltautorität“ zum Bestandteil der päpstlichen Lehre. In den Folgejahren entstanden dann einige kontinentale parlamentarische Versammlungen wie das Pan African Parlament, Parlatino für Lateinamerika und PACE – die parlamentarische Versammlung des Europaparates. Mit der EU entstand schließlich die erste supranationale Organisation, an die von den Mitgliedsstaaten relevante Kompetenzen abgetreten wurden und das erste supranationale Parlament, das direkt gewählt wird.

Mittlerweile gibt es eine Reihe von Vorschlägen für ein Weltparlament oder eine Weltföderation. Der interessanteste scheint mir die United Nations Parliamentary Assembly (UNPA) zu sein – also eine zweite repräsentativ gewählte Kammer der UN neben der Vollversammlung. Dort

[247] Norris 2011: Democratic Deficit; Inglehart/Welzel 2005: Modernization, Cultural Change and Democracy

würden nicht Diplomaten, sondern gewählte Abgeordnete ihr Land vertreten. Die UNPA wurde zuletzt im Juli 2018 vom Europaparlament, zuvor auch vom Panafrikanischen Parlament und dem Lateinamerikanischen Parlament gefordert. Allerdings werfen alle Vorschläge erhebliche Probleme auf:

Das erste Problem: Einige Autoren befürchteten eine Übermacht der Chinesen und Inder im Parlament aufgrund ihrer hohen Bevölkerungszahl. Daher schlug 1946 Lionel Penrose vor, dass die Zahl der Abgeordneten die Quadratwurzel der Bevölkerung in Millionen betragen solle.[248] Allerdings würde dann ein chinesischer Abgeordneter 37 Millionen Wähler repräsentieren, dagegen der Abgeordnete der Insel Barbados nur 300.000 Wähler. 20 Staaten wären gar nicht vertreten. Repräsentativ wäre das also nicht. So kann Demokratie nicht funktionieren.

Bei einem repräsentativ gewählten Weltparlament könnte dagegen ein Abgeordneter im Schnitt 10 Millionen Wähler vertreten. Dann kämen zurzeit 139 Vertreter aus China, 133 aus Indien, 32 aus den USA, immerhin 8 aus Deutschland oder auch 51 Vertreter für die EU und so weiter. Allerdings müssten sich dann die 80 Staaten, die weniger als 5 Millionen Einwohner haben, insgesamt dreizehn Abgeordnete teilen. Oder es könnte ein Basismandat geben. Bis zum Jahr 2050 würde der Anteil der Abgeordneten aus China sogar abnehmen und läge dann bei sechzehn Prozent – also dem Anteil, den Deutschland heute in der EU hat. Sowieso wird Asien kaum als Block auftreten und die Abgeordneten Indiens wären politisch genauso unterschiedlich wie die deutschen EU-Parlamentarier heute. Daher lautet mein Fazit: Ein Weltparlament muss natürlich repräsentativ sein, jeder Abgeordnete sollte ungefähr gleich viel Menschen repräsentieren.

Das zweite Problem: Wie sollen demokratische Wahlen in Staaten stattfinden, die solche Wahlen nicht kennen? Auch hier fällt der erste Blick auf China. Heute erscheint es unwahrscheinlich, dass die Kommunistische Partei freie Wahlen für ein Weltparlament zulässt. Es besteht die Gefahr, dass das Regime die Abgeordneten ernennt oder vom Volkskongress nach vorgegebenen Listen wählen lässt, damit diese im Weltparlament die Interessen des Regimes verfolgen. Umgekehrt kann eine solche Wahl – gerade in der Anfangszeit, wenn das Parlament noch keine neuen Kompetenzen hat, auch eine Chance sein. Man stelle sich vor, die chinesischen Abgeordneten finden sich in unterschiedlichen Fraktionen wie-

---

[248] Leinen/Bummel 2017: Das demokratische Weltparlament; Penrose 1946: The Elementary Statistics of Majority Voting

der. Es besteht sogar die Möglichkeit, dass eine Wahl zum Weltparlament das Regime lockert und die Sehnsucht nach Demokratie befördert. Und wie wäre es, wenn nur geheim und frei gewählte Abgeordnete berechtigt sind, bei verbindlichen Beschlüssen mitzustimmen? Wäre das ein Türöffner für die globale Demokratie?

Ein drittes Problem resultiert aus der Angst der Mächtigen vor dem Kontrollverlust – und umgekehrt der Angst der Kleinen, untergebuttert zu werden. Die Lösung dieses Grundproblems des Föderalismus erfordert ein Wachstum von Vertrauen – und zwar über einen längeren Zeitraum. Um diese Zeit zu gewinnen hat der Journalist Richard Hudson 1991 einen pragmatischen Vorschlag gemacht: Für das Parlament sollte zunächst eine „Binding Triad“ gelten. Beschlüsse des Parlaments sollten verbindlich sein, wenn diese von 2/3 der Länder unterstützt werden, die mindestens 2/3 der Weltbevölkerung repräsentieren und deren Staaten 2/3 der Beiträge zum UN-Etat beitragen würden. So könnten weder die vielen Kleinen die wenigen Großen dominieren noch umgekehrt – und auch die armen Staaten könnten die Reichen nicht einfach überstimmen. Es wären stets vielfältige Bündnisse erforderlich, um die ausreichenden Mehrheiten zu bilden. So würde es den USA oder auch China und Russland schwerfallen, die Beschlüsse zu ignorieren.

Demokratisierung der internationalen Ordnung

In einem weiteren Schritt sollten nach und nach alle staatlichen Organisationen wie die WTO oder der Internationale Strafgerichtshof in die UNO eingegliedert werden. Das Parlament könnte dabei schrittweise weitere Aufgaben übernehmen. Dazu gehört auch die Wahl der Vorsitzenden (Direktoren, Präsidenten, Generalsekretäre) von internationalen Organisationen – entweder durch das Plenum oder durch geeignete Ausschüsse. Anstelle des Zwitterwesens „Sicherheitsrat“ könnte ein kollegialer Exekutivrat gebildet werden, der nach dem Schweizer Konkordanzprinzip als parteiübergreifendes Kollegium gestaltet werden sollte.

Noch wichtiger für den Weltföderalismus ist die Dezentralität der Aufgabenwahrnehmung. Nur durch Dezentralität und eine gut strukturierte vertikale und horizontale Gewaltenteilung kann die Gefahr gebannt werden, dass am Schluss ein „planetarer Leviathan“ entsteht.[249] Grundsätz-

---

[249] Archibugi 1993: The Reform of the UN and Cosmopolitan Democracy; Pogge 1992: Cosmopolitanism and Sovereignty

lich dürfen das Weltparlament und der Exekutivrat nur die Aufgaben übernehmen, die ihm von einer Versammlung der Nationalstaaten zugebilligt werden. Über den möglichen Aufgabenkatalog besteht übrigens bei allen Befürwortern einer Weltdemokratie weitgehend Konsens: Dazu gehören die Wahrung des Friedens, die Erhaltung des Planeten, der Schutz der Menschenrechte, der Schutz und die Unterstützung der Schwachen (development countries) und der Schwächsten (least developed countries) und last but not least die Kontrolle von transnationalen Konzernen, Banken und Schattenbanken.

Auf dem Weg zu einer föderalen Welt muss die künftige UNO auch finanziell auf eigene Beine gestellt werden, um von den Zahlungen der Nationalstaaten unabhängig zu werden. Dafür ist eine Weltsteuerbehörde erforderlich. Dazu könnte die OECD und das Expertenkomitee für Steuerfragen der UNO zusammengelegt werden.[250] Die Finanzierung der UNO und der späteren Weltföderation sollte durch weltweite Steuern erfolgen. Dafür eignen sich insbesondere Bereiche, die sich einer nationalen Besteuerung mehr oder weniger entziehen. Dazu gehören Börsensteuern wie die schon lange geforderte Finanztransaktionssteuer, aber auch die Besteuerung des Flug- und Schiffverkehrs. Auch eine zusätzliche progressive Besteuerung von transnationalen Konzernen könnte auf die internationale Ebene verlagert werden.

Eine Initiative Europas

So schön der Gedanke einer solchen weltumspannenden demokratischen Ordnung sein mag, es fragt sich doch jeder sofort, ob dies nicht völlig illusorisch sei. Wir haben ein Weltklimaabkommen – aber fast kein Staatschef lässt erkennen, dass er oder sie ernsthaft bemüht ist, es umzusetzen. Die ökonomischen Akteure, die Weltkonzerne, die Banken und Schattenbanken, die Multimilliardäre und globalen Unternehmensberatungen trudeln hilflos dem Ende des Kapitalismus entgegen, ohne fähig zu sein, die Lage zu reflektieren und einen Plan auszuarbeiten. In der Politik sucht man vergebens die kosmopolitischen Führer, die sich zusammenzusetzen und Konzepte beraten, um die bevorstehende Transformation der Welt zu organisieren und zu gestalten. Stattdessen nimmt der Nationalismus wieder zu, von China über Polen bis hin zu den USA.

---

[250] ECOSOC 2016: Committee of Experts on International Cooperation in Tax Matters

Es gibt jedoch ein historisches Beispiel, wie Länder, die seit Tausenden von Jahren miteinander verfeindet waren und in denen der Nationalismus die schlimmsten Exzesse hervorgebracht hat, zusammengefunden haben und sogar bereit waren, Kompetenzen an eine supranationale Organisation abzugeben. Das ist der Weg der EU! Das ist die Geschichte von der Gründung der Europäischen Wirtschaftsgemeinschaft (EWG) bis hin zur Gründung der Europäischen Union. Heute ist ein Krieg innerhalb der EU kaum noch vorstellbar.

Jeremy Rifkin war einer der ersten, der glaubte, dass ausgerechnet Europa in Zukunft eine wichtige Rolle spielen könnte.[251] Angesichts von Klimawandel und Flüchtlingsströmen, Kriegen in Afrika und Krisen in der Ukraine, Türkei und Tunesien, gerät die EU immer mehr in eine neue strategische Rolle. Über 200 Jahre lang richteten sich die Hoffnungen von Menschen aus aller Welt auf die USA, das Land der Freiheit. Aber je mehr die USA die Rolle eines selbsternannten Weltpolizisten übernommen hatte, umso mehr wurde dieses Bild in großen Teilen der Welt getrübt. Und mit Trump hat sich das nicht verbessert.

Leider ist Europa heute international nicht handlungsfähig. Wenn es aber gelänge, dass Europa durch eine neue Verfassung demokratisch neu konstituiert würde, dann entstände daraus eine große Chance: Dazu sollte die Verfassung der EU als Ziele der Außenpolitik Frieden, Nachhaltigkeit, Entwicklung und Demokratie bestimmen. In diesem Sinne sollte die neue EU freundschaftliche Beziehungen zu allen demokratischen Staaten unterhalten und die demokratische Zivilgesellschaft in aller Welt stärken. Die EU sollte sich nicht als Großmacht verstehen und auf jegliches Großmachtstreben verzichten. Ich sehe Europa eher als eine vermittelnde und ausgleichende Macht.

Ist das unrealistisch? Gar nicht so sehr. Es kommt auf die Verfassung an. Wenn Europa ähnlich wie die Schweiz dezentral verfasst wird und kräftige Elemente direkter Demokratie bekommt, dann dürfte eine Zustimmung zu militärischen Abenteuern und Interventionen kaum mehrheitsfähig werden. Eine EU, die keine Wahlmonarchie wie die USA wird, sondern durch einen überparteilichen Kollegialrat regiert wird, liefe auch nicht Gefahr, Opfer eines populistischen Präsidenten zu werden.

Was aber könnte ein solches Europa konkret bewirken?

---

[251] Jeremy Rifkin 2004: Der europäische Traum

Der Marshall-Plan für die Erde – eine Assoziation für Demokratie und nachhaltige Entwicklung

Von Al Gore – Umweltaktivist und Vizepräsident der USA unter Clinton – stammt die Idee des Marshall-Plans für die Erde.[252] Eine globale Initiative, die den armen Staaten Afrikas, Asiens und Lateinamerikas ein Angebot macht. Es ist eine faszinierende Idee, aber wie könnte sie umgesetzt werden?

Ein handlungsfähiges Europa könnte aus eigenem Interesse den armen Ländern einen Vorschlag zum gegenseitigen Nutzen machen: Zur Umsetzung des Marshall-Plans könnte die EU die Initiative ergreifen, eine „Assoziation für Demokratie und nachhaltige Entwicklung" zu gründen. Die Assoziation könnte Mittel anbieten zur Finanzierung der Energiewende, für Bildungseinrichtungen, Aufforstung, Müllentsorgung, Verkehr (Bahn und Straße) und andere wichtige Infrastrukturprojekte. Die EU könnte den Mitgliedern der Assoziation anbieten, den EU-Markt endlich für Agrarprodukte der armen Länder zu öffnen und privilegierte Angebote für den Import von fair gehandelten Gütern machen, wie es oben im Abschnitt Fairer Handel bereits beschrieben wurde. Es gibt sogar den Vorschlag, für die „least developed countries" anstelle einer Wirtschaftsförderung ein minimales Grundeinkommen von zwei US-Dollar pro Kopf zu finanzieren, um Kaufkraft und damit einen Impuls für Wirtschaftsentwicklung zu generieren.

Ähnlich wie beim Eintritt in die EU sollten diese Angebote verbunden sein mit der Akzeptanz von demokratischen Standards. Als Voraussetzung der Mitgliedschaft sollten daher faire demokratische Wahlen, Einhaltung der Menschenrechte, unabhängige Gerichte, Gewaltenteilung und freie Presse vereinbart werden. Weiterhin sollten sich die Mitglieder verpflichten, keine militärischen Aggressionen gegen andere vorzunehmen und auch kein Militär im Inneren einzusetzen.

Eine solche Assoziation könnte einen enormen Anreiz auf andere Staaten ausüben, sich selbst zu demokratisieren und zu zivilisieren. Gerade die Eliten, die heute oft die Demokratie untergraben und verhindern, würden einem hohen Druck ausgesetzt sein, Demokratie zuzulassen, um eine wirtschaftliche Entwicklung zu ermöglichen und davon zu profitieren.

---

[252] Gore 1992: Wege zum Gleichgewicht

Einen ähnlichen Vorschlag formulierte zuletzt auch der afrikanische Philosoph Achille Mbembe:[253] Er schlägt einen „New Deal für Demokratie und ökonomischen Fortschritt" vor. Er sollte zwischen den afrikanischen Staaten und internationalen Mächten ausgehandelt werden, um die „Narben des Kolonialismus" zu überwinden. Der Deal sollte auch juristische und strafrechtliche Sanktionen (vom Ausschluss aus dem Deal bis zur Amtsenthebung von Regierungen) vorsehen bei Verbrechen gegen die Menschlichkeit und schweren Fällen von Korruption und Ausplünderung des eigenen Volkes. Ein solcher Deal wäre auch für Europa ein wichtiger, wenn nicht notwendiger Schritt, um seine Geschichte des Rassismus und Kolonialismus überwinden. Erst damit würde es demokratisch im Sinne der globalen Menschenrechte der Französichen Revolution. Denn die Zukunft der Demokratie kann nicht länger national gedacht werden, sondern nur kosmopolitisch.

Ein solcher Plan kann nur Erfolg haben, wenn er ohne alle Großmachtallüren daherkommt – wenn die EU den Entwicklungsländern tatsächlich etwas bietet – und zwar uneigennützig. Es ist interessant, wie Professor Zhang Weiwei argumentiert, wohl der wichtigste Theoretiker des „Chinesischen Modells" und ehemaliger Vertrauter von Deng Xiaoping: „Vielleicht macht die Haltung den Unterschied aus. China wird als bescheiden betrachtet, Amerika als arrogant. China wirbt durch sein Beispiel. Amerika mit Vorlesungen und Sanktionen, wenn nicht mit Raketen."[254] Er verweist zu Recht darauf hin, dass das „American Model", wie er es nennt, immer wieder gescheitert ist, in Haiti, auf den Philippinen wie auch im Irak. Zwangsdemokratisierung und Öffnung der Märkte haben oft genug zu Scheindemokratien, Ausverkauf von Rohstoffen und dem Ruin der einheimischen Wirtschaft geführt.

Tatsächlich ist die Idee der Assoziation auch gar nicht so verrückt. Denn dieser Plan entspräche ziemlich genau dem Modell der EWG von 1957, mit der die Entwicklung zur Entstehung der EU begonnen hatte. Dieses Modell war so attraktiv, das es immer mehr Länder dafür begeistert hat, sich freiwillig der EU anzuschließen. So ist es der EU gelungen, auf fried-

---

[253] Achille Mbembe ist vielleicht der bedeutendste heutige Historiker und Philosoph Afrikas. Er stammt aus Kamerun, hat in Yaoundé und Paris studiert. Er forschte lange in den USA, lehrt nun an der Universität Witwatersrand in Johannesburg und hält regelmäßig Gastvorlesungen in den USA und in Europa. Siehe Mbembe 2010: Ausgang aus der langen Nacht

[254] Zhang 2006: The Allure of the Chinese Model

lichem Wege die Diktaturen in Griechenland und in Spanien beenden zu helfen. So gelang es sogar Kroatien und Serbien dazu zu bringen, die Kriegsverbrecher auszuliefern.

Bei der Bildung einer solchen Assoziation kann auch von den Erfahrungen der EU etwas gelernt werden. Es müsste geregelt werden, was passiert, wenn ein Mitglied der Assoziation die Voraussetzungen nicht mehr erfüllt. Dann sollte es möglich sein, dass die Mitgliedsrechte durch ein oberstes Gericht suspendiert werden können, damit nicht das passiert, was wir heute in der EU mit Ungarn und Polen erleben.[255]

Die politische Agenda für die Assoziation muss nicht erst gesucht werden. Sie existiert bereits: Das ist die Agenda 2030, bestehend aus den siebzehn Sustainable Development Goals, die am 25. September 2015 in New York als Agenda für die kommenden fünfzehn Jahre verabschiedet wurden.[256] Damit haben sich auch alle EU-Staaten zu einem Monitoring entlang dieser Ziele verpflichtet: Armuts-, Hungerbekämpfung, Lebensqualität, Bildung, Gleichberechtigung, Zugang zu Wasser, Energieversorgung, Beschäftigung, Infrastruktur verbessern, Einkommensunterschiede reduzieren, Stadtentwicklung, Klimawandel stoppen, Artenvielfalt, Gesellschaftlichen Frieden und Zusammenhalt.

Ein solcher Marshall-Plan kann nur erfolgreich sein, wenn er nicht als wohltätige Veranstaltung gegenüber Dritten, sondern als ein Projekt verstanden wird, das im ureigenen gemeinsamen Interesse Europas liegt. Wir brauchen dazu die Einsicht, dass wirtschaftliche Beziehungen dann erfolgreich sind, wenn beide Seiten davon profitieren. Und dass solche Beziehungen auf Demokratie basieren sollten. Dabei sollte Europa bewusst eine besondere Beziehung zu Afrika eingehen, wie Achille Mbembe es gefordert hat. Denn die Geschichte der beiden Kontinente bedeutet für uns auch eine besondere Verantwortung. In Bezug auf Afrika bedeutet das: Wenn wir Afrika helfen, wirtschaftlich auf die Beine zu kommen, dann kommen nicht nur weniger Flüchtlinge, es gibt auch mehr Frieden

---

[255] Ungarn und Polen verstoßen heute gegen die Regeln der EU, die sie erfüllen mussten, um Mitglied zu werden. Die EU-Kommission kann dagegen ein Vertragsverletzungsverfahren einleiten. Aber zwingen kann sie die Staaten nur, wenn der Beschluss im Europäischen Rat einstimmig gegen das Land erfolgt. Das ist nicht möglich, da die beiden sich gegenseitig Unterstützung zugesagt haben. Deswegen wäre es besser, wenn darüber ein Gericht entscheiden würde.

[256] United Nations 2015: Transforming our World

in der Welt, und letztlich profitieren alle – auch und insbesondere Europa.

Auf dieser Grundlage sollte sich die Assoziation dafür einsetzen, dass die Prinzipien des Fair Trade Grundlage für den internationalen Handel werden und in der WTO und anderen Verträgen mehr Gewicht bekommen. Der Akteur ist dann aber nicht mehr Europa, sondern alle Mitglieder der Assoziation. Die Mitglieder der Assoziation sollten sich auch verpflichten, keine Alleingänge mit bilateralen Verträgen – insbesondere Verträge zwischen Industriestaaten wie z. B. TTIP, CETA – zu machen, sondern sich auf multilaterale Verträge, die entweder im Rahmen der Assoziation oder gar im Rahmen der WTO und der UNO vereinbart werden, zu fokussieren.

Eine Assoziation für den Frieden

Eine solche Assoziation würde auch friedenspolitisch eine enorme Ausstrahlung entfalten. Denn faktisch würde sie durch das Aggressionsverbot einen Friedensraum in der Welt definieren. Dieser funktioniert natürlich doppelt: Einmal wirkt er auf die Mitglieder und die potentiellen Mitglieder ein: Denn ein Verstoß gegen das Aggressionsverbot nach außen oder gegen die demokratischen Standards im Inneren (friedliche Lösung von Konflikten) würde ja zur Suspendierung der Mitgliedschaft führen. Das Konzept funktioniert aber auch nach außen. Die Mitgliedschaft in der Assoziation wäre ein attraktives Angebot, wenn ein Land sich vor Aggressionen durch Dritte schützen möchte.

Eine solche Assoziation würde natürlich auch ein Angebot an die Staaten bedeuten, die heute dabei sind, sich von der Demokratie zu entfernen – wie zum Beispiel Russland oder die Türkei. Gerade diesen Staaten muss die EU ein Angebot machen. Das liegt im gegenseitigen Interesse, zumal die Repressionsdrohungen weitgehend wirkungslos und unglaubwürdig sind. Die Türkei liefert vier Fünftel ihrer Exporte in die EU und auch der Tourismus von EU-Bürgern ist ein wichtiges Standbein. Deshalb hat die Türkei ein existenzielles Interesse an guten Beziehungen zur EU. Dieses Interesse kann aber nur wirklich zur Geltung kommen, wenn die EU endlich eine kohärente Außenpolitik betreibt. Repressionsdrohungen gegen die Türkei von einzelnen Politikern nimmt die türkische Regierung nicht ernst, da die EU auf die Grenzkontrollen der Türkei angewiesen ist.

Ähnliches gilt für Russland. Russlands internationale Bedeutung beruht auf den Atomraketen und auf den ungeheuren Bodenschätzen. Repressionsdrohungen gegen Russland durch die EU sind geradezu lächerlich, solange Russland halb Europa mit Erdgas versorgt – also unsere Heizungen in Moskau an- und abgeschaltet werden können. Andererseits liegt das nominale Bruttoinlandsprodukt von Russland niedriger als das von Italien.[257] Die Hälfte davon basiert nicht auf Industrieprodukten, sondern auf dem Verkauf von Rohstoffen. Und Russland hat noch keine erkennbare Post-Öl-Strategie. Hier ergibt sich ein hohes Interesse an gegenseitiger Kooperation. Das wiederum erfordert eine Lösung der Krim-Frage – zum Beispiel durch eine neue Abstimmung unter internationaler Aufsicht in Verbindung mit einer Friedensregelung für die Ostukraine!

Zusammengefasst kann man sagen, dass nur eine deutliche Anreizpolitik in der Lage wäre, die Probleme der EU mit den beiden halbeuropäischen Staaten Russland und Türkei konstruktiv zu lösen. Auch dafür könnte die demokratische Assoziation ein wichtiger Baustein sein.

Schließlich gilt das Gleiche auch für die demokratischen Länder des globalen Nordens (die entwickelten Industriestaaten) – und insbesondere für das Verhältnis zu den USA. Bei der Gründung einer solchen Assoziation sollten alle entwickelten demokratischen Staaten wie Japan, Korea, Kanada, Australien usw. als potentielle Mitglieder beteiligt werden. Das würde dann die USA vor die Frage stellen: Mitmachen oder nicht! Die USA haben bekanntlich eine Reihe von internationalen Verträgen nicht unterschrieben. Die Assoziation würde die USA vor einige Fragen stellen: Wollen sie weiter eine Sonderrolle spielen und sich Rechte herausnehmen, die sie sonst niemandem zugestehen? Akzeptieren sie die EU als gleichwertigen Partner? Wie verhalten sich die USA zum Friedensgebot der Assoziation? Und welche Rolle soll die NATO in einer zukünftigen Welt spielen?

Natürlich zielt die Idee der Assoziation noch weiter. Es geht um die Konstituierung der Weltdemokratie. Die Assoziation könnte entscheidend dazu beitragen, das UN-Parlament durchzusetzen, die WTO, OECD, IEA und andere Organisationen in die UN zu integrieren und Schritte in Richtung einer Weltexekutive zu ergreifen.

---

257 Russland hat ein Bruttoinlandsprodukt nach Kaufkraft von 1.280 Mrd. US-Dollar, davon besteht ein erheblicher Anteil aus Rohstoffgewinnung für den Export. Italien hat ein BIP von 1.850 Mrd. US-Dollar. Nach Kaufkraftparität liegt Russland vorne (3.799 gegenüber 2.234 Mrd. US-Dollar), weil dann die billigen Dienstleistungen in Russland stärker bewertet werden.

Träumen muss erlaubt sein. Tatsächlich gibt es heute in der Welt nur drei politische Akteure, die das ausreichende politische Gewicht hätten, um eine solche Initiative zu starten: China, die USA und Europa. Da China noch einen langen Weg zur Demokratie vor sich hat und die USA innenpolitisch zu einer solchen Initiative nicht in der Lage zu sein scheint und auch nicht (mehr) das erforderliche Vertrauen in der Welt genießt, bleibt nur Europa. Aber kann das gelingen? Welche Alternativen gibt es? Was muss dazu getan werden? Mit diesen Fragen will ich mich in den letzten beiden Kapiteln dieses Buches beschäftigen.

Fazit:

Ein demokratisch verfasstes Europa könnte die Initiative ergreifen für eine Demokratisierung der UNO und anderer internationaler Organisationen und für einen fairen Welthandel. Dafür sollte eine Assoziation für Demokratie und nachhaltige Entwicklung gegründet werden.

„Immer mehr Menschen glauben, dass alle Macht nicht mehr von »dem Volk« sondern von »der Menschheit« ausgeht und dass die Wahrung der Rechte und Interessen aller Menschen das oberste Gebot der Politik sein sollte.“ (Yuval Noah Harari)[258]

Kapitel 10

Die Transformation

Auf dem Weg zu einem neuen Gleichgewicht – Die Geschichte ist kein Fluss, sondern ein Springparcours – Sind Visionen krankhaft? Postdemokratie – Illiberale Demokratie – Meritokratie – Realotopia

Im Grunde sind sich alle Philosophen, Klimaforscher, Ökonomen und sonstigen Vordenker einig. Wir stehen vor einer großen „Transformation“, wie die meisten Autoren die bevorstehenden Veränderungen bezeichnen (z. B. Hans Joachim Schellnhuber[259], Elmar Altvater, Jo Leinen und viele andere), einem „radikalen Modernisierungsprojekt“ (Harald Welzer) bzw. einer „Metamorphose der Welt“ (Ulrich Beck). Der Kapitalismus – die industrielle Wachstumsgesellschaft – geht zu Ende. Historisch war der Kapitalismus nichts weiter als eine 300jährige expansive Übergangsphase von der alten Agrargesellschaft zur Postindustriegesellschaft – wie immer letztere aussehen wird. Das exponentielle Wachstum der Bevölkerung, des Rohstoff- und Energieverbrauchs, der Bodennutzung und so weiter geht zu Ende, muss zu Ende gehen, weil die Welt endlich ist. In diesem Jahrhundert wird ein neues Gleichgewicht entstehen. Es stellt sich nur die Frage, ob es gelingt, diesen Übergang planmäßig und klug zu steuern, oder ob es zum Kollaps des bestehenden Systems kommt, zu einer chaotischen Entwicklung mit Wirtschaftskrisen, Umweltkatastrophen und grauenvollen Bürgerkriegen.

---

[258] Harari 2015: Eine kurze Geschichte der Menschheit

[259] Hans Joachim Schellnhuber ist der Direktor des Potsdam-Instituts für Klimafolgenforschung. Siehe Schellnhuber 2009: Manchmal könnte ich schreien

Transformation, Metamorphose, Revolution

Sieht man den Kapitalismus auf diese Weise als Übergangsphase, dann liegt die große Transformation nicht vor uns, sondern wir befinden uns bereits mitten drin. Die Transformation begann in Europa mit der Entstehung selbständiger Städte im späten Mittelalter, in denen eine individualistische produktive Klasse der Handwerker und Kaufleute und nicht mehr der Agraradel dominierte. Sie waren – anders als die technikfeindlichen Agrargesellschaften – an Innovationen interessiert. Mit der Entdeckung Amerikas kam der Durchbruch, der schließlich in den Niederlanden und England zur Entstehung des Kapitalismus und zur Industrialisierung führte. Seitdem haben sich die Bevölkerung, der Energieverbrauch, die Produktion und viele andere Parameter auf dieser Erde mehr als verzehnfacht. Heute befinden wir uns in der Endphase der Transformation. Diese letzte entscheidende Phase bildet den Übergang von der Wachstumsexplosion (Kapitalismus) zur neuen Gleichgewichtsgesellschaft. Die nachfolgenden Grafiken veranschaulichen die unterschiedlichen denkbaren Möglichkeiten dieser Entwicklung:[260]

A: Das exponentielle Wachstum geht immer weiter. Diese Alternative gibt es nicht, denn dazu müssten die Grenzen ebenfalls wachsen – aber die Erde ist nun mal endlich.

B: Logistisches Wachstum: Dies wäre der optimale Übergang in ein neues Gleichgewicht. Vermutlich haben wir die Chance rechtzeitig zu stoppen aber bereits verpasst.

C: Grenzüberschreitung mit Einschwingen: Wir stoppen das Wachstum zu spät. Daher kommt es zu Einbrüchen und Krisen.

D: Grenzüberschreiten mit Zusammenbruch. Wir stoppen das Wachstum viel zu spät und die Belastung der Erde wird so groß, dass die ökologische Tragfähigkeit drastisch abnimmt. Es kommt zu einem Zusammenbruch der Zivilisation.

---

[260] Alle Grafiken aus: Meadows/Randers/Meadows 2006: Grenzen des Wachstums – das 30-Jahre-Update

Vier denkbare Varianten der Entwicklung des Kapitalismus

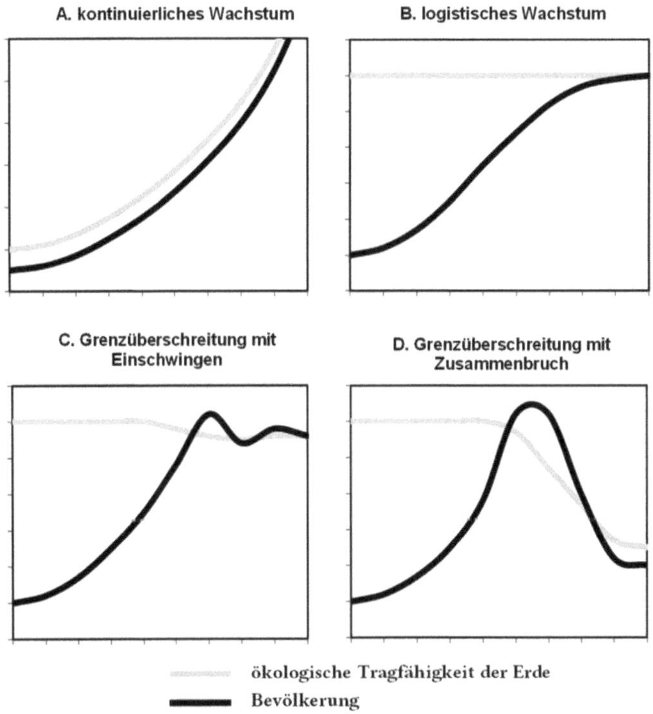

Egal, welche Variante schließlich durchlaufen wird – die bevorstehende Metamorphose[261] der Welt stellt schon jetzt alle Institutionen unserer Gesellschaft in Frage. Autokratie, repräsentative oder Direkte Demokratie? Banken oder Schattenbanken? Real- und Digitalökonomie, virtuelle Realität, künstliche Intelligenz, Industrie 4.0, Arbeit für alle und bedingungsloses Grundeinkommen? So lauten einige der Stichworte, über die diskutiert wird. Wird die Zukunftsgesellschaft eher eine hierarchische Parteidiktatur à la China sein, eine Wohlstandsexpertokratie, eine sozialistische Ökodiktatur, wie es Wolfgang Harich bereits 1975 prognostizierte[262], oder eine dezentrale egalitäre Demokratie à la Schweiz?

---

[261] Siehe Ulrich Beck 2016: Die Metamorphose der Welt. Beck stellt die Metamorphose (bei der etwas Neues entsteht) dem Begriff der Transformation (der Umwandlung des Bestehenden) gegenüber. Ich folge dem nicht und behandele die beiden Begriffe synonym.

[262] Harich 1975: Kommunismus ohne Wachstum?

Was wissen wir überhaupt über die Gesellschaft der Zukunft? Beim Studium der zahlreichen Propheten und Wissenschaftler bleibt vieles vage. Die Bezeichnungen, die im Umlauf sind, wie Postkapitalismus, Gleichgewichtsgesellschaft, Balanced Way[263], Postindustriegesellschaft sind vieldeutig und werden unterschiedlich interpretiert. Ob es weiter eine Art von ökonomischem Wachstum geben wird, ob wegen der Digitalisierung alles kostenlos wird, ob wir ein Grundeinkommen für alle bekommen – das alles steht noch in den Sternen. Und doch – bei aller Ungewissheit – kann man zumindest drei Aussagen machen:

[1] Zum Ersten wissen wir, dass der Übergang in ein neues Gleichgewicht noch in diesem Jahrhundert stattfinden wird. Denn die Entwicklung stößt schon in den kommenden Jahrzehnten an definitive physische und ökologische Grenzen, die ohne Zusammenbruch nicht erweitert werden können. Und bereits bis zur Jahrhundertmitte muss das Bevölkerungswachstum gestoppt und eine klimaverträgliche Lebensweise erreicht sein.

[2] Zum Zweiten wissen wir, dass es – erzwungen oder geplant – ein neues ökologisches Gleichgewicht geben wird und welche Rahmenbedingungen dieses erfüllen muss. Wenn es nicht zum Kollaps kommen soll, darf die Zahl der Menschen nicht mehr wachsen, Rohstoffe müssen recycelt werden, soweit sie nicht in einer nachhaltigen Land- oder Forstwirtschaft natürlich nachwachsen, es dürfen nur noch Erneuerbare Energien eingesetzt werden und es muss hohe Strafen geben, wenn jemand Schadstoffe in die Umwelt entlässt. Ernst Ulrich von Weizsäcker spricht deshalb vom 21. Jahrhundert der Umwelt, das auf das 20. Jahrhundert der Ökonomie folgt.[264] Er hofft daher, dass ein „neues Wohlstandsmodell" entsteht, in dem Umweltschutz vom Kosten- zum Nutzenfaktor wird.

[3] Und noch ein Drittes ist unvermeidlich: Die Welt wird weiter zusammenwachsen – sie wird kosmopolitisch sein. Bis ins 19. Jahrhundert war auf dem Dorf jeder ein Fremder, der nicht schon seit einigen Generationen dort wohnte. Im 20. Jahrhunderts wurde es bei uns im Norden normal, dass Nachbarn aus Schlesien, Pommern oder gar aus Bayern stammten und trotzdem dazu gehörten. Heute gibt es kaum noch Vorbehalte gegenüber Nachbarn aus England, Frankreich und den USA, eher noch gegenüber Nachbarn aus der Türkei und Polen

---

[263] Zum Beispiel Mason 2015: Postkapitalismus; Radermacher 2002: Balance oder Zerstörung

[264] Weizsäcker 1989: Erdpolitik

oder gar aus Bulgarien, Vietnam oder Ghana. Morgen jedoch wird die Welt mit Sicherheit kosmopolitisch und multikulturell sein – was nicht das Gleiche ist – aber darauf komme ich noch zurück.

Die Geschichte ist kein Fluss, sondern ein Springparcours

Prognosen über die Zukunft sind bekanntlich schwierig. Die meisten Zukunftsprognosen verlängern einfach die Entwicklung der letzten Jahrzehnte weiter. Tatsächlich kann ein Historiker, der über die Jahrhunderte zurückblickt, oft langfristige Entwicklungen gut erkennen. Je näher er jedoch an den Ereignissen dran ist, desto schwieriger wird das, um so mehr scheint die Geschichte sehr sprunghaft zu werden. Denn es gibt selten einen gleitenden Übergang. Die großen Veränderungen erfolgen meist plötzlich und oft sogar ohne Vorwarnung. Immer wieder lösen sich lange Phasen der Ruhe mit plötzlichen Veränderungen ab. Weltkriege und Revolutionen, Ereignisse wie der Aufbruch der Jugend ab 68, die Perestroika oder der Super-GAU von Fukushima mit dem folgenden Atomausstieg kann man nicht planen. Sie kommen plötzlich und unverhofft. Aber etwas kann man schon tun: Man kann mehr oder weniger vorbereitet sein.

Als Mathematiker spreche ich dabei von Singularitäten. Investoren nennen eine solche einmalige Situation „Window of Opportunity“. Historiker sprechen gerne vom Wendepunkt der Geschichte oder auch von Revolution. Dazu ein Beispiel, das ich selbst erlebt habe, aus Zeit der ersten rotgrünen Regierung in Schleswig-Holstein. Wir – die grüne Fraktion, deren Vorsitzender ich damals war – wollten die Agrarpolitik ändern. Aber gegen den massiven Widerstand des Bauernverbandes hatten wir keine Chance. Und dann brach die BSE-Seuche aus, bekannt unter dem Namen Rinderwahn. Tausende von Rindern mussten getötet werden. Und plötzlich war jedem klar: so geht es nicht weiter. Damals sagte uns ein kluger Kopf: „Ihr habt sechs Wochen Zeit etwas zu ändern, danach ist das Thema aus der Zeitung und die Chance ist vertan.“ Nach zwei Wochen legten wir ein Konzept vor. Dann kam Koalitionsausschuss, Ressortabstimmung, Kabinettssitzung, Anhörung und schließlich Verabschiedung im Landtag. Alles im Eiltempo. Nach sechs Wochen war das Landwirtschaftsministerium mit dem Umweltministerium zusammengelegt, neue Förderrichtlinien für den Ökolandbau beschlossen und ein neues Verbraucherschutzprogramm verabschiedet worden. Hätten wir einen Monat gezögert, wäre sicher nichts passiert. Nach einem halben Jahr war BSE aus den Medien und der Bauernverband versuchte wieder, die Grünen als Spinner abzutun.

Was lehrt uns das? Die Transformation wird kommen. Aber nicht als gleichförmiger Prozess, sondern oft sprunghaft. Ob wir sie aktiv gestalten können oder nur das Opfer von Katastrophen werden, liegt an uns. Ob die Demokratie die Kraft hat, eine gerechte und nachhaltige Zukunft zu konzipieren, oder ob Politiker nur hilflos auf die Ereignisse reagieren oder gar den Parolen von Populisten hinterherlaufen, aus Angst Stimmen zu verlieren, davon wird es abhängen, in welcher Staatsform wir zukünftig leben werden.

Das Konzept der Singularitäten gilt übrigens auch für den Kampf um mehr Demokratie. Wir bekommen keine Direkte Demokratie, weil wir noch lauter schreien. Wir bekommen kein demokratisches Europa, weil die Kommission einen juristisch perfekten Plan vorlegt. Es sind Ereignisse – Singularitäten – wie die missglückte Abstimmung über den Brexit, die plötzlich Millionen junge Menschen in der EU aufwecken und ihnen deutlich machen: So geht es nicht weiter. Und dann kommt es darauf an, ob Verbände, ob Politiker oder gar ganz neue Akteure da sind, die im richtigen Moment den richtigen Vorschlag machen, zu dem alle sagen: Ja – das ist es! Aber dazu müssen wir die Vorarbeit machen. Die Konzepte müssen vorher existieren. Ohne die Bücher von Rousseau und Montesquieu hätte die Verfassung der USA anders ausgesehen, wäre die Französische Revolution anders verlaufen. Deshalb: Wir brauchen für die nächsten Singularitäten eine Transformationsstrategie – und dazu brauchen wir eine breite Debatte.

Sind Visionen krankhaft?

„Wer Visionen hat, sollte zum Arzt gehen!“ sagte der Altbundeskanzler Helmut Schmidt 1980 in einem Interview über seinen Vorgänger Willy Brandt. Er war ein entschiedener Gegner von solchen Hirngespinsten. Er verstand sich als „Macher“. Und so war es kein Wunder, dass er mit dem nachdenklichen Lebenskünstler Willy Brandt mit seinen Visionen einer besseren Welt nichts anfangen konnte und ihn womöglich sogar für unfähig hielt. Helmut Schmidt hielt sich selbstverständlich für den besseren und klügeren Politiker. Was soll man auch von einem Politiker halten, der wie Brandt oft Selbstzweifel hatte und tagelang von der Bildfläche verschwand?

Aber die Geschichte urteilt später oft anders, als es sich die Akteure vorgestellt haben. Vielleicht war es schließlich gerade der Mangel an Visionen, der Helmut Schmidt zwei Jahre später zu Fall brachte. Ihm fehlte eine mitreißende Utopie, für die er die Menschen begeistern konnte. Im Lichte der Nachwelt wurde jedenfalls Willy Brandt trotz seiner kurzen Kanzlerzeit zur Legende. Er stand für die neue Ostpolitik, für die Versöhnung mit Polen, für einen neuen demokratischen Aufbruch. Es gelang ihm wie keinem anderen Politiker in Deutschland, Millionen Jugendliche zu begeistern.

Eine gänzlich andere Haltung zu Visionen als Schmidt hatte der Philosoph Ernst Bloch. Er war überzeugt davon, dass wir Zukunftsbilder von einer gerechten Gesellschaft brauchen.[265] Er nannte dies im Unterschied zu unerreichbaren Illusionen eine „konkrete Utopie“. Solche Zielvorstellungen können Menschen anstecken und mobilisieren. Ich denke: Bloch hatte recht. Spätestens dann, wenn eine Veränderung unserer Gesellschaft von uns Engagement und vielleicht sogar Einschränkungen verlangt, muss die Politik mehr als gute Gründe anbieten, damit die Menschen bereit sind, mitzuziehen.

Nach einer Umfrage glauben 53 Prozent der Chinesen, dass die Welt besser wird, aber nur sieben Prozent der Deutschen[266], obwohl – oder weil? – es den Deutschen durchweg besser geht. Das sollte uns zu denken geben. Auch wenn viele Menschen glauben, dass Merkel den Status Quo gut verteidigt – einen Mut machenden, begeisternden Plan für die demokratische Transformation in Deutschland lässt sie nicht erkennen. Denn das ginge nur gemeinsam mit Europa und mit dem Rest der Welt. Das kann nur gelingen, wenn wir bereit sind, solidarisch mit Schwächeren zu teilen. Und das mag sie vermutlich ihrer Partei nicht zumuten.

Um das zu verstehen, müssen wir uns mit der Aussage des Harvard-Politologen Yascha Mounk auseinandersetzen. Er sagt: „Wirtschaftliches Wachstum bringt politische Stabilität.“[267] Was aber bedeutet das am Ende des Kapitalismus und der Wachstumsgesellschaft? Kann es dann keine politische Stabilität mehr geben? Die Antwort auf diesen scheinbaren Widerspruch formuliert Harald Welzer, wenn er fordert, das zivilisatorische Projekt der Moderne weiterzudenken.[268] Dabei geht es eben nicht

---

[265] Bloch 1918/1985: Geist der Utopie

[266] Ipsos 2017: Ipsos Mori Almanac

[267] Mounk 2017: Der Zerfall der Demokratie

[268] Welzer 2018: Es liegt was in der Luft

um materiellen Überfluss, sondern um das Wachstum immaterieller Güter: Freiheit, Sicherheit, Gesundheit, Versorgung. Dazu fordert er ein „radikales Modernisierungsprojekt“, die „Wiedereinführung von Zukunft in die Politik“. Professor Schellnhuber und andere fordern dazu einen neuen Gesellschaftsvertrag für die Transformation – Basis dafür sei die Bewusstseinsbildung[269]. Die große Transformation könne nur gelingen, wenn die Bevölkerung durch packende Visionen mitgenommen wird und sie in globaler Partnerschaft erfolgt.

Was mit Sicherheit nicht funktioniert, sind die ständigen Warnungen vor der Apokalypse und der Aufruf sich selbst zu geißeln. Wenn Professor Niko Paech den Postmaterialismus im Sinne von Verzicht propagiert[270], dann hat er zwar volle Hörsäle von Engagierten aus der Ökobewegung und sammelt Jünger wie jeder Prophet. Aber die Mehrheit der Menschen wird er so nicht begeistern. Dafür müssen wir ihnen sagen, was sie zu gewinnen haben: Die neue Mobilität, die neue Energie, die neue Urbanität, die neue Art von Medien, die Wiederentdeckung der Natur, der Wildnis in Schleswig-Holstein und vor allem: Mehr Gerechtigkeit! Es geht darum, Vertrauen auszulösen und last but not least die Menschen mitzunehmen: Auch durch eine neue Konzeption der Beteiligung, der Demokratie. Jo Leinen und Andreas Bummel haben deshalb für ihr Buch über die Weltdemokratie den Untertitel „Eine kosmopolitische Vision“ gewählt und sprechen von universellen Werten und einer „großen Erzählung“ für die Welt von morgen.

Nun aber, da wir wissen, dass eine Transformation kommt, dass wir uns auf Singularitäten vorbereiten müssen und dass wir dazu positive Visionen entwerfen müssen, wollen wir uns anschauen, welche Szenarien, welche Utopien für die Welt von morgen existieren und welche Möglichkeiten für den Übergang realistisch sind.

Die Alternativen

Nicht jede Utopie kann realisiert werden. Schließlich kommt Utopie von dem griechische Wort Ουτοπια und heißt wörtlich übersetzt der Nicht-Ort. Gemeint ist damit eine Traumvorstellung, die nicht erreichbar ist – also „utopisch“ bleibt. Wenn die Utopie einen wünschenswerten Zustand

---

[269] WBGU 2011: Welt im Wandel

[270] Paech 2012: Nachhaltigkeit

beschreibt, spricht man auch von Eutopie (griechisch Ευτοπια = glücklicher Ort). Eutopien haben in der Ideengeschichte eine große Rolle gespielt, von Platons „Staat“ über Morus’ „Utopia“ bis hin zu Engels „Sozialismus“. Das Gegenstück dazu sind die Schreckensutopien wie Orwells „1984“ und Huxleys „Schöne neue Welt“, die man auch Dystopien nennt (griechisch Δυστοπια für schlechter Ort).

Meist funktionieren die am Schreibtisch ausgeheckten Utopien nicht so, wie vom Autor gedacht. Der vielleicht folgenreichste Versuch, eine positive Vision für die gesellschaftliche Entwicklung zu denken und sogar wissenschaftlich zu begründen, war der von Friedrich Engels in seinem Buch „Die Entwicklung des Sozialismus von der Utopie zur Wissenschaft“.[271] Vielleicht hat kein Zukunftsszenario so viele Menschen mobilisiert wie dieser „wissenschaftliche Sozialismus“. Und keines hat die Gefahren solcher Prognosen so deutlich gemacht: Denn wenn die Wirklichkeit sich anders entwickelt, als die wissenschaftliche Utopie es darstellt, dann versucht der utopische Staat – in diesem Fall der Kommunismus – die Wirklichkeit der Theorie anzupassen. Damit ist der Keim des Totalitarismus gepflanzt.

Anders als Engels ging Ossip Flechtheim vor, der als Vater der modernen Futorologie gilt. Im Unterschied zu Engels wusste er mittlerweile über die Gefahren, die damit verbunden sind, aus Zukunftsszenarien wissenschaftliche Prognosen zu erstellen. Flechtheim versuchte daher, dem Dilemma aller Utopien zu entgehen, indem er die Zukunft als einen offenen Prozess beschrieb.[272] In seinem Buch „Ist die Zukunft noch zu retten“ unterscheidet er drei denkbare Zukunftsszenarien mit jeweils mehreren Varianten: 1) Der Rückfall in die Barbarei; 2) negative Weiterentwicklungen; und 3) die wünschenswerte Zukunft – also die Eutopie. Wie wir sehen werden, kann man die heute denkbaren Entwicklungen in diesen Szenarien recht gut abbilden. Deshalb habe ich mich bei der folgenden Darstellung der möglichen Alternativen an Flechtheim orientiert:

Rückfall in die Barbarei

Flechtheims erstes Szenario beschreibt keine Lösung unserer Probleme, sondern vielmehr, was passiert, wenn wir versagen. Flechtheim unterscheidet drei Varianten: a) Die Selbstzerstörung der Menschheit durch

---

[271] Engels 1893: Die Entwicklung des Sozialismus von der Utopie zur Wissenschaft

[272] Flechtheim 1987: Ist die Zukunft noch zu retten?

einen totalen Krieg oder durch die Zerstörung unserer Lebensgrundlagen; b) der Rückfall in eine Art Steinzeit, nachdem nur wenige Millionen Menschen den dritten Weltkrieg überlebt haben; c) ein finsteres Zeitalter mit Zerfall der Zivilisation und der Staaten.

Diese dritte Variante ist leider schon in Ländern wie Somalia, Libyen oder Afghanistan bittere Realität geworden. Wo die Staatsgewalt faktisch zusammengebrochen ist, bekämpfen sich Warlords oder Banditen. Insbesondere für Afrika zieht der Philosoph Achille Mbembe eine düstere Bilanz: „Afrika wird mittlerweile mehrheitlich von potenziellen Durchreisenden bewohnt. Angesichts von Plünderungen, unzähligen Formen der Habgier, Korruption, Krankheit, Piraterie und zahlreichen Vergewaltigungserfahrungen sind sie bereit, ihrer Heimat den Rücken zu kehren – in der Hoffnung, sich anderswo neu zu erfinden und neue Wurzeln zu schlagen.“[273]

Keine dieser Varianten ist also völlig unrealistisch. Die ökologischen Probleme wären vermutlich in einem apokalyptischen Szenario gelöst. Steinzeitzivilisationen sind sicher umweltverträglicher als unsere Industriegesellschaft. Aber dies ist nicht im Sinne der Menschheit. Es fragt sich also, welche realistischen Alternativen haben wir?

Die autoritären Varianten

Das zweite mögliche Zukunfts-Szenario nach Ossip Flechtheim umfasst ebenfalls drei Varianten: a) Der totale Überwachungsstaat; b) der Neo-Cäsarismus; c) das „Weiter so“. Ich habe diese drei Varianten anhand der gegenwärtigen Entwicklungen etwas modifiziert und aktualisiert:

„Weiter so“: Die Postdemokratie

Beginnen wir mit dem Flechtheimschen „Weiter so“: Schreibt man die aktuellen Trends des Kapitalismus fort, dann nehmen die Unterschiede zwischen Reich und Arm weiter zu. An ein gerechtes Steuersystem ist nicht zu denken. Tatsächlich werden zurzeit die Steuern für die Konzerne und die Superreichen in einem internationalen Wettbewerb sogar weiter gesenkt. Nach Trumps Steuersenkungen folgt nun die neue Koalition in Italien. Die Monopolisierung schreitet ungebremst voran. Am Schluss kontrollieren wenige transnationale Internetkonzerne und Hightechunternehmen, Schattenbanken wie BlackRock und Multimilliardäre die

---

[273] Mbembe 2010: Ausgang aus der langen Nacht

Politik, die Medien und die Wirtschaft. Die Reichen ziehen sich in Gated Communities – bewachte Siedlungen – zurück. Die Länder, die im Wettbewerb nicht mithalten können, verfallen in Bürgerkriege. Die reichen Länder machen ihre Grenzen dicht und es wird weiter Demokratie „gespielt", Wahlen durchgeführt und sogar Regierungen gewählt und abgewählt. Aber die wichtigen Entscheidungen werden woanders gefällt. So herrscht in der Politik die von der Wirtschaft diktierte Alternativlosigkeit. Der Politikwissenschaftler Colin Crouch nannte diesen Endzustand die „Postdemokratie".[274]

Neulich wurde berichtet, dass ein Herr Laurence D. Fink einen Brief an die Vorstandsvorsitzenden fast aller großen Konzerne der Welt geschrieben hat, in dem er sie auffordert, mehr gesellschaftliche Verantwortung zu übernehmen.[275] Dazu muss man wissen: Herr Fink ist nicht irgendwer. Er ist der Chef von BlackRock, der größten Schattenbank der Welt, die mittlerweile die unvorstellbare Summe von 6,9 Billionen US-Dollar verwaltet. Sie hält an nahezu allen großen Konzernen – auch des DAX – mehr als fünf Prozent der Aktien. Nun könnte man das Statement von Herrn Fink auch erfreut begrüßen. Wahrscheinlich ist er ein kluger Kopf, der sich Sorgen über den Gang der Welt macht. Das kennen wir auch von anderen Milliardären und Philanthropen wie George Soros oder Bill Gates. Aber man kann es auch anders sehen: Das Großkapital schickt sich bereits an, die Gestaltung der Welt in die eigenen Hände zu nehmen. Die Postdemokratie wird zur realistischen Option. Vorstellbar wird diese Option, wenn die UNO bereits aus Geldmangel dazu übergeht, privates Geld einzuwerben, um ihren Aktionsplan 2030 umzusetzen. Dazu hat sie unter anderem Organisationen wie den „UN Business Action Hub" oder das „UN Private Sector Forum" gegründet, an denen zum Beispiel DHL, BASF, IKEA, Facebook, Mastercard, Nestlé oder Siemens mitmachen – häufig aus Image-Gründen und meist auf Kreditbasis.[276]

Allerdings spricht nichts dafür, dass die Postdemokratie, also die faktische Herrschaft der Konzerne und Schattenbanken, eine echte Perspektive darstellt. Das könnte sie nur, wenn die Herren Laurence D. Fink (BlackRock), Jeff Bezos (Amazon), Bill Gates (Microsoft), George Soros (Quantum Funds) oder auch Dieter Zetsche (Daimler-Benz) sowie die Familien Quandt (BMW) und Albrecht (Aldi) und die anderen Multi-

---

[274] Crouch 2003: Postdemokratie

[275] Sorkin 2018: A Demand for Change Backed up by $ 6 Trillion

[276] Krüger: UNO wird Geschäftsvermittler

milliardäre und Konzernlenker dieser Welt es schaffen würden, ein weltweites Sozialsystem zu finanzieren – also tatsächlich mehr Steuern dafür zu zahlen – und zugleich die Umstellung auf eine klimaverträgliche nachhaltige Wirtschaftsweise durchzusetzen. Das klingt heute völlig utopisch. Selbst mit einigen Milliarden US-Dollar in wohltätigen Stiftungen wird das nicht gelingen. Wenn dies aber nicht gelingt, wenn die Welt erkennbar noch ungerechter wird und die gewählten Regierungen noch mehr ohnmächtig erscheinen, dann ist die Postdemokratie instabil. Dann ist der Weg frei für den Populismus, die Donald Trumps dieser Welt und damit schließlich für die zweite Variante: die illiberale Demokratie.

Neo-Cäsarismus: Die illiberale Demokratie

Mit dem Begriff „Neo-Cäsarismus“ rekurriert Flechtheim auf die Entwicklung des alten Rom zum Kaiserreich – obwohl die Republik mit Senat und Beamten formal weiter existierte. Dieser Zukunftsalternative entspricht am ehesten der moderne Begriff der „illiberalen Demokratie“, der von Viktor Orbán, dem Ministerpräsidenten von Ungarn, stammt. Ich benutze ihn als Bezeichnung für eine Entwicklung, wie sie auch in Russland unter Wladimir Putin, in der Türkei unter Recep Tayyip Erdoğan und einer Reihe anderer Staaten zu beobachten ist. Die zunehmende Dissonanz zwischen dem Glanz der Reichen und der bitteren Realität der Bevölkerungsmehrheit – sogar oft trotz eines ansehnlichen Wirtschaftswachstums – unterminiert die Demokratie und ist die Voraussetzung für die erneute Begeisterung für einen „starken Mann“. Dies ist der gleiche Effekt, der in Westeuropa zum Aufstieg nationalistischer Parteien und in den USA zur Wahl von Donald Trump geführt hat.

Viktor Orbán versteht übrigens unter liberal nicht freiheitlich, sondern die Dominanz der Wirtschaft. „Illiberal“ meint also „gegen die Fremdbestimmung durch das Kapital“ – insbesondere durch ausländisches Kapital. Man kann seinen Populismus also auch als Kampfansage an die Postdemokratie verstehen! So sagte Orbán 2013 in einer Parteitagsrede, dass die „Bankiers, die gierigen Multis, die Brüsseler Bürokraten, die in ihrem Sold stehen, und natürlich ihre Lakaien hier im Land“ gegen Ungarn „aufmarschieren“ würden.[277] Typisch für den Neo-Cäsarismus ist die formale Beibehaltung der Demokratie mit regelmäßigen Wahlen, während aber entscheidende Bestandteile der Demokratie wie Pressefreiheit, Gewaltenteilung und Organisationsfreiheit massiv beschädigt werden,

---

[277] Lengyel 2017: Viktor Orbáns illiberale Demokratie

um die Herrschaft der Regierung bzw. des Staatschefs zu sichern. Das gilt tendenziell auch für die beiden EU-Mitgliedsstaaten Ungarn und Polen, wo die Freiheit der Presse und die Unabhängigkeit der Gerichte durch Gesetze eingeschränkt wurden.

Die reale Politik dieser Autokraten ist sehr unterschiedlich. Donald Trump zum Beispiel trat als Anwalt der Arbeiter auf und senkte dann die Steuern der Millionäre und Milliardäre. Anders Putin: Nach dem Chaos der Perestroika-Jahre, als ehemalige KP-Funktionäre sich gnadenlos bereicherten und zu Milliardären wurden, machte er die Privatisierung der Bodenschätze teilweise rückgängig. Das war und ist der wichtigste Grund für seine Popularität.

Allerdings dürften weder Russland noch andere autokratische Formaldemokratien ein Modell sein, um die Probleme der Zukunft zu lösen. Es ist eher Ausdruck der „antikosmopolitischen“ Reaktion auf die Transformation – ich komme darauf später noch zurück. Die Entdemokratisierung ist kein Ausdruck der Stärke, sondern eher der Schwäche Russlands. Denn die Größe des Landes täuscht leicht darüber hinweg, wie sehr Russland von den Rohstoffexporten abhängig ist (siehe Kapitel 9). Das bedeutet: Wenn Europa die Energiewende vollzieht und kein Gas und Öl mehr kauft, dann ist Russland pleite. Ein instabiles Russland ist aber auch für Europa bedrohlich. Dies spricht dafür, dass EU auf Russland zugehen und eine gemeinsame Transformationsstrategie entwickeln sollte – statt Öl und Gas könnte die EU z. B. Strom aus sibirischer Wasserkraft beziehen.[278] Für eine solche neue Kooperation gäbe es viele gute Gründe: Nicht nur, dass beide davon wirtschaftlich profitieren würden, sondern auch im Sinne der guten Nachbarschaft, aus Humanität und Klugheit. Vielleicht könnte man Russland im Rahmen einer gemeinsamen Politik verbunden mit wirtschaftlichen Vorteilen auch für einen gemeinsamen Vorschlag zum Abbau der Atomraketen gewinnen, zu dem sich dann die USA verhalten müssten.

Was für Russland gilt, gilt auch für die meisten anderen autokratischen Staaten. Sie handeln erkennbar eher aus einer Position der Schwäche wie aus einer der Stärke. Das System ist stark auf die Person des Autokraten zugeschnitten. Selbst in der Türkei, die in den vergangenen zwanzig Jahren einen erstaunlichen wirtschaftlichen Aufschwung erlebt hat, scheint die zunehmend autoritäre Politik der Entwicklung der Wirtschaft

---

[278] Mit Hochspannungsgleichstromleitungen kann man Strom über 5.000 Kilometer Entfernung mit nur 10 Prozent Verlust transportieren.

zu schaden. Eine progressive Rolle in Hinblick auf die Lösung der Zukunftsaufgaben kann man bei keiner dieser illiberalen Demokratien erkennen. Entweder es gelingt ihnen, den Übergang zu einer Meritokratie nach chinesischem Vorbild hinzubekommen – siehe unten – oder die Autokratie fällt wirtschaftlich zurück. Wenn die Autokraten heute soviel Zustimmung erfahren, dann ist das eher eine Folge der Enttäuschung über die mangelnde Lösungskompetenz der Demokratien, mehr soziale und ökologische Gerechtigkeit zu schaffen. Es liegt an uns, an den Demokratien, und insbesondere auch an Europa, dies zu ändern und dafür zu sorgen, dass Demokratien wieder attraktiver werden.

Neben diesen defekten Demokratien gibt es natürlich auch noch die kleine Gruppe der alten Monarchien und Diktaturen wie Saudi-Arabien. Insbesondere die arabischen Scheichtümer und Saudi-Arabien sind offensichtlich Relikte einer vergangenen Zeit, die nur deshalb überlebt haben, weil sie über so viel Rohstoffreichtum verfügen, dass sie der Bevölkerung ein sorgloses Leben finanzieren können. Ein Zukunftsmodell sind sie mit Sicherheit nicht. Das Gleiche gilt für Staaten, in denen eine herrschende Klasse oder Clique gewaltsam die Macht ergriffen hat wie in Thailand oder wiederholt in Südamerika. Diese Rückfälle erwiesen sich stets als kurzlebig und sind schließlich überall gescheitert.

Totaler Überwachungsstaat: Die Meritokratie

Flechtheims dritte autokratische Variante heißt „totaler Überwachungsstaat". Dem entspricht in der Realität am ehesten das „China Model". Es ist zweifellos das erfolgreichste Gegenmodell zur „liberalen westlichen Demokratie". Die Bezeichnung „Meritokratie" stammt von dem gleichnamigen Buch des chinesischen Politologie-Professors Zhang Weiwei. Der kanadische Politologe Daniel A. Bell ist sogar der Auffassung, dass die chinesische Meritokratie „moralisch wünschenswerter" und „politisch stabiler" ist als die „westliche" Wahldemokratie.[279]

Tatsächlich war der wirtschaftlich erfolgreichste Staat der letzten dreißig Jahre keine Demokratie, sondern ohne Zweifel China. Der Aufstieg Chinas ist beeindruckend. Er basierte auf der Bodenreform unter Mao Zedong[280], der Alphabetisierung, der Gleichstellung der Frauen, der Gebur-

---

[279] Bell 2015: The China Model; Zhang 2012: Meritocracy Versus Democracy

[280] Amartya Sen nannte als Vorteile Chinas im Vergleich zu Indien die durchgeführte Bodenreform, die Alphabetisierung und die Frauengleichstellung – alles Errungenschaften, die bereits aus der Herrschaft von Mao Zedong resultieren.

tenplanung und einer strikten Wirtschaftspolitik, die Investitionen ausländischer Firmen nur in Form eines Joint Venture – also mit Beteiligung eines chinesischen Partners – zulässt. China ist auch führend bei den Erneuerbaren Energien. In China stehen mehr Windmühlen und Solaranlagen und fahren mehr Elektroautos als in der gesamten restlichen Welt. Und vor allem – bei aller Kritik – muss man festhalten: Der Aufstieg Chinas hat hunderte Millionen von Menschen aus dem Elend erlöst und ist ein Segen für die Menschheit! Jede andere Sichtweise wäre zynisch.

Das Modell China erscheint attraktiv, weil es auf mehrere drängende Probleme unser Zeit eine Antwort zu geben scheint: China beweist, dass ein Entwicklungsland erfolgreich die Industrialisierung nachholen kann, es macht deutlich, dass die Politik über die Ökonomie dominieren kann und nicht vor den Zwängen des Marktes in die Knie geht und schließlich legt China ein Tempo bei dem Ausbau der Erneuerbaren Energien vor, das bei vielen Klimaforschern im Westen Bewunderung hervor ruft. Im Übrigen hat das Modell der Meritokratie – der Herrschaft der Verdienstvollen – auch schon in früheren Zeiten bei Intellektuellen seinen Reiz ausgeübt. Utopien wie „Utopia" von Thomas Morus, „Ökotopia" von Ernest Callenbach oder „Der Staat" von Platon, beschreiben keine Demokratien.[281]

Utopia wurde sogar mal in der mexikanischen Provinz Michoacán von Bischof Vasco de Quiroga praktisch umgesetzt. Dort herrschte der Bischof mit einer Bürokratie von Priestern über einen patriarchalisch-fürsorglichen Indio-Sozialstaat. In Callenbachs Ökotopia, der Öko-Hippie-Variante des utopischen Staates mit freien Drogen von 1978, gibt es sogar Wahlen, aber komischerweise siegt immer die gleiche Partei. Wer sich kritisch äußert, wird vom Geheimdienst besucht und fast alle sind glücklich. Noch deutlicher wird der autoritäre Charakter der Utopie bei Platon. Dort sollte eine Klasse von Philosophen regieren, die schon als Kinder dafür ausgewählt werden. Am besten hat wohl der Philosophen Karl Popper das „Platonsche Modell" analysiert – oder besser gesagt – entlarvt:[282] Platons Utopie war nichts weiter als die Absage eines Aristokraten an die damalige Demokratie in Athen.

Darauf konnte Deng Xiaoping aufbauen. Siehe Sen 1999: Ökonomie für den Menschen

[281] Platon ca. 370 v. Chr.: Der Staat; Morus 1516: Utopia; Callenbach 1978: Ökotopia

[282] Popper 1945/1992: Die offene Gesellschaft und ihre Feinde

Zurück zu China: Dass ein autokratisches Regime sich erfolgreich industrialisieren kann, indem es die Wirtschaft nur graduell dem Weltmarkt öffnet, und manchmal sogar zeitweilig recht erfolgreich regiert werden kann, das haben wie schon oben dargestellt bereits Preußen und Japan im 19. Jahrhundert, später Russland und zuletzt Südkorea bewiesen. Preußen, Japan und Südkorea sind allerdings heute Demokratien. Ist das Zufall?

Bei einem offiziellen Besuch als Parlamentarier in China überraschte mich, dass alle Chinesen, die ich gefragt hatte, sich für Demokratie aussprachen. Als ich einen hohen Diplomaten fragte, ob er noch an den Sozialismus glaube, sagte dieser "Ja – aber das dauert noch sehr lange." Und auf meine Frage, wie er sich denn den Sozialismus vorstelle, sagte er nach einigem Nachdenken: "So ähnlich wie in Schweden." Allerdings muss ich ergänzen, dass viele Chinesen, die ich gesprochen hatte, Angst vor einer Perestroika wie in Russland hatten – wegen der skrupellosen Aneignung des Volkseigentums durch Funktionäre, vor allem aber wegen der Angst vor Chaos und Hunger. In der chinesischen Geschichte waren die Zeiten nach dem Sturz eines Kaisers meist Zeiten mit konkurrierenden Warlords, Hunger, Krieg und Chaos. Das ist bei ihnen so eingebrannt wie bei uns Deutschen die Angst vor Inflation nach dem Trauma der 20er Jahre.

Westliche Bewunderer der Erfolge der Meritokratie (Bell) oder Technokratie (Khanna)[283] präferieren meist das Modell Singapur. Dieser erfolgreiche Stadtstaat diente schon Deng Xiaoping als Vorbild für seine Reformen. Er ist mittlerweile nach Kaufkraftparität das viertreichste Land der Erde. Singapur gilt als ökologisch sehr engagiert („Ökodiktatur“), finanziert riesige Sozialprogramme und macht eine erfolgreiche Integrationspolitik in einem multiethnischen Land, in dem Chinesen, Malaien, Inder, Philippinen und auch ein paar Europäer leben. Singapur ist formal eine Demokratie, in der seit der Gründung 1965 alle vier Jahre Wahlen stattfanden. Die hat allerdings stets die PAP (People’s Action Party), die Partei des Staatsgründers Lee Kuan Yew, gewonnen – auch indem die Presse rigide zensiert und die Opposition massiv behindert wurde. Immerhin gab es vor vier Jahren schon mal eine Kampfabstimmung bei der Präsidentenwahl.[284]

---

283 Khanna 2017: Jenseits von Demokratie; Bell 2015: The China Model

284 Linnarz 2011: Harmonie im Staatsauftrag; Schwengbeck 2012: Singapur – Demokratie oder Diktatur

Zusammengefasst lassen die geschilderten Erfahrungen es durchaus für denkbar erscheinen, dass ein weiterer wirtschaftlicher Erfolg China zu Demokratie führt – entweder friedlich oder durch Unruhen. Auf die tieferen Gründe dafür komme ich noch zurück. Ob allerdings der Übergang friedlich gelingt, hängt natürlich entscheidend vom Kurs der Kommunistischen Partei ab. Noch vor wenigen Jahren lobte der Philosoph Zhang die Errungenschaften der neuen chinesischen Meritokratie nach Dengs Reformen: Die Rotation nach zwei Wahlperioden, die kollektive Führung ohne Führerkult, das strikte Rentenalter für alle Ämter. Er schrieb: „(Dies) hat jede Möglichkeit einer permanenten Verschanzung der Macht in den Händen eines Führers eliminiert."

Seit diesem Jahr gilt das alles nicht mehr: Am 11. März 2018 wurde die Amtszeitbegrenzung für den nun 65jährigen Parteichef und Staatspräsidenten Xi Jinping aufgehoben und sein Name sogar in die Verfassung aufgenommen – wie zuvor bei Mao Zedong und Deng Xiaoping. Nun plant China die totale Überwachung. Alibaba (das chinesische Gegenstück zu Amazon), Alipay (Zahlungsmethode), Didi Chuxing (wie Uber), WeChat (wie WhatsApp), Weibo (wie Twitter), Renren (wie Facebook), Baidu (wie Google) sollen in Zukunft alle Daten für den Staat sammeln. Und Sesame Credit bewertet dann alle Kunden mit einer Punktzahl nach Kreditwürdigkeit, Gesetzestreue, Freundeskreis in sozialen Netzen usw. Der totale Überwachungsstaat scheint nicht mehr fern. Die Entwicklung bleibt abzuwarten.

Die wünschenswerte Gesellschaft: Realotopia

Damit kommen wir zur wünschenswerten Gesellschaft, dem dritten Szenario von Ossip Flechtheim. Flechtheim hatte dabei einen demokratischen Sozialismus mit viel Selbstverwaltung vor Augen – er war damals stark beeinflusst durch die Debatte über den „dritten Weg" zwischen Kapitalismus und Kommunismus. Heute stellt sich also erneut die Frage, wie eine reale Eutopie bzw. Blochs realistische Vision tatsächlich aussehen könnte. Wie erreichen wir ein demokratisches Eutopia, ohne dass es weder zum Kloster-Kirchen-Staat à la Utopia, noch zum Arbeitslager à la Kommunismus, noch zum meritokratischen Überwachungsstaat China oder gar zum autoritären Drogen-Paradies à la Ökotopia entartet?

Nach all den vielen Irrtümern sollten wir die Lösung nicht in irgendwelchen Utopien suchen, sondern in der Wirklichkeit: Ich nenne die Vision deshalb Realotopia. Wenn wir eine gute Lösung für die Welt von morgen finden wollen, für den globalen Norden wie auch für den globalen Süden, dann sollten wir von den realen Vorbildern ausgehen, die schon einiges gut machen. Und die gibt es. Beispiele dafür sind Länder wie Botswana, Costa Rica, Dänemark (und die anderen Skandinavier), Neuseeland, die Schweiz, Island oder Uruguay. Diese Länder fallen auf. Als ehemals eher arme Länder haben sie sich wirtschaftlich positiv entwickelt und gelten im Vergleich zu anderen Staaten ihrer Region als gut regiert. Sie sind nicht perfekt. Und vieles kann noch verbessert werden. Dänemark hat gerade eine von rechtsaußen tolerierte Regierung und führt sogar Grenzkontrollen gegen Flüchtlinge ein. Die Schweiz gilt als extrem bankenfreundlich. Und doch können wir von diesen Ländern einiges lernen: Die Demokratie findet in diesen Ländern deutlich mehr Akzeptanz als anderswo, diese Länder besitzen – bezogen auf ihren Wohlstand – gute soziale Systeme und ihr Umgang mit der Umwelt hebt sich positiv ab. Was also unterscheidet diese Länder von vielen anderen Staaten?

Erstens: Eine zurückhaltende friedliche Außenpolitik – es gibt keine expansiven nationalen Machtphantasien: Alle diese Länder waren vor der Industrialisierung relativ abseits gelegen, arm und uninteressant.[285]

Zweitens: Es gab keine starke dominierende Großgrundbesitzerklasse und schon früh einen hohen Grad an Verstädterung. In Dänemark dominierten schon seit der Wikingerzeit die Seefahrt und der Handel. In Costa Rica und Uruguay setzte sich das Bürgertum der Städte schon früh gegen die Klasse der Plantagen- bzw. Rinderfarmbesitzer durch – im Gegensatz zu den refeudalisierten Nachbarstaaten in ganz Lateinamerika, wo weiße Großgrundbesitzer die Indios und Mestizen versklavten und die Politik dominierten. Auch in Neuseeland gab es kaum Großgrundbesitz, so dass schon früh die städtischen Bürger die Politik bestimmten – insbesondere auf der Nordinsel, wo die Mehrzahl der Bevölkerung lebt.

Drittens: Es gibt keine Klasse, die durch Rohstoffexporte Vermögen anhäuft: Viele Staaten der Erde leiden unter dem Rohstoff-Fluch. Der Reichtum aus dem Export wird in wenigen Händen konzentriert, die die Vermögen oft ins Ausland bringen.[286]

---

[285] Eine Ausnahme ist Dänemark, das ja mal Großmacht war, aber nach dem Verlust von Schweden, Norwegen und Schleswig-Holstein sich als Kleinstaat „gefunden" hat.

[286] Ausnahme ist Botswana, das glücklicherweise die Diamantvorhaben verstaatlichte, bevor sie in private Hände fielen.

Viertens: Diese Länder entwickelten viel früher als vergleichbare Länder einen Sozialstaat – so Costa Rica und Uruguay bereits vor hundert Jahren. Die Schweiz und Dänemark haben vermutlich die besten Rentensysteme der Welt, wo die Reichen eine Grundrente für alle finanzieren (Niederlande auch!). Interessanterweise erwiesen sich diese Ausgaben – z. B. für Bildung, Gesundheit und Renten – nicht als Hindernis für die Entwicklung, sondern haben eher zu mehr Wohlstand und politischer sowie wirtschaftlicher Stabilität geführt.

Fünftens: Eine engagierte Umweltpolitik. Interessanterweise hat sich in mehreren dieser Staaten auch ein besonders positives Verhältnis zu Umwelt und Natur herausgebildet, so in der Schweiz, Dänemark, Costa Rica, Neuseeland. In der Schweiz wurde diese Entwicklung regelmäßig von Volksentscheiden gegen den Widerstand der Wirtschaft vorangetrieben.

Sechstens: Der Mittelstand regiert: Die genannten Besonderheiten hängen mit Sicherheit damit zusammen, dass in diesen Ländern früher als anderswo städtische Mittelschichten für die Gesellschaft dominierend wurden. Die frühe Ausbildung eines Sozialstaates führte offensichtlich zu einer anderen Dynamik als in Staaten mit starken konservativen Kräften.[287]

Siebtens: Auch durch ihre starken demokratischen Strukturen fallen diese Staaten auf. Zu den Besonderheiten zählen: Die starke Dezentralisierung (Kommunalisierung) in Dänemark (und anderen skandinavischen Staaten) und der Schweiz; die ausgeprägte Direkte Demokratie in der Schweiz, Uruguay und New Zealand, weniger ausgeprägt auch in Costa Rica und Dänemark; die Rotation der gewählten Präsidenten jährlich (Schweiz), nach einer Periode (Costa Rica, Uruguay), oder zwei Perioden (New Zealand, Botswana); das Konkordanzprinzip in der Schweiz, die Tradition der Minderheitsregierungen in Skandinavien.

Keines dieser Länder ist perfekt. Und die Liste ist naturgemäß nicht vollständig. Auch in vielen anderen Staaten findet man in einzelnen Politikfeldern vergleichsweise positive Entwicklung: So die Minderheiten- und Einwanderungspolitik in Kanada, die Umweltpolitik in Japan, die Bildungspolitik in Finnland, das System der Kinderbetreuung in Frankreich oder auch die Recycling-Wirtschaft mit dem grünen Punkt, der in

---

[287] Selbst die Unterbrechung der Entwicklung in Uruguay durch die Militärdiktatur (1973–1985) änderte das nicht – das Land knüpfte anschließend fast bruchlos an die demokratische und sozialstaatliche Tradition an.

Deutschland erfunden wurde und nun in ganz Europa kopiert wird. Von all dem können wir etwas lernen und die besten Instrumente für die Transformation nutzen.

Aber worauf es mir vor allem ankommt: Selbst kleine Staaten können einen anderen Weg als den des Neoliberalismus, der Meritokratie, der Autokratie usw. einschlagen. Parag Khanna glaubt sogar, dass kleine Staaten einen Vorteil haben, da die Rückkopplung und Kontrolle der Regierung besser funktioniert. Deswegen befürwortet er stärkere Dezentralisierung. Der Erfolg der USA basiert seines Erachtens nicht auf der Zentralregierung, sondern auf der starken Dezentralisierung, der Direkten Demokratie in Kalifornien, der autonomen Dynamik des Stadtstaates New York und vielen anderen Regionen, die sich weitgehend selbständig verwalten.[288]

Im Zentrum der Transformation steht aber die Modernisierung – die Ertüchtigung – man könnte auch sagen eine Revolution der Demokratie. Wichtige Bausteine für die neue Demokratie können sein: Dezentrale Demokratie, Direkte Demokratie, eine Konkordanzregierung, neue Formen der Beteiligung, bürgerfreundliche Wahlsysteme und eine neue Konzeption der Gewaltenteilung mit Publikative, Monetative und Regulative. Es geht darum, die Demokratie in die Lage zu versetzen, Wirtschaft und Finanzwesen besser zu kontrollieren und die Unabhängigkeit und Qualität der Medien zu gewährleisten.

Aber machen wir uns nichts vor: Das ist kein leichter Weg. Die Durchsetzung einer solchen Realotopie = Real-Utopie in Europa kommt einer Revolution, einer großen Umwälzung gleich. Ob das gelingt, wird davon abhängen, ob es gelingt, eine breite Bewegung für die Modernisierung der Demokratie zu Stande zu bringen. Und damit komme ich zu der letzten Frage und zum letzten Kapitel dieses Buches: Warum und wie kann die demokratische Transformation gelingen?

---

[288] Khanna 2017: Jenseits von Demokratie

„Damit das Mögliche entsteht, muss immer das Unmögliche versucht werden.“ (Hermann Hesse)[289]

„Man darf nicht warten, bis der Freiheitskampf Landesverrat genannt wird.“ (Erich Kästner)[290]

Kapitel 11

Auf dem Weg zur Demokratie von morgen

Warum die Demokratie eine Chance hat – Die Agenten der Demokratie – Die antikosmopolitische Bewegung – Der Gordische Knoten

Wird die Gesellschaft der Zukunft wirklich eine Demokratie sein? Bevor ich begann, dieses Schlusskapitel zu schreiben, überkamen mich erneut Zweifel: Hat die Demokratie überhaupt eine Chance? Was können und müssen wir tun, damit sie eine Chance hat?

Es gibt gute Gründe für diese Zweifel: Im letzten Jahrzehnt endete der Siegeszug der Demokratien nach dem Zweiten Weltkrieg. In vielen mehr oder weniger demokratischen Staaten gewannen autokratische Führer die Wahlen. Putin und Erdogan kamen zunächst ganz demokratisch an die Regierung. Sie begannen dann aber die freie Presse zu gängeln, die Unabhängigkeit der Gerichte einzuschränken und ihre politischen Gegner zu kriminalisieren und auszuschalten – und hatten Erfolg damit!

Und trotzdem glaube ich an die Demokratie. Das gilt auch für China. Die Zukunft der Menschheit soll und wird keine allmächtige Parteidiktatur sein. Warum ich das glaube und was dazu getan werden muss, werde ich im Folgenden darstellen.

---

289 Im Brief an Wilhelm Gundert (Sept. 1960), siehe Lindenberg (Hrsg.) 2008: Mein Hermann Hesse

290 Rede von Erich Kästner im PEN-Club aus Anlass der 25. Wiederkehr des Jahrestages der Bücherverbrennung, Hamburg 1958

Warum die Demokratie eine Chance hat

Manchmal ist die Welt voller Überraschungen. Vor zwei Jahren sprachen in Kabul einige einheimische Intellektuelle und Entwicklungshelfer über die Möglichkeiten der politischen Bildung. Daraus erwuchs die Idee einer Untergrunduniversität. Gesagt – getan. Im Frühjahr 2017 luden die Afghanistan Human Rights and Democracy Organization (AHRDO) und Medico International in Kabul zu Vorlesungen über die Frankfurter Schule ein. Das Ergebnis war geradezu ein Wunder. Nur aufgrund von Mund-zu-Mund-Propaganda kamen über 700 Studenten, um eine Woche lang mit Referenten aus Deutschland und Schweden über die kritische Theorie der Frankfurter Schule zu diskutieren.[291]

Solche Ereignisse machen immer wieder deutlich, dass Demokratie keine spezielle für Europa geeignete Form ist, die für Asien nicht so passend sei, wie manchmal behauptet wird. Die Sehnsucht nach einer gerechten demokratischen Gesellschaft ist offensichtlich universell. Auch wenn die Voraussetzungen sicher verschieden sind. Welches sind also die entscheidenden Faktoren, die dazu führen, dass Demokratie gestärkt wird und dass wir die Zuversicht haben können, dass die zukünftigen Gesellschaften demokratisch sein können und werden?

Faktor Bildung

Als einer der wichtigsten Motoren für die Demokratie hat sich stets die Bildung erwiesen. Schließlich ist die Demokratie ein Kind der Aufklärung. Der ehemalige DDR-Regime-Kritiker Rudolf Bahro hatte dafür mit seiner These vom „überschüssigen Bewusstsein“ eine plausible Begründung geliefert:[292] Die wachsende Zahl der gut ausgebildeten Intellektuellen wurde in der DDR daran gehindert, ihre Fähigkeiten für die Gesellschaft adäquat einzusetzen. Die herrschende Partei lähmte jedes kreative Engagement. Die Intellektuellen flüchteten sich ins Privatleben, ihr Wissen blieb ungenutzt. Dieses „überschüssige Bewusstsein“ der intellektuellen Mittelschicht sprengte schließlich das System.

Das gleiche Phänomen beobachtete Felix Lee, der China-Korrespondent der Tageszeitung, auch in China: Die jungen Menschen mit mehr Bildung werden immer kritischer, obwohl es ihnen bessergeht. „In der Mitte der

---

[291] Seibert 2017: Afghanistans Dialektik der Aufklärung

[292] Bahro 1977: Die Alternative

Gesellschaft wächst (...) die Unzufriedenheit."[293] Ganz besonders die Hochschulen waren historisch stets Brutstätten für freie und unabhängige Individuen, die eine moderne Gesellschaft braucht. Deshalb waren und sind die Hochschulen zu allen Zeiten den Herrschenden suspekt, auch wenn sie wissen, dass sie die Hochschulen für die Entwicklung ihres Landes mehr denn je benötigen.

Die Analyse von Bahro erscheint plausibel und lässt hoffen. Denn an Bildung kommt keine Regierung mehr vorbei – es sei denn, sie will ihr Land bewusst von der modernen Entwicklung abkoppeln wie die Taliban in Afghanistan oder die Bibeltreuen der Teaparty. So wächst fast überall auf der Welt die besser ausgebildete Mittelschicht und mit ihr das Streben und der Druck nach mehr Demokratie. Und in vielen Ländern findet man das „überschüssige Bewusstsein", gut ausgebildete, vernetzte junge Menschen, die ihre Fähigkeiten nicht einsetzen können. Schulen und Hochschulen sind nicht selten die stärksten Waffen gegen Fundamentalismus, Autoritätshörigkeit und Sektierertum. Wer die Demokratie auf Dauer verhindern will, muss die Schulen zerstören. Insofern sind die Taliban konsequent.

Natürlich wissen auch die Gegner der Demokratie um die Bedeutung der Bildung. Die Fundamentalisten in den USA bekämpfen die Evolutionstheorie, die reichen Saudis und auch die türkische Regierung finanzieren Moscheen und Koranschulen in Mittelasien oder in Deutschland, um darüber ihre Weltsicht zu transportieren. Aber in einer Welt mit Fernsehen und Internet wird es immer schwieriger, Menschen von der Welt und dem Wissen abzukoppeln. Wer die Freiheit der Bildung und die Freiheit der Wissenschaft einschränkt, der schadet seinem eigenen Land. So entfaltet Bildung weltweit ihre demokratische Kraft.

Faktor Wohlstand und Lebensqualität

Die Vorstellung, dass Demokratie Wohlstand schafft, ist offensichtlich falsch. Die Geschichte lehrt uns das Gegenteil. In den Seefahrerstädten des Altertums und des Mittelalters war die Demokratie stets erst die Folge des wirtschaftlichen Aufschwungs, da die wohlhabend gewordenen Kaufleute keine Lust mehr hatten, sich vom Adel gängeln zu lassen. Aber sie war nicht die Ursache. Ähnliches gilt für die Entwicklung in England, in Preußen, in Frankreich, Japan, Korea und vielen anderen Ländern. Sie haben sich zuerst wirtschaftlich entwickelt und wurden dann demokra-

---

[293] Lee 2012: Der kommende Mittelstand

tisch.[294] Richtig ist vielmehr die Aussage: Ab einem bestimmten Punkt war die Entwicklung dieser Länder nicht mehr mit autoritären Strukturen verträglich.

Allerdings gilt auch das Gegenteil: Während Wohlstand Demokratie befördert, sind umgekehrt wirtschaftliche Krisen auch eine Gefahr für sie. In schwierigen und für die Bevölkerung bedrohlichen Zeiten gab es in vielen Staaten Tendenzen zu autoritären Regierungen. Beispiele dafür waren Italien in den 20er Jahren, Deutschland und andere Staaten nach der Weltwirtschaftskrise, aber auch die Entwicklung in Zentralasien nach der Perestroika und in vielen Staaten Afrikas. Insofern ist die Entwicklung zur Demokratie nie ein Selbstläufer gewesen.

Es stellt sich also nun die Frage, ob es ein Problem darstellt, wenn in Zukunft quantitatives Wachstum kaum mehr möglich sein wird. Das denke ich jedoch nicht. Wie ich schon im vorigen Kapitel diskutiert habe, sind Wachstum und Wohlstand keineswegs automatisch verbunden. In Deutschland haben der CO_2-Ausstoß und andere Schadstoffemissionen sowie der Einsatz von Rohstoffen in den vergangenen dreißig Jahren bereits um ein Drittel abgenommen (leider zu wenig). Das war aber kein Problem für die Menschen. Ein Problem war die zunehmende ungleiche Verteilung seit der Jahrtausendwende.

Deswegen sollte man besser von wachsender Lebensqualität sprechen, um klar zu stellen, dass wachsender Wohlstand nicht automatisch wirtschaftliches Wachstum bedeutet. Denn wachsende Lebensqualität bei sinkendem Ressourcenverbrauch und Umweltbelastung ist offensichtlich möglich. Vielleicht ist sogar eine geringere Belastung der Umwelt eine zwingende Voraussetzung, damit die Lebensqualität weiterwachsen kann.

Wenn es also gelingt, in den bisherigen Industriestaaten wachsende Lebensqualität und mehr Gerechtigkeit mit sinkendem Ressourcenverbrauch zu verbinden, dann wird dies auch zur Stärkung der Demokratie beitragen. Nicht das Ende des materiellen Wachstums ist das Problem, sondern der Mangel an Gerechtigkeit. Daraus ergibt sich eine zentrale Aussage für die Transformation: Die Themen Lebensqualität, Nachhaltigkeit, Gerechtigkeit und Demokratie sind unmittelbar miteinander verknüpft. Das eine kann ohne das andere kaum noch erreicht werden. Das muss jede Transformationsstrategie im Auge behalten!

---

[294] Eine Ausnahme bilden die Niederlande und die USA, da diese Staaten aus einem Unabhängigkeitskampf hervorgingen.

Faktor Digitalisierung

In letzter Zeit häufen sich die Berichte, dass autoritäre Staaten und Parteien die sozialen Medien für ihren Wahlkampf benutzen, „Fake-News“ verbreiten und dafür sogar programmierte Viren einsetzen. „Die ideologischen ‚Hallräume' der sozialen Medien verstärken die natürlichen Vorurteile der Menschen und verringern die Chancen auf eine gesunde Debatte.“ schreibt der Ex-UNO-Generalsekretär Kofi Annan besorgt. Die Big-Data-Expertin Yvonne Hofstetter spricht diesbezüglich von „digitalem Imperialismus“. Dagegen glaubt der Autor und Journalist Paul Mason, dass die Digitale Revolution uns den wahren demokratischen Sozialismus bringen wird. Wer hat Recht? [295]

Mason prognostiziert eine Welt von gut gebildeten, vernetzten Bürgern, in der Arbeiten freiwillig geworden ist. Da alle materiellen Werte durch die Digitalisierung entwertet werden, entsteht eine Geschenkökonomie. Jeder bekommt ein Grundeinkommen. Seine wichtigsten Argumente erscheinen durchaus plausibel – auch wenn seine ökonomische Vision eher spekulativ erscheint. Es spricht jedenfalls vieles dafür, dass Digitalisierung und Vernetzung ein weiterer Motor für die Demokratie werden. Denn die Digitalisierung befördert sowohl die Bildung der Kinder und Erwachsenen wie auch den Kosmopolitismus und verstärkt damit den Trend in Richtung einer pluralen, vernetzten Demokratie.

Aber auch dies ist kein Automatismus. Natürlich gibt es den von Kofi Annan beschriebenen Effekt, dass sich in den sozialen Medien Gruppen bilden, die sich nur noch gegenseitig in ihren Vorurteilen verstärken. Aber diese Milieu-Abschottung gab es in früheren Zeiten ohne Internet in noch viel größerem Ausmaß in Arbeitersiedlungen, Dörfern oder den Salons des Adels oder des Bürgertums.

Auch die Konzentration und Monopolisierung von Daten durch Konzerne wie Google, Facebook und Amazon – aber auch durch autoritäre Regierungen in China und Russland – sind neue Gefährdungen. Es bahnt sich daher an, dass die Auseinandersetzung um mehr Datenschutz, Netzneutralität und die Kontrolle über die Informationen immer mehr Teil des Kampfes um Demokratie werden wird. In der EU ist gerade die Durchsetzung einer neuen Datenschutzverordnung gelungen. Auch in den USA sind die Big-Data-Konzerne bereits unter Druck geraten. Und

---

[295] Annan 2018: Wie das Internet die Demokratie bedroht; Hofstetter 2018: Das Ende der Demokratie; Mason 2015: Postkapitalismus

da alle – auch die hohen Funktionäre in China – von mangelndem Datenschutz betroffen sind, wächst der Druck, zu mehr Sicherheit und Schutz im Netz zu kommen. Auch Kofi Annan kommt in der zitierten Analyse zum Ergebnis, dass bisher jedes neue Medium Befürchtungen hervorgerufen hat und von Diktatoren sofort genutzt wurde – letztlich aber die Wissensrevolution nur beschleunigt hat. Und Yvonne Hofstetter leitet aus ihrer Kritik konkrete Vorschläge für eine partizipatorische Politik der EU ab.

Entscheidend scheint mir daher zu sein, dass die positiven Chancen der Vernetzung, der Bildung und der Information durch das Netz nicht einfach abgeschaltet werden können, ohne die Wirtschaft und die kreative Entwicklung von Kultur und Wissenschaft massiv zu schädigen. Und gefilterte Nachrichten sind für alle Menschen, die objektive Informationen haben wollen, wertlos. Die Portale haben daher kein Interesse an dieser Entwicklung. Das Internet ist das Informations- und Kommunikationsmedium der Zukunft. Noch nie hatte eine Generation so schnellen Zugriff auf Wissen. Noch nie war Kommunikation so leicht. Erst das Netz macht die Welt zum globalen Dorf. Insofern glaube ich, dass Mason Recht hat – die Digitalisierung ist ein starker Faktor, der trotz aller Versuche des Missbrauchs, letztlich die Demokratie stärken wird.

Faktor Städte und Metropolen

Professor Richard Florida formulierte die Theorie der kreativen Klasse.[296] Als er seine Ergebnisse vorstellte, wurde er von Konservativen in den USA massiv angegriffen. Denn nach seinen Forschungen sind die wichtigsten Faktoren für den wirtschaftlichen Erfolg einer Region die relative Anzahl von gleichgeschlechtlichen Paaren, von Künstlern und von Migranten. Man kann es auch anders ausdrücken: Toleranz und Kreativität sind die großen Erfolgsfaktoren und der eigentliche Grund, warum die großen Metropolen kulturell und wirtschaftlich immer attraktiver werden. Genauso provokant sind die Thesen von Elizabeth Currid, Professorin für Stadtplanung in Los Angeles. Sie stellte fest, dass es für die Kultur einer Stadt wichtiger ist, billigen Wohnraum und Ateliers für kreative Künstler bereit zu stellen als teure Opern und Museen zu bauen.[297]

---

[296] Florida 2002: The Rise of the Creative Class; Florida 2005: Cities and the Creative Class

[297] Currid 2007: The Warhol-Economy

Andere Autoren wie Ulrich Beck beobachteten die zunehmende Vernetzung von Großstädten und Metropolen rund um die Welt. Aber auch Kleinstädte bilden Netze wie das internationale Netzwerk Cittàslow.[298] Laclau und Mouffe konstatieren das Entstehen einer weltweiten neuen politischen Bewegung: Die urbane Bewegung für gute Lebensbedingungen in Städten.[299] Stadtteilgestaltung, Wohnungsmieten, Gentrifizierung, öffentliche Einrichtungen, Verkehrskonzepte und vieles mehr werden zum politischen Thema. Andere Autoren vergleichen die Entwicklung der Metropolen mit dem Aufstieg der Städte in Europa in der Renaissance.

Man kann daher feststellen: Die Städte entwickeln sich weltweit zu den Vorreitern der Transformation. Gleichzeitig wachsen auf allen Kontinenten die Städte und Metropolen und nehmen an politischem Gewicht zu. Sie werden kosmopolitische, tolerante Zentren mit hohem Bildungsstand, Kunst, Kultur und Wissenschaft und in der Folge auch mit lebendiger Demokratie. Diese Entwicklung findet man überall, nicht nur in Berlin, Los Angeles und Tokio, sondern auch in Johannesburg, Shanghai, Istanbul, Mumbai und Moskau. Für die Politik hat das gravierende Auswirkungen, da eine Politik gegen die Städte immer schwieriger wird, je mehr sich das Gewicht in die Städte verlagert.

Faktor Kosmopolitismus

Die Welt wächst unweigerlich zusammen. Und doch erwecken das Aufkommen der AfD und ähnlicher Parteien in vielen Ländern Europas den Eindruck, dass die Einwanderung konservatives Gedankengut stärkt und dadurch Migration verhindert wird. Wir dürfen uns aber nicht täuschen lassen. Die Realität ist eine andere. In Großbritannien, in Frankreich, in den Niederlanden und auch in Deutschland gab es seit dem Zweiten Weltkrieg massive Einwanderungsbewegungen, ohne dass damit vergleichbare politische Probleme verbunden waren. Noch klarer lässt sich dies in den klassischen Einwandererstaaten wie den USA, Kanada und Australien beobachten. Im Gegenteil, die Einwanderung führte praktisch überall zu einer Zunahme des kosmopolitischen Denkens und darüber zu einer Stärkung der Demokratie. Dieses Denken wurde natürlich auch durch die Reisen in ferne Länder, die immer intensiveren Wirtschafts-

---

[298] Cittàslow 2012: Cittàslow International Network

[299] Laclau/Mouffe 2015: Hegemonie und radikale Demokratie

beziehungen mit aller Welt und schließlich auch durch die wachsende Zahl von Touristen aus anderen Staaten gefördert.

Die wachsenden Probleme mit rechten Bewegungen haben also nichts mit der Einwanderung, wohl aber mit der wachsenden wirtschaftlichen Spaltung zu tun. Insbesondere Menschen, die auf dem Arbeitsmarkt schlechte Chancen haben oder die Angst haben, aus der Mittelschicht abzusteigen, wenden sich gegen mögliche Konkurrenten. Wenn ihnen dann eine Gruppe der Bevölkerung von Demagogen als Opfer angeboten wird, auf deren Kosten sie sich stärker fühlen können, dann funktioniert dieser uralte Abgrenzungs- oder Ausgrenzungsmechanismus. Der funktionierte aber auch schon in den dreißiger Jahren gegen Juden oder Sinti, obwohl es gar keine Einwanderung gab. Sowieso findet die Ausgrenzung von Minderheiten meist nicht dort statt, wo unterschiedliche Kulturen zusammen leben, sondern vielmehr am ehesten dort, wo es wenig Einwanderer gibt – also nicht in New York, sondern in Iowa, nicht in Hamburg, sondern in der Uckermark. Menschen neigen um so mehr zu Ausgrenzung, je weniger Kontakte sie zu der betroffenen Gruppe haben und je weniger Menschen dieser Gruppe es in ihrer Region gibt.

Im Ergebnis kann man daher feststellen: Wachsende Einwanderung – Reisen in ferne Länder – Fernsehfilme über fremde Kulturen – das Erlebnis von Restaurants aus allen Erdteilen in unseren Städten – das alles führt zu mehr Kosmopolitismus. Jo Leinen und Andreas Bummel sprechen von wachsender globaler Empathie.[300] Multikulturelle Milieus sind geradezu demokratiefördernd, wenn sich die Menschen nicht in monokulturellen Gettos isolieren oder isoliert werden.

Wichtig im Umgang mit Migration ist allerdings die politische Strategie. Die politische Philosophin Hilal Sezgin hält jeden Versuch zur Zwangsintegration für kontraproduktiv, weil dies die Abwehr gegen den Übergriff und damit den Rückzug auf die Identität als Ausländer verstärkt. Dagegen führt eine plurale Strategie mit Beibehaltung der Herkunftsidentität, aber zugleich Herausbildung von vielfältigen Identitäten über Freundschaften, Nachbarschaft, Arbeit, Sport, Schule und Religion schrittweise zu einer multipluralen Welt.[301] Auf diese Weise wird das kosmopolitische Denken gefördert.

---

300 Leinen/Bummel 2017: Das demokratische Weltparlament

301 Sezgin 2007: Integration als Waffe; Sen 2007: Die Identitätsfalle

Die kosmopolitische Kultur ist typischerweise pluralistisch und weltoffen. Besonders ausgeprägt findet man sie an den Hochschulen – auch in den USA, wo die Hälfte aller Professoren in den naturwissenschaftlichen Fächern nicht im Lande geboren wurde. Sie ist stark durch Bildung und Kultur geprägt, schätzt Eigenarbeit und die Ästhetik der Vielfalt, setzt sich für die Erhaltung der Welt und der Natur ein, ist daher nicht selten ökologisch orientiert, oft sogar vegetarisch und vegan.

In der Folge trägt dies dazu bei, dass insbesondere junge, gebildete Menschen sich immer mehr als Europäer oder gar als Weltbürger verstehen. Wobei dies kein Widerspruch zur Heimatverbundenheit bedeutet. In der heutigen Zeit der multiplen Identitäten kann man nicht nur Arbeiter, Bayer, Rockmusikfan, Moslem und Avatar eines keltischen Priesters in einer Spielgruppe sein, sondern auch Franke, Deutscher, Europäer und Weltbürger. Peter Coulmas sieht sogar die Völker der Welt zu der einen großen Weltbevölkerung zusammenwachsen. Die politische Aufgabe des nächsten Jahrhunderts hieße darum: weltweite Friedensordnung, universale Verantwortungsgemeinschaft und die Ausbildung eines kosmopolitischen Ethos.[302]

Fazit 1:

Die wichtigsten Faktoren für den demokratischen Wandel sind das steigende Bildungsniveau, die wachsende Lebensqualität (bei reduziertem Ressourcenverbrauch), das wachsende Gewicht der Städte und Metropolen, die globale Vernetzung, die Digitalisierung und die wachsende globale Empathie. Alle diese Faktoren wachsen zusammen im Milieu des Kosmopolitismus.

Die Agenten der Demokratie

Rousseaus Vorstellung von Demokratie war stark geprägt durch die calvinistische Bürgerverfassung seiner Heimatstadt Genf. Rousseau kam, wie er sagte, aus dem Arbeiterstand – man könnte auch sagen Handwerkeradel. Sein Vater war Uhrmacher in Genf. Zu seiner Ausbildung gehörte neben technischem Wissen eine umfangreiche Allgemeinbildung – das Studium der antiken Klassiker auf Latein war für einen Genfer Handwerker nicht ungewöhnlich.

[302] Coulmas 1990: Weltbürger

Wie wir bereits am Anfang dieses Buches sahen, war die Geschichte der Demokratie immer eine Geschichte von selbstbewussten, gebildeten Mittelschichten – beginnend im alten Athen über die mittelalterlichen Handelsstädte bis hin zu den Demokratien der Neuzeit. Das gilt übrigens auch für die Arbeiterbewegung. Ihre Sprecher waren neben Intellektuellen aus dem Bürgertum vor allem hochgebildete Handwerker, Facharbeiter und natürlich ihre Gewerkschaftsfunktionäre – und überwiegend eben nicht verelendete ungebildete Proletarier. Trotzdem konnte und kann die demokratische Bewegung nur erfolgreich sein, wenn sie die Unterschichten für sich gewinnt. Das galt für die Französische Revolution wie für die englische Arbeiterbewegung.

Für Arthur Rosenberg war deshalb die Arbeiterbewegung von Anfang an Teil der demokratischen Bewegung.[303] Man kann es auch umgekehrt sagen: Der Kampf um Demokratie, um die Herrschaft des Volkes, war von Anfang an auch und vor allem ein Kampf um Gerechtigkeit. Das gilt vor allem für die unteren Schichten. Das große Versprechen der Demokraten war immer: Wenn das Volk bestimmen würde – und damit meinte man: wenn die Regierung vom Volk gewählt und nicht vom Kaiser eingesetzt wird – dann ginge es gerecht zu. Dann würde Politik im Interesse aller Menschen gemacht, der Armen wie der Reichen. Dann würde für alle gut gesorgt. Insofern waren die Agenten des sozialen Wandels und die Agenten der Demokratie in den meisten Fällen Geschwister, die an einem Strang zogen.

Aber das Umgekehrte gilt auch: Immer wieder wurde die Demokratie zurückgeworfen, wenn es konservativen und aristokratischen Politikern wie Napoleon III., Bismarck oder schließlich den Nazis durch geschickte Politik gelang, die ländliche Bevölkerung oder auch desillusionierte Menschen aus Mittel- und Unterschicht gegen die Demokratie zu mobilisieren.

Die gebildete, vernetzte Generation

Welches sind also heute die Schichten, die Agenten, die für die Demokratie entscheidend sind? Bis zum Zweiten Weltkrieg waren die dominierenden Kräfte im Kampf um Demokratie einerseits liberale Vertreter des Bürgertums und andererseits die Sprecher der Arbeiterschaft, der großen Mehrheit der Bevölkerung in den Städten. Nach dem Zweiten Weltkrieg änderte sich dieses Bild nach und nach. Schaut man sich heute die Zusammensetzung der Bevölkerung an, dann sind immer noch 50 Prozent –

---

303 Rosenberg 1962: Demokratie und Sozialismus

also die Hälfte der Bevölkerung – ohne wesentlichen Besitz außer ihrer Wohnungseinrichtung, ihren Gebrauchsgegenständen und gegebenenfalls einem Auto. Vor dem Ersten Weltkrieg traf dies aber noch auf 90 Prozent der Bevölkerung zu. Heute dagegen besitzen etwa 40 Prozent der Menschen ein kleines Vermögen zwischen 20.000 Euro und 200.000 Euro.[304] Das ist heute die Mittelschicht. Diese Menschen wohnen meist im teilweise abbezahlten eigenen Haus oder einer Eigentumswohnung. Es sind zum Beispiel gutbezahlte Facharbeiter, Angestellte, Polizisten und Lehrer.

Jenseits der Mitte findet man die Wohlhabenden oder Bessersituierten – die etwa zehn Prozent der Bevölkerung ausmachen. Sie besitzen jeweils zwischen 200.000 und einer halben Million Euro. Hierzu gehören Oberstudienräte, Ärzte, selbständige Handwerker, Abteilungsleiter und Wissenschaftler. Danach kommt die Gruppe der Reichen – etwa ein Prozent. Das sind Topmanager, mittelständische Unternehmer, Minister, C4-Professoren, Generäle und Wertpapiermanager. Und schließlich gibt es noch die Multimillionäre (0,01 Prozent) und die Milliardäre (0,0001 Prozent). Sie leben meist vom geerbten Vermögen – oft schon seit Generationen. Öffentlich tauchen die Reichen und Superreichen fast nicht auf. Nicht mal in den meisten Statistiken, weil ihre Zahl zu klein ist.

Politisch bestimmend für die Entwicklung der Demokratie sind vor allem die Mittelschichten und die Wohlhabenden – aus ihren Reihen stammen in der Regel die Meinungsführer. Zusammen machen sie etwa die Hälfte der Bevölkerung aus. Die wichtigsten Meinungsführer dürften neben den wenigen hauptamtlichen Politikern[305] die Lehrer und andere Beamte, gut verdienende Angestellte sowie Juristen, Journalisten, Wissenschaftler, Gewerkschaftssekretäre und Verbandsvertreter sein. Dazu kommen weitere Millionen gut ausgebildeter und gut vernetzter junger Menschen, die oft noch ganz am Anfang ihres Berufslebens stehen oder die noch in der Ausbildung stecken: „the educated and networked generation".[306]

Sie alle gehören zu denen, die sich gerne einmischen. In Bürgerinitiativen, in der Kommunalpolitik, in Verbänden, in öffentlichen Veranstaltungen oder geschlossenen Clubs und schließlich auch in politischen Beiträgen in Zeitungen oder im Internet geben Menschen aus diesen

---

304 Bach/Beznoska/Steiner 2011: A Wealth Tax on the Rich to Bring down Public Dept?

305 Über 95 Prozent der Politiker sind ehrenamtlich in Gemeinderäten aktiv. Sie stammen in der Regel auch aus den Mittelschichten.

306 Mason 2015: Postkapitalismus

Gruppen den Ton an. Das gilt übrigens für alle politischen Richtungen, von den Linken bis zur AfD. Diese Menschen nutzen und lieben die Demokratie. Und das gilt nicht nur in Europa, sondern auch in China – auch wenn dort oft die Angst vor einer chaotischen Perestroika selbst bei überzeugten Demokraten immer noch überwiegt. Die neue Mittelschicht und die gebildete, vernetzte Generation werden deshalb für die demokratische Transformation entscheidend sein.

Die zivilgesellschaftlichen Organisationen

Um politisch handeln zu können, pflegen sich Menschen seit Urzeiten zu organisieren. Deshalb gehört zu den Grundrechten einer Demokratie die Organisationsfreiheit. Sie ist die Voraussetzung für eine wirksame Willensbildung. Die wichtigsten Organisationen waren bis in die siebziger Jahre die Kirchen, die politischen Parteien und die Gewerkschaften. Mit der Veränderung der Mittelschichten hat sich auch dies immer mehr verändert. Heute sind daneben eine Vielzahl von neuen zivilgesellschaftlichen Organisationen getreten, die sich meist auf bestimmte Themen und Anliegen konzentrieren – von der lokalen Bürgerinitiative gegen den Bau einer Hähnchenzuchtanlage bis zur globalen Organisation wie Greenpeace.

Heute kann man grob sechs Typen von zivilgesellschaftlichen Organisationen unterscheiden:

[1] Die Parteien sind immer noch wichtige Orte der politischen Meinungsbildung. Vielleicht hat der Rückgang ihrer Mitgliederzahl weniger mit einer Krise als mit dem großen Angebot an Alternativen zu tun. Interessant ist auch zu beobachten, dass in Verbindung mit neuen Themen zunehmend auch neue Parteien entstehen und teilweise sogar Erfolg haben, wenn das Wahlrecht das zulässt.

[2] Die zweite traditionelle Gruppe bilden die Gewerkschaften, die sich immer dann, wenn es um die Interessen der Lohnabhängigen geht, auch in die Politik einmischen. In Europa sind – trotz großer Unterschiede – immer noch ein Viertel aller Arbeitnehmer in Gewerkschaften organisiert. Allerdings nimmt ihre Bedeutung ab, da die zentrale Stellung der Lohnarbeit im Leben der Menschen zurückgeht. Gerade für die schlecht bezahlten Unterschichten ist dies aber ein massives Problem und es gibt hier dringenden Handlungsbedarf, die Rolle der Gewerkschaften wieder institutionell zu stärken.

[3] Die ältesten und immer noch größten zivilgesellschaftlichen Gruppen bilden die Religionsgemeinschaften. Waren sie früher fast immer konservativ, so hat sich das Bild zu zumindest bei den beiden großen christlichen Konfessionen deutlich gewandelt. Heute sind beide in Deutschland offen geworden für Fragen der sozialen Gerechtigkeit, des Umweltschutzes (Erhaltung der Schöpfung) und auch der Demokratie.[307]

[4] Zu den einflussreichsten Akteuren gehören zunehmend die sogenannten Nichtregierungsorganisationen (NROs – englisch NGOs). Das sind Vereine oder Verbände, die sich per Satzung für soziale, umweltpolitische, entwicklungspolitische, demokratische oder andere Ziele einsetzen wie Greenpeace, BUND, NABU, Amnesty International, OXFAM, Mehr Demokratie, Attac oder Campact. Insgesamt waren 2015 etwa 9.000 NGOs allein bei der UNO registriert. Einige sind relativ klein und bestehen aus einigen Mitarbeitern, die sich über Fundraising finanzieren, während andere wie die großen Umweltverbände mehrere Millionen Mitglieder weltweit organisieren.

[5] Eine sehr vielfältige Gruppe sind gemeinnützige Verbände und Vereine wie der ADAC, das Rote Kreuz, Sportvereine, freiwillige Feuerwehren, die freien Schulen und Hunderte von KiTa-Trägern sowie Sozialverbände und andere Organisationen. Im Unterschied zu den typischen NROs unterhalten sie operative und/oder wirtschaftliche Einrichtungen – auch wenn sie keinen Gewinn machen dürfen – und mischen sich nur gelegentlich politisch ein, wenn ihre Anliegen betroffen sind – dann aber oft mit erheblichem Gewicht.

[6] Eine ebenfalls sehr vielfältige Gruppe sind die Stiftungen. Das Spektrum reicht von Parteistiftungen jeder Couleur über philanthropische, kulturelle, Umwelt-, Tierschutzstiftungen bis hin zu Stiftungen von Wirtschaftsunternehmen, die oft auch im Verdacht stehen, im Interesse ihrer Geldgeber politischen Einfluss zu nehmen.

In den vergangenen fünfzig Jahren hat die Breite und Vielfalt der zivilgesellschaftlichen Organisationen ständig zugenommen. Die Mehrzahl davon ist lokal tätig. Aber immer mehr vernetzen sich national und international und nehmen oft durchaus wirksam Einfluss auf die politische

---

[307] In vielen Ländern sind Religionsgemeinschaften – auch die christlichen – immer noch rückwärtsgewandt konservativ und stützen eher autoritäre Machthaber. Immerhin setzt sich seit dem Zweiten Weltkrieg auch die katholische Kirche offiziell für Demokratie ein.

Agenda. Gerade weil sie sich auf einzelne Themen konzentrieren, üben sie häufig durch eine geschickte Nutzung der Medien und durch Lobby-Arbeit – aber auch durch öffentliche Auftritte bis hin zu Demonstrationen, Unterschriftensammlungen und die Initiierung von Volksabstimmungen – einen wachsenden Einfluss aus.

Typisch ist auch die wachsende Politisierung ihrer Mitglieder – was dann oft zu einem starken demokratischen Engagement führt. Insbesondere die Forderungen nach mehr Bürgerbeteiligung und nach Direkter Demokratie gewinnen dabei immer mehr an Bedeutung. Das ist kein Wunder, denn nur eine offene deliberative Demokratie eröffnet den Raum für ein breites zivilgesellschaftliches Engagement.

Soziale Bewegungen und der Regenbogen

Neben die mehr oder weniger festen Organisationen sind seit dem Zweiten Weltkrieg weitere Formen des politischen Engagements getreten und haben weltweit an Bedeutung gewonnen. Das sind die sogenannten sozialen Bewegungen. Soziale Bewegungen bilden sich oft spontan zu Anlässen wie dem Bau eines Atomkraftwerkes, der Schließung eines Theaters, einem Umweltskandal und anderen Ereignissen. Nicht selten entstehen daraus Bündnisse von mehreren zivilgesellschaftlichen Organisationen, wozu auch Parteien oder sogar Wirtschaftsverbände oder Sportvereine, Studentenvertretungen, Betriebsräte oder sonstige Einrichtungen stoßen können. Manchmal entstehen daraus neue Bürgerinitiativen, Wahllisten oder andere Organisationen, die sich dann überregional vernetzen. Oft werden auch prominente Persönlichkeiten aus Wissenschaft, Politik, Kultur, Fernsehen und anderen Bereichen zu Sprechern von sozialen Bewegungen.

Die wichtigsten Bewegungen nach dem Zweiten Weltkrieg waren die Friedensbewegung (mit den Höhepunkten zum Vietnamkrieg und gegen die Raketenstationierung in den 80er Jahren), die Bürgerrechtsbewegung (besonders in den USA, in Deutschland gegen Notstandsgesetze und der Volkszählungsboykott), die Frauenbewegung (u. a. Kampf gegen das Abtreibungsverbot, für gerechte Löhne, für Quotierung, gegen Pornografie), die Umweltbewegung. Dazu kamen in vielen Ländern Bewegungen von indigenen Völkern oder auch die der Homosexuellen und Transgender, Jugendbewegungen sowie Bewegungen von anderen Minderheiten und solche für vielfältige Ziele wie Tierrechte oder veganes Essen. Wesentliche Veränderungen der Umweltpolitik, der Zivilgesetzgebung, der

Energiepolitik und der Bürgerrechte sind durch solche Bewegungen angestoßen worden.

Ein neues Phänomen bildet der politische „Regenbogen". Immer dann, wenn sich ganz unterschiedliche Bewegungen und zivilgesellschaftliche Organisationen mit unterschiedlichsten Zielen zu gemeinsamen Aktionen zusammenschließen, spricht man von einer „Regenbogen-Koalition". In solchen Fällen gelang es teilweise mehrere Millionen Menschen zu mobilisieren – in einigen Fällen sogar weltweit. Auch zur Wahl von Barack Obama als US-Präsident bildete sich eine solche Regenbogenkoalition aus Gewerkschaftlern, Bürgerrechtlern, Umweltschützern und anderen Bewegungen.

> **Fazit 2:**
>
> Hauptträger der demokratischen Transformation werden die neue Mittelschicht und die gebildete, vernetzte Generation sein – insbesondere in den Metropolen und Städten des globalen Nordens wie denen des Südens. Die Herausbildung von Regenbogenkoalitionen aus Nichtregierungsorganisation, Gewerkschaften, Kirchen und Verbänden, Wissenschaftlern und Bürgerinitiativen mit emanzipatorischen Vertretern aus Politik und Kultur bildet ein wesentliches Momentum für die demokratische Transformation.

Die antikosmopolitische Reaktion

Große politische Veränderungen rufen immer wieder Gegenreaktionen hervor. Nach der Französischen Revolution kam Napoleon und danach kam die Restauration. Nach der deutschen Revolution von 1918 kam schließlich das Nazi-Regime. Auch heute erleben wir, dass die Ausbreitung des Kosmopolitismus zu massiven Gegenreaktionen führt – ich nenne sie deshalb die „antikosmopolitische Reaktion". Autokraten wie Putin und Erdogan und ein Egomane wie Trump werden gewählt, Parteien wie die Front National, die Wahren Finnen oder die AfD erhalten Zulauf. In Italien stellen unterschiedliche EU-Kritiker die Mehrheit im Parlament. Auch die Ernennung von Parteichef Xi zum Präsidenten Chinas auf Lebenszeit, der Sturz des gewählten Präsidenten in Ägypten und der Militärputsch in Thailand gehören in dieses Muster. Sie alle – ob Arbeiter und Angestellte, die AfD wählen, ob Taliban, die dem „Westen" die Schuld an allem geben, ob Bosse „alter" Industrien, die ihre Gewinne mit Kohle, Öl oder Verbrennungsmotoren verdienen oder auch die alten Partei-Kader, die Angst vor der Moderne haben – sie alle eint nur eines: Sie wollen die Veränderungen der Welt, von denen sie sich bedroht fühlen, irgendwie stoppen.

Die grellste Gestalt dieser Entwicklung heißt Donald Trump. Er beleidigte Frauen, Muslime, Latinos und viele andere Gruppen. Und viele von ihnen wählten ihn trotzdem! Warum? Die Antwort ist einfach: Es gibt viele Menschen, die das Gefühl haben, dass die Demokraten – die politisch Korrekten, die Gebildeten, die Toleranten, die mit der geschliffenen Sprache – sie verraten haben. Es sind die Frustrierten, die Abstiegsgefährdeten, die Verbitterten. Sie wenden sich im Extremfall gegen „das System", demonstrieren mit Pegida oder werden gar zum Reichsbürger. Warum?

Feindbild Globalisierung

Auch wenn diese Gegenbewegung Autokraten unterstützt, ist sie doch in der Regel keine Reaktion gegen die Demokratie, sondern gegen die Transformation. Oder besser gesagt: Gegen eine bestimmte Art der Transformation – nämlich die Postdemokratie, die einseitige Globalisierung im Interesse von internationalen Konzernen, Banken, Fonds und Geldanlegern. Denn bislang wächst vor allem die Welt der Konzerne zusammen, während die Menschen im globalen Süden in ihren Nationalstaaten eingesperrt bleiben und die Unterschichten im globalen Norden abgehängt werden. Für sie hat die Globalisierung in den vergangenen vierzig Jahren seit der Wahl von Präsident Reagan und Premierministerin Thatcher und der folgenden Wende zur neoliberalen Wirtschaftspolitik keinen erkennbaren Fortschritt gebracht. Mit der Finanzkrise 2008 haben dann Millionen Menschen die Arbeit und ihre soziale Sicherheit verloren. Immer mehr Menschen haben den nicht unbegründeten Eindruck, dass die Politik hilflos ist. Umfragen ergeben immer wieder, dass die Menschen die Konzerne als die wahren Herren der Welt ansehen.

Wir müssen deshalb verstehen: Demokratie war nie nur „zur Wahl gehen und abstimmen". Es war immer auch das Versprechen von Gerechtigkeit. Wenn die Menschen das Gefühl haben, sie werden abgehängt, die Regierung kümmert sich nicht um sie, dann wählen sie die Opposition. Wenn sie das Gefühl haben, es ist egal, wen sie wählen, dann gehen sie nicht mehr zur Wahl. Wenn sie aber das Gefühl haben, es wird immer schlimmer, dann ist ihnen irgendwann alles egal. Und dann wählt ein Teil dieser Menschen die Populisten, die politisch Unkorrekten, die mit der Faust den Tisch hauen und gegen die politische Klasse wettern.

Erfolge der antikosmopolitischen Reaktion sind kein Automatismus. In den USA hat Franklin D. Roosevelt nach der Weltwirtschaftskrise von 1929 mit Sozialprogrammen und Arbeitsmarktpolitik, finanziert über erhöhte Steuern für die Reichen, demonstriert, dass die Demokratie handlungsfähig ist, dass es in der Demokratie gerecht zu geht und dass es eine Alternative zur Machtergreifung von Nationalsozialisten gab. Heute ist der Populismus die Reaktion auf die Tatsache, dass sich viele demokratische Repräsentanten von ihren Wählern weit entfernt haben. Dass die Interessen der Wirtschaft und der Superreichen immer mehr die Agenda der vergangenen Jahrzehnte bestimmt haben. Dass die Demokratien bei der Herstellung von mehr Gerechtigkeit mehr oder weniger versagt haben. Dass sie die Erde in die Klimakatastrophe laufen lassen und nicht die Kraft oder den Willen haben darauf energisch zu reagieren. Es sind die Mängel der Demokratie, die dem Antikosmopolitismus, den Populisten, den Raum verschaffen. Es ist die Enttäuschung über die „Elitendemokratie“[308], die ihnen Wähler zutreibt.

Der Antikosmopolitismus hat keine Perspektive

Der Erfolg von Populisten ist umso erstaunlicher, weil sie keinerlei Antworten auf die aktuellen Probleme formulieren – es auch gar nicht versuchen. Mit der Leugnung der Klimaerwärmung und einer Renaissance von fossilen Rohstoffen in den USA und in Russland wird niemandem geholfen. Auch die gezielten sozialen und ethnischen Spaltungen und Ausgrenzungen der Kurden in der Türkei, junger Farbiger und Einwanderer in den USA oder der Tschetschenen in Russland kanalisieren nur Ängste ohne Lösungen bieten zu können. Und populistische Steuersenkungen – meist verbunden mit weiteren Einschnitten bei den Sozialprogrammen – bedienen sowieso vor allem die Reichen. Diese Politik gibt keine Antworten auf die Globalisierung. Stattdessen lebt sie von vergeblichen Versuchen, eine glorreiche Vergangenheit wieder zu beleben. Deswegen nimmt der Antikosmopolitismus auch überall sehr unterschiedliche Gestalten an.

---

308 Man könnte Schumpeters „Elitendemokratie“ als eine Vorwegnahme der „Postdemokratie“ sehen. Siehe Schumpeter 1942: Kapitalismus, Sozialismus und Demokratie; Reimer 2013: Die Elitendemokratie von Joseph A. Schumpeter

In Russland wird er in der Tradition des alten Zarentums oder auch Stalins autokratisch, in den arabischen und zentralasiatischen Staaten patriarchalisch in der Tradition der Nomadengesellschaften, in China kollektiv-konfuzianistisch, in Europa nationalistisch und in den USA sowohl anarchistisch wie auch klerikal in der Tradition der Cowboys und Siedler im wilden Westen, die keine Obrigkeit über sich haben wollten außer ihrem Gott. Und in Südamerika und in Teilen Afrikas, wo die Traditionen vergangener Kulturen weitgehend verschüttet und verloren sind, versuchen Antikosmopoliten immer wieder, eine postkoloniale Großgrundbesitzerherrschaft zu restaurieren oder auch nur sich durch Terror die Rohstoffe anzueignen, um sich damit privat zu bereichern.

Deswegen trifft auch die These vom Kampf der Kulturen oder Religionen von Huntington nicht zu.[309] Es gibt keinen Kampf zwischen Christentum und Islam oder zwischen westlichem Individualismus und östlichem Kollektivismus. In Wahrheit sind nämlich Putin, Trump und Bin Laden Brüder im Geiste. Deutsche Nationalisten sympathisieren nicht zufällig mit dem russischen Autokraten Putin, mit dem amerikanischen Cowboy Trump, mit dem chinesischen Neo-Konfuzianisten Xi oder gar mit dem syrischen Präsidenten Assad. Also mit starken Männern – egal welcher Couleur! Mit Religion haben diese unterschiedlichen Reaktionen auf die Globalisierung nur sehr indirekt zu tun. Am wenigsten natürlich in den Ländern, in denen die Religion durch den Kommunismus geschwächt wurde wie in China und Russland.[310] Dagegen nimmt der Antikosmopolitismus in den überwiegend muslimischen Staaten, teilweise auch in Indien (Hinduismus), in Israel und in den USA eine stark religiös-fundamentalistische Form an (aber eben nicht bei Trump!), während in Europa die christlichen Kirchen eher kosmopolitisch orientiert sind.

Tatsächlich ist der Antikosmopolitismus die Reaktion auf die weltweite kosmopolitische Bewegung für Klimaschutz, Gerechtigkeit, Menschenrechte und Demokratie. Diese Bewegung wird getragen von Millionen Menschen und Organisationen aller Art, die erkannt haben, dass die großen Probleme unserer Zeit nur gemeinsam gelöst werden können. Aber diese Bewegung stößt naturgemäß auf viele Widerstände – von Eliten, die materielle Verluste oder Verlust an Einfluss fürchten, von Konzernen, die mit der fossilen Wirtschaft verbunden sind und um ihre

---

[309] Huntington 1997: Kampf der Kulturen

[310] In China sind nur 10 Prozent religiös; in Russland sind 45 Prozent orthodox, 10 Prozent muslimisch, 45 Prozent nicht religiös.

Investitionen bangen, von Menschen, die durch die Veränderungen verängstigt oder auch massiv betroffen werden. Aber auch von vielen anderen Institutionen und Personen, die etwas zu verlieren haben.

Natürlich ist die Rückbesinnung auf einen christlichen Fundamentalismus in den USA genauso hilflos wie die auf uralte Gesetze des Propheten Mohammed oder die Rückbesinnung auf den ungarischen Nationalstaat des Mittelalters. Natürlich können die Probleme nur kooperativ gelöst werden und viele Konflikte werden durch Rambo V alias Trump nur noch größer. Natürlich ist die antikosmopolitische Reaktion perspektivlos. Aber sie ist hoch gefährlich. Sie kann die notwendige Transformation der Welt um Jahre oder Jahrzehnte verzögern und die Menschheit der Katastrophe näher bringen.

> **Fazit 3**:
>
> Die antikosmopolitische Reaktion von AfD über Putin bis Trump ist auch eine Folge der Angst vieler Menschen vor dem sozialem Abstieg. Wer daher diese Flucht der Menschen in die Vergangenheit und den Nationalismus stoppen will, der muss die Demokratie so erneuern, dass sie eine Demokratie aller Menschen wird und dass sie die Kraft hat, für mehr Gerechtigkeit zu sorgen und die anstehenden Probleme zu lösen.

Der Gordische Knoten

Ich will nun versuchen die Fäden zusammenzuführen: Wir haben festgestellt, dass erstens die Transformation machbar ist und es zweitens eine Reihe von wesentlichen Entwicklungen gibt, die dafür sprechen, dass die Demokratie im Laufe dieser Transformation sogar gestärkt daraus hervorgehen kann: Das wachsende Bildungsniveau, die wachsende Lebensqualität, die zunehmende globale Vernetzung durch Reisen, das Internet und die Entwicklung der Metropolen tragen dazu bei. Entscheidend wird jedoch sein, ob es gelingt, erfolgreiche Hebel gegen die wachsende soziale Spaltung zu finden. Denn die Angst vor sozialem Abstieg ist der wesentliche Faktor, der den Populisten Zulauf bringt. Mehr Gerechtigkeit ist der wichtigste Ansatzpunkt, um die antikosmopolitischen Strömungen in Schach zu halten.

Die Politik alleine wird den erforderlichen Wandel nicht bewältigen können. Auch wenn charismatische Persönlichkeiten sicher wichtig sind.

Der ehemalige Vizepräsident der USA Al Gore glaubte vor zwanzig Jahren noch, dass eine starke Führung – wobei er sich selbst als gewählten Präsidenten an der Spitze sah – das Ruder rumreißen könnte. Er scheiterte damit – ob das unvermeidlich war, sei dahingestellt. Barack Obama gewann zweimal die Wahl, aber auch sein Handeln blieb beschränkt. Immerhin schaffte er ebenso wie die Grünen in Deutschland einen wesentlichen Schub für die Energiewende. Aber allein konnte er – kann die Politik insgesamt – die Transformation nicht bewältigen.

Deshalb ist es ermutigend, wenn heute internationale Konferenzen und Treffen wie die Klimaverhandlungen oder die G20 von Tausenden von zivilgesellschaftlichen Organisationen mit ihren Aktivisten und Experten begleitet werden. Es macht Hoffnung, dass in den letzten Jahrzehnten daraus Tausende von NGOs neu entstanden sind, die vielfältige Impulse für die Ausbreitung und Vertiefung der Demokratie gegeben haben. Was aber kann der entscheidende Hebel sein, um der demokratischen Transformation den nötigen Impuls zu verleihen – um den Gordischen Knoten zu lösen?

Eine Kampagne für einen europäischen Verfassungskonvent

Ich denke, die größte Chance, den Knoten zu durchschlagen, könnte eine Kampagne für einen europäischen Verfassungskonvent sein. Da von den drei Big Playern USA, China und EU heute nur die EU für eine Intiative für einen „Marshall-Plan für die Welt“ in Frage kommt, richten sich viele Augen und Hoffnungen auf Europa. Jeremy Rifkin begründete diese Hoffnung in seinem Buch „Der europäische Traum“ so: „Europa ist das erste politische Gebilde, das die universellen Menschenrechte zur Grundlage hat.“[311]

Heute ist die EU allerdings eher ein Problemfall. Wie in Kapitel 7 beschrieben, muss die EU neu begründet werden, damit sie demokratisch verfasst und zugleich handlungsfähig wird. Dazu bedarf es einer europäischen Debatte über die Eckpunkte einer neuen Verfassung:

- Ein starkes Parlament, das Europa handlungsfähig macht
- Eine Exekutive nach dem Konkordanzprinzip, die nicht polarisiert und von allen Völkern respektiert werden kann
- Direkte Demokratie nach dem Vorbild der Schweiz

---

[311] Rifkin 2004: Der Europäische Traum

- Dezentralität und ein solidarischer Finanzausgleich nach dem Vorbild Skandinaviens
- Eine Außenpolitik, die auf dem Gedanken eines fairen Welthandels und eines Marshall-Plans für die Erde basiert.

Eine Verfassung, die sich an diesen Prinzipien orientiert, könnte eine große Akzeptanz nicht nur bei den Menschen der EU und den potentiellen Eintrittsländern finden, sondern auch eine große Strahlkraft nach außen entfalten. Eine solche Verfassung kann natürlich nur durch einen Verfassungskonvent erarbeitet werden, wie er in Paragraf 48 des Lissabon-Vertrages bereits vorgesehen ist. Besser jedoch wäre ein direkt gewählter Konvent. Über die von ihm vorgelegte Verfassung müssen dann alle Völker der EU abstimmen.

Wer die Ereignisse der letzten beiden Jahre nach dem Brexit-Beschluss Revue passieren lässt, ist erstaunt – sowohl über die Zunahme des Populismus – wie auch über die plötzliche Europabegeisterung bei der Jugend. Ich glaube deshalb, dass die Zeit für eine Europa-Kampagne bald kommen wird. Der Wahlsieg Macrons beruhte mit Sicherheit nicht auf seinem Programm – das ja von links bis rechts heftig bekämpft wird. Er beruhte auf der Hoffnung, dass Macron einen Impuls für ein einiges, handlungsfähiges Europa auslösen kann. Und auch auf der Hoffnung, dass Europa eher in der Lage wäre, die Probleme zu lösen, als die Nationalstaaten. Der Spontanerfolg der Kampagne „Pulse of Europe" hat deutlich gemacht, dass es auch in Deutschland diese Stimmung gibt. Gerade die junge, gebildete und vernetzte Generation wartet auf einen Anstoß in dieser Richtung.

Eine solche Europa-Kampagne sollte als konkretes Ziel haben, einen Verfassungskonvent für eine Neugründung der EU einzuberufen. Dieser sollte eine Verfassung für eine neue demokratische, föderale EU ausarbeiten und den Völkern Europas zur Abstimmung vorlegen. Das würde der kleinste gemeinsame Nenner einer solchen Kampagne sein. Das wird aber nicht ausreichen. Denn die wenigsten Menschen interessieren sich für eine Verfassungsdiskussion. Wenn wir die Menschen für eine Neugründung der EU mobilisieren wollen, dann muss damit eine konkrete Vision im Blochschen Sinne verbunden sein. Die Menschen erwarten von der künftigen EU mehr Gerechtigkeit und Solidarität, sie erwarten eine engagierte Umwelt- und Klimapolitik, sie erwarten eine handlungsfähige aber friedliche Außenpolitik.

Um eine solche Kampagne erfolgreich zu führen, muss deshalb eine breite Regenbogen-Koalition mit Hunderten – wenn nicht Tausenden – von zivilgesellschaftlichen Organisationen aus allen EU-Mitgliedsstaaten gebildet werden. Es muss eine Koalition von Nichtregierungsorganisationen, Gewerkschaften, Kirchen und Verbänden, Wissenschaftlern und Bürgerinitiativen, Kulturschaffen und von kosmopolitisch offenen Vertretern der Politik entstehen – mit dem Ziel, europaweit Druck auf die Regierungen auszuüben, um der Einberufung eines Konvents zuzustimmen.

In diesem Bündnis könnten dann die Umweltorganisationen für eine engagierte Umweltpolitik und eine kohärente Klimapolitik in einer neuen, handlungsfähigen EU werben. Organisationen wie Attac oder TJN, die sich mit Steuer- und Finanzmarktthemen beschäftigen, können für eine solidarische Steuerpolitik werben und fordern, dass die künftige Verfassung Steuerdumping in der EU einen Riegel vorschiebt. Kommunal- und Regionalverbände könnten für ein dezentrales Europa mobilisieren. Sozialverbände und Gewerkschaften könnten sich dafür einsetzen, dass die künftige EU-Verfassung verbindliche Eckpunkte für ein soziales Europa enthält – so z. B. Eckpunkte für eine einheitliche Krankenversicherung für alle Menschen. Verbraucherschützer könnten für einen wirksamen Verbraucherschutz werben. Mehr Demokratie e. V. würde für eine direkte dezentrale Demokratie in Europa eintreten. Entwicklungshilfeorganisationen wie OXFAM oder Medico International würden fordern, Aussagen für eine friedliche Außenpolitik, für fairen Handel und den neuen Marshallplan in die Verfassung zu schreiben. Kirchen könnten sich für ein Friedensgebot und erweiterte Menschenrechte in der Verfassung engagieren. Und so weiter. Erst durch ein solches Bündnis würde es gelingen, die Mehrzahl der Menschen der EU für einen Neuanfang zu gewinnen.

Adressat der Kampagne müssten die nationalen Regierungen sein, nicht die EU. Denn die nationalen Regierungen müssen schließlich im Europäischen Rat dafür stimmen, dass ein solcher Konvent einberufen wird. Eine solche Kampagne wäre auch die logische und überzeugendste Antwort auf die Nationalisten aller Schattierungen von der AfD bis hin zur Front National. Damit würde der Kampf für Demokratie wieder in die Offensive kommen. So würde die Kampagne auch eine Antwort auf all die kleinlauten Parteien und Politiker geben, von Seehofer bis zu Wagenknecht, die unter dem Druck der Nationalisten erschrocken zurückweichen und das gemeinsame Ziel aus den Augen verlieren. Sollte eine solche Kampagne Dynamik entfalten, sollte es damit gelingen eine Begeisterung für Europa zu entflammen, dann wäre sie das wirksamste Instrument, um die Nationalisten und Euroskeptiker nun ihrerseits in die Defensive zu drängen. Je mehr die Kampagne an Fahrt aufnimmt, je mehr Menschen sich an Aktivitäten wie Unterschriftensammlungen, an Veranstaltungen und an Demonstrationen beteiligen, um so mehr besteht die Chance, dass daraus eine paneuropäische Stimmung in ganz Europa entstehen kann.

Heute kann man noch nicht absehen, wann der Zeitpunkt für eine solche Kampagne gekommen ist. Möglicherweise bedarf es dafür eines singulären Ereignisses, das den berühmten Topf zum Überlaufen bringt. Vielleicht aber schlägt auch einfach die Quantität in Qualität um, wie Hegel es formuliert hätte. Wichtig ist bis dahin, dass der Gedanke der Kampagne bereits jetzt breit kommuniziert wird. Damit könnte es gelingen, das Verständnis bei Aktivisten, Organisationen und Politikern herauszubilden, dass wir alle bei der großen demokratischen Transformation der kommenden Jahrzehnte an einem Strang ziehen müssen. Wir müssen dabei lernen, uns als Teil einer Gesamtkampagne, als Teil des Regenbogens zu verstehen, bei dem die vielfältigen Initiativen für Demokratie, für Nachhaltigkeit und Klimaschutz, für soziale Gerechtigkeit und für Frieden nicht im Gegensatz oder in Konkurrenz stehen, sondern sich gegenseitig verstärken.

Die EU-Verfassung und der Marshallplan für die Welt

Sollte es tatsächlich zur Einberufung eines Konvents kommen, dann wird die zentrale Aufgabe des Regenbogens darin bestehen, dafür zu werben, dass die Verfassung am Schluss durch Volksabstimmungen in allen europäischen Staaten in Kraft treten soll. Davon hängt vieles ab. Denn ein Konvent, der nicht mehr die Regierungen, sondern die Menschen als Adressaten hat, wird sich zwangsläufig um maximale Bürgerbeteiligung bemühen. Er wird auch eine völlig andere Verfassung schreiben, in der Direkte Demokratie, dezentrale Demokratie und die Organe der Gewaltenteilung neu gedacht werden. Wenn eine Verfassung von möglichst allen Völkern der EU angenommen werden soll, dann muss sie zwangsläufig auch Ziele für die wichtigen Fragen enthalten, die die Menschen beschäftigen – also Eckpunkte für ein soziales und gerechteres Europa, für ein solidarisches Europa, für ein nachhaltiges Europa mit einer engagierten Klimapolitik usw.

Eine solche Kampagne hätte natürlich auch weltweite Auswirkungen. Denn es macht einen großen Unterschied aus, ob die EU sich kränkelnd vom Rettungsschirm zum Brexit, von einer Krise zur nächsten schleppt und eine Grenze nach der anderen wieder zugemacht wird, oder ob die EU sich neu formiert, um dann handlungsfähig die Probleme der Zeit in Angriff zu nehmen. Die EU wird dann zwangsläufig Angelpunkt der Erwartungen von Demokraten aus aller Welt. Dann geht es darum, die Eckpunkte für den Marshallplan für die Erde bzw. für eine demokratische Assoziation der Demokratien zu formulieren. Und dies soll und darf nicht mehr nur eine Sache der EU-Staaten alleine sein.

Eine solche Assoziation wäre also eine Koalition der Willigen in der Welt. Sie hätte nicht weniger zum Ziel, als die Neugestaltung der gesamten internationalen Beziehungen und Gremien, die Neugestaltung der Welt. Dabei kommt es zwangsläufig zu einer Bündelung von sehr unterschiedlichen Bewegungen. Die wichtigsten Punkte einer solchen internationalen Regenbogen-Koalition sollten sein:

- **Demokratie-Bewegung**: Respektierung der Menschenrechte, freie Wahlen, faires Wahlrecht, Transparenz, Bürgerbeteiligung und Volksentscheide, Stärkung der dezentralen Demokratie, Weiterentwicklung der Gewaltenteilung (Publikative, Regulative, Monetative)
- **Eine-Welt-Bewegung**: Demokratisierung des Weltrechtes, schrittweise Demokratisierung der UNO und aller weltweiten Institutionen – Einrichtung eines Weltparlaments als 2. Kammer der UNO
- **Bewegung für Frieden und Verzicht auf Gewalt**: Keine Gewalt nach außen, militärisches Engagement sollte stets an ein Mandat der UNO gebunden sein. Keine Gewalt im Inneren, Lösung der Konflikte ggf. durch Friedenstruppen und ggf. international organisierte Wahlen
- **Klimaschutz-Bewegung**: Ausrichtung aller Gesetze am 2-Grad-Ziel. Komplettumstellung auf Erneuerbare Energien und Beenden der fossilen Ökonomie
- **Fair-Trade-Bewegung**: Die Einhaltung der UNO-Resolutionen (Menschenrechte, Kinderrechte, Arbeitnehmerrechte, Umwelt, Klima ...) muss Grundlage fairen Handels werden.
- **Fair-Tax-Bewegung**: Stoppen der Steuervermeidung und Übergang zur Gesamtkonzernsteuer – Rückkehr zu progressiven Steuern für Individuen und Konzerne – internationales Steuerregime gegen Steuerflucht und internationale Steuern (Börsen, Flug- und Schiffsverkehr, Großkonzerne, Milliardäre)

- **Bewegung für solidarische Entwicklung**: Wirtschaftliche und soziale Förderprogramme für gering entwickelte Regionen auf Basis von Kofinanzierungen, Investitionszuschüsse für Schulen und Krankenhäuser, für die Energiewende, Aufforstung, Verkehrsinvestitionen und andere Infrastrukturprojekte, eventuell ein Grundeinkommen von zwei Euro pro Tag für die least developed countries um einen inneren Markt zu mobilisieren.

Der Zeitrahmen

Wenn man die Zahlen der unterschiedlichen Studien zur Grundlage nimmt, dann haben wir maximal bis Ende des Jahrhunderts Zeit, die große Transformation rechtzeitig hinzubekommen. Allerdings sind einige Aufgaben noch erheblich zeitkritischer. So muss die Umstellung auf Erneuerbare Energien in den kommenden dreißig Jahren bereits abgeschlossen sein, um das 2-Grad-Ziel zu erreichen. Noch kritischer ist der Zeitrahmen für die Entwicklung Afrikas: Dringendste Aufgabe ist die Sicherung der Schulbildung der Mädchen auf dem gesamten Kontinent in den kommenden Jahren. Denn dies ist das einzige wirksame Mittel zur Senkung der Geburtenrate. Und dies wiederum ist die elementare Voraussetzung dafür, die Bevölkerungszahl auf dem Globus zu stabilisieren und eine erfolgreiche Entwicklung in den ärmsten Ländern einzuleiten.

Das internationale Netzwerk

Um die demokratische Transformation zu beschleunigen, bedarf es neuer Formen der Zusammenarbeit. Sowohl die unterschiedlichsten Akteure der Zivilgesellschaft wie auch die Politiker in Parlamenten und Regierungen müssen dafür ein Verständnis entwickeln, Konkurrenzen hintenanstellen und überwinden und sich weiter vernetzen. Eine besondere Rolle werden dabei die Städte und Regionen bilden, die schon jetzt oft ergänzend oder quer zur offiziellen Regierungspolitik eigene Netzwerke aufbauen.

Wir alle müssen und werden nicht bessere Menschen werden. Aber ein gemeinsamer kollektiver Lernprozess sollte möglich sein. Vielleicht begreifen wir ja doch noch, dass Großmäuler meist wenig zu sagen haben und das Wenige, das sie sagen, meistens auch noch Unsinn beinhaltet. Prof. Schellnhuber hat die Bündelung der Kräfte zu einem gemeinsamen Projekt mal mit der gemeinsamen Arbeit von Tausenden von Wissenschaftlern am Apollo-Projekt verglichen. Damals ging es um die Landung auf dem Mond. Heute geht es um die Erhaltung unserer Erde.

Damit das gelingt, müssen sowohl die Nichtregierungsorganisationen wie die Politiker lernen, stärker überparteilich und projektorientiert zu denken und Feindbilder zu überwinden. Daraus kann eine sich selbst verstärkende Dynamik entspringen, aus der eine nachhaltige, gerechtere und demokratische Weltgesellschaft hervor wachsen wird.

> **Schlussfazit**:
> Der Gordische Knoten, um die Demokratie zu ertüchtigen und die anstehenden Probleme zu lösen, könnte eine Neugründung der EU sein mit dem Ziel einer demokratischen, sozialen und nachhaltigen föderalen Union. Darauf müsste eine Initiative für einen Marshallplan für die Erde folgen. Dieser Weg darf nicht der Politik allein überlassen werden, sondern sollte durch eine weltweite Regenbogenbewegung angestoßen und begleitet werden.

Realotopia

Realotopia ist keine Utopie. Es wird auch nicht das Ergebnis einer Revolution sein. Es ist eher ein Bauplan für ein Gebäude, für eine neue Welt, die schrittweise in den kommenden Jahrzehnten gebaut werden muss. Dieses Projekt ist alternativlos, denn auch die Autokraten und Meritokratien werden sich letztendlich demokratisieren müssen.

Das Projekt kann scheitern. Allerdings halte ich einen erneuten Sieg des Antikosmopolitismus wie in den dreißiger Jahren des vorigen Jahrhunderts für unwahrscheinlich. Marx bemerkte mal, dass alle großen weltgeschichtlichen Tatsachen und Personen sich zweimal ereignen. Das eine Mal als Tragödie, das andere Mal als Farce.[312] Man kann es auch anders ausdrücken: Die Menschheit ist lernfähig. Gerade wir Deutschen haben dies bitter erfahren.

Manchmal erfordert der Bau eines neuen Hauses viel Ausdauer und Schweiß. Manchmal aber auch schnelle Reaktionen, um plötzliche Chancen oder Krisen – die Singularitäten – zu nutzen oder zu überwinden. Manchmal wird viel Diplomatie benötigt, um Widerstände zu bewältigen. Immer wieder muss daran gearbeitet werden, Vertrauen aufzubauen. Was nicht gebraucht werden kann, sind Misstrauen, Drohungen, Be-

---

[312] Marx 1852: Der achtzehnte Brumaire des Louis Bonaparte

schimpfungen von verantwortlichen Präsidenten, Kanzlern und anderen Verantwortlichen. Was dagegen nützlich sein kann, sind Menschen mit Charisma, um Zögernde mitzureißen.

Natürlich brauchen wir Visionen – aber mit viel Flexibilität und Offenheit. Deshalb sollten Gerechtigkeit, Freiheit und Demokratie eine zentrale Rolle bei jeder Konzeption einer guten Gesellschaft haben. Karl Popper hat dafür den Begriff der „offenen Gesellschaft" geprägt.[313]

Letztlich kommt es auf uns alle an, ob der Bau von Realotopia erfolgreich sein wird. Auf mich, auf Sie, auf unsere Kinder und Enkel. Was ist uns das Gemeinwohl wert? Was ist uns unsere Zukunft wert? Sind wir bereit, uns zu engagieren – vor Ort in einer Bürgerinitiative, in der Kommunalpolitik, bei einer Tafel, bei der Schularbeitenhilfe oder Nachbarschaftshilfe, oder auch in einer NGO im Umweltschutz, in der Flüchtlingshilfe, in einer Partei, in der Kirche, in der Gewerkschaft – wo auch immer. Nichts davon ist wichtiger als das andere, jedes Engagement im Kleinen wie im Großen ist wichtig, um die neue Weltordnung zu bauen. Je mehr Menschen sich engagieren, einmischen, je eher werden wir den Knoten durchschlagen können.

Da ich sicher davon ausgehe, dass mindestens 99,99 Prozent der Menschen den Wunsch haben, dass wir die globale Krise bewältigen und den Klimawandel überleben, halte ich den Erfolg nicht nur für möglich. Wir haben eine große Chance, dass die demokratische Transformation erfolgreich gelingt. Nicht glatt und auf dem geraden, einfachen Weg. Umwege, kleine und große Krisen und heftige Konflikte werden sich nicht vermeiden lassen. Aber wenn immer mehr Menschen ein positives Verständnis von der Aufgabe entwickeln, dann schaffen wir es!

---

313 Popper 1945: Die offene Gesellschaft und ihre Feinde

Quellenverzeichnis

Das folgende Verzeichnis enthält die wichtigsten benutzten Quellen. Im Text habe ich meistens durch Fußnoten auf die betreffende Quelle mit Autor, Jahr und Titel verwiesen.

Zu Wikipedia: Auf das Online-Lexikon habe ich regelmäßig zurückgegriffen. Darauf verwiesen habe ich nur, wenn dies die einzige Quelle war.

Abiola, Hafsat: *Westafrika – Europa erzeugt die Flüchtlinge selbst.* Zeit-Online, 1.8.2016, gelesen in http://www.zeit.de/kultur/2016-07/westafrika-freihandelsabkommen-eu-fluechtlinge-hafsat-abiola am 30.3.2016

ACFS; Mercer: *Melbourne Mercer Global Pension Index.* Australian Centre for Financial Studies, Melbourne [Australien] 2011

Annan, Kofi: *Wie das Internet die Demokratie bedroht.* In Bayernkurier-Magazin, München 2018

APA/AFP: *Ikea verkauft Markennamen – an sich selbst.* wirtschaftsblatt.at am 9.8.2012

Archibugi, Daniele: *The Reform of the UN and Cosmopolitan Democracy – A Critical Review.* Journal of Peace Research 30, 1993

Aristoteles: *Politik* – Schriften zur Staatstheorie. Herausgeber und Übersetzer: Franz Schwarz, Reclam, 2003 (Original: *Πολιτικά [Politika]*, Aristoteles lebte von 384 – 322 v. Chr.)

Attac: *UN-Treaty-Verhandlungen Tag 5 – Der Prozess über einen UN-Vertrag über Menschenrechte und Unternehmen tritt in eine neue Phase ein.* Attac – Web-blog Kampagne Handelspolitik 9.11.2017, gelesen in http://blog.attac.de/ un-treaty-verhandlungen-tag-5-der-prozess-ueber-einen-un-vertrag-ueber-menschenrechte-und-unternehmen-tritt-in-eine-neue-phase-ein/ am 19.4.2018

Auty, Richard M.: *Sustaining Development in Mineral Economies: The Resource Curse Thesis.* Routledge, London 1993

Axberger, Hans-Gunnar: *Öffentlichkeitsprinzip.* Sverigede Lexikon, Svenska Institutet, Stockholm, Übersetzung: Barbro Wollberg, gelesen in: www.sverige.de/lexi/lexi_oeff.htm am 7.11.2012

Bach, Stefan; Beznoska, Martin; Steiner, Viktor: *A Wealth Tax on the Rich to Bring down Public Dept? Revenue and Distributional Effects of a Capital Levy.* Deutsches Institut für Wirtschaftsforschung (DIW) – Discussion Paper 1137 – Berlin 2011

Bach, Stefan: *Unternehmensbesteuerung: Hohe Gewinne – mäßige Steuereinnahmen.* DIW Wochenbericht 22-23, Berlin 2013.

Bach, Stefan: *Erbschaftssteuer: Firmenprivilegien begrenzen, Steuerbelastung strecken.* DIW Wochenbericht 7, 2015

Bahro, Rudolf: *Die Alternative – Zur Kritik des real existierenden Sozialismus.* Europäische Verlagsanstalt (EVA), Köln/Frankfurt 1977

BAYER AG: *Geschäftsbericht 2015.* Gelesen in http://www.geschaefts bericht2015.bayer.de/konzernabschluss/gesamtergebnisrechnung-bayer-konzern.html am 22. Juni 2018

BDA: *Wirtschaft und Menschenrechte – UN Treaty Prozess schreitet voran.* Bundesvereinigung der Deutschen Arbeitgeberverbände, 14.12.2017, gelesen in www.arbeitgeber.de/www/arbeitgeber.nsf/id/27295AD123E7A 134C12581F6005660F9 am 22.4.2018

Beck, Ulrich: *Die Metamorphose der Welt.* Suhrkamp Verlag, Berlin 2017 (Originalausgabe: *The Metamorphosis of the world.* Polity Press, Cambridge [Großbritannien] 2016)

Bell, Daniel: *The China Model – Political Meritocracy and the Limits of Democracy.* Princeton University Press, New Jersey [USA] 2015

Bentham, Jeremy: *An Introduction to the Principles of Morals and Legislation.* Dover Publication Mineola [USA, State of New York] 2007 – Nachdruck der Ausgabe von Clarendon Press, Oxford [Großbritannien] 1907 (Erstveröffentlichung 1780)

Binswanger, Mathias: *Die Tretmühlen des Glücks – Wir haben immer mehr und werden nicht glücklicher. Was können wir tun?* Herder, Freiburg 2006

Bloch, Ernst: *Geist der Utopie.* Suhrkamp Verlag Wissenschaft, Berlin 1985 (Erstausgabe München, 1918)

Blöchinger, Hansjörg: *Steuerautonomie und Finanzausgleich – Internationale Erfahrungen.* OECD Fiscal Federation Network, Vortrag in Berlin am 25.6.2008

Blöchinger, Hansjörg: *Fiscal Policy Across Levels of Government in Times of Crisis.* OECD Network on Fiscal Relations across Levels of Government 2010, gelesen in: www.oecd.org/dataoecd/21/4/44729769.pdf am 22.1.2012

BMZ: *Afrika und Europa – Neue Partnerschaft für Entwicklung, Frieden und Zukunft.* Bundesministerium für wirtschaftliche Zusammenarbeit und Entwicklung, Projektgruppe Marshallplan, Berlin 2017

Brähler, Elmar; Decker, Oliver: *Die Parteien und das Wählerherz 2014.* Aus dem Projekt „Die Mitte-Studien", Universität Leipzig 2014, gelesen in: http://www.interkulturellewoche.de/system/files/hefteintrag/anhang/braeh ler_waehlerherz_2014_-_kopie.pdf am 6.2.2018

Buck, Ronald: *Deutschland als Eldorado der Geldwäsche.* Bund Deutscher Kriminalbeamter. in www.bdk.de/lv/ mecklenburgvorpommern/aktuelles/deutschland-als-Eldorado-der-geldwaesche-2013-wo-steht-mv/, gelesen am 4.6.2016

Bummel, Andreas; Leinen, Jo: *Das Demokratische Weltparlament – Eine kosmopolitische Vision.* Dietz-Verlag, Bonn 2017

Callenbach, Ernest: *Ökotopia – Notizen und Reportagen von William Weston aus dem Jahre 1999.* Rotbuch Verlag, Berlin 1978 (Originalausgabe: *Ecotopia.* Banyan Tree Books, Berkeley [California, USA] 1975)

Calvin, Jean 1536: *Institutio Christianae Religionis (4. Buch,).* Erstdruck 1536, Neukirchener Verlag 1955, gelesen in: http://www.calvin-institutio.de/display_dokument.php?elementId=2 am 21.12.2017

Christian Aid (2008): *Death and taxes: The True Toll of Tax Dodging.* http://www.christianaid.org.uk/images/deathandtaxes.pdf, gelesen am 26.06.2013.

CIA und UN: *List of Countries by Income Equality.* Gelesen in English Wikipedia am 12.3.2018

CIA: *The World Factbook.* Central Intelligence Agency, Washington, gelesen in: www.cia.gov/library/publications/the-world-factbook/ am 12.3.2018

Cittàslow International: *Cittàslow International Network.* General Secretariat, Orvieto (Italien), gelesen in: www.cittaslow.org/ am 6.12.2012

Clausing, Kimberly A.: *Lessons for International Tax Reform from the U.S. State Experience under Formulary Apportionment.* Reed College, Woodstock [USA], Januar 2014

Cobham, Alex/Gibson, Luke: *Ending the Era of Tax Havens. Why the UK Government Must Lead the Way* (Oxfam Briefing Paper), Oxford 2016, in: http://oxfamilibrary.openrepository.com/oxfam/bitstream/10546/601121/4/bp-ending-era-tax-havens-uk-140316-en.pdf , gelesen 16.6.2016

Coordination gegen BAYER-Gefahren: *Abschreibungen durch Wegfall der Marke „Schering“: BAYER zahlt erneut weniger Steuern.* Gelesen in http://www.cbgnetwork.org/

Coulmas, Peter: *Weltbürger – Geschichte einer Menschheitssehnsucht.* Rowohlt-Verlag, Reinbek 1990

Credit Suisse: *Global Wealth Databook 2014.* Credit Suisse Research Institute, Zürich 2014

Crouch, Colin: *Postdemokratie.* Edition suhrkamp, Suhrkamp Verlag, Frankfurt 2008 (Originalausgabe: *Postdemokrazia.* Verlag Gius, Laterza & Figli, Roma-Bari 2003)

Currid, Elizabeth: *The Warhol Economy – How Fashion, Art and Music Drive New York City.* Princeton University Press, Princeton [NJ, USA] und Oxfordshire [Großbritannien] 2007

dbb: *Bürgerbefragung öffentlicher Dienst – Einschätzungen, Erfahrungen und Erwartungen.* Forsa-Umfrage im Auftrag des Deutschen Beamtenbundes (dbb), dbb-Verlag, Berlin 2016 dbb: *Steuern, Schulden, Sparbeschlüsse – Welche Haushaltspolitik wollen die Bürger?* Forsa-Umfrage im Auftrag des Deutschen Beamtenbundes (dbb), Berlin 2010

Deutscher Bundestag: *Abgeordnete in Zahlen.* Gelesen in http://www.bundestag.de/abgeordnete18/mdb_zahlen am 19.4.2017

Dexia Credit Local (Direction des Etudes): *Die substaatlichen Haushalte in der Europäischen Union.* Dexia Credit Lokal, Paris 2006

Dexia Credit Local: *Chiffres clés 2009 de l'Europe locale et regionale (edition 2010 – 2011).* Gelesen in: public-dexia-clf.dexwired.net/collectivites-locales/expertise/europe-international/Pages/europe-locale-regionale-2009.aspx am 31.8.2011

Diamond, Jared: *Kollaps – Warum Gesellschaften überleben oder untergehen.* Fischer Frankfurt 2005 (Originalausgabe: *Collapse. How Societies Choose to Fail or Succeed.* Verlag Viking, New York 2005)

Diefenbacher, Hans; Zieschank, Roland: *Woran sich Wohlstand wirklich messen lässt – Alternativen zum Bruttoinlandsprodukt.* Oekom Verlag, München 2011

Diekmann, Florian; Grigat, Guido. *Vermögensverteilung – Wenn FDP-Wähler zu Sozialisten werden.* Spiegel-Online 5.8.2017, http://www.spiegel.de/wirtschaft/soziales/ungleichheit-bei-vermoegen-wenn-fdp-waehler-zu-sozialisten-werden-a-1158432.html gelesen am 12.3.2018

DIW (Bach, Stefan; Beznoska, Martin; Steiner, Viktor): *A Wealth Tax on the Rich to Bring down Public Dept? Revenue and Distributional Effects of a Capital Levy.* Deutsches Institut für Wirtschaftsforschung (DIW) – Discussion Paper 1137 – Berlin 2011

dpa: *Wahlen – Donald Trump: Politnovize im Weißen Haus – Porträt.* In ZEIT ONLINE, Washington, 19. Januar 2017, gelesen in http://www.zeit.de/news/2017-01/19/wahlen-donald-trump-politnovize-im-weissen-haus-19183407 am 7.3.2017

dpa/mhi: *Studie – Mehr als 60 Prozent bezweifeln Demokratie in Deutschland.* In ZEIT Online am 23.2.2015

Driessen, Christoph: *Geschichte der Niederlande. Von der Seemacht zum Trendland (Kulturgeschichte).* 2. Auflage, Verlag Friedrich Pustet, Regensburg 2016

Ebert, Thomas: *Soziale Gerechtigkeit – Ideen Geschichte Kontroversen.* Bundeszentrale für Politische Bildung (bpb), Bonn 2010

ECOSOC: *Committee of Experts on International Cooperation in Tax Matters.* Department of Economic and Social Affairs, in http://www.un.org/esa/ffd/tax-committee/about-committee-tax-experts.html, gelesen 14.7.2016

Eichenberger, Reiner; Stadelmann, David: *Wie die EU stärker wird – Die Gemeinschaft braucht Dezentralisierung und muss den Einfluss der Bürger stärken.* Süddeutsche Zeitung, München, 9.10.2017

Elhardt, Harry U.: *USA: Vom Start der Demokratie zu ihrem Ende ...* Infosperber 16.3.2018, gelesen in: https://www.infosperber.ch/Artikel/FreiheitRecht/USA-Redefreiheit-Pressefreiheit-PAC-First-Amendment

Engels, Friedrich: *Die Entwicklung des Sozialismus von der Utopie zur Wissenschaft.* Dietz Verlag, Berlin 1972 (deutsche Erstausgabe Zürich 1883)

Engels, Friedrich: *Dialektik der Natur.* In Karl Marx/Friedrich Engels-Werke Band 20, Dietz Verlag, Berlin 1962

Europäisches Parlament: *Parlament verabschiedet ehrgeizige Vorgaben für die Finanztransaktionssteuer.* Pressemitteilung zur Plenartagung, 23.5.2012, gelesen in http://www.europarl.europa.eu/news/de/pressroom/20120523 IPR45627/parlament-verabschiedet-ehrgeizige-vorgaben-fur-die-finanztransaktionssteuer am 29.12.2017

Feddersen, Jan: *Kohls linke Hand – Vollblutpolitiker – Ein früher Wegbereiter für Schwarz-Grün.* Die Tageszeitung, 13.9.2017

Felber, Christian: *Ethischer Welthandel – Alternativen zu TTIP, WTO & CO.* Deuticke Verlag, Wien 2017

Felber, Christian: *Gemeinwohlökonomie – das Wirtschaftsmodell der Zukunft.* Deuticke Verlag, Wien 2010 (siehe auch www.gemeinwohl-oekonomie.org)

Flechtheim, Ossip K.: *Ist die Zukunft noch zu retten? Die Megakrise unserer Zeit und ihre sieben Herausforderungen.* Hoffmann und Campe, Hamburg 1987

Florida, Richard: *The Rise of the Creative Class – and How it's Performing Work, Leisure, Community and Everyday Life.* Basic Books, New York 2002

Florida, Richard: *Cities and the Creative Class.* Routledge (Verlag), New York und London 2005

Forsa: *Bürgerbefragung öffentlicher Dienst – Einschätzungen, Erfahrungen und Erwartungen.* Forsa-Umfrage im Auftrag des Deutschen Beamtenbundes (dbb), dbb-Verlag, Berlin 2016

Forsa: *Steuern, Schulden, Sparbeschlüsse – Welche Haushaltspolitik wollen die Bürger?* Forsa-Umfrage im Auftrag des Deutschen Beamtenbundes (dbb), Berlin 2010

Forsa: *Viel Verständnis für Firmenerben.* Im Stern Nr. 38, 15.9.2016

Frankopan, Peter: *Licht aus dem Osten – Eine neue Geschichte der Welt.* Rowohlt Taschenbuch Verlag, Reinbek 2017 (Originalausgabe: *A New History oft the World.* Verlag Bloomsbury, London 2015)

Friedman, Thomas L.: *A Warning from the Garden.* The New York Times, 19.1.2007

Friedman, Thomas L.: *The Power of Green.* The New York Times, 15.4.2007

Gallarotti, Ermes: *Eine andere Realität – Die Schweizer HSBC-Tochter wird die Vergangenheit nicht mehr los.* Neue Zürcher Zeitung vom 10. 2. 2015, internationale Ausgabe

Gänsler, Katrin: *Ein Monatslohn für einen Sack Reis.* Die Tageszeitung, Berlin 29. 9. 2016

Gerwien, Tilman; Hoidn-Borchers, Andreas: *Flüchtlinge – „sonst kommen Millionen zu uns".* Stern, Hamburg 19.1.2017

Glunk, Fritz R.: *Schattenmächte. Wie transnationale Netzwerke die Regeln unserer Welt bestimmen.* dtv, München 2017

Gore, Al: *Konzerne haben eine ungesunde Macht.* Interview in der Frankfurter Rundschau am 29.8.2017, gelesen in http://www.fr.de/panorama/al-gore-konzerne-haben-eine-ungesunde-macht-a-1338664

Gore, Al: *Wege zum Gleichgewicht – Ein Marshallplan für die Erde.* Verlag S. Fischer, Frankfurt 1992 (Originalausgabe: *Earth in the Balance – Ecology and the Human Spirit.* Rodale Books, New York 1992)

Graebner, David: *Schulden – Die ersten 5000 Jahre.* Klett-Cotta, Stuttgart 2012 (Originalausgabe: *Debt – The first 5,000 Years.* Melville House, New York 2011)

Gross, Andreas: *Die unvollendete direkte Demokratie – 1984-2015: Texte zur Schweiz und darüber hinaus.* Wird & Weber Verlag, Thun/Gwatt [Schweiz] 2016

Guérot, Ulrike: *Warum Europa eine Republik werden muss! Eine politische Utopie.* Dietz Verlag, Bonn 2016

Gurria, Angel: *Angriff auf die Steueroasen.* Interview mit dem OECD-Generalsekretär Angel Gurria. Handelsblatt, 25. Februar 2013

Habeck, Robert: *Wer wagt, beginnt – Die Politik und ich.* Verlag Kiepenheuer&Witsch, Köln 2016

Haberkorn, Tobias: *Plattform-Kapitalismus – Wir müssen über Verstaatlichung nachdenken.* Zeit-Online, 25. Februar 2018, gelesen in: http://www.zeit.de/kultur/2018-02/plattform-kapitalismus-google-amazon-facebook-verstaatlichung/komplettansicht?print am 20.3.2018

Habermas, Jürgen: *Drei normative Modelle der Demokratie: Zum Begriff deliberativer Demokratie.* In: Herfried Münkler (Hrsg.): *Die Chancen der Freiheit. Grundprobleme der Demokratie.* München und Zürich 1992

Habich, Irene: *Sieg über die stillen Killer.* Kieler Nachrichten, 10./11. Juni 2017

Hachmeister, Lutz; Wäscher, Till: *Wer beherrscht die Medien? Die 50 größten Medien- und Wissenskonzerne der Welt.* Herbert von Harlem Verlag, Köln 2017

Harari, Yuval Noah: *Eine kurze Geschichte der Menschheit.* Pantheon Verlag, 22. Auflage 2015 (Originalausgabe: *A Brief History of Mankind* – Kizur Toldot Ha-Enoshut. Or Yehuda [Israel] 2011)

Harari, Yuval Noah: *Homo Deus – Eine Geschichte von Morgen.* Verlag C. H. Beck, München 2017 (Originalausgabe: *Homo Deus – A Brief History of Tomorrow.* Penguin Random House, London/New York 2015)

Harich, Wolfgang: *Kommunismus ohne Wachstum? Babeuf und der „Club of Rome" [Sechs Interviews mit Freimut Duve und Briefe an ihn].* Verlag Rowohlt, Reinbek bei Hamburg 1975.

Helfrich, Silke u.a/Heinrich-Böll-Stiftung (Hrsg.): *Commons – Für eine neue Politik jenseits von Markt und Staat.* Transcript Verlag, Bielefeld 2012

Helliwell, John; Layard, Richard; Sachs, Jeffrey: *World Happiness Report 2017.* Sustainable Development Solutions Network, New York 2017

Henry, James S.: *The Price of Offshore Revisited – New Estimates for „Missing" Global Private Wealth, Income Inequality, and Lost Taxes.* Tax Justice Network, Chesham [Großbritannien] 2012

Hentschel, Karl-Martin: *Es bleibe Licht – 100% Ökostrom für Europa ohne Klimaabkommen – Ein Reiseführer.* Deutscher Wissenschafts-Verlag, Baden-Baden 2010

Hentschel, Karl-Martin: *Von wegen alternativlos – Eine gerechte Gesellschaft als Ziel.* Europa Verlag, Zürich 2013

Hentschel, Karl-Martin: *Ein Dschungel namens IKEA.* Attac 2013, www.attac.de/fileadmin/user_upload/Kampagnen/konzernbesteuerung/Fotos/Recherche_IKEA.pdf

Hentschel, Karl-Martin: *Der Kampf gegen aggressive Steuervermeidung hat begonnen – aber der Weg ist noch lang.* NWSG, Info Steuergerechtigkeit #13, Berlin 2016, in https://netzwerk-steuergerechtigkeit.de/material/info-steuergerechtigkeit/

Hentschel, Karl-Martin: *Die Gesamtkonzernsteuer – Systemwechsel bei der Unternehmensbesteuerung – Vorteile, Fallstricke und der Kampf um die Umsetzung.* NWSG, Info Steuergerechtigkeit #14, Berlin 2017, in https://netzwerksteuergerechtigkeit.files.wordpress.com/2014/06/info-steuergerechtigkeit-14_gesamtkonzernsteuer1.pdf

Hentschel, Karl-Martin; Padberg, Stefan: *Für einen europäischen Bürgerkonvent.* Positionspapier, Mehr Demokratie e. V., Kassel 2017, gelesen in: https://www.mehr-demokratie.de/fileadmin/pdf/Positionen15_Konventsvorschlag.pdf

Herden, Rose-Elisabeth: *Die Bevölkerungsentwicklung in der Geschichte.* Berlin-Institut für Bevölkerung und Entwicklung 2007, in http://www.berlin-institut.org/online-handbuchdemografie/ bevoelkerungsdynamik/historische-entwicklung-der-bevoelkerung.html, gelesen am 20.12.2016

Heumann, Pierre: *Barack Obama – Obamas großes Versprechen.* Handelsblatt 4.6.2009, gelesen in http://www.handelsblatt.com/politik/international/ barack-obamas-grosses-versprechen/3191220-all.html am 25.2. 2018

Hobbes, Thomas: *Leviathan oder Stoff, Form und Gewalt eines kirchlichen und bürgerlichen Staates.* Suhrkamp, Berlin 2011 (Originalausgabe: *Leviathan or the Matter, Forme and Power of a Commonwealth Ecclesiasticall and Civil.* London 1651)

Hofstetter, Yvonne: *Das Ende der Demokratie – Wie die künstliche Intelligenz die Politik übernimmt und uns entmündigt.* Penguin Verlag, München 2018

Horn, Gustav A. u. a.: *Was tun gegen die Ungleichheit – Wirtschaftspolitische Vorschläge für eine reduzierte Ungleichheit.* Institut für Makroökonomie und Konjunkturforschung, IMK-Bericht Nr. 129, Berlin 2017

House of Commons, Committee of Public Accounts: *Tax avoidance – The Role of Large Accountancy Firms.* Gelesen in http://www.publications.parliament.uk/pa/cm201213/cmse-lect/cmpubacc/870.pdf , April 2013

HSBC: *Annual Report and Accounts 2017 – Connecting customers to opportunities.* HSBC Holdings plc, London 2018

Huffington Post: *Die große Enttäuschung: Wie Österreichs Kanzler den Rechtsruck erklärt.* HuffPost Staff/sk am 22.10.2016, gelesen in http://www.huffingtonpost.de/2016/10/22/oesterreich-kern-rechtsruck_n_12600792.html

Huntington, Samuel P.: *Kampf der Kulturen – Die Neugestaltung der Weltpolitik im 21. Jahrhundert.* Goldmann Verlag, München 2002 (Originaltitel: *The Clash of Civilisations and the Remaking of World Order.* Simon & Schuster [Großbritannien] 1997)

IfM: *Ranking – Die 100 größten Medienkonzerne 2016.* Institut für Medien- und Kommunikationspolitik, Mediendatenbank. Gelesen in https://www.mediadb.eu/datenbanken/internationale-medienkonzerne.html

Informationstelle AHV/IV: *Lohnbeiträge an die AHV, die IV und die EO.* Bundesamt für Sozialversicherungen, Bern [Schweiz] Oktober 2011

Inglehart, Ronald; Welzel, Christian: *Modernization, Cultural Change and Democracy – the Human Development Sequence.* Cambridge University Press, New York 2005

Ipsos: *The Ipsos Mori Almanac 2017.* Paris 2017 https://www.ipsos.com/sites/default/files/ct/publication/documents/2017-11/ipsos-mori-almanac-2017.pdf

Jackson, Tim: *Prosperity without Growth – Economics for a Finite Planet.* Earthscan, London 2009

Jakobi, Tobias: *Ansätze der Theorie deliberativer Demokratie.* Magisterarbeit, Philosophisch-Historische Fakultät der Universität Heidelberg, Institut für Politische Wissenschaft 2000

Jonas, Hans: *Das Prinzip Verantwortung: Versuch einer Ethik für die technologische Zivilisation.* Suhrkamp, Frankfurt, 1979

Kafka, Franz: *Fragmente aus Heften und losen Blättern.* Fischer Taschenbuch Verlag, Frankfurt 1987

Kaiser, Stefan: *Die Tricks der Superreichen und Konzerne.* Spiegel-Online, 21.5.2013

Kaiser, Tobias: *Maschinen könnten 18 Millionen Arbeitnehmer verdrängen.* WeltN24 am 2.5.2015, gelesen in www.welt.de/wirtschaft/article140401411/Maschinen-koennten-18-Millionen-Arbeitnehmer-verdraengen.html am 28.12.2016

Kar, Dev; Spanjers, Josef: *Illicit Financial Flows from Developing Countries: 2004-2013.* Global Financial Integrity, Washington, Dezember 2015

Keller, Werner: *Denn sie entzündeten das Licht – Geschichte der Etrusker – die Lösung eines Rätsels.* Verlag Droemer Knaur, München 1970

Khanna, Parag: *Jenseits von Demokratie – Regieren im Zeitalter des Populismus.* GDI Gottlieb Duttweiler Institute, Zürich 2017

Klein, Bettina: *Schweizer Minarett-Entscheidung verstößt gegen EU-Menschenrechtskonvention.* Deutschland Radio, Interview mit dem Chefredakteur der Schweizer „Weltwoche" Roger Köppel und dem Nationalrat Andreas Gross, 2012, gelesen in: www.dradio.de/dlf/sendungen/interview_dlf/1080625/ am 19.10.2012

Klein, Naomi: *This Changes Everthing. Capitalism vs. The Climate.* Simon & Schuster, New York 2014

Krüger, Anja: *UNO wird Geschäftsvermittler.* Die Tageszeitung, Berlin, 4.7.2018

Laclau, Ernesto; Mouffe, Chantal: *Hegemonie und radikale Demokratie – Zur Dekonstruktion des Marxismus.* Passagen Verlag, Wien 1991 (Originaltitel: *Hegemony & Socialist Strategy – Towards a radical democratic politics.* Verso Books, London 1985)

Lanier, Jaron: *Wem gehört die Zukunft? Du bist nicht der Kunde der Internet-Konzerne, du bist ihr Produkt.* Hoffmann und Campe, Hamburg 2013 (Originaltitel: *Who Owns the Future?* Simon & Schuster, New York 2013)

Layard, Richard: *Die glückliche Gesellschaft – Kurswechsel für Politik und Wirtschaft.* Campus Verlag, Frankfurt am Main 2005 (Originaltitel: *The New Happiness.* Penguin, New York 2005)

Leakey, Richard; Lewin, Roger: *Die Menschen vom See.* Ullstein Verlag 1982

Lee, Felix: *Der kommende Mittelstand.* Kommentar aus Beijing, in Die Tageszeitung, Berlin, 11.11.2012

Leifker, Maren: *Auf zum Binding Treaty.* Brot für die Welt, Blog-Beitrag 28.10.2017, gelesen in info/brot-fuer-die-welt.de/blog/auf-zum-binding-treaty am 22.4.2018

Leinen, Jo; Bummel, Andreas: *Das Demokratische Weltparlament – Eine kosmopolitische Vision.* Dietz-Verlag, Bonn 2017

Lengyel, Zsolt K.: *Ungarn – Viktor Orbáns illiberale Demokratie.* MDR: Heute im Osten, 12.4.2017, gelesen in www.mdr.de/heute-im-osten/illiberale-demokratie-100.html am 23.4.2018

Linnarz, Paul: *Harmonie im Staatsauftrag – Wie Singapur mit Einwanderung und Integration umgeht.* Konrad Adenauer Stiftung, Auslandsinformationen 4/2011

Leon, D.A.; Vagero, D.; Olausson, P. O.: *Social class differences in infant mortality in Sweden: Comparison with England and Wales.* In British Medical Journal 305, 1992

Lindenberg, Udo (Hrsg.): *Mein Hermann Hesse – Ein Lesebuch.* Suhrkamp Verlag 2008

Locke, John: *Zwei Abhandlungen über die Regierung.* Suhrkamp Taschenbuch 1977 (Originalausgabe: *Two Treatises of Government.* London 1689)

Lott, John R.; Kenny, Lawrence W.: *Did Women's Suffrage Change the Size and Scope of Government?* In Journal of Political Economy, Nr. 6, 1999, gelesen in: www.people.fas.harvard.edu/~iversen/PDFfiles/LottKenny.pdf am 3.1.2013

Marx, Friederike: *Vergütung der DAX-Chefs steigt auf Rekordniveau – Deutschlands größte Konzerne verdienen gut – davon profitieren auch die Topmanager.* Kieler Nachrichten 24.3.2018

Marx, Karl: *Der achtzehnte Brumaire des Louis Bonaparte.* Suhrkamp Studienbibliothek, Band 3, Berlin 2007 (Originalausgabe: in der Zeitschrift „Die Revolution", New York 1852)

Marx, Karl; Engels, Friedrich: *Manifest der kommunistischen Partei.* Reclam Taschenbuch, Stuttgart 1986 (Erstausgabe London 1848)

Mason, Paul: *Postkapitalismus. Grundrisse einer kommenden Ökonomie.* Suhrkamp, Berlin 2016 (Originalausgabe: *PostCapitalism: A Guide to Our Future.* Allen Lane, London 2015)

Mbembe, Achille: *Ausgang aus der langen Nacht – Versuch über ein entkolonisiertes Afrika.* Suhrkamp, Berlin 2016 (Originalausgabe: *Sortir de la grand nuit. Essai sur l'Afrique décolonisée.* Éditions La Découverte, Paris 2010)

Meadows, Donella; Meadows, Dennis; Randers, Jørgen; Behrens, William: *Die Grenzen des Wachstums.* DVA, Stuttgart 1972 (Originalausgabe: *The Limits to Growth.* Potomac Associates – Universe Books, Falls Church [Virginia, USA] 1972)

Meadows, Donella; Randers, Jørgen; Meadows, Dennis: *Grenzen des Wachstums – das 30-Jahre-Update.* S. Hirzel Verlag, Stuttgart 2006 (Originalausgabe: *Limits to Growth: The 30-Year Update.* Chelsea Green Publishing Company, White River Junction [VT, USA] 2004)

Mehr Demokratie e. V.: *Europa neu denken und gestalten – Vorschläge für eine Neubegründung der EU.* Positionspapier Nr. 11, Autor: Stefan Padberg, Karl-Martin Hentschel, Düsseldorf 2016, gelesen in: https://www.mehr-demokratie.de/fileadmin/pdf/Positionen11_Europa_neu_denken_und_gestalten.pdf am 1.7.2018

Mehr Demokratie e. V.: *Für einen europäischen Bürgerkonvent.* Positionspapier Nr. 15, Karl-Martin Hentschel; Stefan Padberg, Kassel 2017, gelesen in: https://www.mehr-demokratie.de/fileadmin/pdf/Positionen15_Konventsvorschlag.pdf am 1.7.2018

Meinzer, Markus: *Steueroase Deutschland.* C. H. Beck, München 2015

Merkel, Wolfgang: *Das Ende vom „Ende der Geschichte".* Cicero online, 12.10.2017, gelesen in: http://cicero.de/innenpolitik/-demokratie-das-ende-vom-ende-der-geschichte

Mill, John Stuart: *Der Utilitarismus.* Reclam, Ditzingen 1976 (Originaltitel: *Utilitarianism,* London 1861)

Misik, Robert: *Anleitung zur Weltverbesserung – Das machen wir doch mit Links.* Aufbau Verlag, Berlin 2010

Monetative: *Was will die Monetative? What are we up to?* Monetative e. V., Berlin 2012, gelesen in www.monetative.de am 19.10.2012

Monitor: *Das unmögliche Möbelhaus: IKEAs ganz legale Steuertricks.* 30.6.2005

Montes, Manuel F.; Rangaprasad, Pooja: *Collaboration or Co-optation? A review of the Platform for Collaboration on Tax.* Veröffentlicht über den Mail-Verteiler von Eurodad (European Network on Debt and Development), Brüssel, Juni 2018

Montesquieu, Charles de: *Vom Geist der Gesetze.* Reclam, Stuttgart 1986 (Original: *Defense de l'Esprit des Loix.* Barriliot & Fils, Genf 1748)

Morasch, Viktoria: *Die mit dem Plan B.* TAZ am Wochenende, 7./8. Januar 2017

Morus, Thomas: *Utopia.* Reclam, Ditzingen 1986 (Originaltitel: *De optimo rei publicae statu deque nova insula Utopia.* Löwen [Niederlande] 1516)

Mounk, Yascha: *Der Zerfall der Demokratie – Wie der Populismus den Rechtsstaat bedroht.* Droemer Verlag, München 2018 (Originaltitel: *The People vs. Democracy – Why Our Freedom Is in Danger and How to Save It.* Harvard University Press [New Jersey, USA] 2018)

Müller, Henrik; Richter, Wolfram: *Europa am Scheideweg – ein Vorschlag zur politischen Weiterentwicklung.* ZBW – Leibnitz-Informationsdienst Wirtschaft, Wirtschaftsdienst 2017

Müller-Jung, Joachim: *Potsdamer Klimakonferenz – Wir stellen Sputnik und Apollo in den Schatten.* Potsdam 11. Oktober 2007, in: http://files.globalmarshallplan.org/pr/pot_710.pdf, gelesen am 1.8.2018

Nagiller, Juliane: *Demokratie als Stilfrage.* Artikel über Till van Rahden, ORF.at (online), Ö1 Wissenschaft, 9.7.2018

Neuerer, Dietmar: *Amazon, Apple Co – Rezepte gegen die Steuertricks der Multis.* Handelsblatt Online, Düsseldorf, 15.2.2013

Nida-Rümelin, Julian: *Wer kontrolliert die Maschinen, Julian Nida-Rümelin?* Interview in Kieler Nachrichten, 26./27. Mai 2018

Nolan, Patrick; Lenski, Gerhard: *Human Societies – An Introduction to Macrosociology.* Paradigm Publishers, 11. Auflage, London 2009

Norris, Pippa: *Democratic Deficit – Critical Citizens Revisited.* Cambridge University Press, New York 2011

Nussbaum, Martha: *Creating Capabilities – The Human Development Approach.* Harvard University Press, Cambridge [Massachusetts, USA] 2011

NWSG/Campact/Attac/Ver.di: *Schon über 120 000 fordern: Keine Steuergeschenke für Milliardäre.* Gemeinsame Pressemitteilung 23.6.2016, in https://netzwerksteuergerechtigkeit.files.wordpress.com/2015/11/2016_06_22_pm-erbschaftsteuer.pdf, gelesen am 11.7.2016

Obertreis, Rolf: *Chef von Blackrock im Interview: „Wir nehmen Einfluss im Hintergrund“.* Tagesspiegel, 25.7.2015

OECD: *Social Expenditure Database.* OECD 2007, gelesen in: www.oecd.org/els/social/expenditure am 4.6.2012

OECD: *Revenue Statistics 1965-2015.* OECD Publishing, Paris 2016

OECD: *Divided we stand – Why inequality keeps rising.* OECD Publishing, Paris 2011

OECD: *Fiscal Decentralized Database.* OECD, Centre for Tax Policy and Administration 2009, gelesen in: www.oecd.org/document/32/0,3746,en_2649_35929024_47467040_1_1_1_1,00.html am 20.1.2012

OECD/G20: *Base Erosion and Profit Shifting Project – 2015 Final Reports – Executive Summaries*

Orwell, George: *Nineteen Eighty-Four.* Secker and Warburg, London, 1949 (deutsch: *1984.* Übersetzung von Michael Walter: Ullstein, Frankfurt am Main 1984)

Ostrom, Elinor: *Die Verfassung der Allmende – Jenseits von Staat und Markt.* Verlag Mohr Siebeck, Tübingen 1999 (Originalausgabe: *Governing the Commons: The Evolution of Institutions for Collective Action [Political Economy of Institutions and Decisions].* Cambridge University Press, Cambridge [Großbritannien] 1990)

OXFAM: *Ein Wirtschaftssystem für die Superreichen – Wie ein unfaires Steuersystem und Steueroasen die soziale Ungleichheit verschärfen.* Oxfam Deutschland e. V., Berlin Januar 2016

Padberg, Stefan; Hentschel, Karl-Martin: *Europa neu denken und gestalten – Vorschläge für eine Neubegründung der EU.* Positionspapier Nr. 11, Mehr Demokratie e. V., Düsseldorf 2016, gelesen in: https://www.mehr-demokratie.de/fileadmin/pdf/Positionen11_Europa_neu_denken_und_gestalten.pdf

Paech, Niko: *Nachhaltigkeit – „Grünes" Wachstum wäre ein Wunder.* ZEIT-Online, 21. Juni 2012, gelesen in http://www.zeit.de/wirtschaft/2012-06/wachstumskritik-paech/komplettansicht am 28.12.2016

Penrose, Lionel Sharples: *The Elementary Statistics of Majority Voting.* Journal of the Royal Statistical Society Nr. 109, London 1946

Peukert, Helge: *Die große Finanzmarkt- und Staatsschuldenkrise – Eine kritisch-heterodoxe Untersuchung.* Metropolis-Verlag, Marburg 2010

Picciotto, Sol: *Towards Unitary Taxation of Transnational Corporations.* Tax Justice Network, Chesham [Großbritannien] 2012

Piketty, Thomas: *Capital in the Twenty-First Century.* The Belnap Press of Harvard University Press, London 2014

Platon: *Der Staat.* Reclam, Stuttgart 2000 (Original: *Πολιτεία [Politeia],* Athen, ca. 370 v. Chr.)

Pogge, Thomas: *Cosmopolitanism and Sovereignty.* Ethics 103, 1992

Pongs, Armin: *In welcher Gesellschaft leben wir eigentlich? Auf dem Weg zu einem neuen Gesellschaftsvertrag.* Dilemma Verlag, München 2007

Popper, Karl: *Die offene Gesellschaft und ihre Feinde, Band 1: Der Zauber Platons.* Verlag UTB, Stuttgart 1992 (Original: *The Open Society and Its Enemies.* 1945)

Puddington, Arch; Roylance, Tyler: *Freedom in the World – Anxious Dictators, Wavering Democracies: Global Freedom under Pressure.* Herausgeber: Freedom House, Washington 2016

Radermacher, Franz Josef: *Balance oder Zerstörung – Ökosoziale Marktwirtschaft als Schlüssel zu einer weltweiten nachhaltigen Entwicklung.* Ökosoziales Forum, Wien 2002

Raines, Thomas; Goodwin, Matthew; Cutts, David: *Europa – ziehen wir (noch) an einem Strang? Was Bevölkerung und Eliten wirklich über die EU denken – eine repräsentative Umfrage.* The Royal Institute of International Affairs – Europa Programm Forschungsbericht, London Juni 2017

Ramos, Gabriela: *Für eine neue Globalisierung.* Gastkommentar in Handelsblatt, 11. 1. 2017

Rath, Christian: *Der Schiedsrichterstaat – Die Macht des Bundesverfassungsgerichts.* Wagenbach Verlag, Berlin 2013

Rawls, John: *Eine Theorie der Gerechtigkeit.* Suhrkamp-Taschenbuch, Frankfurt am Main 1979 (Originalausgabe: *A Theory of Justice.* Cambridge [Massachusetts – USA], 1971)

Rawls, John: *Politischer Liberalismus.* Suhrkamp: Frankfurt/Main 1998 (Originalausgabe: *Political Liberalism.* 1993)

Reichholf, Josef H.: *Das Rätsel der Menschwerdung – Die Entstehung des Menschen im Wechselspiel mit der Natur.* dtv, München 7. Auflage 2008

Alexander Reichl: *Double Irish with a Dutch Sandwich – Zur internationalen Diskussion um Base Erosion and Profit Shifting aus deutscher Sicht.* In Handelsblatt 14.05.2013, gelesen am 20.9.2016 in http://blog.handelsblatt.com/steuerboard/2013/05/14/double-irish-with-a-dutch-sandwich-zur-internationalen-diskussion-um-base-erosion-and-profit-shifting-aus-deutscher-sicht/

Reimer, Jennifer: *Die Elitendemokratie von Joseph A. Schumpeter.* GRIN Verlag 2013, siehe www.grin.com

Reybrouck, David van: *Gegen Wahlen: Warum Abstimmen nicht demokratisch ist.* Wallstein Verlag, Göttingen 2016 (Originalausgabe: *Tegen verkiezingen.* De Bezige Bij, Amsterdam 2013)

Rhodes, David; Stelter, Daniel: *Back to Mesopotamia? The Looming Threat of Debt Restructuring.* BCG – The Boston Consulting Group, 2011

Richthofen, Frederik: *Das Klimaversprechen der Weltbank.* In TAZ, 20. April 2018

Rifkin, Jeremy: *Der Europäische Traum – Die Vision einer leisen Supermacht.* Campus Verlag, Frankfurt 2004 (Originalausgabe: *The European Dream.* Jeremy P. Tarcher/Penguin, New York 2004)

Rosenberg, Arthur: *Demokratie und Sozialismus – Zur politischen Geschichte der letzten 150 Jahre.* Athenaeum Verlag, Bodenheim 1989

Roth, Philip: *The Plot against America.* Vintage, Random House, London 2005

Rousseau, Jean-Jacques: *Abhandlung über den Ursprung und die Grundlagen der Ungleichheit unter den Menschen.* Reclam Taschenbuch, Ditzingen 1998 (Originalausgabe: *Discours sur l'origine et les fondements de l'inégalité parmi les hommes.* Verlag Marc-Michel Rey, Amsterdam 1755)

Rousseau, Jean-Jacques: *Gesellschaftsvertrag.* Reclams Universal-Bibliothek Nr. 1769, Stuttgart 1977 – ergänzte Ausgabe 2003 (Originalausgabe: *Du Contrat Social ou Principes du Droit Politiques.* Verlag Marc-Michel Rey, Amsterdam 1762)

RSM Bird Cameron: *International Tax Wars? Or the End of the Arm's Length Principle as we Know it.* Sidney [Australien], 2013

Rütli, Nicole: *Wenn der Staat sich verselbständigt.* Neue Züricher Zeitung, 11.3.2015, gelesen in: https://www.nzz.ch/wirtschaft/wenn-der-staat-sich-verselbstaendigt-1.18499463

Sands, Philippe: *Lawless world – America and the Making and Breaking of Global Rules from FDR's Atlantic Charter to George W. Bush's Illegal War.* Viking, New York 2005.

Schaffner, David: *Tiefe Steuern vertreiben die Alteingesessenen im Kanton Schwyz.* Tagesanzeiger, Zürich am 22.7.2010

Shaw, George Bernard: *Dramatische Werke: Bd. Mensch und Übermensch.* Verlag S. Fischer, Berlin 1911

Schellnhuber, Hans Joachim: *„Manchmal könnte ich schreien".* Interview von Bruno Kammertöns und Stephan Lebert mit H. J. Schellnhuber, in Zeitonline, Hamburg, 2.9.2009

Scheub, Ute: *Demokratie – Die Unvollendete.* Hrsg: Mehr Demokratie e. V., Oekom Verlag, München 2017

Schmidt, Artur: *Schweizer sind zufrieden mit ihrem politischen System.* 31. Dezember 2010, gelesen in www.moneycab.com/2010/12/31/schweizer-sind-zufrieden-mit-ihrem-politischen-system/

Schneider, Wolf: *Wir Neandertaler – Der abenteuerliche Aufstieg des Menschengeschlechts.* Bertelsmann Verlag, München 1995

Schuldt, Lara: *Volksabstimmungen in Uruguay.* Mehr Demokratie e. V. 2016, gelesen in https://www.mehr-demokratie.de/fileadmin/pdf/volks abstimmungen_in_uruguay.pdf

Schulte, Ulrich: *Goldman Sachs buhlt um Einfluss.* TAZ 21.3.2018

Schumpeter, Josoph A.: *Kapitalismus, Sozialismus und Demokratie.* Einführung von Eberhard K. Seifert. 7. erweiterte Auflage. UTB, Stuttgart 1993 (Originalausgabe: *Capitalism, Socialism and Democracy.* Harper&Brothers, New York/London 1942)

Schwab, Klaus; Sala-i-Martín, Xavier: *Insight Report – The Global Competitiveness Report 2017 – 2018.* World Economic Forum, Genf 2017

Schwengbeck, Josefine: *Singapur – Demokratie oder Diktatur?!* Semesterarbeit, gelesen in: www.artikelpedia.com/artikel/geographie/5/singapur--demokratie-oder45.php am 14. Oktober 2012

Seibert, Thomas: *Afghanistans Dialektik der Aufklärung.* Medico International – Rundschreiben 03/17, Frankfurt 2017

Sen, Amartya: *Die Identitätsfalle – Warum es keinen Krieg der Kulturen gibt.* C.H.Beck 2006 (Originalausgabe: *Identity and Violence: The Illusion of Destiny.* W. W. Norton&Company, New York, London 2006)

Sen, Amartya: *Ökonomie für den Menschen – Wege zu Gerechtigkeit und Solidarität in der Marktwirtschaft.* Hanser Verlag, München 2000 (Originalausgabe: *Development as Freedom.* Alfred A. Knopf Inc., New York 1999)

Sen, Amartya: *The Idea of Justice.* Penguin Books, London 2010

Shostak, Marjorie: *Nisa erzählt – Das Leben einer Nomadenfrau in Afrika.* Rowohlt Taschenbuch, Reinbeck 1995 (Original: *Nisa: The Life and Words of a Kung Woman.* Harvard University Press 1981)

Sezgin, Hilal: *Integration als Waffe.* taz, am 27.6.07

Simon, Ulrike: *Ranking – Das sind die größten Medienkonzerne der Welt.* In Horizont-Online, 11. Januar 2017, gelesen in http://www.horizont.net/medien/nachrichten/Ranking-Das-sind-die-groessten-Medienkonzerne-der-Welt-145331 am 8.3.2018

Smith, Adam: *Der Wohlstand der Nationen.* dtv, München 2009 (Originaltitel: *An Inquiry into the Nature and Causes of the Wealth of Nations.* London 1776)

Sorkin, Andrew Ross: *A Demand for Change Backed up By $6 Trillion.* The New York Times, New York 16.1.2018

Sparks, Alister: *Tomorrow is Another Country – The Inside Story of South Africa's Negotiated Revolution.* Struik Book Distributors, Johannesburg (South Africa) 1994

Spencer, David: *Unitary taxation with combined reporting: The TP solution?* Gelesen in www.internationaltaxreview.com, Mai 2013

Srnicek, Nick: *Platform Capitalism.* Wiley and Sons, Cambridge [Großbritannien] 2016

SRU: *100% erneuerbare Stromversorgung bis 2050: klimaverträglich, sicher, bezahlbar.* Sachverständigenrat für Umweltfragen, Stellungnahme Nr. 15, Berlin, Mai 2010

Statistiska centralbyrån: *Regional Statistik.* Gelesen in www.scb.se am 26.10.2011

Stehr, Nico; Moldaschl, Manfred: *Wir brauchen keine Ökodiktatur – Die Klimakatastrophe lässt sich abwenden, ohne die Demokratie zu opfern.* In DIE ZEIT Nr. 6/2013, gelesen in http://www.zeit.de/2013/06/Klimaschutz-Demokratie-Oekodiktatur am 24.9.2016

Stern, Nicholas: *Stern Review: The Economics of Climate Change.* Cambridge University Press, Cambridge [Großbritannien] 2006

Stern, Nicholas: *The Global Deal – Climate Change and the Creation of a New Era of Progress and Prosperity.* PublicAffairs, New York 2009

Steuernagel, Armin: *Emotional Ownership (Citizens Emotional Constitution Making Process) – Lessons from Philadelphia, Reykjavik, Mexico City and Zurich.* Unveröffentlichtes Manuskript, April 2017

Stiftung für Zukunftsfragen (BAT-Stiftung): *Dänen sind die glücklichsten Europäer.* Hamburg 15.8.2011, gelesen in: www.stiftungfuerzukunftsfragen.de/de.html am 28.11.2011

Stiglitz, Josef: *Im freien Fall – Vom Versagen der Märkte zur Neuordnung der Weltwirtschaft.* Siedler Verlag, München 2010 (Originalausgabe: *Freefall. America, Free Markets, and the Sinking oft the World Economy.* W. W. Norton & Company, New York 2010)

Stöger, Harald: *Rentensysteme und Altersarmut im internationalen Vergleich.* Friedrich-Ebert-Stiftung, Berlin 2011

Streminger, Gerhard: *Adam Smith, Wohlstand und Moral.* C. H. Beck, München 2017

Süddeutsche Zeitung: *US-Senat rügt Großbank HSBC: Eine „durch und durch versaute Unternehmenskultur".* In sz.de am 17. Juli 2012, siehe http://www.sueddeutsche.de/wirtschaft/us-senat-ruegt-grossbank-hsbc-eine-durch-und-durch-versaute-unternehmenskultur-1.1414332, gelesen am 8. Juli 2016

Swedish Tax Agency: *Taxes in Sweden 2010 – An English Summary of Tax Statistical Yearbook of Sweden.* Stockholm 2010

Taleb, Nassim: *Antifragilität – Anleitung für eine Welt, die wir nicht verstehen.* Albrecht Knaus Verlag, München 2013 (Originalausgabe: *Antifragile. Things That Gain from Disorder.* Random House, New York 2012)

Tax Justice Network: *Financial Secrecy Index 2018.* Gelesen in https://www.financialsecrecyindex.com/ am 26.6.2018

Tax Justice Network (James S. Henry): *The Price of Offshore Revisited – New Estimates for „Missing" Global Private Wealth, Income Inequality, and Lost Taxes.* Tax Justice Network, Chesham [Großbritannien] 2012

Tax Justice Network (Sol Picciotto): *Towards Unitary Taxation of Transnational Corporations.* Tax Justice Network, Chesham [Großbritannien] 2012

Tax Justice Network/Netzwerk Steuergerechtigkeit: *„Transparenzregister" der Bundesregierung ist ein verspäteter Aprilscherz.* Presseerklärung vom 6.4.2016. Gelesen in http://steuergerechtigkeit.blogspot.de/2016/04/gemeinsame-presseerklarung-von-tax.html, Berlin 6. 4. 2016

The Economist Intelligence Unit: *Democracy Index 2017 – Free speech unter attack.* London/New York/Hongkong 2018, gelesen in https://www.eiu.com/public/topical_re-port.aspx?campaignid=Democracy Index2017 am 4.2.2018

The Tax Foundation: *Federal Individual Income Tax Rates History.* Washington 2014, gelesen in: http://taxfoundation.org/article/us-federal-individual-income-tax-rates-history-1913-2013-nominal-and-inflation-adjusted-brackets am 8.11.2016

Towfigh, Emanuel: *Das Parteien-Paradox – Ein Beitrag zur Bestimmung des Verhältnisses von Demokratie und Parteien.* Verlag Mohr Siebeck, Tübingen 2015

The Economist: *Democracy Index 2016 Revenge of the „deplorables".* The Economist Intelligence Unit, London 2017

Thukidides: *Der Peloponnesische Krieg.* Reclams Universal-Bibliothek, Band 1808, von Helmuth Vretska und Werner Rinner (Herausgeber, Übersetzer), Stuttgart 2000 (Erstausgabe ca. 396 v. Chr. Athen)

United Nations: *Transforming our World – the 2030 Agenda for Sustainable Development.* UNO, New York 2015

U.S.PIRG/CTJ: *Offshore Shell Games 2015 – the Use of Offshore Tax Havens by Fortune 500 Companies.* Oktober 2015

Veenhoven, Ruut: *World Database of Happiness.* Erasmus University Rotterdam, gelesen in: worlddatabaseofhappiness.eur.nl am 13.7.2011

Venice Commission: *Code of Good Practice on Referendums.* Council of Europe, Strasburg, 19.3.2007, gelesen in: http://www.venice.coe.int/webforms/documents/?pdf=CDL-AD%282007%29008-e

VKU: *Aktuelle Forsa-Umfrage: 91 Prozent der Deutschen sind zufrieden mit kommunalen Unternehmen.* Forsa 2015, gelesen in www.vku.de/?id=15502 am 26. 9. 2017

Wagner, Thomas: *Irokesen und Demokratie – Ein Beitrag zur Soziologie interkultureller Kommunikation.* LIT Verlag, Münster 2004

WBGU: *Welt im Wandel – Gesellschaftsvertrag für eine Große Transformation.* Wissenschaftlicher Beirat der Bundesregierung Globale Umweltfragen, Berlin 2011

Wegener, Alexander; Arbeit, Ute: *Regionalisierungstendenzen in europäischen Staaten – Studie im Auftrag der Bertelsmann Stiftung.* interpublic berlin, Berlin 2006

Weimann, Mike: *Wahlrecht für Kinder – Eine Streitschrift.* Gelesen in http://www.kinderwahlrecht.de/ am 27. 3. 2017

Weizsäcker, Ernst U. v.; Hargroves, Karlson; Smith, Michael (unter Mitarbeit von Cheryl Desha und Peter Stasinopoulos): *Faktor Fünf: die Formel für nachhaltiges Wachstum.* Droemer, München 2010

Weizsäcker, Ernst U. v.: *Erdpolitik, Ökologische Realpolitik an der Schwelle zum Jahrhundert der Umwelt.* Wissenschaftliche Buchgesellschaft, Darmstadt 1989

Welzer, Harald: *Es liegt was in der Luft.* Futurzwei No 4/2018

Wergin, Clemens: *Facebook-Enthüllung – Wie die Internetgiganten unsere Demokratie aufs Spiel setzen.* Welt Digital, 21.3.2018, gelesen in https://www.welt.de/politik/ausland/article174757755/Facebook-Enthuellung-Wie-die-Internetgiganten-unsere-Demokratie-aufs-Spiel-setzen.html

WID.WORLD: *World Wealth and Income Database.* Gelesen in http://wid.world/wid-world/ am 12.10.2017

Wilkinson, Richard; Pickett, Kate: *The Spirit Level – Why Equality is Better for Everyone.* Penguin Books, London 2010 (deutsch: *Gleichheit ist Glück – Warum gerechte Gesellschaften für alle besser sind.* Zweitausendeins, Hamburg 2009)

World Economic Forum; Schwab, Klaus: *The Global Competitiveness Report 2016 – 2017.* World Economic Forum , Genf 2016

Wüllenweber, Walter: *Ist das gerecht?* Stern, 8.12.2016

Zhang Weiwei: *Meritocracy Versus Democracy – China Changes Leaders.* The New York Times, 9.11.2012

Zhang Weiwei: *The Allure of the Chinese Model.* International Herald Tribune, 2.11.2006

Ziegler, Jean: *Ich habe gelogen, wie das Männer immer tun.* Zeit-Magazin 53/2017, gelesen in https://www.zeit.de/zeit-magazin/2017/53/jean-ziegler-soziologe-frauen-leben am 26.6.2018

Zinn, Howard: *A People's History of the United States.* Harper & Row, New York 1980 – siehe auch http://www.historyisaweapon.com/zinnapeopleshistory.html